房屋征收补偿利益民事分割案件

案例解析与实战策略

秦志刚
著

上海三联书店

序

“路虽远，行则将至”，是我拿到这本书首先想到的一句话，原因主要有二，一是随着上海城市更新进程的加快，在各行各业和居民的支持下，城市渐渐“旧貌换新颜”；二是勤奋坚毅的志刚完成了自己的首部作品，由衷地表示祝贺。

城市更新是一项系统性工程，既涉及动拆迁补偿、规划、施工等方面，也涉及法律和社会关系等问题，在这之中人与人之间的利益冲突也显得尤为重要，关系到城市更新进程的顺利与否和社会的和谐稳定。志刚在新书中对旧城改造、城市更新相关法律问题进行论述分析，就其中重要的案例展开分析说理，为读者朋友能够在短时间内走进动拆迁、了解动拆迁提供了一本靠谱读物，相信也一定会为解决困扰读者的法律问题提供全面细致的指引。

古希腊有一句谚语：法律不保护躺在权利上睡觉的人。每个人的权利都需要自己去保护。“海纳百川、追求卓越、开明睿智、大气谦和”是我们都耳熟能详的上海精神，而上海的城市特质也有别于其他城市，认真和精细便是许多上海市民朋友所具有的特点，而这点正是许多上海朋友敢于和善于捍卫自身合法权益的重要出发点。上海的动拆迁地块一般位于市中心的繁华地带，有的房屋虽占地面积小，但拆迁补偿却不少。面对利益的考验，亲情和感情时常会出现无力无序，而此时法律便是大家的武器。“出嫁女也可以分到补偿”“未享受过福利分房可申请拆迁补偿”等等，这些看似行不通的事情，恰恰是借助法律实现了自身的合法权益。

在《习近平关于全面依法治国论述摘编》一书中，习近平总书记提到：“法律要发挥作用，需要全社会信仰法律”，诚然，再完备的法律体系都需要有具体的执行才能实现其真正意义，律师在其中便起到了非常重要的指引和帮助作用。根据司法部发布的相关信息显示，目前全国律师总人数达到 57.6 万，律师事务所超过 3.6 万家；截至 2020 年底，上海共有律所 1709 家，全市共有律师 31679 人。

结合以上现有数字和主管部门公开的相关规划，我们可以看到全国律师行业将进入到较为激烈的竞争阶段，也意味着律师市场也会出现良莠不齐的现象。人们常说“专业的人做专业的事”，当事人如何找到专业的人帮助自己做专业的事，主要取决于自己的选择标准，在我看来，专注和善于归纳是选择律师的重要参考。具体而言，当今社会纷繁复杂，律师不可能只代理一类案件，但能够心无旁骛专注自己代理的每一个案件，把当事人的事情当作自己的事情一样重要是一个案件成功的重要基础。其次，我国不是判例法国家，但判例对于法律实践而言却具有重要意义，最高人民法院和上海高院等地方法院，均就统一法律适用工作（类案检索参考）出台过相关实施办法，上海高院还专门组织编纂了类案办案要件指南，而本书所归纳整理的案例和分析正是契合这一重要论题，将为读者和法律工作者就动拆迁相关案例提供便捷参考，推动适法统一和社会公平正义。

“业精于勤，荒于嬉；行成于思，毁于随”，志刚的勤奋与认真是同窗好友所公认的，读书时便积极参与社会法律实践，注重日常积累和思考。代理民事、刑事、行政类案件数百起，用专业的知识和严谨的态度赢得了当事人的广泛赞誉。尤其是在动拆迁案件方面，深入动拆迁基地、居民家中，掌握一手资料，深入分析研究，勇敢捍卫当事人合法权益，实现了我对一个尽职、专业律师的想象。

回首过去，苦乐交织；展望前路，征途漫漫。坚守初心、捍卫正义是每个法律人心中的梦想，相信此书的编撰出版将会为上海的城市建设和法治建设贡献一份力量！

王成汉
上海政法学院助理研究员

前　言

自2011年10月19日上海市人民政府颁布实施了《上海市国有土地上房屋征收与补偿实施细则》，国有土地上的房屋征收补偿行为自此更加公开、公平、公正，征收部门与被征收人、公房承租人之间的矛盾也逐渐减少。但与此同时，被征收家庭内部如何合理分配征收补偿利益则上升成了征收的主要矛盾。家庭内部矛盾不仅妨碍了征收部门的征收工作，也损害了家庭内部的亲情伦理，不利于社会和谐。基于此，我们团队对近几年上海各级法院审理征收补偿利益分割案件的裁判观点、政策文件以及社会各界反映的问题，进行了系统地梳理并编纂成册。希望本书能够推动征收工作的顺利进行，促进征收补偿利益分割案件的法律统一适用，帮助被征收家庭科学合理地解决矛盾纠纷，减少不必要的诉讼。

国有土地上被征收房屋的类型分为公有房屋和产权房屋，其中，公有房屋征收补偿利益分割缺少统一的法律规定，具有案件诉讼案件较多、焦点问题争议较大的特点。所以本书将侧重点放在了分析公房法律问题上，并对部分私房焦点问题进行补充分析。

在内容上，本书由公有房屋和产权房屋两篇章组成。第一篇“公房篇”共分为十二个章节。第一章主要探讨公房的概念、性质以及公房的权利人等问题，该章是公房基础性、原则性问题的介绍，了解第一章内容是解决公房纠纷的前提。第二章和第三章围绕公房的承租人和同住人两类权利人讨论，尤其是认定同住人是征收利益分割案件的焦点问题，该章从户口、实际居住生活一年以上、他处是否有房以及居住困难标准四个角度分别讨论。第四章主要讨论家庭内部协议的效力，存在有效的分割协议时如何分割，以及哪些类型的协议会被法院认定有效。第五章围绕征收补偿利益的分割的原则和方法，以及特殊情况下征收补偿利益如何分割的问题。第六章至第十章围绕未成年人权利、离婚后对征收的影响、知青及知青子女的权利、认定居住困难人员的权利以及公房内非居住面积如何补偿等问题，分别进行了具体讨论。第十一章主要围绕诉讼程序问题的几大问题展开，尤其是如何保全、未取得大产证或者未签订结算单等情况下暂不能起诉等。第十二章是补充公房纠纷中的一些特殊案例，以确保本书内容的完整性。第二篇“私房篇”主要围绕私房讨论，由于私房产权属于产权人，征收补偿利益实行产权平移原则，由产权人享有。因此，本篇主要针对私房征收中争议较大、咨询较多的七大问题展开分析。

本书是作者及其团队长期办理征收案件、从事征地项目法律顾问的经验总结，以典型案例为基础，结合最新法律法规和审判观点，提出一些分析观点和实战方法。本书是目前市场上第一本关于征收补偿利益如何分割的书籍，但必然存在不足之处，若有不当，欢迎批评指正。

法规缩略语表

缩写名称	法律法规文件名称
《民法典》	《中华人民共和国民法典》
《行政诉讼法》	《中华人民共和国行政诉讼法》
《征收条例》	《国有土地上房屋征收与补偿条例》
《征收细则》或者《细则》	《上海市国有土地上房屋征收与补偿实施细则》
《高院会议纪要》或者《会议纪要》	《上海市高级人民法院房屋征收补偿利益分割民事纠纷研讨会会议纪要》
《高院解答》	《上海市高院关于房屋动拆迁补偿款分割民事案件若干问题的解答》
《高院综述》	《上海市高级人民法院公房居住权纠纷研讨会综述》
《高院新政综述》	《2011 年上海高院动迁新政后动迁安置补偿款分割纠纷研讨会综述》
《民事诉讼法》	《中华人民共和国民事诉讼法》
《公司法解释二》	《最高人民法院关于适用〈中华人民共和国公司法〉若干问题的规定(二)》
《公司法解释三》	《最高人民法院关于适用〈中华人民共和国公司法〉若干问题的规定(三)》

目　录

第一篇　公有居住房屋

第二篇 私有产权房屋

第一篇

公有居住房屋

第一章 公有居住房屋的基本情况

1. 公房的概念及性质

焦点问题：公房的概念和性质分别是什么？公房与私房有哪些区别？

要点分析：公房的概念（以下简称公房）是指：在特定历史背景下，为解决居住困难家庭的住房需求，单位或者政府为其提供的具有社会保障性的福利住房。主要包括国家福利分配、调配或国家认可的其他原因而取得的公有房屋，包括直管公房、系统公房等。公房具有福利性和财产性的双重属性。

征收中公房与私有产权房的区别：公房中，承租人作为同住人选出的代表人，代表该户对接一切权利和义务；承租人、同住人具有相同的权利，均应作为安置对象。公房的承租人和同住人对公房不享有所有权，但却享有占有、使用、收益、处分四大权能。对于被征收私房，产权人为产证上登记的权利人；根据被征收私房房屋的实际居住等情况，区分是否需要产权人安置；而与其共同居住的非产权人是否属于安置对象，则要根据是否属于托底保障对象等情况进行认定。

案情介绍：(2017)沪 0107 民初 15717 号

原告：王某萍、赵某明。

被告：王某富、尹某霞、王某倩、徐某、徐某钰。

被征收房屋地址位于上海市新会路，房屋性质为公房，承租人为王某富，在册户口人数共 7 个人，分别是被告王某富夫妇及子女共五人，原告王某富妹妹王某萍母子二人。该房屋的来源为：王某富和王某萍父母（王某林夫妇）在二十世纪 70 年代因居住条件困难通过调配取得的系争房屋，房屋的受配人为王某林夫妇和四个孩子，包括王某富和王某萍二人。1976 年 11 月一家六口人开始使用该房屋，房屋的承租人为王某林。1992 年，王某富经申请及家庭同意成为系争房屋的承租人。随着时间的推移，经过各家庭成员的状况变迁后，系争房屋曾由王某富一家和王某萍一家实际居住使用，并于 1991 年签订协议约定居住的部位，之后被用于对外出租。2016 年系争房屋被征收，王某富代表该户与征收部门签订征收补偿协议，共获得两套安置房屋和部分货币补偿，均被承租人王某富领取。2017 年 7 月，因两户对征收补偿利益无法协商一致，王某萍母子向法院提起诉讼，请求依法分割。

裁判摘要：我国的公租房政策系为保障公民基本生活居住所设，公房被征收后发放的补偿利益原则上应用于安置对房屋享有居住权益的人员。非公房的原始受配人且对房屋无居住需求的、属于公房的原始受配人但因单位分房、拆迁等已享受其他福利的、居住问题已通过其他途径得到解决的，诸如此类人员均不在被安置之列——无论其是否属于户籍在册人口。根据本案查明的证据，结合当事人对事实的陈述，王某富与王某萍对涉案安置补偿利益均享有分配权，理由如下：一、当年的房屋调配与入住信息资料相互印证可知，王某富、王某萍显然属于原始受配人而对系争房屋享有居住权，且随着其他家族成员状况的变化，如死亡、迁居等，目前有证据可以表明其原始受配人身份的有且仅有王某富、王某萍两人；二、王某富、王某萍两户家庭均曾在房屋内长期居住；三、原、被告既然均以居住困难作为其迁离房屋另择住处的原因，则表明当事人受客观环境所限而离开房屋的可能性极大而非主观上有放弃房屋居住使用权的意愿，故原、被告以“征收前未在房屋内居住”为由否定对方居住权益的主张依据不足；四、王某萍虽为原始受配人且实际居住该房屋，但其自认其夫于婚姻关系存续期间分得或购得了他处房屋并曾入住，在此情形下，虽不能认定其享受过福利分房，但应视为其居住问题基于婚姻已得到解决；则房屋被征收后的补偿款应当由王某富和王某萍共同分得，王某萍适当少分。

原告诉称：原告王某萍属于系争房屋的原始受配人，父母过世后，其他兄弟姐妹结婚后迁出系争房屋，房屋内实际落户为被告两家，前楼部位由被告一家居住，使用面积约占总面积半数的后楼及亭子间部位由原告一家居住。后双方签订协议约定房屋的居住部位和面积，两户各居住一半。后来王某萍与其配偶经过协议离婚并以“净身出户”的状态重返系争房屋，又因居住环境差而迁往单位宿舍，且自 2000 年起，被告一户已不在系争房屋内实际居住并将房屋对外出租，还曾将部分租金分给王某萍。2015 年系争房屋被征收后，王某富向原告隐瞒了相关信息，对原告的合理诉请置之不理。原告请求法院依法分配系争房屋的征收补偿利益。

被告王某富方辩称：一、系争房屋为被告王某富为结婚向其单位申请调配所得的公房，实际入住应为王某林夫妇、王某富一家及王某林的另一女儿，亭子间部位由王某萍与其配偶居住。父母去世后，王某富成为系争房屋的承租人；二、原告为解决居住困难，原告夫妇获得福利分房，自此原告搬离系争房屋跟随王某萍丈夫居住在福利分房内，原告丈夫获得的房屋与原告有利害关系，因此原告属于空挂户口，并不必然享有征收补偿利益。

案例评析：本案中，从公房的来源上看，被征收房屋属于王某林单位福利分房，是用于解决王某林一户居住困难而调配的房屋。充分体现了公房的社会保障性功能，解决居住困难人员的居住问题。从公房的性质上看，公房的承租人或者同住人对公房并不享有产权，仅享有居住使用权，属于“居住权和产权分离”的状态。承租人或者同住人按照规定每月需要向公房出租人缴纳一定的租金，但该类政策性租赁行为不同于市场租赁行为，一般情况下，出租人不得解除租赁关系。同样，承租人和同住人对该公房不仅具有使用权，同时还享有占有、处分、收益四大权能，属于“准所有权”。从征收补偿利益分配的角度上看，公房与私房差异较大。本案被征收房屋的承租人以及同住人为王某富一户及王某萍母子，但是否符合被征收房屋的权利人仍然需要满足法定条件，由法院判决认定。因此，公房在册户口人并不必然是公房的权利人，也不必然享有公房的征收补偿利益。

实战策略：对于公房内的在册户口人来讲，在房屋征收之前就需要了解公房的来源、公房的性质、他处住房、实际居住情况以及与私房的区别等法律问题与事实情况，以便维护自己的合法权益以及减少矛盾纠纷。1998 年后，房屋逐渐市场化，私房概念深入人心，但对特定历史背景下产生的公房，其性质逐渐被模糊。从司法实践来看，缺乏对公房概念及性质全面了解的居民，在公房纠纷案件中往往处于劣势，甚至在公房权益处分过程中遭受蒙骗，导致巨大的财产损失。熟练掌握公房概念和性质，并建立体系性知识框架，既有助于减少不必要的矛盾纠纷，也可以最大程度上维护自己的合法权益不被侵害。

2. 公房征收补偿利益分割案件中，谁有权利提起诉讼？

焦点问题：公房征收补偿利益分割案件中，公房的权利人有哪些？谁有权提起诉讼？

要点分析：公房征收补偿利益分割案件中，当事人的合法权益或者权利义务与公房有直接利害关系的具有诉讼主体资格。具有直接利害关系的当事人一般情况下包括：公房的所有权人、承租人、同住人、在册户口人、协议确定的权利人等。

案情介绍：(2022)沪02民终3121号

上诉人(原审原告)：蒋某珍。

被上诉人(原审被告)：胡某贤、胡某伟。

被征收房屋地址位于上海市黄陂南路，房屋性质为公房，承租人为胡某贤，在册户口人为胡某贤、胡某伟二人。原承租人胡某3，其配偶许某，胡某1、胡某2、胡某4、胡某5、胡某贤均系其二人子女，被告胡某伟是被告胡某贤的儿子，原告蒋某珍是胡某2的配偶。许某、胡某贤户籍均于1972年5月从××房××路房屋迁入，胡某2户籍于1976年4月从建国东路房屋迁来。1976年，胡某3去世，后黄陂南路房屋承租人变更为许某。1979年，胡某2、蒋某珍结婚，但蒋某珍户籍未迁来黄陂南路房屋。许某、胡某2先后于1999年、2017年去世，后胡某贤成为黄陂南路房屋户主。2019年5月，黄陂南路房屋承租人变更为胡某贤。同月，胡某伟户籍从上陇新村房屋迁来。此后，黄陂南路房屋户籍人员仅有胡某贤、胡某伟。

他处有房情况：1979年，蒋某珍经调配分得南京西路房屋，调配原因为结婚户。2010年，蒋某珍经核准登记为茅台路房屋不动产权人。蒋某珍陈述其因系大龄青年而分得南京西路房屋。2001年1月，胡某伟作为购房人，与出售人签订《上海市公有住房出售合同》，约定由胡某伟购买本市××村××号××室房屋产权，房屋建筑面积56.27平方米，扣除付款折扣后，房屋实际付款金额18,035元。该房屋出售价格计算表载明承租人、享受工龄人系胡某伟母亲王某，购房人、享受职级人系胡某伟。同年5月，胡某伟经核准登记为该房屋不动产权人。胡某伟陈述其外祖母承租的位于本市××路的房屋于1994年遇拆迁，因外祖母当时已去世，实际安置人员系胡某伟及母亲王某，二人分得上陇新村房屋。

关于黄陂南路房屋居住使用情况：双方当事人均陈述该处有前后两间房，原由许某住前间，胡某贤住后间。蒋某珍陈述许某自 1991 年起随女儿住他处，故胡某 2 夫妻居住使用前间，但因用水不便，胡某 2 又于 1999 年调换单位，此后很少过来，后胡某贤于 2010 年将前间作清理并占用，但其此前于 1994 年已搬至上陇新村房屋居住，很少过来。胡某伟陈述胡某 2 夫妻从未住黄陂南路房屋，而住建国东路房屋、南京西路房屋，后又于 2007 年购得茅台路房屋；胡某贤因工作原因，仍一直住黄陂南路房屋，后间因无窗，仅作睡觉用，前间用于生活及给学生上课。

关于双方签订协议的情况：蒋某珍为证明胡某 2、胡某贤已就黄陂南路房屋使用管理、拆迁利益分配等事项达成协议并实际履行，提供一份协议书，但签约人、见证人落款处无人签章盖印，仅在协议底部有胡某 5 字样签名，落款时间为 2021 年 1 月 3 日。该协议全文均系打印形成，主要内容：许某已故十多年，现经兄弟协商，姐妹见证，决定将黄陂南路房屋承租人、户主均变更为胡某贤，此后迁入双方子女户籍，水电煤房租等费用由双方各半负担，房屋拆迁所得利益双方平均分配，协商不能达成一致的，保持现状，协议自胡某贤变更为承租人后生效，否则不生效。蒋某珍陈述其为提起本案诉讼，故找到胡某 5 在该协议上签名；胡某贤、胡某伟表示对该协议不知情，不予认可。

2021 年 4 月，胡某贤作为承租人与征收部门签订征收补偿协议，选择货币补偿，共获得 7,101,536.23 元。原告蒋某珍与在册户口人胡某贤、胡某伟关于征收补偿利益协商不成，提起诉讼请求法院依法分割。

裁判摘要：

当事人提起诉讼应与案件有直接利害关系。公房承租人所得的货币补偿款归公有房屋承租人及其共同居住人共有。共同居住人系指作出房屋征收决定时，在被征收房屋处具有常住户籍，并实际居住生活一年以上（特殊情况除外），且本市无其他住房或者虽有其他住房但居住困难的人。本案系公房征收补偿利益共有纠纷，黄陂南路房屋实系于 2021 年遇征收，承租人系胡某贤，在册户籍人员仅有胡某贤、胡某伟二人。胡某 2 已于 2017 年去世，蒋某珍虽系其配偶，但户籍不在黄陂南路房屋，亦长期不住该处，而因结婚分得的南京西路房屋。蒋某珍另提出胡某2、胡某贤已就黄陂南路房屋征收补偿利益分配等事宜达成了协议，却提供一份未经签署确认的协议书，胡某贤对该协议亦不予认可。综上，蒋某珍与本案不具有直接利害关系，故本次起诉不符合法律的规定，依法裁定驳回蒋某珍的起诉。

案例评析：

房屋征收补偿利益分割案件中，对公房征收补偿利益具有利害关系的人可以提起诉讼。属于公房权利人的，可以分割相应的征收补偿利益。本案中蒋某珍为何不能提起诉讼？法院裁定驳回起诉的理由是什么？司法审判中有哪些人可以提起诉讼并可以分割征收补偿利益？

（一）征收补偿利益分割案件中，哪些人员可以提起诉讼？根据《民事诉讼法》第122条规定：起诉时，原告必须是与本案有直接利害关系的公民、法人和其他组织。而利害关系一般是指：当事人的合法权益或者权利义务与之有利害关系的或者受到侵害、不利影响的法律关系。公房征收补偿利益分割案件中，具有直接利害关系的当事人一般情况下包括：公房的所有权人、承租人、同住人、在册户口人、协议确定的权利人等。本案中，法院经过审理认为蒋某珍并非本案公房的直接利害关系人，因此裁定驳回起诉。需要特别注意的是，在征收补偿利益分割诉讼中，一方提起诉讼的，法院应当通知其他所有在册户口人或者承租人作为共同原告或者共同被告参加诉讼。被通知以原告地位参加诉讼的，不愿意参加诉讼又未明确表示放弃实体权利的，法院仍应将其列为共同原告。被通知以被告地位参加诉讼的，其在诉讼中的相关事宜，根据民事诉讼法和有关司法解释的规定处理。认为自己与本案具有直接利害关系的当事人，可以依申请成为本案的原告或者被告。

（二）哪些人有权分割公房的征收补偿利益？

（1）公房的承租人与同住人。根据《细则》第44条规定，公有房屋承租人所得的货币补偿款、产权调换房屋归公有房屋承租人及其共同居住人共有。公房的承租人是指公房租赁凭证上登记的人；共同居住人（同住人）是指作出房屋征收决定时，在被征收房屋处具有常住户口，并实际居住生活一年以上（特殊情况除外），且本市无其他住房或者虽有其他住房但居住困难的人。

（2）虽不符合同住人身份，但被视为同住人的。根据《高院解答》第5项问答：下列人员也可被视为同住人，1. 具有本市常住户口，至拆迁许可证核发之日，因结婚而在被拆迁公有住房内居住的，即使居住未满一年，也视为同住人。但其在该处取得拆迁补偿款后，一般无权再主张本市其他公房拆迁补偿款的份额；2. 一般情况下，在本市无常住户口，至拆迁许可证核发之日，因结婚而在被拆迁公有住房内居住满五年的，也视为同住人，可以分得拆迁补偿款；3. 在被拆迁公有居住房屋处有本市常住户口，因家庭矛盾、居住困难等原因在外借房居住，他处也未取得福利性房屋的；4. 房屋拆迁时，因在服兵役、读大学、服刑等原因，户籍被迁出被拆公有居住房屋，且在本市他处也没有福利性房屋的。

(3) 承租人或同住人的继承人。1. 根据同住人的定义，承租人或者同住人在征收决定作出之后过世的，即对公房征收补偿利益具有所有权，可以依据《民法典》依法继承；2. 在征收补偿决定作出之时，承租人已经过世，且公房内没有在册户口人的，公房的征收补偿利益参考适用继承规则，由对承租人具有继承关系的人依法享有权利。

(4) 协议约定或者法律文书确定的其他权利人。公房权利人的范围有政策规定的，依据政策规定，已经签订合法有效的协议的，依照协议确定。若有相应法律文书依法确定各方权利义务的，依照该文书执行。因此，在公房权利人范围确定的问题上，合法有效的约定优于法律政策的规定。

实战策略：

司法实践中，如何确定当事人的范围以及如何提起诉讼？

(一) 如何确定诉讼当事人的范围。与公房具有直接利害关系的人较多，司法审判中，确定当事人的范围一般参考以下顺序：1. 审查各方利害关系中是否有合法有效的协议，有协议的依照协议内容和案件事实确定原被告资格；2. 没有协议的情况下，首先以公房的承租人和在册户口人作为原被告，其次户口不在册的居民如果符合“视为同住人”的法定条件，也可以作为原被告；3. 查询征收补偿决定作出的时间，征收决定作出后，同住人或者承租人过世的，根据法定继承，由继承人作为当事人；4. 审查是否存在其他符合权利人条件的人。

(二) 如何提起诉讼。根据《民事诉讼法》第 122 条规定，起诉必须符合下列条件：(一)原告是与本案有直接利害关系的公民、法人和其他组织；(二)有明确的被告；(三)有具体的诉讼请求和事实、理由；(四)属于人民法院受理民事诉讼的范围和受诉人民法院管辖。提起诉讼时需向法院提交诉状和规定的证据。需要注意的是，户口不在册的当事人提起诉讼时需要提交实际居住的证据材料或者户口迁出的相关材料。

3. 公房是否可以继承?

焦点问题:公房的承租人或者同住人是否可以通过遗嘱方式,让指定的对象享受公房的权利和义务呢?

要点分析:公房的在册户口人或者承租人不享有公房的所有权,只享有公房的居住权。居住权具有身份属性,只有获得公房的同住人资格或者承租人身份时,才可以获得公房的居住权,不能通过法定继承或者遗嘱继承的方式获得。当居住权转化为财产权时,财产可以适用继承规则。

案情介绍:(2019)沪 02 民终 5369 号

上诉人(原审被告):廖某 2。

被上诉人(原审原告):廖某 1。

被上诉人(原审被告):罗某(曾用名廖某歌)。

被征收房屋位于上海市昌化路某号亭子间,房屋性质为公房,原承租人系廖某海(1978 年亡)。廖某 2 系廖某海女儿,廖某 1 系廖某海孙子,罗某(曾用名廖某)系廖某海孙子。系争房屋由廖某 1 使用,廖某 2、罗某长期不在系争房屋处居住。2015 年 9 月系争房屋纳入征收范围,彼时系争房屋内无户籍人口。2015 年 12 月廖某 2、廖某 1 代表该户与房屋征收部门签订征收补偿协议,共获得 2 套安置房屋和部分货币补偿。廖某 2 曾因动迁获得上海市北京西路某房屋,廖某 1 因上海市昌化路某号亭子间房屋被征收(与系争房屋同时纳入统一征收范围),获得相关征收补偿利益。因三户对征收补偿利益无法协商一致,2019 年廖某 2 向法院提起诉讼要求分得系争房屋的征收补偿利益的三分之一,廖某 1 则认为其应分得系争房屋全部征收补偿利益。

裁判摘要:

法院认为,公民、法人的合法民事权益受法律保护,任何组织和个人不得侵犯。本案因系争房屋被征收引起的纠纷,故应适用《征收细则》的相关规定,《征收细则》规定:共同居住人是指在作出房屋征收决定时,在被征收房屋处具有常住户口,并实际居住生活一年以上(特殊情况除外),且本市无其他住房或者虽有其他住房但居住困难的人。本案中，系争房屋被征收之时房屋内并无户籍人口，故系争房屋无共同居住人，系争房屋征收补偿利益应属于原承租人廖某海的遗产。承租人廖某海的继承人为廖某2(第一顺位)、廖某1(转继承)、罗某(代位继承)，廖某1称对廖某海尽到了主要赡养义务的证据不足，故本案当事人可平均继承本次征收补偿利益。

案例评析：

(一)本案中被征收房屋属于公房，承租人已经于征收之前过世，且公房内没有在册户口人，那么公房的征收补偿利益应当如何分配？按照政策规定，被征收房屋的补偿利益，法院直接按照继承的法律法规，由原承租人的继承人继承。那么该案例是否说明公房可以继承呢？

根据政策规定，公房的权利人包括：承租人和同住人。承租人是公房租赁凭证上记载的人，由所有册户口人共同选举，从在册户口人中选出，承租人是同住人的代表；根据《征收细则》第51条规定：同住人是指作出房屋征收决定时，在被征收房屋处具有常住户口，并实际居住生活一年以上(特殊情况除外)，且本市无其他住房或者虽有其他住房但居住困难的。因此，承租人和同住人只享有公房的租赁居住权，不享有所有权。而且该居住权具有身份属性，同时也包含福利性质，只能通过满足法定条件获得。所以公房的居住权不能通过遗嘱、遗赠或者法定继承的方式取得。司法实践中，各类以遗嘱、遗赠的方式处分公房居住权的法律文书，均属无效。但公房的居住权转化为财产后，财产可以通过遗嘱的方式继承。

(二)公房居住权转化为财产的形式？

根据公房的属性可知，公房的居住权人享有公房的占有、使用、收益和处分的权利，有别于市场租赁行为而获得的居住权。公房的属性中，包含福利性、财产性、身份属性等，因此，当公房的居住权转化为财产权后，承租人或同住人的权利可以继承。实践中居住权转化为财产权的形式主要包括公房被出售或者被征收。

(三)公房的征收补偿利益何时可以被继承？

根据《征收细则》第51条　作出房屋征收决定时，是房屋征收程序启动的时间点。因此，公房征收决定公告之后，公房的同住人或者承租人过世的，其所获得的征收补偿利益可以被继承。若公房的承租人或者同住人在征收决定之前过世的，则不发生继承。

实战策略：

法律最重要的功能之一在于法律具有预测性。行为人实施民事法律行为前，根据法律规定可以预测到该行为的法律后果，从而对自己的行为作出合理的安排。如果法律法规不具有可预测性或者可预测的程度非常低，生活在社会中的人就不可能在理性的基础上计划和安排自己的生活，社会生活也就不可能正常进行。

所以根据目前的政策法律法规，承租人如果希望指定的人获得公房的居住权，不必通过遗嘱的方式，其可以通过政策手段，将指定的人的户口迁入公房，使其满足同住人的条件，今后公房被征收后，其可以依据政策获得征收补偿利益。

第二章 公房的承租人

4. 公房承租人的权利

焦点问题：公房被征收时，承租人享有哪些权利？

要点分析：公房承租人是指：公房租赁凭证上登记的人。公房的承租人是从同住人中选出的代表，代表该户对外从事法律行为。在征收利益分割案件中，承租人和同住人的权利义务原则上是一致的，享有均等分割征收补偿利益的权利。

案情介绍：(2016)沪 0105 民初 2857 号

原告：丁永某、金某、丁辰某、柳某铭。

被告：丁茂某、高某芳、丁勇某。

被征收房屋位于上海市长宁区延安西路，房屋性质为公房，无单独公房租赁凭证，承租人原为丁某峰(系丁永某、丁茂某之父)，在册户口人数共 7 个人，分别是丁永某一户 3 人，柳某铭一户 1 人，丁茂某一户 3 人。底层南间房屋面积 18.8 平方米由丁茂某一家 3 人居住使用(列入征收补偿范围)，丁永某一家及柳某铭居住另一间 10 平方米的房间(独用灶间，未被列入征收补偿范围)，该 3 户均未在他处享受过福利分房政策。2013 年 10 月丁茂某变更为系争房屋新承租人，同年系争房屋被征收，征收时仅有丁茂某一家 3 人居住在内，丁永某一户及柳某铭已不再实际居住。2013 年 10 月丁茂某代表该户与征收部门签订征收补偿协议，共获得 2 套安置房屋和部分货币补偿。因三户对征收补偿利益无法协商一致，丁永某一家及柳某铭向法院提起诉讼，请求依法分割。

裁判摘要：

法院认为，丁永某一户及柳某铭在涉讼房屋有本市常住户口，且实际居住过，另查明该户 3 人及柳某铭均未享受过福利分房，虽然房屋出租人指定丁茂某为涉讼房屋的新承租人，但不能排斥丁永某一户及柳某铭为同住人的地位。丁永某一家及柳某铭居住在10平方米房间系户籍在册人员家庭内部对房屋使用的分配，该房间未被列入征收补偿范围，系第三人依据相关规定所确定，不能因丁永某一家及柳某铭居住在10平方米的房间就丧失了权利。由于公房管理制度的特殊性，公房虽由一名同住人作为代表担任承租人，其他同住人与承租人享有相同的权利，承租人、同住人均应作为安置对象，在拆迁安置中一般应享有相同的权利，故丁永某一家及柳某铭有权要求均分涉讼房屋的征收补偿利益，综合系争房屋的来源、户籍情况、与系争房屋的实际联系等因素，酌情分配。

案例评析：

本案中，各方当事人户口均在被征收房屋内，也在被征收房屋内实际居住，同时他处未享受过福利分房，属于被征收房屋的同住人，可以分得房屋的征收补偿利益。虽然丁茂某被指定为房屋的承租人，但承租人和同住人具有相同的权利和义务。同时同住人和承租人的居住面积与可分得的征收利益无关，承租人和同住人对公房的居住使用权，属于概念上的共同共有，无法具体分割。因此无论各方的居住面积如何，均不影响其同住人的权利和可分配的征收补偿利益。

承租人在征收利益分配时的特殊权利。

1. 法院认为征收补偿利益应当以均分为原则。根据2004年的《高院解答》第九项，问：公有居住房屋拆迁补偿款，在承租人、同住人之间如何分配？答：承租人、同住人之间，一般遵循一人一份、均等分割的原则取得拆迁补偿款。因公有承租房屋的所有权属于国家，租赁凭证记载的承租人一般是家庭成员协商一致选出或者出租人指定的，因此承租人仅是该户同住人的代表人，本身并不存在被照顾的情形。因此，其对该房屋享有的权利与同住人是一致的。承租人和同住人在分割征收补偿利益时，法院认为应当是均等分割。

2. 承租人不受他处有房的限制。根据2004年的《高院解答》第九项，答：属于本市两处以上公房承租人的，其对各处被拆迁公房的补偿款均有权主张分割。

3. 承租人不受户籍的限制。虽然按照《上海市房屋土地资源管理局关于贯彻实施〈上海市房屋租赁条例〉的意见(二)》第12条规定：承租人户口迁离本市，其本处有本市常住户口的共同居住人协商一致，要求将承租户名变更为本处有本市常住户口的共同居住人之一的，出租人应予同意。协商不一致的，出租人应当从在本处有本市常住户口的共同居住人中，书面确定承租人。但是在房屋征收之时，即使承租人非本市户籍，其承租人身份未变更的，依然可以享有征收补偿利益。

实战策略：

司法实践中，承租人的权利较大，不仅有权代理该户选择货币补偿或者产权调换，同时还有权利代为领取征收补偿利益，而且还有诸多方面的特权。但是如果承租人不符合同住人的条件，或者承租人获得份额过多明显有违公平合理原则的情况下，可以判决其少分或者不分。比如2018年普陀法院的一则判决："孙某宝系金沙新村房屋征收前的承租人，但其原工作单位曾向其分配公有住房，后孙某宝取得所分配房屋的房产权，且孙某宝长期居住在所分配房屋的上海市金山区，自变更登记为金沙新村房屋承租人后并未在房屋内实际居住，故孙某宝并不依赖于金沙新村房屋解决居住问题，不享有分得征收补偿利益的权利。"因此承租人的权利并非绝对的特权，只是相对于他处有房具有例外因素。

房屋的原始承租人或者房屋的来源人可以适当多分。公房的来源一般是单位分配或者当事人出资购买所得，或者是原来房屋调配所得。由于特殊的社会性质，承租人或同住人只能获得房屋的居住使用权，无法获得房屋的产权。因此房屋的原始受配人可以认定为房屋的来源人，对房屋具有绝对的贡献。也可以认定为房屋的"准产权人"，因此该房屋被拆迁或者征收时，该类人员可以给予适当多分。比如上海市虹口区人民法院(2017)沪0109民初20274号判决："鉴于张某2是老年人，且为原始承租人的配偶，与房屋来源关系最为密切，又在此长期实际居住，本市无其他住所，需要以动迁利益保障居住，故对货币补偿款应当予以多分。与居住相关的奖励补贴也应由长期实际居住的安置对象即张某2取得。本案综合考量系争房屋的来源、各方对房屋的贡献、各方居住状况的因素等作出分割。"

5. 承租人享有过福利分房，是否影响征收补偿份额?

焦点问题：征收补偿利益分割案件中，承租人曾经享受过福利性拆迁或者福利分房的，是否影响其在被征收房屋内的征收补偿利益分配?

要点分析：根据《高院解答》第九项，答：属于本市两处以上公房承租人的，其对各处被拆迁公房的补偿款均有权主张分割。承租人曾经享受过福利性拆迁或者福利分房的，不影响其在被征收房屋的居住使用权，有权分割征收补偿利益。

但是因承租人是同住人的代表，从同住人中产生，与同住人具有同等的权利，因此如果承租人他处有房，虽然可以分得征收补偿利益，但可以酌情少分。

案情介绍：(2017)沪0107民初15055号

原告：秦某、彭某某、陈某。

被告：彭某1、吴某轶、彭某2。

被征收房屋位于上海市普陀区澳门路某某统楼，房屋性质为公房，承租人为彭某1。在册户口人数共5人，分别是秦某和彭某某母子二人，彭某1母女2人和彭某2一人。彭某1与彭某2系姐弟关系，彭某2系彭某某之父，秦某系彭某某之母，彭某2与秦某是前夫妻关系。系争房屋原承租人系彭某(彭某1、彭某2之父)，后变更为被告彭某1。1986年秦某、彭某某、彭某2的户籍自系争房屋迁往上海市桂巷新村公房内，后秦某、彭某某于1991年、彭某2于1995年将户籍自上述公房迁回系争房屋内。1993年彭某1获得其单位增配的福利分房一套。在作出征收决定时，户口在册人员均未在系争房屋内实际居住。2016年系争房屋被征收，彭某1代表该户与征收部门签订征收补偿协议，共获得四套安置房屋和部分货币补偿。因三户对征收补偿利益无法协商一致，2017年秦某一户向法院提起诉讼，请求依法分割。

裁判摘要：

法院认为，公房征收补偿利益是对承租人和同住人享有的居住使用公房相关权益的补偿，公有住房的居住使用权益由承租人及其共同居住人共同享有。判断是否享有公房居住使用权，应当依照《上海市房屋租赁条例》等相关法律规定进行认定。根据本案查明的事实，在作出征收决定时，原、被告均未在系争房屋内实际居住，故严格而言，本案当事双方均不符合相关规定中关于同住人(实际居住人)条件的标准。根据《上海市房屋租赁条例》及相关规定，公有住房的居住使用权益由承租人及其共同居住人共同享有。《上海市房屋租赁条例》意义上的“共同居住人”，是指在被拆迁房屋内实际居住达到一定年限(特殊情况除外)，且在本市无其他住房或虽有其他住房但居住困难的人，结婚、出生可以不受上述条件的限制。“共同居住人”的资格和权利可以在公房分配时原始取得，也可以在公房分配以后继受取得。彭某1在他处已享受过福利性分房，根据相关规定，其本不符合被拆迁房屋同住人的条件，但结合本案事实，被拆迁房屋承租人原为案外人彭某，后变更为彭某1，考虑到承租人的变更需征得户籍在册人员的一致同意，彭某 1 虽在他处享受过福利性分房，但其作为被拆迁房屋户籍在册人员一致认可的承租人，有权享受系争房屋的征收补偿收益。考虑彭某 1 在他处已获福利性分房，其虽作为被拆迁房屋的承租人，仍应适当少分征收补偿收益。

原告秦某因婚姻关系户籍迁入系争房屋内，在被拆迁房屋内与该房屋的原始受配人彭某 2 共同生活并生育原告彭某某。秦某与彭某 2 离婚时，未对居住问题进行过约定，故秦某与彭某某搬离被拆迁房屋，并不等同于秦某与彭某某丧失对被拆迁房屋居住使用的权利。原告陈某出生时，秦某与彭某 2 已非夫妻关系，此时作为承租人的彭某 1 仍同意原告秦某落户于被拆迁房屋内，亦能表明承租人并不否定原告秦某、彭某某对被拆迁房屋居住使用的权益。综合上述事实和情节，本院认为彭某 2、秦某、彭某某原则上应均等分得被拆迁房屋的征收补偿利益。综合考虑各方当事人的经济条件、居住情况、对房屋分配的意愿以及房屋目前的登记状况等因素，酌情分配。

案例评析：本案中，彭某 1 在 1993 年获得单位增配的公房，房屋面积较大，不属于居住困难，按照同住人的标准看，彭某 1 不属于本案被征收房屋的权利人。但彭某 1 作为承租人，不受他处有房的限制，依旧可以获得征收补偿利益。

根据目前的裁判口径，承租人享有较多的特权，其中最特殊的权利就是本文所讲述，不受他处有房的限制或者不受同住人条件的限制。根据 2004 年的《高院解答》第九项，问：公有居住房屋拆迁补偿款，在承租人、同住人之间如何分配？答：承租人、同住人之间，一般遵循一人一份、均等分割的原则取得拆迁补偿款。但有下列情况除外：(一)有以下情况之一的人，可以酌情多分：1. 承租人或同住人属于年老体弱，缺乏经济来源，且按均分所得的补偿款，无法购得房屋保证其正常生活的；2. 承租人或同住人在取得公房承租权时额外支付过较多款项的；3. 对公房内居住的未成年人实际承担监护义务的。(二)属于本市两处以上公房承租人的，其对各处被拆迁公房的补偿款均有权主张分割。其中第二款在司法实践中被理解为：承租人不受他处享受福利分房的限制，不受享受过动拆迁等任何福利性政策的限制。因此，司法实践中，承租人享有不受他处有房限制的特权已经成为共识。本案中，该房屋的承租人彭某 1 曾经享受过福利分房，但法院依据该政策依旧认定其可以享受系争房屋的征收补偿利益。

承租人享受过福利分房，应当给予少分。承租人从本质上来讲也属于同住人，从同住人中选出，代表同住人对外从事一切法律行为。同时，从社会保障的角度，被征收房屋的最主要的目的是保障被征收房屋内权利人的居住问题，尤其是实际居住人的居住保障问题。从法院认定权利人的角度看，公房权利人不能重复享受福利政策，也就是公房征收不保护他处有房的人。法院为保护承租人，虽然给予其可以享有权利的基础，但是因其已可以解决住房问题，因此应当给予少分。

实战策略：

一般而言，公房的承租人都可以享有征收补偿利益，但如果根据被征收房屋的来源、实际居住情况、他处有房情况等公平合理的法律原则，会导致利益分配显失公平的，承租人的特权就可能被突破，法院需要适当降低承租人的份额。比如上海市第二中级人民法院的一则案例：被征收房屋的原始承租人已去世，在册户口人蔡某英、蔡某平、蔡某伟、蔡某生作为汪某兰的子女，均具有继受承租人地位的资格。若仅以蔡某生被物业公司指定为承租人，便认定全部征收利益归其一人所有，无疑将导致利益失衡。被征收房屋的征收补偿安置利益由蔡某英、蔡某平、蔡某伟、蔡某生共同分得为妥。

6. 房屋征收之后，是否可以提起撤销承租人之诉？

焦点问题：被征收房屋已经签订征收补偿协议或者已经交房后，在册户口人发现承租人身份系通过违规取得，能否通过诉讼方式请求法院确认物业公司变更承租人的行为无效？

要点分析：若承租人身份系违规取得，在册户口人可以提起民事诉讼，请求法院确认物业公司变更承租人的行为无效。根据《民法典》及相关司法解释规定，无效行为自始无效；可撤销的行为，自撤销后自始无效。因此，在册户口人违规取得承租人身份，侵害其他在册户口人权利的，根据法律规定属于当事人相互串通，侵害第三人权利人的民事法律行为，应属无效。其他在册户口人当然可以提起诉讼，要求法院确认物业公司变更行为无效，撤销承租人资格。

案情介绍：(2018)沪 0106 民初 21720

原告：臧某清。

被告：臧某露。

第三人:上海宝翔物业有限公司。

第三人:臧某飞。

被征收房屋位于上海市静安区康定路,房屋性质为公房,承租人为臧某露。房屋征收时户籍在册户口人员共3户,分别是臧某露及父母、配偶和子女一户,臧某清一户、臧某飞一户。臧某露、臧某清系同父同母兄弟姐妹关系,臧某飞与两人系堂兄弟姐妹关系。1992年5月系争房屋由原承租人臧某祥(臧某露、臧某清、臧某飞三人的爷爷)单位增配所得。1996年臧某祥报死亡,当时系争房屋户籍在册人员为臧某清、臧某露、臧某飞。2007年,臧某露作为申请人填写的过户申请载明:"经家庭协商一致,要求将臧某祥户名过户给我,保证外地按政策回沪亲属在本处有居住权。"落款处为申请人:臧某露,同住人:臧某飞、臧某清,该三个签名均为臧某瑾(臧某露、臧某清两人父亲)代签。2008年系争房屋承租人变更为臧某露。

2018年6月12日,臧某清以房屋租赁合同纠纷为由将臧某露诉至法院,要求撤销物业公司变更臧某露为系争房屋承租人的行为,并确认其为系争房屋承租人。2018年6月20日,系争房屋被划入征收范围,2018年7月21日,臧某露作为系争房屋承租人与征收部门签订征收补偿协议,并选择货币补偿。2018年9月,臧某清以共有纠纷为由将臧某露等系争房屋户籍在册人员诉至法院,要求分割系争房屋征收补偿利益(另案审理)。

裁判摘要:

法院认为,提出诉讼主张的当事人应当与诉讼标的存在利害关系,并符合法律规定的其他要件。系争房屋为公有住房,公房租赁合同项下的承租方实为所有共同居住人,承租人仅为共同居住人的代表。承租人资格异议之诉,系为在承租人这一资格取得过程中、利益可能被侵害的其他共同居住人所设置的司法救济途径。若臧某清诉请得到法院支持,则共同居住人之中可重新产生承租人,以继续履行与出租人之间的租赁合同。但系争房屋已被政府征收,自征收决定生效之日起,系争房屋上原有物权已消灭,设置于系争房屋上的租赁合同亦随之不再具备继续履行的客观条件,即不存在重新产生承租人的可能性。况且,该户的征收补偿协议已生效并得到了部分履行,原租赁合同项下所有共同居住人的居住权等承租方权利已转化为征收补偿利益,由所有共同居住人共同共有。现臧某清已就系争房屋征收补偿款的分割问题另行诉至法院,相关征收补偿款也已被依法保全，系争房屋共同居住人之间如何分割，将在另案中处理，而臧某露取得承租人资格这一行为是否被撤销，与共有纠纷案的处理结果并无直接、必然联系。臧某清要求撤销承租人资格的起诉已无诉的意义，不符合法律规定，依法应予驳回。

案例评析：本案中，法院认为该户签订征收补偿协议后，原告臧某清提起撤销承租人的诉讼无诉的意义。同时认为该房屋已被征收，原有物权已经消灭，租赁关系没有继续履行的客观条件，综合两个主要焦点驳回臧某清的起诉。作者认为法院的观点值得商榷，而且司法实践中该类观点并非通说。

一、已经签订征收补偿协议或者征收决定公告作出后，在册户口人提起撤销承租人的诉讼是否具有诉的意义？或者是否可以提起诉讼？

公房在册户口人违规取得承租人身份的，便具有了承租人的特权，比如在征收过程中可以有选择货币或者产权调换的权利；征收补偿利益分割中，承租人不受他处有房的限制，不受实际居住一年的限制，甚至不受户口在册的限制，均可以获得征收补偿利益。承租人虽然是同住人的代表，但承租人特殊的权利，在有些案件中，直接影响其他在册户口人是否可以分配征收补偿利益。因此，违规变更承租人的行为，明显侵害其他在册户口人的权利，具有极大的财产意义。根据《民法典》第 154 条：行为人与相对人恶意串通，损害他人合法权益的民事法律行为无效。物业公司未尽合理审查义务或者明知在册户口人不符合承租人的变更的条件，而指定某在册户口人为承租人的行为，侵害了其他在册户口人的合法权利，应属无效的民事法律行为，法院可以要求行为人撤销。同时根据《民法典》第 155 条：无效的或者被撤销的民事法律行为自始没有法律约束力。无效合同或者合同被撤销后，行为人因该行为取得的财产，应当予以返还；不能返还或者没有必要返还的，应当折价补偿。物业公司变更行为无效的情况下，应当恢复原状，撤销承租人资格。

二、房屋已被征收，原有物权已经消灭，租赁关系没有继续履行的客观条件，因此诉讼没有法律意义，该观点是否具有法理基础？

该问题涉及后面文章的核心问题分析，在此简要阐述，在册户口人违规取得承租人身份，依据该身份所从事的民事法律行为是否有效？因我国理论通说和审判实务通说均不采用物权行为无因性理论，故若先前行为无效，则处分行为也会随之无效。所以承租人代表该户签订征收补偿协议的行为属于无权代理，被代理人追认的情况下，该行为有效，被代理人不追认的情况下，行为无效。因此，只要承租人尚未交付房屋或者承租人签订的征收补偿协议未履行完毕，物权并未消灭，租赁关系依然存在。而且承租人所签订的征收补偿协议属于效力待定的协议，在房屋交付或者征收补偿协议履行完毕之前均可告知征收部门，并提起民事诉讼。本案中原告提起诉讼时，征收补偿协议并未履行，至法院判决时征收补偿协议并未履行完毕，因此法院的观点值得商榷。

实战策略：

司法实践中，请求法院确认物业公司变更承租人行为无效的诉讼难度较大，主要体现在客户提起诉讼的时间较晚。一般提起诉讼的时间都在征收期间，距离违规变更行为的时间较长，有些已经超过 20 年最长诉讼时效。而其间未提起诉讼的原因较多，比如法律观念淡薄，不理解同住人与承租人的区别；介于亲情，担心起诉会伤了情面；还有怕麻烦等，但对于长期不提起诉讼的，法院可能会因此认定对承租人的默认或者诉讼时效已过，因此维护权利要在侵权行为发生之日起三年之内提出，否则将很难得到法律的保护。根据诉讼经验，提起诉讼的时间不能迟于交房之时，加上法院审理的时间，至法院判决之时，征收补偿协议已经履行完毕，很难再得到法院的认可。针对原告提起诉讼的标的，法院往往会认定“没有诉的意义”而驳回起诉。因此，维权一定要在法律规定的时效内。

7. 伪造同住人签字变更的承租人，是否可以撤销？

焦点问题：在册户口人伪造同住人签字或者隐瞒其他在册户口人的，提供虚假材料，欺骗物业公司而变更的承租人，是否可以撤销？

要点分析：未经家庭内部在册户口人协商一致，伪造他人签字或者隐瞒其他在册户口人而违规取得的承租人身份的，或物业公司未尽合理审查义务而指定承租人的，其他在册户口人可以申请法院判决确认物业公司变更承租人的行为无效，进而撤销承租人，恢复原状。

案情介绍：（2018）沪 0109 民初 33671 号

原告：钱某某。

被告：秦某 3。

第三人：上海兴城物业有限公司。

系争房屋位于上海市虹口区昆山路，房屋性质为公房，承租人为秦某3。系争房屋原承租人系秦某1，秦某1与葛某某系夫妻，育有秦某2、秦某3两子，钱某某与秦某2系夫妻。2005年系争房屋内有两本户口簿，一本为秦某3，一本为钱某某。钱某某户口于1988年从本市祥德路某号房屋迁入，秦某3户口于1981年从本市武进路某号房屋迁入。2001年秦某1去世，2005年秦某3向兴城物业提交《更户申请》，该申请书上载有秦某3、葛某某的签名，兴城物业审核后，确认秦某3为承租人，并向秦某3颁发系争房屋公房租赁凭证。2018年钱某某向法院起诉要求兴城物业撤销其颁发给秦某3的公房凭证，将承租人恢复至秦某1名下。

裁判摘要：

法院认为，根据《上海市房屋租赁条例》以及《上海市房屋土地资源管理局关于贯彻实施〈上海市房屋租赁条例〉的意见（二）》（以下简称《意见（二）》）的规定，公有居住房屋的承租人死亡的，其生前在本处有本市常住户口的共同居住人协商一致，出租人应予同意。原承租人秦某1死亡后，2005年秦某3系以家庭成员协商一致同意更改户名为秦某3为由提出更户申请，钱某某作为户口在册人员，变更承租人需户口在册人员一致同意，而兴城物业在审核更户申请时未征询户口在册情况，遗漏了钱某某的户口在册情况，核准了秦某3的更户申请，侵害了钱某某的合法权益，钱某某要求撤销秦某3为系争房屋的承租人，并将承租人恢复为秦某1的诉讼请求，理由正当，依法予以支持。

简要解析：

本案中，秦某3申请变更承租人时，隐瞒有两本户口本的客观情况，物业公司基于申请人的虚假陈述而做出的错误变更，法院给予纠正，认定变更行为无效。那么实践操作中，变更承租人需要哪些程序呢？

公房承租人是《租用公房凭证》上记载的人，一般只记载一人。公房承租人属于该公房的共同居住人，是该公房同住人的代表，与同住人享有相同的权利，承担相同的义务。一般情况下分为以下三种情形：

一、原承租人在世时，协议变更。根据《上海市房屋租赁条例》（2010修正）第四十条：公有居住房屋承租人与本处有本市常住户口的共同居住人协商一致，要求将承租户名变更为本处有本市常住户口的共同居住人之一的，出租人应予同意。因此只需要房屋的原承租人和符合共同居住人条件的成年在册户口人协商一致，并到房屋所在地的公房物业管理公司签订书面变更协议，就可以直接变更承租人，无须其他同住人签字或者同意。此处需要注意的是，新的承租人必须满足该公房同住人条件，即根据《上海市房屋租赁条例》中所称公有居住房屋的“共同居住人”是指公有居住房屋的承租人死亡或者变更租赁关系时，在该承租房屋处实际居住生活一年以上(特殊情况除外)而且本市无其他住房或者虽有其他住房但居住困难的人，结婚、出生可以不受上述条件的限制。否则物业公司可以不予准许。

二、原承租人死亡的，需要所有成年同住人协商一致，协商不成的，物业公司指定。根据《上海市房屋租赁条例》(2010 修正)第四十一条:“房屋租赁期间租赁当事人死亡或者依法变更、终止的，租赁关系按照下列规定处理:公有居住房屋承租人死亡的，其生前的共同居住人在该承租房屋处有本市常住户口的，可以继续履行租赁合同;其生前的共同居住人在该承租房屋处无本市常住户口或者其生前无共同居住人的，其生前有本市常住户口的配偶和直系亲属可以继续履行租赁合同。前款规定中可以继续履行租赁合同者有多人的，应当协商确定承租人。协商一致的，出租人应当变更承租人;协商不一致的，由出租人在可以继续履行租赁合同者中确定承租人。租赁关系变更后，原承租人的生前共同居住人仍享有居住权。”承租人死亡的，生前的共同居住人在该承租房屋处有本市常住户口的，可以继续履行租赁合同;除此之外，如果在该房屋内没有户口，承租人生前有本市常住户口的配偶和直系亲属也可以继续履行租赁合同。

三、承租人死亡后，物业公司指定承租人时有一定的程序。根据《意见(二)》第十二条规定:同住人协商不一致的，出租人应当从在本处有本市常住户口的共同居住人中，按照下列顺序书面确定承租人:1. 原承租人的配偶;2. 原承租人的子女(按他处住房情况，本处居住时间长短);3. 原承租人的父母;4. 其他人(按他处住房情况，本处居住时间长短)。或者承租人死亡，其生前在本处无本市常住户口的共同居住人的，其生前具有本市常住户口的配偶和直系亲属协商一致，要求变更租赁户名的，出租人应予同意。协商不一致的，出租人应当按照下列顺序书面确定承租人:1. 原承租人的配偶;2. 原承租人的子女(按他处住房情况);3. 原承租人的父母;4. 原承租人的其他直系亲属(按他处住房情况)。需要特别注意的是，承租人死亡后，该房屋有多名同住人时，物业公司指定承租人时，该新的承租人必须要符合同住人的资格，即按照《意见（二）》第十二条：公有居住房屋承租户名的变更《上海市房屋租赁条例》中所称公有居住房屋的“共同居住人”是指公有居住房屋的承租人死亡或者变更租赁关系时，在该承租房屋处实际居住生活一年以上（特殊情况除外）而且本市无其他住房或者虽有其他住房但居住困难的人，结婚、出生可以不受上述条件的限制。如果物业公司指定的承租人不符合同住人的资格，其他同住人同样可以申请法院撤销。

实战策略：

从实践经验中我们发现，并非所有违规变更的承租人，法院都会认定物业公司的变更行为无效。司法实践中，根据具体案件的特殊情况，如果从撤销承租人身份对案件影响较大、不利于社会的稳定性、超过法律规定的除斥期间，或从生活常理的角度出发，虽然变更承租人或者指定承租人的程序存在违规违法情形，但法院依旧会驳回原告诉请。比如，2017 年浦东法院的一份判决：“原告对系争房屋由被告承租使用是明知且不持异议的，然而在承租人变更了长达 26 年有余后，原告现仅以不认可相关手续上体现的形式而否认承租人变更的事实，依据不足，也异常于生活常态标准，故就原告的意见本院不予采信。”因此，不同案件需要区别对待，而且个案的具体事实也存在一定的差异，法院考虑法律效果与社会效果的出发点也会有所不同。

8. 未经在册户口人协商而指定承租人的行为是否有效？

焦点问题：向公房所在地的物业公司申请变更承租人时，未经所有在册户口人协商，物业公司直接指定承租人的行为是否有效？

要点分析：根据《上海市房屋租赁条例》第 41 条第二款规定：“……可以继续履行租赁合同者有多人的，应当协商确定承租人。协商一致的，出租人应当变更承租人；协商不一致的，由出租人在可以继续履行租赁合同者中确定承租人。”因此，指定承租人的法律行为必须以在册户口人协商不成为前置条件，未经协商直接指定的属于违反法定程序，应当被认定为无效。

案情介绍：（2017）沪 01 民终 794 号

上诉人（原审原告）：杨某华。

被上诉人(原审被告):陈某武。

被上诉人(原审被告):上海南团公司。

系争房屋位于上海市浦东新区上南路,房屋性质为公房,诉讼期间承租人为陈某武,杨某华系陈某武的弟媳。系争房屋系陈某武之妻朱某的单位分配所得,当时承租人为朱某。1981 年杨某华与陈某武之弟登记结婚,1985 年底杨某华入住系争房屋,1990 年杨某华的户籍从原南汇县××镇××路××号××室(系陈某武之母承租的公有住房)迁入系争房屋,2003 年系争房屋承租人变更为杨某华。2007 年系争房屋承租人变更为朱某。2008 年陈某武的户籍从原南汇区××镇××村××号××室迁入系争房屋,2012 年朱某去世。2013 年系争房屋的承租人变更为陈某武。2016 年杨某华向法院起诉请求撤销南团公司在 2007 年及 2013 年两次变更承租人的行为。

裁判摘要:

一审法院认为:本案争议焦点在于系争房屋经历三次承租人变更是否具有合理的依据:首先,杨某华认为 2003 年的承租人变动,系朱某签署了退房协议,但没有提供相应证据佐证,南团公司表示该次变动系自身工作疏忽,从现有证据来看,无法证明 2003 年承租人由朱某变动为杨某华,系经过朱某本人的同意,故该次变动不具有合理的依据;其次,2007 年承租人由杨某华变动为朱某,南团公司已经提供了 2007 年杨某华与朱某签署的《公房过户协议书》为证,该协议书上杨某华的签名真实性已被鉴定意见所确认。根据《上海市房屋租赁条例》相关规定,可以继续履行租赁合同者有多人的,应当协商确定承租人,协商一致的,出租人应当变更承租人,故此次变动,具有合理依据;最后,对于 2013 年承租人由朱某变动为陈某武的行为,《上海市房屋租赁条列》中所称公有居住房屋的“共同居住人”是指公有居住房屋的承租人死亡或者变更租赁关系时,在该承租房屋处实际居住生活一年以上(特殊情况除外)而且本市无其他住房或者虽有其他住房但居住困难的人,结婚、出生可以不受上述条件的限制。故在朱某死亡后,由其配偶陈某武继续履行租赁合同,并无不当。

一审判决后,当事人对一审判决不服,提出上诉。

二审法院认为:案件的争议焦点在南团公司在 2007 年及 2013 年两次承租人变动是否合法有据。首先,对于 2007 年的承租人变动问题,一审中南团公司提供了杨某华与朱某签署的《公房过户协议书》,该协议书上杨某华签名的真实性已被鉴定意见所确认，鉴此可以表明系杨某华与朱某双方协商一致变更承租人为朱某，故该次变动于法有据；其次，对于2013年的承租人变动问题，鉴于上诉人杨某华的户口及被上诉人陈某武的户口均在系争房屋内，而本案当事人均确认南团公司在变更承租人时没有经过协商而迳行指定陈某武为承租人，故南团公司该行为违反了《上海市房屋租赁条例》第四十一条第二款“前款第(二)项规定中可以继续履行租赁合同者有多人的，应当协商确定承租人。协商一致的，出租人应当变更承租人；协商不一致的，由出租人在可以继续履行租赁合同者中确定承租人”之规定，属于程序上不当，一审法院未考虑出租人应当进行协商确定承租人之规定属错误判决，因此，杨某华要求撤销南团公司指定陈某武为系争房屋的承租人的诉讼请求，应当得到法院支持。

案例评析：本案中存在三次承租人变更的法律行为，2003年和2007年承租人变更是经过家庭内部协商一致，共同申请物业公司变更的承租人，于法有据，法院也予以确认。但2013年在朱某过世后，物业公司重新指定承租人，根据政策法规：需要经过家庭内部协商一致，协商不成的，再由物业公司在合适的人范围内予以指定。本案中，物业公司未经家庭内部协商的基础上直接指定，属于程序错误。

未经在册户口人协商，物业公司直接指定承租人的行为是否有效?

变更承租人一般有三种方式：承租人未过世的，原承租人与所有在册户口人协商一致变更；承租人过世的，在册户口人协商一致变更；承租人过世的，在册户口人协商不一致的，物业公司可以依法指定承租人。

根据《意见(二)》内容规定：同住人协商不一致的，出租人应当从在本处有本市常住户口的共同居住人中，按照下列顺序书面确定承租人：1. 原承租人的配偶；2. 原承租人的子女(按他处住房情况，本处居住时间长短)；3. 原承租人的父母；4. 其他人(按他处住房情况，本处居住时间长短)。或者承租人死亡，其生前在本处无本市常住户口的共同居住人的，其生前具有本市常住户口的配偶和直系亲属协商一致，要求变更租赁户名的，出租人应予同意。协商不一致的，出租人应当按照下列顺序书面确定承租人：1. 原承租人的配偶；2. 原承租人的子女(按他处住房情况)；3. 原承租人的父母；4. 原承租人的其他直系亲属(按他处住房情况)。需要特别注意的是，承租人死亡后，该房屋有多名同住人时，物业公司指定承租人时，该新的承租人必须要符合同住人的资格，即按照《意见(二)》第十二条:公有居住房屋承租户名的变更《上海市房屋租赁条例》中所称公有居住房屋的“共同居住人”是指公有居住房屋的承租人死亡或者变更租赁关系时,在该承租房屋处实际居住生活一年以上(特殊情况除外)而且本市无其他住房或者虽有其他住房但居住困难的人,结婚、出生可以不受上述条件的限制。如果物业公司指定的承租人不符合同住人的资格,其他同住人同样可以申请法院撤销。

实战策略:

司法实践中,二审改判案件的比例并不高。但如果一审判决存在法律适用不当、事实认定错误或者有重要证据遗漏的,综合分析案件的每一个重要的事实和对应的法律关系,二审依旧存在改判可能性。那么在类似案件二审代理中,应当从哪些方面着手呢?

(一) 实体法和程序法并重。西方有句谚语:当法律对你有利,则敲响法律;但事实对你有利,则敲响事实。如果法律和事实均对你不利,就敲响桌子。律师在代理二审案件时,尤其是上诉方的代理律师,要求撤销或者改变一审判决,固然有些困难,但是如果发现新的法律论点、新的判例、政策指引等对扭转案件结果有利,都可以敲响法律;如果发现新的证据,或者一审法院并未采纳的证据,而且该证据足以推翻一审的事实依据,就敲响事实,如果未发现一审法律适用和事实认定存在瑕疵,就从社会的公平正义角度,从法律适用原则角度辩论案件,那就敲响桌子。

(二) 负责、严谨的态度。二审中,一些律师经常会出现“前紧后松”和“辩论无力”的状态。一审中,代理律师非常认真负责,证据方面能查尽查,观点方面能辩尽辩,庭审准备充分,辩论非常出色,使法官亦为之点赞。但二审期间,总认为能做的已经差不多了,足以影响二审,以至于安于现状,不求进取。其实,这是一种错觉和失误,更是一种不负责的状态。真正负责严谨的二审代理律师,应当善于找出一审和二审之间内在的联系性与适用性。就事实而言,应是一审事实与二审补查事实的有机结合,既要全面又要客观;就法律而言,应是对有关法律、法规、司法解释的全面搜集与对照,并就案件事实的认定及案件处理的法律适用等问题作鞭辟入里的分析,顺理成章地得出具有说服力的结论。唯此,才是对律师水平或办案技能的实际衡量与检验,法官的决断也可能从中得出。

9. 撤销承租人身份后,已签订的征收补偿协议是否有效?

焦点问题:法院确认物业公司变更承租人行为无效,那么已签订的征收补偿协议是否有效?

要点分析:已经签订的征收补偿协议的效力属于效力待定。法院判决确认物业公司变更承租人行为无效,该行为自始无效。作为"承租人"时所签订的征收补偿协议,因缺乏权利人的授权,符合无权代理的构成要件。根据《民法典》第一百七十一条:相对人可以催告被代理人自收到通知之日起三十日内予以追认。被代理人未作表示的,视为拒绝追认。行为人实施的行为被追认前,善意相对人有撤销的权利。撤销应当以通知的方式作出。

案情介绍:(2018)沪03行终163号

上诉人(原审原告):徐某淮、徐某和。

被上诉人(原审被告):上海市某住房保障和房屋管理局。

原审第三人:徐某国。

系争房屋位于上海市静安区康乐路,房屋性质为公房,原承租人为徐某奇,徐某奇有配偶戴某英、戴某红二人。徐某淮、徐某和为徐某奇与戴某红所生之子,徐某国为徐某奇与戴某英所生之子。徐某奇过世后,系争房屋于2005年变更承租人为戴某红,戴某红于2008年过世。2015年5月系争房屋在被征收范围内,此时系争房屋内无户籍在册人员。

2016年5月13日,物业公司与改造房屋征收评议监督小组作出《关于康乐路×××号变更承租人的通知》(以下简称《变更承租人通知》),将系争房屋承租人变更为徐某国。2017年4月,徐某国与房管局签订征收补偿协议并领取了全部货币款。2017年1月徐某淮、徐某和等人对《变更承租人通知》不服,向法院提起诉讼要求撤销《变更承租人通知》。2017年8月法院判决撤销该《变更承租人通知》,并在判决中认定系争房屋纳入征收范围前由徐某淮、徐某和等人对外出租并收取租金。2018年徐某淮、徐某和诉至法院请求确认房管局与徐某国签订的征补协议无效。

裁判摘要:

法院认为:案件争议焦点在于,房管局与徐某国签订被诉征补协议是否有效。首先，签约主体是否适格。根据《变更承租人通知》徐某国作为被征收房屋的指定承租人，徐某国在2017年4月10日签订被诉征补协议时确实具有签约主体资格。但2017年8月法院的生效民事判决已撤销徐某国承租人身份，而根据《实施细则》等规定，房屋征收补偿协议应当由房屋征收部门与被征收人或公房承租人签订，故徐某国现已不具有法定的签约主体资格。其次，根据法院判决认定的事实及本案双方当事人陈述，徐某国并非原房屋承租人戴某红的直系血亲子女，户籍不在系争房屋处，亦未与戴某红共同居住在该处，故其无权代表该户与房管局就系争房屋征收补偿进行协商、签约，且该行为事后亦未经权利人追认，故仍以签约时徐某国具有签约主体资格为由，认定被诉征补协议合法有效，显然与事实不符，亦不符合法律规定。再次，被诉征补协议是否侵害了包括两上诉人在内的该户整体利益。根据《上海市房屋租赁条例》相关规定并结合法院生效的民事判决，尽管两上诉人户籍不在系争房屋处，但两上诉人作为原承租人戴某红仅有的直系血亲子女，均符合可以继续履行租赁合同并被确定为新的承租人的法定条件，也均有可能具有与房管局进行征收补偿协商、签约的主体资格。且从协议约定的补偿方式看，《实施细则》及该基地方案均未规定对该户只能采取货币补偿方式，且之前作出的征收补偿决定系以产权调换房屋的方式对该户进行补偿，现因徐某国签订被诉征补协议时选择以全货币方式进行补偿，实际损害了两上诉人协商、签约、选择产权调换房屋并获征收补偿所得的权利。

此外，结合证据及各方当事人庭审陈述、综观本案案情：房管局就系争房屋的补偿安置先多次与两上诉人协商，协商未果后明知两上诉人对指定徐某国为承租人有异议，转而仅与徐某国协商，但仍无法达成一致，遂作出征收补偿决定以产权调换房屋的方式进行补偿；房管局下属的征收事务所明知法院已经立案受理撤销承租人之诉，且作为被告于2017年4月6日参加庭审、明知对承租人身份存有争议，法院尚未作出判决前，仍于2017年4月10日与徐某国签订被诉征补协议，且约定以全货币方式补偿；协议签订后，房管局下属的征收事务所明知法院已于2017年8月作出生效判决撤销《变更承租人通知》，仍于2017年9月向徐某国全额支付了所有的货币补偿款。房管局及下属征收事务所的上述行为不仅实际损害了两上诉人应享有的补偿利益，还引发了两上诉人及原审第三人家庭内部矛盾，造成不必要纠纷，更有违房管局及下属征收事务所在实施房屋征收补偿惯常的工作方式和操作流程。对房管局在征收补偿工作中存在的不规范之处，本院予以指出。综上，被诉征补协议依法应属无效，徐某国应当返还已领取的货币补偿款。房管局仍应就系争房屋的补偿事宜继续与该户协商，尽快按照法律规定及基地补偿方案对该户进行房屋征收补偿。

案例评析：

法院判决确认物业公司变更承租人的行为无效，物业公司撤销了承租人身份，但是对于徐某国在撤销承租人之前，以承租人身份代表该户与征收部门签订了征收补偿协议，该征收补偿协议的效力如何认定？

目前，我国理论通说和审判实务通说均采用物权行为有因性理论，不采用物权行为无因性理论，故若先前行为无效，则处分行为也会随之无效，根据无效规则应当返还财产，恢复原状。所以承租人代表该户签订的征收补偿协议的行为属于无权代理人，根据《民法典》第一百七十一条规定，行为人没有代理权、超越代理权或者代理权终止后，仍然实施代理行为，未经被代理人追认的，对被代理人不发生效力。相对人可以催告被代理人自收到通知之日起三十日内予以追认。被代理人未作表示的，视为拒绝追认。行为人实施的行为被追认前，善意相对人有撤销的权利。撤销应当以通知的方式作出。无权代理行为只有被代理人在 30 天内追认的情况下，该代理行为有效；被代理人不追认时，代理行为无效。

本案中，法院认定徐某国与征收部门签订的征收补偿协议属于无效协议。但法院判决文章中提到的观点“徐某国无权代表该户与房管局就系争房屋征收补偿进行协商、签约，且该行为事后亦未经权利人追认，故仍以签约时徐某国具有签约主体资格为由，认定被诉征补协议合法有效，显然与事实不符”。因此，法院认定该份协议属于无权代理，在法定期限内权利人并未追认，协议无效。

实战策略：

“世界上有可能同时存在两种完全不同的正义，而且彼此相互抵触、水火不容。”这是台湾作家龙应台的一句话。在法律的价值判断上，因为价值保护的侧重点不同，也往往会有截然不同的结论，而律师就可以根据法律保护的方面，针对案件作出有力的辩护。

本案中，无权代理人签订征收补偿协议是否有效的问题，浦东法院部分法官针对类似案例的观点为：依法成立的合同受法律保护。某房管局与王某签订征收补偿协议系双方真实意思表示，协议内容符合房屋征收相关法律法规及基地政策的规定。李某虽不认可王某代表该户签订征收补偿协议，但征收补偿协议已将李某列为征收补偿对象，且征收补偿协议约定的补偿内容已充分保障被征收居民户的整体补偿利益，亦不存在《中华人民共和国合同法》第五十二条规定合同无效的法定情节，故征收补偿协议合法有效。被征收居民户家庭成员内部之间的补偿利益分配可通过自行协商或诉讼途径另行处理。李某就王某的代理行为也可另案主张侵权责任。所以无权代理的合同根据所保护的价值不同，裁判结果就有所不同。

10. 承租人过世后，物业公司是否可以收回房屋？

焦点问题：公房承租人过世后，又无其他在册户口人的，作为出租方的物业公司是否有权解除租赁关系，收回公房？

要点分析：司法实践中，分两种情形，（一）如果公房已故承租人的直系亲属户籍属于本市的，则该公房由直系亲属协商出一人继续承租，物业公司不得报空房，不得收回房屋；（二）如果公房已故承租人的直系亲属户籍不属于本市的或者没有近直系亲属的，物业公司可以报空该房屋，收回该公房。

案情介绍：(2018)沪 02 民终 4223 号

上诉人(原审原告)：上海北方企业(集团)有限公司。

被上诉人(原审被告)：沈某燕。

被上诉人(原审第三人)：张某珠。

系争房屋位于上海市静安区阳泉路某号，房屋性质为公房，原承租人为张某科，北方公司是系争房屋的经营管理单位。系争房屋原由张某科承租并居住使用，根据户籍证明显示，张某科姐姐为张金某、张银某，妹妹为张某珠、张某萍、张某飞。2011 年 1 月张某科去世，该房屋内无户口。2011 年 2 月，五姐妹经协商达成协议，一致同意系争房屋的承租权为共同共有，并一致同意以张某飞名义向公安机关申报户口、向出租部门申请变更租赁户名、购买产权，其权利由五姐妹共享等事宜。后因张某萍未配合办理变更租赁户名的手续，未果。2016 年 6 月，沈某燕与张某珠签订系争房屋租赁合同，入住了系争房屋。2017 年 3 月，张金某、张银某、张某珠、张某飞以无法与妹妹张某萍达成协议确定承租人，相关房管部门未指定房屋承租人，以及相关部门无权要求排除妨害等为由诉至法院，请求确认四姐妹为系争房屋的有权承租人，并请求判令北方公司与张某飞建立系争房屋的租赁关系，法院以四姐妹的诉请不属于人民法院受理民事诉讼的范围，裁定不予受理。期间张某珠接受其他姐妹委托，暂行管理系争房屋。北方公司则认为系争房屋属于国有直管公有房屋，产权使用权均属于北方公司，张某科死亡后，该户与北方公司的租赁关系应自动终止，故要求收回系争房屋。2017 年北方公司遂诉至法院要求张某珠立刻停止侵权，迁出系争房屋，并返还给北方公司。

裁判摘要：

根据有关规定，公有居住房屋的承租人死亡后，若承租人亲属数人同时有权继续履行公房租赁合同时，由有权继续履行租赁合同的人予以协商确定新的房屋承租人。若协商不一致，则由出租人即公房产权单位或国家授权经营管理公房的单位重新确定新的承租人。系争房屋在原承租人死亡后，北方公司作为系争房屋的经营管理单位，在接到系争房屋原承租人亲属要求指定新的承租人的请求后，未履行指定承租人的程序，张某珠作为亲属及继承人之一受其余继承人委托管理系争房屋的行为与无合法依据强占房屋有本质区别。北方公司未履行指定承租人的前置程序下，直接提起诉讼，认定张某珠无合法依据占用房屋，要求排除妨害的诉讼理由不能成立。

案例评析：本案中，公房的承租人已过世，无在册户口人，原承租人的姐妹希望成为公房的承租人。但物业公司拒不变更新的承租人，并且请求法院排除妨害，将张氏姐妹赶出公屋。最终经法院审理判决，公房承租人过世后，其近亲属有权继续履行合法占有使用公房，驳回物业公司的诉讼请求。那么，司法实践中，承租人过世后，哪些人可以成为新承租人，物业公司是否可以收回房屋？

（一）公房承租人过世后，哪些人可以成为新的承租人？根据《上海市房屋租赁条例》第 41 条规定，公有居住房屋承租人死亡的，其生前的共同居住人在该承租房屋处有本市常住户口的，可以继续履行租赁合同；其生前的共同居住人在该承租房屋处无本市常住户口或者其生前无共同居住人的，其生前有本市常住户口的配偶和直系亲属可以继续履行租赁合同。可以继续履行租赁合同者有多人的，应当协商确定承租人。协商一致的，出租人应当变更承租人；协商不一致的，由出租人在可以继续履行租赁合同者中确定承租人。租赁关系变更后，原承租人的生前共同居住人仍享有居住权。根据《关于贯彻实施〈上海市房屋租赁条例〉的意见(二)》,承租人死亡,其生前在本处无本市常住户口的共同居住人的,其生前具有本市常住户口的配偶和直系亲属协商一致,要求变更租赁户名的,出租人应予同意。协商不一致的,出租人应当按照下列顺序书面确定承租人:(1)原承租人的配偶;(2)原承租人的子女(按他处住房情况,本处居住时间长短);(3)原承租人的父母;(4)原承租人的其他直系亲属(按他处住房情况,本处居住时间长短)。近亲属根据《民法典》1045 条规定,配偶、父母、子女、兄弟姐妹、祖父母、外祖父母、孙子女、外孙子女为近亲属。但目前法律并没有对直系亲属的范围直接作出解释,各地法院对此所作理解也不完全相同。直系亲属一般是指:和自己有直接血缘关系的或婚姻关系的人,即直系血亲和直系姻亲,如配偶、父母、子女、祖父母(外祖父母)、孙子女(外孙子女)。因此,如果不作扩大解释,承租人过世后,又无在册户口的,由具有本市常住户口的原承租人的直系亲属中选出。

(二)出租方的物业公司是否可以收回公房? 承租人过世后,公房内无户口,如果原承租人没有直系亲属或者直系亲属的户口不在本市的,物业公司可以报空房,收回公房。比如 2021 年 11 月上海市第二中级人民法院的判决观点认为:"某物业公司作为公房管理单位,对系争房屋进行经营管理。虽然王某系原承租人李某的直系亲属,但王某的户籍不在本市,不具备继续承租系争房屋的条件,因此,物业公司根据相关政策,在原承租人李某死亡后对系争房屋进行报空处理,并无不当。"因此,作为出租方的物业公司,在公房符合一定条件的情况下,是可以收回房屋的。

实战策略:

公房的承租人和同住人,虽然从本质上和私房的所有权人基本一致。但从权利获得程序上看相差很大,不可用处理私房的逻辑思维对待公房。为保护公房的居住权,提出以下两点建议。

(一)确保公房内有两个或者两个以上的户口。户口是公房的权利表征,只要公房内有户口,物业单位就永远不会收回房屋。两个或两个以上的户口在册,可以避免因意外而导致公房无户口的情况。如果担心报入户口后,会侵害原户口在册人的权利的,可以签订家庭内部协议,以避免此类不必要的纠纷。

(二)坚持家庭整体利益优先的原则。导致空房无户口的原因,一般是因为亲属之间存在矛盾。在有条件迁入户口或者变更承租人时，一定要及时办理，如果担心自己利益受损失，可以拟订家庭内部协议，以确保家庭整体利益。否则等到物业公司将房屋收走时，悔之晚矣。

11. 物业公司拒不指定承租人的，是否可以诉讼？

焦点问题：公房承租人过世后，同住人或者权利人提出变更承租人申请的，公房管理部门拒不变更的，申请人是否可以提起诉讼？

要点分析：承租人死亡的，其生前在本处有本市常住户口的共同居住人协商一致，要求变更承租户名的，出租人应予同意。协商不一致的，出租人应当按照规定书面确定承租人。但是根据法院对该类案件的裁判惯例，公房管理部门是否指定承租人属于公房管理部门的职能范围，不属于法院案件受理范围。

案情介绍：(2019)沪 0106 民初 39513 号

原告：王某。

被告：上海某北方公司。

第三人：上海东方红公司。

公房地址位于上海市静安区共和新路某室，房屋的承租人为戴某煌，出租管理的物业公司为北方公司。原告原为第三人东方红公司的员工，系争房屋为公房，一直由第三人东方红公司进行租赁管理，被告是系争房屋的出租人。1991年3月前，系争房屋使用权人是东方红公司的原职工戴某煌，后东方红公司用网点房屋与戴某煌调换后，用于经营上海市广福食品商店。2002年，东方红公司转制，原告将广福商店买入，原告取得系争房屋的使用权。因系争房屋现仍登记在戴某煌名下，被告及第三人不配合原告进行变更登记，原告遂诉诸法院，请求判如所请：1. 被告为原告办理上海市共和新路某房屋（以下简称系争房屋）承租人变更登记手续；2. 第三人配合原告办理系争房屋承租人变更登记手续。

裁判摘要：

一审法院认为：原告提起诉讼，应属于人民法院受理民事诉讼的范围。系争房屋为公房，原告诉请被告及第三人办理系争房屋的变更登记手续，不属于人民法院受理民事诉讼的范围。由此，原告的起诉，依法应予以驳回。

二审法院认为：确定公房承租人系公房管理部门的职能范围。上诉人王某要求法院判令公房管理部门将系争房屋承租人变更登记为王某的诉请不属于人民法院受理民事诉讼的范围。

案例评析：

原告购买广福商店后，因被告及第三人不协助其办理公房承租人变更手续，遂提起诉讼，请求法院判决被告及第三人协助原告办理承租人变更手续。经过一审和二审裁定，法院均认为原告所提起的诉讼不属于人民法院受理民事诉讼的范围，被法院裁定驳回起诉。那么民事案件法院受理的范围包括哪些，哪些案件法院不予受理呢？

（一）民事案件法院的受理范围？根据《民事诉讼法》第三条规定，人民法院受理公民之间、法人之间、其他组织之间以及他们相互之间因财产关系和人身关系提起的民事诉讼，适用本法的规定。因此，法院受理当事人之间的财产权和人身权的诉讼。本案法院认为，确定公房承租人系公房管理部门的职能范围，不属于法院受理的范围。但是从诉讼法的理论上看，该观点值得商榷。公房同住人对公房管理部门是否变更承租人的行为具有“诉的利益”，公房租赁行为与市场租赁行为不同，公房的承租人和同住人对公房具有“占有、使用、收益和处分”的权利，物业公司拒不履行变更承租人的义务侵害了同住人财产权利，并不仅仅是物业公司职能范围。比如案例(2018)沪03行终222号，房地产交易中心拒不履行办理房产证义务的，相对人可以提起诉讼。同理，法院认为公房管理部门变更承租人的行为不属于法院受理的范围，但如果在册户口人对物业管理部门变更承租人有异议的，法院却可以审理。

（二）哪些案件法院不予受理？根据《最高人民法院关于人民法院登记立案若干问题的规定》第十条规定，人民法院对下列起诉、自诉不予登记立案：(1)违法起诉或者不符合法律规定的；(2)涉及危害国家主权和领土完整的；(3)危害国家安全的；(4)破坏国家统一和民族团结的；(5)破坏国家宗教政策的；(6)所诉事项不属于人民法院主管的。

实战策略：

法院受案范围的大小与法院在国家社会生活中的地位是相一致的，同时也是一个国家法治文明程度的重要标尺。法院受理案件的范围不应当仅限于“财产权和人身权”，还应当包括“各种合法权益”，从当事人是否具有“诉的利益”作为衡量法院是否受理的标准。根据《上海市房屋租赁条例》第四十一条规定，承租人死亡的，其生前在本处有本市常住户口的共同居住人协商一致，要求变更承租户名的，出租人应予同意。协商不一致的，出租人应当按照规定书面确定承租人。变更承租人属于公房管理部门法定的义务，但由于法院对该类案件的裁判惯例，公房管理部门拒不指定承租人的，不属于法院受理范围；如果公房管理部门指定不合适的，法院可以判决公房管理部门变更行为无效。因此在司法实践中，公房管理部门对承租人是否变更不再处理，由此给公房的权利人和社会带来诸多的不便。因此，法院应当受理该类案件，全方面保障当事人“诉的利益”。

12. 承租人户口不在被征收房屋内，是否影响其获得征收补偿利益？

焦点问题：承租人户口不在被征收房屋内，征收前，户口已经迁出被征收房屋或者已经迁到其他省份的，是否影响其获得征收补偿利益？

要点分析：承租人的征收补偿利益，不受户籍的限制，即使户籍已经迁出被征收房屋，仍然有权获得征收补偿利益。

案情介绍：(2021)沪0110民初11735

原告：王某婷。

被告：王某华。

被征收房屋位于上海市杨浦区许昌路某号，房屋性质为公房，承租人为王某华，在册户口人只有王某婷一人，王某华系王某婷的母亲。系争房屋是承租人于20世纪60年代调换取得，取得后由王某华承租至动迁。系争房屋取得时，由王某华、王某婷及其他两位亲属共同居住。1974年王某华因家庭变故，带着王某婷在内的两个孩子离开系争房屋，到江苏镇江配偶家居住，户籍一并迁出。1981年王某婷因为读书，从江苏将户口迁入系争房屋，与外婆居住在一起，至1989年结婚后搬离了系争房屋。1990年王某华回来照顾生病的母亲居住在系争房屋。王某华母亲去世后，王某华一人居住至动迁。王某婷的配偶在上海市杨浦区贵阳路某号的房屋于2020年动迁，该房屋系私房，被征收人中不包含王某婷，且未予认定居住困难。2020年本案系争房屋被纳入征收范围，2021年3月2日，王某华与征收部门签订征收补偿协议并选择货币补偿。因两人对征收补偿利益无法协商一致，2021 年王某婷向法院提起诉讼，请求分割系争房屋动迁利益。

裁判摘要：

法院认为：民事主体的人身权利、财产权利以及其他合法权益受法律保护。公有住房因被征收所获得的补偿款，由承租人与同住人共同享有。公有住房同住人是指，在被拆迁居住房屋处有本市常住户口，已实际居住一年以上，且本市无其他住房或虽有其他住房但居住困难的人。本案中，王某婷户籍在涉案房屋内，已实际居住一年以上，属于涉案房屋同住人。关于贵阳路某号系私房动迁，被征收人不包含王某婷，且未予认定居住困难户。系争房屋自取得后，一直由王某华承租，虽其曾离开涉案房屋去往外地，但自 1990 年又回到涉案房屋内居住，直至动迁，故王某华是系争房屋承租人。

案例评析：被征收房屋处只有王某婷一个户口，王某婷作为满足户籍在册、实际居住满一年以上和他处无房的条件，可以作为公房的同住人获得征收补偿利益。王某华作为被征收房屋的原始承租人，但在房屋征收之前已将户口迁出被征收房屋，王某华的征收补偿利益是否受到影响？

司法实践中，承租人的户籍不在被征收房屋内的，不影响承租人的权利，可以享有征收补偿利益。根据《征收细则》第 23 条第 3 款规定，公有房屋承租人以租用公房凭证所载明的承租人为准；第 44 条规定，征收居住房屋的，公有房屋承租人所得的货币补偿款、产权调换房屋归公有房屋承租人及其共同居住人共有。承租人和同住人均是公房的权利人，均有权获得征收补偿利益。承租人需要满足的条件是在房屋征收之时，其依旧是被征收房屋合法有效的承租人；而同住人在征收补偿利益分割中的法律地位仍应按照法定条件进行审查认定，同住人需要满足的条件包括：作出房屋征收决定时，在被征收房屋处具有常住户口，并实际居住生活一年以上（特殊情况除外），且本市无其他住房或者虽有其他住房但居住困难的人。因此，承租人无须以同住人的三个标准审核认定，持有合法有效的承租人身份，本身就具有相应的权利，二者不能混淆。因此，王某华是公房租赁凭证上登记的承租人，可以获得征收补偿利益。

实战策略：

根据户口政策，承租人户口迁离本市，其本处有本市常住户口的共同居住人协商一致，要求将承租户名变更为本处有本市常住户口的共同居住人之一的，出租人应予同意。王某婷可以根据政策，向单位申请，将承租户名变更到自己名下。但司法实践中，针对承租人的政策以及实践需要不断地完善，很多部门执法方式不一。

13. 为签订征收补偿协议而指定的承租人，是否享有承租人的特权？

焦点问题：公房征收时，房屋承租人已经过世，为签订征收补偿协议，征收部门临时指定的承租人签订了征收补偿协议。那么，临时指定的承租人是否享有承租人的特权呢？

要点分析：承租人的特权主要包括：不受同住人条件（户口、实际居住、他处有房）的限制，可以获得被征收房屋的居住使用权，可以享有征收补偿利益。为征收而选定承租人的程序与承租人产生的程序一致：征收决定的公告出来后，承租人已经过世的，要求所有在册户口人协商一致，推选一位承租人代为签订征收补偿协议；协商不成的，物业公司从在册户口人中，根据政策指定新的承租人。但为签订征收补偿协议而临时变更的承租人，不享有承租人的特权。

案情介绍：(2020)沪02民终3582号

上诉人(原审原告)：沈某1。

被上诉人(原审被告)：沈某。

被征收房屋位于上海市杨浦区周家牌路某号底层后客堂，房屋性质为公房，承租人为沈某。系争房屋原承租人为李某年，李某年是沈某1和沈某的母亲，沈某1、沈某系姐弟关系。李某年于2019年1月报死亡，2019年5月系争房屋被纳入征收范围内，彼时系争房屋内户口在册人员为沈某1、沈某两人，其中沈某1户籍于2007年自市光二村房屋迁入，沈某户籍于1979年由江苏省海丰农场迁入。2019年4月12日，沈某1、沈某被召集参加系争房屋承租人推荐委派协调会，因沈某1缺席，无果。2019年4月22日，征收基地召开系争房屋（李某年户），公房承租人推荐协调会，沈某1、沈某均不同意由对方担任系争房屋的承租人，故会议决定按《上海市房屋租赁条例》走指定程序。同日，沈某向物业公司提交了更户申请书，沈某1在同住人处签名并手写不同意。2019年5月沈某被指定为系争房屋承租人，2019年6月10日物业公司颁发了新的《上海市租用居住公房凭证》，载明：租赁户名沈某，房屋地址周家牌路某号，独用名称底层后客堂，备注指定承租人，2019 年 5 月更户。2019 年 6 月 27 日，沈某代表该户与征收部门签订征收补偿协议，并选择货币补偿。因两人对征收补偿利益无法协商一致，2019 年沈某 1 向法院提起诉讼，请求分割系争房屋的动迁利益。

裁判摘要：

法院认为，民事主体的人身权利、财产权利以及其他合法权益受法律保护，任何组织或者个人不得侵犯。民事主体从事民事活动，应当遵循公平原则，合理确定各方的权利和义务。本案中，系争房屋为公房，该房屋原承租人李某年在房屋征收前已去世，征收时户口在册人员为沈某 1、沈某两人。现有证据及当事人陈述均表明系争房屋由原承租人李某年一直居住，至于沈某 1 和沈某的居住情况，双方均未提供充分证据予以证明。沈某虽在征收时被指定为系争房屋新的承租人，但仅具有代表该户签订征收协议的职能。若仅以沈某在征收时被指定为承租人，便认定全部征收利益归其所有，无疑将导致利益失衡。故从公平角度出发，综合考虑系争房屋性质及来源情况、居住使用情况等因素，沈某 1 诉请金额在合理范围，予以支持。

案例评析：

公房承租人于征收决定公告之前已经过世的，征收部门临时指定的承租人或者当事人临时推选的承租人是否具有承租人的特权？

根据 2022 年上海二中院的某文件，征收过程中被指定成为公有住房承租人的，其在征收补偿利益分割中的法律地位仍应按照共同居住人条件进行审查认定，以避免因各方当事人均不符合同住人条件时，仅因某一当事人在征收时被指定为承租人，而发生由其取得全部征收利益的失衡情况。本案中，征收部门在该户两位在册户口人不能协商一致的情况下，指定沈某为承租人代表该户签订征收补偿协议。法院认为：沈某虽在征收时被指定为系争房屋新的承租人，但仅具有代表该户签订征收协议的职能。因此沈某依然需要按照同住人的条件审查认定。由于本案中双方均不符合同住人的条件，所以根据征收补偿利益分割政策，双方均可以获得补偿利益。

实战策略：

“类案同判”一直是司法审判的追求、指引；统一法律适用成为征收利益分割案例亟需解决的问题。归根结底，征收补偿利益分割案件缺少统一适用的法律法规。但由于公房的历史背景、家庭伦理、房屋性质等现实情况复杂多样，影响案件裁判的因素太多。而且与其他类型的案件又相互独立，即使单独制定一份统一适用的法律法规，它可能符合一部分案件对公平正义的需求，但并不必然适用于每一个案件。正因为征收案件适用法律政策的不确定性，更需要律师为寻求正义价值，将每一个案件的客观事实呈现给审判法官，以求法官在事实认定清楚的情况下，充分利用自由裁量权，确保更多的案件公平合理。

法律不能统一适用，其根源在于裁判所依据的政策缺乏完整的体系。以本案的争议焦点为例，因征收而选定的承租人不具有承租人的特权，对其是否有权享有征收补偿利益，仍然需要根据同住人条件进行审核认定。而根据承租人的产生的规则与因征收而指定承租人的规则是一致的。首先是家庭所有在册户口人员协商一致选出一个承租人；如果协商不成，物业公司在同住人中选出一个承租人。既然征收时选定的承租人和非征收时选出的承租人程序和规则均是一致的，为何法院会区别对待？其根源并非因为“征收”，而是因为承租人享有特权没有法理依据。从理论上来讲，承租人与同住人均是房屋的居住权人，承租人是同住人选出的代理人，代理该户对外从事民事法律行为，代理人的权利和义务应当与被代理人一致，代理人不应当有超越被代理人的特殊权利。但 2004 年高院的一份文件给了承租人这一特权，由此造成体系紊乱。

14. 承租人取得他国国籍的，是否有权享有征收补偿利益？

焦点问题：公房被征收时，承租人户口在册，但已经取得外国国籍的，是否还有权利享有征收补偿利益？

要点分析：通说观点，在居住公房屋被征时，没有中国国籍的人或者丧失中国国籍的承租人，即使其户口在被征收房屋内，也无权享有征收补偿款。由于公房是中国政府为解决居民居住困难，保障基本生活居住条件而提供的福利性住房，有权享有该福利的居民只能是中国公民。如果承租人丧失中国国籍，自然不能再享受房屋的征收补偿款。

案情介绍：(2021)沪 02 民终 899 号

原告：包某慧、邱某亨、邱某逸。

被告：包某霞、费某泰、费某。

被征收房屋的地址位于上海市静安区威海路某号，房屋性质为公房，承租人为邱某逸，在册户口人共六人，分别是包某霞、费某泰、费某一家和包某慧、邱某亨和邱某逸一家。包某霞和包某慧是姐妹关系，费某泰与包某霞是夫妻关系，费某为其儿子；包某慧与邱某亨是夫妻关系，邱某逸为其女儿。该房屋是1976年，原承租人包某文(包某慧与包某霞父亲)单位分配所得。1997年该房屋承租人变更为邱某逸。1993年费某作为知青子女，其户口按照政策从安徽迁入系争房屋。1997年包某霞从安徽迁入该房屋，2005年费某泰迁入该房屋。邱某逸户籍于1996年12月11日迁入系争房屋、包某慧与邱某亨户籍均于2005年10月8日迁入系争房屋，户口迁入并未在被征收房屋内实际居住。包某慧一户于1994年4月10日取得上海东方红公司住房调配单，载明原住房人员租赁户名为邱某亨，家庭主要成员为包某慧、邱某逸，后按照售后公房政策购买成产权房屋，产权登记在邱某逸名下。2018年系争房屋被列入征收范围，2019年1月，邱某逸委托其父亲与征收部门签订征收补偿协议，该户选择货币补偿，共获得征收补偿款共计12,576,820.14元。包某霞户与包某慧户针对征收补偿利益无法协商一致，诉请法院依法分割。一审中，包某霞方认为邱某逸长期居住在美国，可能已经取得了美国国籍，但没有提供证据。二审期间，包某霞户通过调查取证，确认邱某逸已经取得了美国国籍。

裁判摘要：

一审法院认为，民事主体的人身权利、财产权利以及其他合法权益受法律保护，任何组织或者个人不得侵犯。公有房屋承租人所得的居住房屋征收货币补偿款归公有房屋承租人及其共同居住人共有。共同居住人，是指作出房屋征收决定时，在被征收房屋处具有常住户口，并实际居住生活一年以上(特殊情况除外)，且本市无其他住房或者虽有其他住房但居住困难的人。本案中，原告邱某逸为系争房屋的承租人，被告主张其取得外国国籍，不应作为承租人参与分配，但未提供充分的证据予以证明，且签订涉案协议时，邱某逸提供的身份证件仍在有效期内，原、被告对涉案协议均予以确认，故一审法院对于原告的主张不予采信，邱某逸作为系争房屋的承租人，应享有系争房屋的征收补偿利益。

对于共同居住人的认定，系争房屋征收时，原、被告六人户籍在册，被告包某慧、邱某亨享受过福利分房，且自认属于空挂户口，故不能认定为系争房屋的共同居住人。至于原告包某霞、费某泰、费某的居住问题，其提供了征收前三年的房租、水电煤等收据，且包某霞、费某泰在征收前一年在本市并无其他住房，故一审法院认定包某霞、费某泰应作为系争房屋的共同居住人予以安置。费某婚后搬离系争房屋，且婚姻关系存续期间在本市有他处房屋作为住所，亦未提供充分证据证明其搬离系争房屋后又回到系争房屋居住，故费某不应认定为系争房屋的共同居住人。一审法院综合考虑本案系争房屋来源、居住使用情况、家庭结构等因素，酌情确定包某霞户分得 8,384,546.76 元，邱某逸取得征收补偿款 4,192,273.38 元。

二审法院认为：一审法院就包某慧、邱某亨不属于系争房屋共同居住人，包某霞、费某泰可认定为系争房屋共同居住人的理由进行了充分阐述，本院予以认同，不再赘述。费某系因知青子女回沪政策而将户口从安徽省迁入系争房屋，其属于系争房屋的共同居住人，一审法院认为其无权分得征收补偿款的理由不成立，应予纠正。系争房屋为公房，虽根据公房租赁凭证记载邱某逸为承租人，但现查明其已取得美国籍，因我国不承认双重国籍，邱某逸已不属于中国公民，故其不应再享有福利性公房的征收补偿利益，系争房屋的征收补偿利益应当由包某霞方分得。

案例评析：

本案的焦点之一在于邱某逸作为本案的承租人，可以获得征收补偿利益，但是其已经取得外国国籍，是否影响其取得被征收房屋的征收补偿利益的权利？理论基础是什么？

目前法院的通说，承租人取得外国国籍的，无权享有公房征收补偿利益。

（一）从户籍方面看

（1）丧失中国国籍的人，户口应当注销。根据《上海市常住人口管理规定》第十二条："出国、出境的本市居民不注销户口。已在国外、境外定居的本市居民，应当根据国家和本市出入境管理有关规定申报注销户口。"该规定指出，定居国外或者加入外国国籍的，应当办理注销户口登记。根据《关于对华侨定义中"定居"的解释(试行)》，定居主要包含两种含义："一、定居是指中国公民已取得住在国长期或永久居留权。二、中国公民虽未取得住在国长期或永久居留权，但已取得住在国连续 5 年(含 5 年)以上合法居留资格，并在国外居住，视同定居。"因此，凡是在国外定居或者已经取得外国的国籍的人，户口应当办理注销手续，其已经不满足同住人身份。

（2）承租人为丧失中国国籍的人，新的承租人应当在现在的同住人之间重新选出。根据《关于贯彻实施〈上海市房屋租赁条例〉的意见(二)》的相关规定:“承租人户口迁离本市,其本处有本市常住户口的共同居住人协商一致,要求将承租户名变更为本处有本市常住户口的共同居住人之一的,出租人应予同意。协商不一致的,出租人应当从在本处有本市常住户口的共同居住人中确定承租人。”因此,其他在册的同住人可以协商一致撤销承租人,并选出新的承租人。

(二) 从福利分房的性质上看

目前司法实践已经确定,在房屋被征收或者拆迁时,没有中国国籍的人或者丧失中国国籍的人,即使其户口在被征收房屋内,也仅属于空挂户口,不具有同住人资格,无权享有征收补偿款。这主要是由公房的特殊性决定的,公房具有福利性质,是政府为保障居民的生活居住条件而提供的福利性住房,有权享有该福利性的居民只能是中国公民。已经丧失中国国籍的人,自然不能再享受房屋的征收补偿款。就比如案例:“被告孙某在系争房屋被征收时已加入澳大利亚国籍,而公房的承租权和居住权属于国家给予本国公民的福利待遇,虽然被告孙某目前户籍尚未注销,但已经不再是中国公民,应无权享有公房征收安置补偿利益。”又比如(2019)沪 02 民终 11115 号:“关于项某,因其已于 2012 年 9 月申请加入澳大利亚国籍,而我国公房制度具有社会福利性质,故不能被认定为涉案房屋同住人。”

实战策略:

征收补偿利益分割案件中,调查取证是案件的最大难点。本案中,如何证明邱某逸取得他国国籍是案件的焦点。首先,根据客户提供的证据证明,共有纠纷案件具有家庭伦理的属性,一般当事人之间彼此熟悉,或者曾经为了托办事务需求,而将相关材料交给其他当事人,此时该份证据可以直接使用;其次,根据当事人的陈述,确认邱某逸长期居住在国外,有可能获得他国国籍,但没有明确的证据。律师可以申请调查令去相关出入境管理局调取邱某逸出入境记录,如果邱某逸在出入境时使用的是外国护照,则可以要求邱某逸说明情况,否则应当认定其已经取得他国国籍;最后,如果邱某逸出入境时使用的是中国护照,无法证明邱某逸已经取得他国国籍,但律师可以委托美国的律师调查邱某逸的国籍问题,如果有材料可以证明邱某逸取得他国国籍的,通过使领馆认证可以作为证据使用。

第三章 公房的同住人

一、如何理解户口在册？

15. 户口不在册的，哪些情况下有权分割征收补偿利益？

焦点问题：公房征收补偿利益分割案件中，户口不在被征收房屋处的，需要满足哪些条件才有权分割征收补偿利益？

要点分析：根据《高院解答》，以下人员可以视为同住人：1. 具有本市常住户口，至拆迁许可证核发之日，因结婚而在被拆迁公有住房内居住的，即使居住未满一年，也视为同住人。但其在该处取得拆迁补偿款后，一般无权再主张本市其他公房拆迁补偿款的份额；2. 一般情况下，在本市无常住户口，至拆迁许可证核发之日，因结婚而在被拆迁公有住房内居住满五年的，也视为同住人，可以分得拆迁补偿款；3. 在被拆迁公有居住房屋处有本市常住户口，因家庭矛盾、居住困难等原因在外借房居住，他处也未取得福利性房屋的；4. 房屋拆迁时，因在服兵役、读大学、服刑等原因，户籍被迁出被拆公有居住房屋，且在本市他处也没有福利性房屋的。以上四种情况可以视为"同住人"，有权分割房屋的征收补偿利益。

根据司法审判情况，还包括：被征收房屋的承租人、协议中确定的权利人、因居住困难而被列为托底保障的人、自购公房的实际出资人等。

案情介绍：(2021)沪 0101 民初 2985 号

原告：蒲某琴。

被告：傅友某、陈某平、傅某、卢某珺、付某琴、温某、温某梁、温某岭、傅瑞某、傅某晨。

被征收房屋位于上海市黄浦区新昌路×××弄×××室(以下简称系争房屋),房屋性质为公房,承租人系傅伟某。案外人傅友某(2017年7月8日报死亡)与傅伟某、付某琴、傅瑞某是兄弟姐妹。系争房屋被征收时户口在册共10人,分别是:傅友某户(配偶:陈某平,女儿:傅某,女婿:卢某珺);付某琴户(配偶:温某,儿子:温某梁,孙女:温某岭);傅瑞某户(女儿:傅某晨);原告浦某琴与傅友某是夫妻(2005年9月2日登记结婚),傅某龙于2017年7月7日死亡。

一、本案当事人的户籍变化情况。原告蒲某琴的户口在江苏,不在被征收房屋处。傅伟某于1958年自本市成都北路×××号迁入系争房屋,陈某平、傅某两人于1999年自本市荷叶埭×××号×××室迁入系争房屋,卢某珺于2014年自本市田林七村×××号×××室迁入系争房屋;付某琴于2008年自安徽省六安市迁入系争房屋,温某于2011年自安徽省六安市迁入系争房屋,温某梁于1993年自安徽省六安市迁入系争房屋,温某岭于2010年9月11日报出生在系争房屋;傅瑞某、傅某晨两人于2010年自本市天柱山路×××弄×××号迁入系争房屋。

二、本案当事人"他处有房"情况。2004年傅某晨与案外人签订上海市房地产买卖合同,购买了本市松江区天虹四村×××号×××室房屋。2008年傅某晨与案外人签订上海市房地产买卖合同,将该处房屋出卖。2010年傅瑞某通过本市天柱路×××弄×××号公房动迁获得补偿安置房屋一套及部分货币补偿。2000年与案外人签订上海市公有住房出售合同,以17,882元购买本市徐汇区田林七村×××号×××室公有住房。购买该公有住房时,卢某珺户口在内。

三、在系争房屋的居住情况。浦某琴提供的居住证上并无浦某琴居住地址记载,该居住证于2009年办理,此时浦某琴并未居住在系争房屋,只是为了今后迁户口方便。浦某琴提交的户籍信息摘录中"浦某琴在沪居住时间:2009年1月23日—2017年8月29日,在沪居住地址:黄浦区新昌路×××弄×××号(即系争房屋)"。上述户籍摘抄中浦某琴居住信息并非派出所留存的户籍信息摘录,而是浦某琴委托律师询问派出所工作人员,工作人员通过系统查询告知的浦某琴居住信息,但该律师未核对系统查询结果,未经核实便写入户籍信息摘录,又未写明证据来源,证据形式不规范,不予认定。2020年6月17日,系争房屋被列入征收范围,2020年7月11日,傅伟某与征收单位签订征收补偿协议,并选择全额货币补偿。因原告蒲雅琴与在册户口人对征收补偿利益无法协商一致,2021年向法院起诉要求分割征收补偿利益的一半。

裁判摘要:

法院认为:本案系共有纠纷。根据《细则》的规定,征收居住房屋的,公有房屋承租人所得的货币补偿款、产权调换房屋归公有房屋承租人及其共同居住人共有。共同居住人是指在作出房屋征收决定时,在被征收房屋处具有常住户口,并实际居住生活一年以上(特殊情况除外),且本市无其他住房或者虽有其他住房但居住困难的人。系争房屋被征收时,被告户籍均在内,且在内的被征收人员不符合居住困难户。本案争议焦点在于原告浦某琴是否符合系争房屋同住人条件?原告浦某琴在本市无常住户口,其主张因结婚而在系争房屋内居住满五年,应当视为共同居住人参与征收补偿利益的分配。被告仅确认原告浦某琴自2017年下半年至系争房屋被征收期间居住在内,即主张原告居住期间未满五年。原告浦某琴向本院提供其居住证、户籍信息证人证言等均不能证明其主张的证明目的,原告浦某琴所提供最早的缴纳记录为2015年7月,但被告陈述该段时间系争房屋由傅友某一人居住,电费由傅友某缴纳。关于郑某香的证人证言,郑某香虽然出庭作证,但在另案郑某玲香作为当事人的共有纠纷中,原告浦某琴作为证人证明郑某香的居住情况,两人有直接的利害关系。被告亦提供了证人证言作为反证以证明2017年之前系争房屋由傅友某一人居住。综合上述证据,原告浦某琴对其在系争房屋内居住满五年的事实证明未达高度盖然性,本院不予采信。故原告浦某琴不符合系争房屋共同居住人条件。

案例评析:公房征收补偿利益分割案件中,征收补偿利益归公房的承租人和同住人共同共有,同住人需要满足以下三个条件,分别是:(1)作出房屋征收决定时,在被征收房屋处具有常住户口;(2)户口迁入后,实际居住生活一年以上(特殊情况除外);(3)在本市无其他住房或者虽有其他住房但居住困难的人。其中户口不在公房处的,需要满足哪些情况也可以享有同住人的权利?本案中蒲某琴的户口不在被征收房屋处,但法院未认定其为同住人的依据为“未实际居住满五年的”。结合《高院解答》以及司法案例认定的情况,主要包含以下几种情形。

(一)《高院解答》规定的四种情况:(1)具有本市常住户口,至拆迁许可证核发之日,因结婚而在被拆迁公有住房内居住的,即使居住未满一年,也视为同住人。但其在该处取得拆迁补偿款后,一般无权再主张本市其他公房拆迁补偿款的份额;(2)一般情况下,在本市无常住户口,至拆迁许可证核发之日,因结婚而在被拆迁公有住房内居住满五年的，也视为同住人，可以分得拆迁补偿款；(3)在被拆迁公有居住房屋处有本市常住户口，因家庭矛盾、居住困难等原因在外借房居住，他处也未取得福利性房屋的；(4)房屋拆迁时，因在服兵役、读大学、服刑等原因，户籍被迁出被拆公有居住房屋，且在本市他处也没有福利性房屋的。本案原告蒲某琴希望按照第二项规定获得征收补偿利益，但是因未满足实际居住满五年的情况，而最终未被认定为同住人。

（二）因符合居住困难条件，而被住房保障局认定为托底保障人员的。户口不在册，因满足一定条件，而被住房保障局审核认定为托底保障安置人员的，可以获得相应的征收补偿款。(2020)沪 0109 民初 14771 号："周某某户籍也不在此处，因其被认定为居住困难对象，但因其人口因素而增加的利益仅为居住困难保障补贴 224,211.61 元，其有权分得因人口而增加的份额。"

（三）户口不在册，但属于被征收房屋承租人的。在司法审判中，公房的承租人一般具有一定的特权，根据《高院解答》："属于本市两处以上公房承租人的，其对各处被拆迁公房的补偿款均有权主张分割。"根据该条文的精神，一般情况下承租人可以不受户口、实际居住和他处有房的限制，均可以在被征收房屋处享有征收补偿利益。

（四）承租人死亡后，被征收房屋内无户口的。承租人死亡后，被征收房屋内无户口的，根据《上海市房屋租赁条例》第四十一条规定，公有居住房屋承租人死亡的，其生前的共同居住人在该承租房屋处有本市常住户口的，可以继续履行租赁合同；其生前的共同居住人在该承租房屋处无本市常住户口或者其生前无共同居住人的，其生前有本市常住户口的配偶和直系亲属可以继续履行租赁合同。比如虹口区法院在 2013 年作出的一份判决："当公有住房中不存在有户口的同住人时，应按配偶、子女、父母的顺序确定承租人，与第一顺位继承人的范围重叠，调解员在调解中询问继承人情况完全合理。且参考继承原则调解公有住房利益分割的纠纷，也合乎社会对调解家庭纠纷的认知，并无不当之处。"

（五）家庭内部有协议，约定户口不在册的人员可以获得征收补偿款的。家庭内部协议，属于家庭内部所有在册成员的真实意思表示，所签订的协议通常情况下有效，如果协议约定户口不在册的人员可以获得相应的征收补偿款，法院一般会尊重在册户口人员的真实意思表示。

（六）购买公房的出资人。公房从来源上看可分为两类：分配获得和出资购买获得。如果公房属于出资购买而来，那么出资人即使户口不在册，也可以获得相应的征收补偿款。(2020)沪02民终6269号判决："系争房屋性质上虽为公有房屋，但并非由国家或单位分配所得，而是当事人从市场上购买取得，故相关征收利益不仅属于承租人和同住人享有，也应由出资人分取。系争房屋系由余某晨与父母从市场购买取得，金2、金某1、蔡某华户籍虽在系争房屋内，但其均未在系争房屋内实际居住，金2还曾在大兴街房屋动迁中被安置取得关岳路房屋，故该三人均不属于同住人，无权分得系争房屋的征收利益。"

实战策略：

关于户口不在册，但实际居住满五年以上可以被视为同住人的条款，在司法实践中适用比较苛刻。近些年来，法院对该类被视为同住人的要求更高，尤其是对居住的时间。从法院判决情况可以看出，法院需要结合房屋的来源、实际居住情况、他处是否有房、是否享受过动拆迁或者福利分房、对房屋的贡献、户籍迁入时间和原因等公平合理的原则确定房屋的同住人。

16. 户口违规迁入的，是否可以撤销户口？

焦点问题：户口违规迁入公房的，承租人或者同住人如何撤销违规迁入的户口？

要点分析：根据《关于本市投靠类户口迁移若干实施意见》[沪府(2009)70号]规定，本市公安、人力资源社会保障、教育、民政等部门作出的外省市人员迁沪落户审批决定中，对查明因弄虚作假落户的人员一律予以注销户口，并由原迁出地公安部门予以恢复户口。

案情介绍：(2019)沪7101行初400号

原告：曹某。

被告：上海市公安局徐汇分局。

原告曹某与叶某昕于1998年2月16日登记结婚，于2004年7月8日经法院主持调解自愿离婚。此后两人又于2005年12月30日登记结婚，于2014年离婚。

原告于2010年在徐汇公安分局凌云路派出所申办投靠配偶户口事项，申请户口投靠叶某昕，于2010年7月23日因夫妻投靠户口从江苏省建湖县迁入上海市梅陇十一村×××号×××室，2010年11月19日户口迁往沪松公路×××弄×××支弄×××号×××室。申报户口时曹某提供的申报材料中的《上海市租用居住公房凭证》系伪造，且曹某与叶某昕于2004年离婚，2005年复婚，至曹某2010年申报户口时，结婚时限未满10年。凌云路派出所接到举报，经过调查核实上述情况后，于2018年3月30日作出撤销户口事项告知书，告知原告拟作出撤销户口事项决定及相关的陈述和申辩权利。2018年4月28日被告作出被诉撤销户口事项决定书，并邮寄原告，但未妥投。后原告在其他诉讼中知晓后，遂起诉至法院。

裁判摘要：依据《中华人民共和国户口登记条例》，被告具有作出撤销户口事项决定的职权。本案中，被告就案外人举报事项进行调查、询问，对原告履行了作出撤销户口事项决定的事先告知义务后，对原告作出被诉撤销户口事项决定书，执法程序合法。根据《批复》第二条关于夫妻投靠的规定，外省市人员（指农业户口和非农业户口的无业人员）与具有本市家庭常住户口的居民（指在本市已登记常住户口满10年）依法办理婚姻登记满10年、年满35周岁，可准予其在配偶户口所在地落户。本案中，原告虽然与叶某昕于1998年2月16日登记结婚，但于2004年7月8日已离婚。2005年12月30日原告再与叶某昕登记结婚，故原告申报户口时其与叶某昕的结婚日期应从2005年12月30日开始起算，至申报户口时两人婚姻登记未满10年，且原告在申报户口时提供的《上海市租用居住公房凭证》系伪造，故原告申报户口时，存在隐瞒事实，弄虚作假情形，被告作出被诉撤销户口事项决定书，认定事实清楚，证据充分，适用依据正确。原告的诉讼请求，缺乏事实和法律依据，本院不予支持。据此，依照《中华人民共和国行政诉讼法》第六十九条之规定，判决如下：驳回原告曹某的诉讼请求。

案例评析：本案中曹某在户籍报入时，提供虚假材料、隐瞒重要事实，被告上海市徐汇公安分局作出撤销户口事项决定书，符合法律规定。那么，在公房征收补偿利益分割案件中，哪些部门可以撤销户口？

（一）公安机关为主要受理部门。根据《上海市户籍管理条例》第四十六条规定，本市居民违反本规定，在户口登记、项目变更等过程中有弄虚作假行为的，应当予以纠正；在办理本市常住户口迁移过程中弄虚作假的，应当按照有关规定注销其弄虚作假取得的户口，并退回原户口迁出地；对违反治安管理行为的，应当依法予以处罚;构成犯罪的,应当依法追究其刑事责任。以及《关于本市投靠类户口迁移若干实施意见》规定,本市公安、人力资源社会保障、教育、民政等部门作出的外省市人员迁沪落户审批决定中,对查明因弄虚作假落户的人员一律予以注销户口,并由原迁出地公安部门予以恢复户口。因此撤销违规报入户口的主体包括:公安、人力资源社会保障、教育、民政,有承租人或者同住人举报,提供真实线索,相关部门给予审核。

(二) 法院不受理户口迁移问题。根据《户口登记条例》第三条规定,户口登记工作,由各级公安机关主管。因而,关于户口登记的相关问题,由行政机关管理。根据《上海高院民事法律适用问答》(2003 年第 3 期),问:在二手房交易中,当事人约定卖方迁出户口,并由买方迁入户口,但卖方嗣后拒不迁出户口,买方起诉要求迁出户口的,是否可以作为民事案件受理? 答:我们认为,对二手房买卖纠纷,如果当事人以卖方违约为由,要求卖方承担违约损害赔偿责任的,可以作为民事案件处理;买方要求卖方实际履行约定,将户口迁出并将自己户口迁入的,法院可以告知该当事人,违约损害赔偿可以作为民事案件受理,但户口迁移问题属于行政管理问题,不属于民事案件的受理范围,法院也无权做出此类民事判决,故该请求判决继续履行的主张属于依照法律规定法院不能强制当事人继续履行的事项。当事人坚持迁移户口主张的,裁定不予受理或者驳回起诉。

实战策略:

公房征收补偿利益分割案件中,部分户口在册的同住人在户口报入时并不符合法定程序。比如一些知青子女回沪,根据《上海市劳动局关于解决在新疆原上海知(支)青子女来沪就读入户问题的通知》沪劳访发 89(24)号第一条,每户知(支)青(包括夫妻双方都是上海知[支]青的和夫妻中有一方是上海知青的)允许 1 名未婚、未就业的子女办理来沪,入户时必须有知(支)青在沪的亲属做知(支)青子女的"监护人",自行解决住房问题。如由在沪亲戚、朋友等做子女的"监护人",必须经"监护人"所在地的公证机关公证。但有部分不符合该政策的知青子女,在结婚后依然报入了公房。依据政策可以将该类人的户口迁出公房。

二、如何理解实际居住满一年以上？

17. 如何理解实际居住满一年以上？

焦点问题：根据相关政策规定，同住人需要满足在被征收房屋处具有常住户口、实际居住满一年以上（特殊情况除外）以及本市无其他住房或者虽有其他住房但居住困难的三个条件，其中如何理解“实际居住满一年以上”？

要点分析：“实际居住满一年以上”一般是指户籍在册人员将户口迁入被征收房屋后未再迁出，直至征收时，以被征收房屋为居住地，长期连续稳定居住一年以上，而并不仅指至房屋征收决定作出前一年的实际居住。

案情介绍：（2020）沪 02 民终 5993 号

上诉人（原审被告）：丁某荣、丁某 1、丁某。

被上诉人（原审原告）：丁某明、许某芳、丁某萍。

被上诉人（原审被告）：丁某英。

被上诉人（原审被告）：丁某宝、杨某英、丁某云。

被征收房屋位于上海市光启南路某号，房屋性质为公房，承租人为丁某荣。丁某明、丁某荣、丁某英、丁某宝是兄弟姐妹，父亲丁某泉于 1998 年去世，丁某泉去世后，承租人变更为丁某荣。系争房屋征收时户口在册人员共 10 人，分别是 4 户人家：丁某明户（配偶：许某芳，子女：丁某萍）、丁某荣户（子女：丁某 1，丁某 1 子女：丁某）、丁某英户，丁某宝户（配偶：杨某英，子女：丁某云）。丁某明户在丁某泉去世后搬离系争房屋，并将系争房屋出租收取租金。本市上南一村某号房屋（13.7 平方米）原系丁某泉承租的公房，后由丁某宝户居住，1999 年丁某宝户将该房屋退房套配本市上南路某号房屋（40.1 平方米），承租人为丁某宝配偶，由其一家居住使用。2007 年丁某荣户作为陈思桥宅某号房屋的同住人，共获三套安置房屋，一套登记在丁某荣名下，两套登记在丁某 1 名下，丁某 1、丁某的户籍于 2008 年从前述被拆房屋内农转非迁入系争房屋。丁某英 1990 年与前夫离婚，离婚后丁某英户口应迁出男方家本市北施家弄。因父亲丁某泉不同意丁某英户口迁回，丁某英户口一直挂在男方家，后男方家房屋动迁，最后调配安置了本市金口路某号承租公屋。但该房屋产权登记并无丁某英份额，2007 年该房屋出售，丁某英户籍于 2008 年从该房屋迁入系争房屋。2019 年 7 月 5 日系争房屋被纳入征收范围，丁某荣与征收部门签订征收协议，并选择货币补偿。因 4 户对征收补偿利益无法协商一致，2019 年丁某明户向法院起诉要求分割系争房屋的征收补偿利益。

裁判摘要：

法院认为：同住人是指在被征收居住房屋处有上海市常住户口，已经实际居住一年以上，且本市无其他住房或者虽有其他住房但居住困难的人，关于本案同住人的认定。（一）丁某明户同住人的认定如下：根据规定房款的一半以上系用单位的补贴所购买的商品房，属于福利性质取得的房屋，许某芳享受单位发放一定金额的住房补贴款，并不属于享受过福利性质的分房。丁某明、许某芳、丁某萍一家的户口在系争房屋内，并在系争房屋内长期居住，后将系争房屋出租收益，他处无福利分房，具备同住人资格。（二）丁某荣户同住人的认定如下：丁某荣是系争房屋的承租人理应分得动迁安置款。丁某 1 即使如其所述 1980 年至 1994 年居住在系争房屋内，但当时户口并非在系争房屋内，其户口于 2008 年宅基地动迁安置后才农转非迁入系争房屋内，此时属空挂户口，故不具备同住人资格。丁某系未成年人，从未在系争房屋内居住，不具备同住人资格。（三）丁某英同住人的认定如下：丁某英离婚判决中已经明确迁出男方家，由于户口无处可迁，一直挂在男方家，即使后来男方家房屋动迁调配单上有其姓名，仍无权享受男方房屋动迁利益，不能认定其享受过动迁利益。作为父辈承租由来的房屋，丁某英婚前居住落户该处，离婚后他处无房，2008 年户口得以再次迁入后，由于房屋已经被丁某明方出租，而只能他处自行解决居住，应认定具备同住人资格。（四）丁某宝户同住人的认定如下：本市上南一村某号房屋同样也是父辈承租由来的房屋，丁某宝配偶在丁某泉去世后仍以丁某泉名义退房，套配后房屋承租人改为其本人，因当时丁某宝一家的户口已迁往系争房屋，故调配单上无丁某宝及子女的姓名，但该房屋的取得正是基于丁某宝是丁某泉之子，杨某英与丁某宝系夫妻，原房屋由丁某宝一家居住，故应视为丁某宝一家处分了父辈留下的居住权，也享受了福利分房，对系争房屋不再具备同住人资格。

案例评析：征收补偿利益分配案件的争议焦点一般集中在同住人的认定上，尤其是同住人的三大条件。本案例之所以经典是因为涉及同住人的大部分问题，尤其是同住人条件之一的“实际居住满一年”的正确释义。

（一）如何理解“居住满一年以上”？

关于同住人的概念在2004年上海高院出台的《高院解答》和2011年上海市政府出台的《征收细则》中均有表述，但存在一些差异。《高院解答》第三问答，同住人是指在拆迁许可证核发之日，在被拆迁居住房屋处有本市常住户口，已实际居住一年以上，且本市无其他住房或者虽有其他住房但居住困难的人；《征收细则》第51条第3款规定，共同居住人，是指作出房屋征收决定时，在被征收房屋处具有常住户口，并实际居住生活一年以上（特殊情况除外），且本市无其他住房或者虽有其他住房但居住困难的人。二者关于实际一年以上的表述中，《征收细则》中包含特殊情况。目前《征收细则》对同住人的概念成为了通说。

但是司法审判中，对“实际居住一年以上”存在不同的理解。包括：“实际居住一年必须是征收公告前一年实际居住的”“非连续居住，几年来的居住时间拼在一起居住满一年的”“户口在册时实际居住满一年，后来户口迁出又迁入的，迁入后未居住，应当统一计算”“户口迁入之前实际居住多年，但户口迁入后，未实际居住的”等等，审判实践中，存在多种情形。本案例法院针对丁某英的居住理解，便采用了以上观点。但2021年后，部分法院以非正式的文件出台解释，统一法律适用，将实际居住满一年理解为：“户籍在册人员将户口迁入被征收房屋后未再迁出，直至征收时，以被征收房屋为居住地，长期连续稳定居住一年以上。”虽然该解释比以往的任何观点都更严格，也逐渐成为通说，但法院还是结合“特殊情况除外”的情况，综合审判。特殊情况本书会逐一讲解，主要包括：知青及其知青子女；因居住困难而无法居住的；承租人；有协议约定等其他符合公平合理的情形。

（二）如何理解“实际居住”？

（1）实际居住一般是指：自户口迁入被征收房屋处，长期连续稳定地居住，并以被征收房屋作为生活中心的。断断续续的居住，不能称为“实际居住”。比如(2017)沪民申1719号判决：“张某妹在2006年至2012年期间，在上海、南京两头居住，一年到上海好几次，一次住一个月或二三个月。”从该份证人证言的内容上看，均未能证明张某妹于2008年至2012年间在系争房屋内具有相对稳定、长期的居住关系。申请人未能提供充分有效的证据证明申请人张某妹实际居住于系争房屋。

（2）实际居住也包括：自户口迁入被征收房屋处，长期占有、控制、出租、管理被征收房屋的。从法理学角度出发，法院将“实际居住”作为认定同住人条件之一的原因有两点。1. 对被征收房屋有居住依赖性，被征收房屋是其保居住、稳生活的基础，需要用被征收房屋的补偿款或者产权调换进行安置；2. 对被征收房屋享有类似居住的实质性权利，被征收房屋虽非其唯一住所，但却是其生活必要场所或者经济来源之一，比如对被征收房屋有占有、管理、控制、出租等行为的。

（三）征收之前实际居住与实际居住的区别

实际居住满一年以上是同住人审核认定的标准之一，如果在前者基础之上，一直居住至房屋被征收时的，不仅具有同住人身份，还可以因实际居住而多获得一些奖励费，包括一次性搬迁奖励费、家用设施移装费、搬迁费等。比如案例(2020)沪02民终2807号，法院认为系争房屋在征收前由李某一家实际居住，故装潢补偿款、搬家补助费、家用设施移装补贴、均衡实物安置补贴、按期搬迁奖应由其享有。

实战策略：

证明实际居住是征收案件的焦点之一，其中最为关键的是取证。司法实践中有哪些证据可以证明实际居住呢？由于征收案件的特殊性，需要举证的一方一般可以从以下两个方面着手。

（一）第一类为直接证据：直接证据与实际居住事项的关系是直接的，单独一个直接证据可以不依赖于其他证据，以直接证明的方式对实际居住事实起到证明作用。比如居委会或者街道所出具的居住证明、居住情况说明、居住证信息、邻居的证人证言、家庭内部居住协议、判决书、离婚协议书等都能作为实际居住的证据。

（二）第二类为间接证据：间接证据对实际居住事实的证明是间接的，必须与其他证据结合起来，以推论的方式即间接证明的方式起证明作用，单独一个间接证据不能直接证明案件实际居住的客观事实。司法实践中主要包括：他处无房居住、缴纳被征收房屋的租金、水电煤费、在附近小学读书凭证、快递收发以及经济条件较差等证据，该类证据虽然不能直接证明实际居住在该房屋内，但也能从侧面反映出在该房屋内实际居住的客观事实。

18. 未实际居住的情况下，哪些人员可以获得征收补偿利益？

焦点问题：公房征收补偿案件中，未实际居住的人员，哪些情况下可以分割征收补偿利益?

要点分析:根据《高院解答》规定:“在被拆迁公有居住房屋处有本市常住户口,因家庭矛盾、居住困难等原因在外借房居住,他处也未取得福利性房屋的,也视为同住人。”

案情介绍:(2021)沪 0101 民初 26427 号

原告:丁某、丁某好。

被告:丁某良、丁某蓓、许某轩、许某恩。

被征收房屋位于上海市黄浦区净土街×××号(以下简称系争房屋),承租人系丁某良。征收时户口在册人员有 6 人,分别是丁某、丁某好父女 2 人,丁某良一家四口,丁某系丁某良的侄子,丁某蓓系丁某良的女儿,许某轩、许某恩两人系丁某蓓的女儿。系争房屋原承租人为丁某良的母亲,1983 年变更为丁某良。丁某的父亲系知青,其户籍于 1989 年按知青子女回沪政策迁入系争房屋,丁某好的户籍于 2009 年报出生在系争房屋内。丁某蓓的户籍于 1979 年报出生在系争房屋,后迁出,2011 年从本市三牌楼路再次迁入系争房屋内。许某轩户籍于 2009 年报出生在系争房屋内,后迁出,于 2010 年从本市三牌楼路再次迁入系争房屋内。许某恩的户籍于 2013 年报出生在系争房屋内。丁某、丁某好、许某轩、许某恩 4 人均未在系争房屋内实际居住,系争房屋由丁某良居住至动迁。丁某良夫妻于 1979 年分得本市梦花街房屋一套,受配人包括丁某蓓,另本市三牌楼路公房承租人为丁某蓓外祖母,2001 年承租人变更为丁某蓓,该房屋于 2007 年动迁,安置人口为丁某蓓 1 人。2021 年丁某良与征收单位签订征收补偿协议,并选择全货币补偿。因该户对征收补偿利益无法协商一致,2021 年丁某、丁某好向法院起诉,要求分割征收补偿利益。

裁判摘要:

本院认为,根据相关规定,公有居住房屋承租人所得的货币补偿款、产权调换房屋归公有房屋承租人及其共同居住人共有。共同居住人是指作出房屋征收决定时,在被征收房屋处具有常住户口,并实际居住生活一年以上(特殊情况除外),且本市无其他住房或者虽有其他住房但居住困难的人,该处所指的他处房屋的性质仅限于福利性质取得的房屋。丁某的户籍系按知青子女回沪政策迁入系争房屋,在其无明确表示放弃居住权益情况下,基于系争房屋居住条件而未实际居住,不影响其对系争房屋享有的居住权益,故应享有系争房屋征收补偿利益，丁某好系未成年人，亦未在系争房屋内实际居住，不应认定为同住人，不享有征收补偿利益。丁某良为承租人，其长期居住在系争房屋至动迁，即使其在他处获得过福利分房，亦不影响其对系争房屋享有征收补偿利益。丁某蓓不仅是梦花街房屋福利分房的受配对象，且在他处作为公房的承租人获得过动迁安置，故其不符合同住人条件，许某轩和许某恩系未成年人，未在系争房屋内实际居住，属空挂户口，且二人居住利益应附随于父母，故许某轩、许某恩不符合同住人条件，不享有系争房屋征收补偿利益。综合考量系争房屋来源、房屋实际居住使用情况等因素，依照公平合理的原则，本院酌定分割征收补偿利益。

案例评析：

公房征收补偿利益归承租人和同住人共同共有，同住人需要满足三个条件：(1)作出房屋征收决定时，在被征收房屋处具有常住户口；(2)户口迁入后，实际居住生活一年以上(特殊情况除外)；(3)在本市无其他住房或者虽有其他住房但居住困难的人。本案中，丁某属于按照政策回沪的知青子女，在被征收公房处并未实际居住过，但是法院认为该人员未明确表示放弃居住权益情况下，不影响其居住权益。那么司法实践中，有哪些人员在未实际居住的情况下，可以获得征收补偿利益？

(一) 因家庭矛盾，无法实际居住的。公房的家庭结构复杂，家庭成员之间因存在矛盾，不适宜在房屋内居住而在他处借房居住的，不属于放弃公房的居住权，如果满足同住人条件(1)和(3)的，可以分割相应的征收补偿利益。比如案例(2015)静民三(民)初字第116号判决认为："李某甲户籍在系争房屋，曾在系争房屋居住，后因房屋面积小、家庭矛盾等因素居住在外，并不因征收时未实际居住在系争房屋而当然丧失共同居住人资格。"

(二) 因房屋面积较小，居住困难而无法居住的。被征收公房一般居住面积较小，在册户口人数较多，无法满足所有人员居住要求。部分家庭成员为了帮助其他在册户口人的居住，主动搬离被征收房屋而在外借房居住的，不属于放弃公房的居住权。如果满足同住人条件(1)和(3)的，可以分得相应的征收补偿利益。比如案例(2020)沪02民终5009号判决认为："陆某华方认为柴某婷未实际居住，系空挂户口。但系争房屋确实面积较小，且柴某婷与陆某结婚后并未购买住房，曾先在场中路房屋居住，后又在他处借房居住，且柴某婷在他处也未取得福利性房屋，故柴某婷应视为系争房屋的同住人，可参与系争房屋征收补偿利益的分配。”

（三）按照政策回沪的知青及知青子女。知青属于特殊历史背景下，为家庭和社会作出巨大贡献的人员，根据司法审判惯例，按照政策回沪的知青子女及知青本人可以不受实际居住的限制，满足同住人条件的(1)和(3)的情况下，可以被视为同住人，有权分得相应的征收补偿利益。比如本案中，按政策回沪的丁某，法院认为：“丁某的户籍系按知青子女回沪政策迁入系争房屋，在其无明确表示放弃居住权益情况下，基于系争房屋居住条件而未实际居住，不影响其对系争房屋享有的居住权益，故应享有系争房屋征收补偿利益。”

（四）公房的承租人。公房承租人虽然属于同住人，但与同住人不同。承租人不受同住人条件的限制，即使承租人不符合同住人条件，依然可以获得征收补偿利益。比如案例(2020)沪 0101 民初 21093 号判决认为：“丁某娣虽然在本市保仁弄公房处获得动迁安置，其户口迁入后并未居住，但丁某娣属于被征收房屋的承租人，有权享有征收补偿利益。”

（五）因报出生或者结婚而将户口迁入的。根据《关于贯彻实施〈上海市房屋租赁条例〉的意见(二)》第十二条规定：“《上海市房屋租赁条例》中所称公有居住房屋的‘共同居住人’是指公有居住房屋的承租人死亡或者变更租赁关系时，在该承租房屋处实际居住生活一年以上(特殊情况除外)而且本市无其他住房或者虽有其他住房但居住困难的人，结婚、出生可以不受上述条件的限制。”从该条文中可以看出，结婚或者出生可以不受户口、实际居住和他处有房的限制。但《上海高院综述》中对该问题有过表述：“《关于贯彻实施〈上海市房屋租赁条例〉的意见(二)》第十二条在确定‘共同居住人’概念时，对居住年限、他处有房等作了限制，同时明确‘结婚、出生可以不受上述条件的限制’。该规定并不是说，所有在系争公房内结婚、出生的人，都不受上述限制，而是要根据现实情况具体而定。”

实战策略：

作为公房的同住人，原则上需要满足“实际居住生活满一年以上(特殊情况除外)”的条件。而此处的“特殊情况”一般是指：因家庭矛盾、居住困难等原因在外借房居住的。司法实践中，法官对于“因家庭矛盾、居住困难”的理解不同。比如(2020)沪 0101 民初 23398 号判决认为：“原告徐某一户自户口迁入后，并未在被征收房屋处实际居住，不符合同住人。”徐某与徐某德关系一直不好，而且被征收房屋的居住面积不满足人均居住面积 7 平方的条件，尚属于居住困难情况，但法院对该情况未予解释。因此，司法实践中，需要将“因家庭矛盾、居住困难等原因在外借房居住的”与其他客观因素综合适用，根据公平合理的原则，将某些未实际居住人员也认定为同住人。

19. 因居住困难而未居住的，是否属于“空挂户口”？

焦点问题：因被征收公房面积较小无法居住而在外借房居住的，是否属于“空挂户口”？

要点分析：法院将“实际居住”作为认定同住人条件之一的主要原因是同住人对被征收房屋有居住依赖性，被征收房屋是其保居住、稳生活的基础，需要用被征收房屋的补偿款或者产权调换进行安置。因此，如果居民同时满足在被征收房屋内有常住户口，他处无房的条件，根据《高院解答》第五项问答，在按拆迁公有居住房屋处有本市常住户口，因家庭矛盾、居住困难等原因在外借房屋住，他处也未取得福利性房屋的，可以被视为同住人。因此即使未居住，也享有同住人的权利。

案情介绍：(2020)沪02民终5009号

原告：柴某。

被告：陆某1、高某、陆某、陆某2、陆某3、陆某4。

被征收房屋位于上海市新闸路×××弄×××号，房屋性质为公房，承租人为陆某耕(2017年报死亡)。陆某1、陆某4、陆某3、陆某2均系陆某耕之子女，陆某1、高某系夫妻，陆某为二人之子，柴某与陆某曾系夫妻。房屋征收时户口在册人员为柴某、陆某1、高某、陆某四人，其中柴某的户籍于2011年迁入系争房屋。2013年陆某耕与征收部门就系争房屋签订征收补偿协议，共获得安置房屋2套和部分补偿款。法院审理中查明：柴某与陆某于2010年2月登记结婚，2013年1月诉讼离婚，陆某在离婚调解笔录中表示，“系争房屋即将动迁，如果离婚，柴某不得居住在系争房屋内，居住维持现状，待系争房屋发生变化时，双方另行解决。由动迁部门解决柴某的居住问题，其不会侵害柴某的动迁利益，如果柴某有利益，是动迁部门根据动迁政策来对其进行的安置，会及时与柴某沟通动迁情况”。柴某表示：“其不会居住在系争房屋内，但是如果系争房屋动迁，希望陆某保障其动迁利益”。后法院告知双方对于系争房屋内柴某、陆某的财产性权利不属于离婚案件的审理范围，由双方另行解决。2017 年陆某耕报死亡，因本案当事人对征收补偿利益无法协商一致，2019 年柴某向法院提起诉讼要求分割征收补偿利益。

裁判摘要：

法院认为：（一）关于柴某同住人身份认定如下：系争房屋征收时，承租人为陆某耕，柴某及陆某 1 方 4 人的户籍在册。陆某 1 方认为柴某未实际居住，系空挂户口，但系争房屋确实面积较小，且柴某与陆某结婚后并未购买住房，曾先在场中路房屋居住，后又在他处借房居住，且柴某在他处也未取得福利性房屋，故柴某应视为系争房屋的同住人，可参与系争房屋征收补偿利益的分配。系争房屋所在区域的征收决定于 2012 年 10 月作出，柴某与陆某于 2013 年 1 月经法院调解离婚。陆某认为，其与柴某离婚时，已就包括系争房屋可能取得的征收利益分割完毕。但根据离婚案件的相关笔录，柴某与陆某在系争房屋内的财产性权利并未在离婚案件中一并处理，故陆某的该节抗辩意见不予采纳。柴某表示，其应作为系争房屋的同住人，系争房屋在其和陆某婚姻存续期间发生征收，其有权获得征收补偿利益，现双方已经离婚，柴某认为基于同住人和夫妻共同财产的分割，柴某应取得 29 万元。结合系争房屋的来源、房屋征收补偿款的组成、柴某与陆某的夫妻共同财产等因素，柴某主张的数额尚属合理。（二）关于陆某耕取得的征收款能否作为遗产一并处理。陆某耕虽曾增配取得了新昌路房屋，但其仍为系争房屋的承租人，并且在系争房屋被征收后才去世，其亦有权分得相应的征收补偿利益。现陆某 4 方作为陆某耕的继承人，要求将陆某耕取得的征收款作为遗产进行法定继承的主张，符合相关规定且可减少当事人的讼累，法院予以一并处理。根据系争房屋的来源、实际居住情况、房屋征收补偿款的组成、高龄补贴等因素，法院酌情确定系争房屋的征收补偿利益中陆某耕的份额作为遗产，该款应由陆某 1、陆某 4、陆某 3、陆某 2 按照法定继承予以分配。

案例评析：根据规定公房的权利人主要包括承租人和同住人，而同住人需要满足三个条件，分别是：1. 作出房屋征收决定时，在被征收房屋处具有常住户口；2. 户口迁入后，实际居住生活一年以上（特殊情况除外）；3. 在本市无其他住房或者虽有其他住房但居住困难的。如果未满足“实际居住生活满一年”的条件是否就不享有同住人的权利呢？

（一）从立法的角度分析，为何要将“实际居住生活满一年”作为同住人的条件？法院将“实际居住”作为认定同住人条件之一的主要原因是同住人对被征收房屋有居住依赖性，被征收房屋是其保居住、稳生活的基础，也是其唯一居住的房屋，需要用被征收房屋的补偿款或者产权调换进行安置。而被征收房屋一般家庭结构复杂，经历三代及以上，矛盾尖锐。有些在册户口人，因为家庭矛盾或者居住太过拥挤，主动搬离被征收房屋，将房屋让渡与其他亲属居住，该行为是出于亲情的帮助，为维护家庭和谐而作出的贡献，应当得到鼓励和奖励。因此2004年《高院解答》第五项问答，在被拆迁公有居住房屋处有本市常住户口，因家庭矛盾、居住困难等原因在外借房屋居住，他处也未取得福利性房屋的，可以被视为同住人。比如案例(2015)静民三(民)初字第116号，法院认为：“李某甲户籍在系争房屋，曾在系争房屋居住，后因房屋面积小、家庭矛盾等因素居住在外，并不因征收时未实际居住在系争房屋而当然丧失共同居住人资格。”

（二）从公平正义的角度分析，某些情况下过度保护“实际居住人”，会侵害其他弱势群体的利益。实务中，如果在各方居住均比较困难，房屋面积又较小的情况下，能够居住在被征收房屋处的一般是强势且霸道的一方；而“要面子”“怕惹事”的一方往往会无奈地搬走或者无法居住。因此，公房征收案件，仍然需要根据家庭的具体情况而作出判决，才能实现公房征收补偿款分割的相对公平。

实战策略：

目前对于《高院解答》“在按拆迁公有居住房屋处有本市常住户口，因家庭矛盾、居住困难等原因在外借房屋住，他处也未取得福利性房屋的，可以被视为同住人”的规定，审判实践中存在争议。甚至很多法官对未实际居住的采用一刀切的方式，凡是未实际居住的，不再考虑是否实际居住困难或者家庭内部有矛盾，一律不符合同住人要求。因此只有从政策出台的背景、法理基础以及案件本身的公平正义角度出发，未实际居住的居民才有可能获得征收补偿利益。

20. 出生但未实际居住的，是否有权分割征收补偿利益？

焦点问题：户口报出生于被征收房屋处，但实际居住未满一年的，是否具有同住人身份？

要点分析:关于贯彻实施《上海市房屋租赁条例》的意见(二)第十二条规定,《上海市房屋租赁条例》中所称公有居住房屋的“共同居住人”是指公有居住房屋的承租人死亡或者变更租赁关系时,在该承租房屋处实际居住生活一年以上(特殊情况除外)而且本市无其他住房或者虽有其他住房但居住困难的人,结婚、出生可以不受上述条件的限制。

但部分观点认为,因报出生或结婚而将户口报入被征收房屋处的,仍然需要根据同住人的三项基本条件审核认定。符合条件的,可以分得征收补偿利益;不符合条件的,无权分得征收补偿利益。

案情介绍:(2020)沪 01 民终 5039 号

上诉人(原审被告):许某超、金某莉、许某洋。

上诉人(原审原告):许某星。

被上诉人(原审原告):许某国。

上海市徐汇区×××路房屋(以下简称系争房屋),房屋性质为公房,许某国、许某星与许某超、金某莉、许某洋的户籍均在系争房屋,但现内分两户。许某国与许某星系父女关系,许某超与金某莉为夫妻关系,许某洋系两人之女,许某国、许某超、许某为兄弟关系,三人母亲为周某(2012 年报死亡)。系争房屋东南间租赁户名现为周某,系争房屋西南间租赁户名为许某,许某已销户移民、周某已报死亡。系争房屋来源于三人父亲单位分房,许某国、许某超均自小居住其中,因房屋受配年代久远,许某国、许某星、许某超、金某莉、许某均无法从公房管理部门查悉系争房屋原始受配情况,不清楚兄弟三人是否为原始受配人。许某国、许某超自小居住其中,在东南间及西南间房屋均有居住,许某星的户籍报出生在系争房屋内,之后户籍从未迁出,因随父母在外居住才未能入住系争房屋满一年以上,现系争房屋的东南间、西南间房屋均由许某超、金某莉、许某洋控制使用。2019 年许某国、许某星诉至法院,要求许某超、金某莉、许某洋排除对居住在系争房屋东南间的妨害。

裁判摘要:

法院认为,民事活动必须遵守法律,法律没有规定的,应当遵守国家政策。根据上海市公房政策规定,公有居住房屋的共同居住人是指在该承租房屋处实际居住生活一年以上(特殊情况除外)而且本市无其他住房或者虽有其他住房但居住困难的人,结婚、出生可以不受上述条件的限制。许某国的户籍在系争房屋内(无法区分在东南间或西南间),有长期在系争房屋内居住的事实且未享受福利分房,故符合成为系争房屋公有住房同住人的条件,享有对系争房屋的居住权。许某星虽然未能提供证据证明其在系争房屋内居住满一年以上,但许某星的户籍报出生即在系争房屋内,之后户籍从未迁出,因随父母在外居住才未能入住系争房屋满一年以上,故根据相关政策,许某星符合其他特殊情况而无法居住在系争房屋中的情形,法院据此认定许某星亦属于系争房屋的同住人,对系争房屋享有居住权益。因许某超、金某莉、许某洋一家在系争房屋内长期居住且户籍均在此处,许某超、金某莉、许某洋符合成为系争房屋公有住房同住人的条件,享有对系争房屋的居住权。结合系争房屋的户型、面积及同住人结构等情况,许某国要求许某超、金某莉、许某洋排除对其居住在系争房屋中东南间妨害的诉请,于法有据,法院予以支持。

案例评析:本案中,许某星属于报出生在系争房屋之中,但是并未实际居住满一年以上,根据《高院解答》不符合同住人条件。但是法院认为许某星的户籍报出生即在系争房屋内,之后从未迁出,符合系争房屋的同住人。报出生的人员是否可以排除实际居住或者他处有房的限制?其政策依据是什么?上海市一中院的裁判观点是否可以统一适用?

(一)报出生可以不受他处有房和实际居住限制的政策依据。(1)根据关于贯彻实施《上海市房屋租赁条例》的意见(二)第十二条规定,《上海市房屋租赁条例》中所称公有居住房屋的“共同居住人”是指公有居住房屋的承租人死亡或者变更租赁关系时,在该承租房屋处实际居住生活一年以上(特殊情况除外)而且本市无其他住房或者虽有其他住房但居住困难的人,结婚、出生可以不受上述条件的限制。(2)同时根据关于贯彻执行《上海市城市房屋拆迁管理实施细则》若干意见的通知沪房地资拆(2001)673号(已废止)第九条规定,《征收细则》第五十四条中的同住人,是指在被拆迁居住房屋处有本市常住人口,拆迁许可证核发之日时在该房屋处已实际居住生活一年以上(特殊情况除外),且本市无其他住房或者虽有其他住房但居住困难的人。结婚、出生可以不受上述居住一年和他处有无住房条件的限制。据此,法院认为报出生的人员可以不受实际居住一年的限制。很多居民也据此认为报出生人员享有特殊的权利。本案中,法院将报出生的许某星认定为同住人便是引用的该条文。

(二)多数观点认为,报出生不属于特殊情况。根据《上海市高级人民法院公房居住权纠纷研讨会综述》《关于贯彻实施〈上海市房屋租赁条例〉的意见(二)》第十二条在确定“共同居住人”概念时，对居住年限、他处有房等作了限制，同时明确“结婚、出生可以不受上述条件的限制”。该规定并不是说，所有在系争公房内结婚、出生的人，都不受上述限制，而是要根据现实情况具体而定。理论上讲，即使存在夫妻关系，以及父母子女等直系亲属关系，也只能说明当事人之间存在家庭成员或亲属关系，一方并不当然享有另一方承租或居住公房的居住权益。公房承租人或同住人的家庭成员或亲属是否享有公房居住权，应根据租赁房的来源、居住的历史演变状况、他处房屋的取得情况、家庭成员的权利义务、婚姻关系存续时间长短、亲属关系的变更等综合因素来认定。司法实践中，很多法院认为报出生的在册户口人并不属于特殊人员，仍然需要根据同住人条件审核认定，符合条件的，可以获得征收补偿利益，不符合条件的无权分割征收补偿利益。

实战策略：

在公房内享有居住使用权的在册户口人，一般指公房的同住人，可以分得征收补偿利益。同住人需要满足以下三个条件，分别是：(1)作出房屋征收决定时，在被征收房屋处具有常住户口；(2)户口迁入后，实际居住生活一年以上(特殊情况除外)；(3)在本市无其他住房或者虽有其他住房但居住困难的人。仅属于报出生，但未实际居住的在册户口人，不属于特殊情况，需要谨慎提起诉讼。但征收补偿利益分割案件是综合性案件，不符合同住人的情况，不代表一定不享有征收补偿利益。

三、如何理解他处有房？

21. 经济适用房是否属于“他处有房”

焦点问题：房屋征收补偿利益分割案件中，在册户口人在他处购买过经济适用房的，经济适用房是否属于同住人条件之一的“他处有房”的情形？

要点分析：通说观点，经济适用房不属于“他处有房”。因为经济适用住房兼具商品房和福利房性质，产权人仅可获得政府让渡的占有和使用权利，并在满五年出售时获得少量增值收益;福利分房却是以较小的对价获得了较大的财产利益,不应剥夺经济适用住房产权人在公房中的财产权益。

案情介绍:(2020)沪 02 民终 204 号

原告:杨某锡、楼某娟、杨某、杨某 2、杨某 1。

被告:杨某珍、陈某。

系争房屋位于上海市黄浦区泰康路某二层前楼、底层灶间、底层后间、二层亭子间、底层阁楼,房屋性质为公房。系争房屋承租人为杨某章(于 2017 年 5 月 22 日死亡),杨某锡、杨某珍、杨某恩系杨某章子女。三户家庭成员分别是:杨某锡户(配偶:楼某娟、子女:杨某),杨某珍户(子女:陈某)、杨某恩户(子女:杨某 2、杨某 2 子女:杨某 1)。系争房屋原由杨某章及子女居住,后杨某锡、杨某珍、杨某恩的户口因知青上山下乡迁离系争房屋。杨某锡户家庭成员居住及户籍迁入情况:2009 年杨某锡和楼某娟因知青回沪政策将户口从南京迁回系争房屋,1994 年杨某因知青子女回沪政策将户口从南京迁入系争房屋并居住,后因去南京读大学搬离系争房屋,2001 年回沪后,由杨某珍出资在系争房屋附近租房居住,后自己解决居住问题。杨某珍户家庭成员居住及户籍迁入情况:杨某珍户口 1972 年迁回系争房屋(后迁出,1994 年又迁入),杨某珍自结婚生育后,系争房屋由杨某章和杨某珍一家居住,陈某出生后户口于 1986 年报入系争房屋。2006 年起杨某章将系争房屋对外出租,和杨某珍一家共同搬至杨某珍购置的商品房居住。杨某恩户家庭成员居住及户籍迁入情况:1996 年杨某 2 因知青子女回沪政策将户口迁入系争房屋,但未在系争房屋居住,而是在外地读书、工作。2011 年杨某 2 回到上海后,与杨某恩夫妇共同借住在外居住。2012 年底杨某 2 与案外人签订《上海市经济适用住房预售合同》,杨某 2 购买周秀路某弄经济适用住房,2015 年杨某 2 成为周秀路某弄房屋产权人(有限产权)。2017 年 2 月 16 日,杨某 1 户口报入系争房屋。

2010 年 7 月 22 日,杨某章出具《委托书》,委托杨某珍全权办理系争房屋租赁事宜。2010 年 7 月 23 日,杨某珍与案外人曾某某签订一份《房屋租赁合同》,2014 年 7 月 22 日,杨某珍与曾某某又签订一份《房屋租赁合同》,租期自 2014 年 12 月 1 日起至 2018 年 11 月 30 日止,月租金为 38,000 元,双方无异议后,此合同自动顺延五年(即 2023 年 12 月 1 日止)。自 2011 年 12 月起至 2018 年 11 月 30 日止,曾某某按照上述两份租赁合同约定将租金支付至杨某珍银行账户,该账户的交易明细未见上述租金转账给杨某章银行账户的记录，亦无对应的取现记录。系争房屋的公房租金为每月 72.60 元，杨某章去世后由杨某珍支付。杨某章去世后，杨某锡户曾委托律师多次向曾某某发函，表示杨某章去世后杨某珍无权出租系争房屋，曾某某应将租金的 3/7 支付给其，且 2018 年 11 月 30 日合同期满后终止、不再续签。但曾某某仍按照合同约定按照每月 38,000 元的标准向杨某珍支付了自 2017 年 6 月 1 日起至 2018 年 11 月 30 日止的租金，并在合同期满后与杨某珍签订了新的租赁合同。双方因公房租金发生争执，诉至法院，请求法院依法裁决。

裁判摘要：

法院认为：本案的争议焦点为杨某锡、杨某 2 等是否有权要求杨某珍给付代为出租系争房屋的租金。一、杨某锡夫妇因知青政策回沪将户口回到系争房屋，虽因系争房屋出租未能实际居住，但考虑历史的客观原因，应当认定这种类型的户口迁移不构成两人对系争房屋居住利益的终止情形。杨某因知青子女回沪政策将户口迁入系争房屋并居住，后因系争房屋实际使用状况和出租等原因虽不再居住系争房屋，但仍享有系争房屋的居住权。故杨某锡户一家为系争房屋同住人，有权分得系争房屋租金。二、杨某 2 因知青子女回沪政策将户口迁入系争房屋，在系争房屋出租前因系争房屋实际使用状况和其在外地求学、工作等原因未居住系争房屋，回到上海生活时系争房屋已出租无法居住，故杨某 2 亦在系争房屋享有居住权，但此后杨某 2 申请经济适用住房，并于 2015 年 3 月 23 日成为经济适用住房产权人，居住权益得到保障，不应再享有系争房屋的居住使用权益，但经济适用住房兼具商品房和福利房性质，产权人仅可获得政府让渡的占有和使用权利，并在满五年出售时获得少量增值收益，福利分房却是以较小的对价获得了较大的财产利益，不应剥夺经济适用住房产权人在公房中的财产权益，故杨某 2 可分得系争房屋租金，但在其取得经济适用住房产权后分得的份额酌情予以减少，即杨某 2 自 2015 年 3 月 23 日起分得的租金酌情予以减少。2017 年 2 月 16 日，杨某 1 因出生户口报入系争房屋，杨某 1 系未成年人，其居住问题应由监护人负责解决，故杨某 1 无权分得租金，但作为监护人杨某 2 可以适当多分。三、杨某锡、杨某 2 等是否有权要求杨某珍支付房屋租金。杨某章为系争房屋承租人，生前委托杨某珍代为出租系争房屋，杨某珍将系争房屋出租给案外人曾某某并收取租金，杨某章死亡后租金由杨某珍保管，杨某珍应负责分配给杨天锡、杨某2等人。杨某章去世后公房租金由杨某珍支付，该费用应从租金收益中予以扣除，故杨某2可与杨某锡、楼某娟、杨某、杨某珍、陈某平均分配系争房屋的租金收益。

案例评析：

本案中有权分割公房租金的人员均是公房的权利人，根据公房权利人政策，权利人只有承租人和同住人，本案法院认为有权分割公房租金的权利人与有权分得公房被征收补偿利益的同住人是一致的。公房的同住人需要满足三个条件：(1)作出房屋征收决定时，在被征收房屋处具有常住户口；(2)户口迁入后，实际居住生活一年以上(特殊情况除外)；(3)在本市无其他住房或者虽有其他住房但居住困难的人。其中“无其他住房”是否包含经济适用房？而本案的焦点之一，享受过经济适用房的人员，是否属于享受过福利政策，而被认定为“他处有房”。司法实践中，各个法院对经济适用房定性略有争议，比如本案认为：经济适用房不属于他处有房，但(2015)闸民三(民)初字第2421号判决中指出：“原告于2011年通过系争房屋申请获得了经济适用住房，该房屋取得亦包含一定的福利性质，该观点成为原告不享征收补偿的原因之一。”那么究竟经济适用房是否属于福利分房呢？我们探讨一下经济适用房的概念和性质。

(一) 经济适用房的概念和性质。

根据《经济适用住房管理办法》第二条规定“经济适用住房是指政府提供政策优惠，限定套型面积和销售价格，按照合理标准建设，面向城市低收入住房困难家庭供应，具有保障性质的政策性住房”。经济适用房是根据国家经济适用住房建设计划安排建设的住宅。其所用土地来源一般属于行政划拨的方式，并免收土地出让金，而且对各种经批准的收费实行减半征收，具有加大的政府扶持和优惠性质。同时经济适用房出售价格实行政府指导价，遵循保本微利的原则。购买经济适用房的居民支付相应对价获得限制性房屋产权证，因此经济适用房在本质上属于商品房。

(二) 经济适用房能否认定为福利分房。

福利分房是我国计划经济时代一种房屋分配形式。在计划经济中，人们所有的剩余价值均被收归国有，国家利用这些剩余价值中的一部分由各企事业单位自建住房，然后按职工级别、职称、工龄、年龄、居住人口辈数、人数以及有无住房等一系列条件分给居民承租居住使用。承租人需要缴纳象征性的房屋租金(类似于赠送)。但承租人实际支付的房租远远低于该房屋的建筑成本和维修成本。

司法实践中,根据《高院解答》被认定的福利分房主要包括:原承租的公有住房、计划经济下分配的福利房、自己部分出资的福利房,房款的一半以上系用单位的补贴所购买的商品房,公房被拆迁后所得的安置房(包括自己少部分出资的产权安置房),以及按公房出售政策购买的产权房等。很显然经济适用房并不属于上面所列的福利性质的房屋,同时也没有相应的法律法规以及司法解释确认经济适用房属于福利分房,更没有规定因居民享有福利分房而排除共有住房中同住人资格。但实践中依旧存在两种观点。一种认为是福利分房,因为经济适用房是政府提供优惠政策,解决中低收入家庭居住困难的保障性住房,与以往福利性公房具有相同属性;另一种观点如本案讨论的焦点,认为经济适用房不属于福利分房,因为获得经济适用房的人,支付了相应的对价,且经济适用房本质上属于商品房。

(三)司法实践中倾向性意见:经济适用房不属于福利分房,即使享有经济适用房,仍然不能排除该房屋所有权人在他处公房内享有同住人资格。

从福利分房的本质来说,享有福利分房即享有福利性房屋的财产权价值补贴和居住权补贴。首先,经济适用房在财产权方面当事人并没有享受政府的福利。经济适用房的重要原则即保本微利,如果是开发商建造的经济适用房,其利润不能超过成本价的3%,若是政府出资建造,按照成本价出售,不得盈利。根据《经济适用住房管理办法》第二十条"确定经济适用住房的价格应当以保本微利为原则。其销售基准价格及浮动幅度,由有定价权的价格主管部门会同经济适用住房主管部门,依据经济适用住房价格管理的有关规定,在综合考虑建设、管理成本和利润的基础上确定并向社会公布。房地产开发企业实施的经济适用住房项目利润率按不高于3%核定;市、县人民政府直接组织建设的经济适用住房只能按成本价销售,不得有利润"。可知当事人在购买经济适用房时支付了其享有产权的对价,支付成本价格同样大于政府的优惠价格。其次,若经济适用房产权人希望满足年限后上市交易的,需要向政府支付相应土地出让金。因此经济适用房产权人在购房时至少已经支付了经济适用房的成本价,在财产权上并未享受政府的福利补贴。但由于经济适用房土地属于政府划拨用地,因此居住权确实含有保障性福利补贴,但是其福利性质相对于其他公房显然较少,因为居住权的福利性质是基于财产权延伸而来,而且居住权的福利性可以随时收回或者终止(比如廉租房)。总之,经济适用房确实因为政策性保障,而减少了产权人实际支付的房屋价款,但这些福利补贴相对于公房分房等福利性太小,可以忽略不计。因此经济适用房一般不被认定为福利分房。

实战策略:

司法实践中必然会遇到除经济适用房外的其他也含有福利成分的房屋,比如:增配房屋、平价房、安居房、廉租房、宅基地房和"拆私还公"的房屋等,其中的福利成分可能包括:单位补贴款、房价优惠、税费减免、土地划拨、租房补贴、贷款扶持、工龄购房等各类政府、单位各类优惠扶持。在实务办理案件中,承办律师如何分析一套涉案房屋是否属于福利分房?能否被认定为高院解答中关于福利分房不完全列举中"等"的范围之内?根据上海高院解答:"房款的一半以上系用人单位的补贴所购买的商品房"才被认定为福利分房。因此律师要勤勉尽责,将当事人购房的证据材料调查清楚,并尽力证明房屋支付的对价超过房屋的福利成分。

22. 增配房屋是否属于"他处有房"?

焦点问题:房屋征收补偿利益分割案件中,在册户口人在他处因增配而获得的公房,增配的公房是否属于同住人条件之一的"他处有房"的情形?

要点分析:根据《上海市高级人民法院公房居住权纠纷研讨会综述》的《关于房屋动拆迁补偿款分割民事案件若干问题的解答》,在涉及公房拆迁中的共同居住人认定时,对"他处有房"的解释,限定为福利性分房(增配除外)。因此高院认为增配房屋的性质与普通福利分房的性质有所不同,不属于排除同住人的"他处有房"的范围。

案情介绍:(2014)沪一中民二(民)终字第1458号

原告:何某骊。

被告:何某国、何某慧。

何某骊与何某国、何某慧均系何某之子女,系争房屋原为公有住房,承租人为何某。1994年9月何某骊与父亲何某及母亲共同签署《购买公有住房委托书》,载明经同住成年人协商一致同意购买系争房屋,购买人确认为何某。1994

年 12 月，何某与出售方签订《公有住房买卖合同》，按照 94 方案购得系争房屋产权，产权人登记为何某。2009 年 12 月 11 日三人母亲报死亡。1997 年 11 月，何某骊获配上海市潍坊路×号×室房屋，并于同年 12 月购得该房屋产权，在该房屋《住房配售单》中“配售房原因”一栏载明“拥挤困难，增配”。2013 年 8 月 18 日，何某报死亡。何某骊与何某国、何某慧因系争房屋归属问题意见不一，2013 年何某骊诉至法院要求确认其是系争房屋共有人之一。

裁判摘要：

法院认为，公民、法人的合法的民事权益受法律保护，任何组织和个人不得侵犯。本案的争议焦点是何某骊是否为购买系争房屋产权时的同住人，从而可以主张系争房屋共有权。本案中，系争房屋产权系按照 94 方案购买，双方对此均无异议，在系争房屋购买成产权房时，相关物业公司已将何某骊认定为原公房的同住成年人，何某骊亦在购买公有住房委托书上作为同住成年人签名盖章，按照本市 94 方案购买的房屋，产权证登记为一人的，在诉讼时效内，购房时的购房人、工龄人、职级人、原公房的同住人及具有购房资格的出资人主张房屋产权的，可确认房屋产权共有。故何某骊作为购买系争房屋产权时的同住人，符合主张系争房屋产权共有的相关条件。另根据审理查明的事实，何某骊在他处获配公房并购得产权的原因为居住困难增配，根据本市相关规定，增配房屋不属于重复享受福利政策，而是前者房屋分配的延续，故在他处获得增配房屋的同住人，仍可就 94 方案售后公房的产权主张确权。

案例评析：

该案在 2014 年由徐汇区人民法院作出一审判决，第一中级人民法院维持原判，上海市高院裁定驳回。本案的争议焦点为增配房屋是否属于同住人条件中的“他处有房”。

增配房屋一般是指：由于初始公有住房内引进新的户口（子女报出生、因结婚而将户口迁入等），房屋原有居住面积不足人均最低法定标准，因而符合居住困难的条件，单位根据员工的申请，并结合申请职工的工龄、职称、家庭人数等情况，在保留居初始公房的情况下，另行增配一套公有房屋，以解决该户家庭居住困难的问题。在增配过程中，如果增配房屋面积过大，申请人需要向公房管理部门缴纳相应的款项。增配房屋属于对初始房屋的面积补充，也是初始房屋的延续，更抽象地说，增配房与初始房屋是一体的。那么增配所得房屋是否属于“他处有房”呢。司法实务对此颇有争议。而该争议原始于2014年上海市高院出台的《上海市高级人民法院公房居住权纠纷研讨会综述》，在讨论同住人条件中的“他处有房”的范围时，多数法官的倾向性意见认为仅指福利分房（增配除外），并引用参考2004年的《高院解答》。但是纵览《高院解答》全文，关于福利分房的解释中，并无“增配除外”的表述。那么增配房屋是否可以成为福利分房的例外？审判实践中是否有统一的适用标准？

（一）增配房屋不属于同住人资格认定中的他处有房。本案是增配房屋不属于重复享受福利政策的经典案例。且本案经过上海市高院再次明确：曾因居住困难而获得单位增配房屋属于对初始分配房屋的延续，并不属于认定同住人资格案件中“他处有房”的规定，可以再次获得他处公有房屋同住人资格。其理论依据一方面源于市高院的《综述》“在涉及公房拆迁中的共同居住人认定时，对‘他处有房’的解释，限定为福利性分房（增配除外）”，另一方面认为增配房屋属于对初始公房的补充、延续，其仍然属于原始公房受配人的一部分。而获得增配房屋的配房居民，由于获得可售增配房屋面积较大，一般需要支付相应的对价。该对价相对增配房屋本身价格而言有可能超过当时公房一半的价格，所以，因获得增配房屋便认定他处有房，有失公平。

（二）增配房屋相对于初始房屋不属于他处有房，但相对于其他公房依旧会被认定为他处有房。该理论的依据是对市高院民一庭《综述》中“增配除外”含义的合理解释。结合增配房屋的概念和性质，增配房屋属于解决居住困难的保障公房，具有和初始房屋同样的福利性。是对初始房屋的补充、延伸，和初始房屋在概念中本属于一体，因此增配房屋相对于初始房屋不属于他处有房，也不能排除增配房屋受配人在初始房屋中的同住人身份（满足同住人其他条件），因此也不会被认定为他处享受福利分房。本类解释虽然承认增配房屋属于福利分房，但是应当排除“他处有房”之外，符合高院的《综述》内涵。

（三）增配房屋属于福利分房，属于同住人资格中的他处有房。该观点在司法案例也有得到印证，比如某法院判决：“陈某峰、邵某英均曾获得增配的公房，即使支付了一定价款，但仍具有福利分房性质，应认定已获得过他处住房的事实；陈某森单位增配的公房承租人虽先登记为其母亲，但该房屋分配后由陈某森一家居住使用，承租人也在之后变更为陈某森的女儿，故该房屋也应视为陈某森家庭享受的福利分房。”增配房屋是解决居民居住困难方法之一，另外一种方式为调配分房。调配是指单位收回居民原始的房屋，将该户居民调配至面积超过居住困难标准的公房内。如果调配房屋面积超过居住困难标准，申请居民需要缴纳相应的费用。

实战策略：

在司法实践中，因调配而成为所得公房的新受配人，如果居住不困难，应当被认定他处有房。因增配而获得的房屋，在房屋性质上属于公有住房，福利性上属于单位无偿配售（租金可忽略），由于增配房屋与原始房屋在分配时基于解困要求而获得的面积而言，申请人支付的价格远低于两套房屋，与调配所得房屋并无本质的区别。同时，增配房屋在形态和权属上均具有独立性，与初始房屋在法律关系上并无关联。因此增配房屋可以独立成为新的福利分房。

除此之外，增配房屋仍有可能被认定为福利性房屋。因增配所获得的房屋均可按照上海市售后公房政策将增配房屋购买成售后产权房，而购买公房本身就是享有福利性质。根据《高院解答》第三条关于他处有房的定义中包含："按公房出售政策购买的产权房"属于福利分房，应当被认定为他处有房。

23. 廉租房是否属于"他处有房"？

焦点问题：房屋征收补偿利益分割案件中，在册户口人在他处享受着廉租房，廉租房是否属于同住人条件之一的"他处有房"的情形？

要点分析：廉租房是政府以租金补贴或实物配租的方式，向符合城镇居民最低生活保障标准且住房困难的家庭提供社会保障性质的住房。廉租房政策属于临时性救助，对不再符合规定条件的，应当停止发放租赁住房补贴，或者由承租人按照合同约定退回廉租住房。同时廉租房的承租人只享有居住权，且不能转租、出售，因此与福利分房时代的公房有本质的区别。廉租房不属于"他处有房"的情形。

案情介绍：(2019)沪0106民初45608号

原告：沈某兰、李某军、陈某。

被告：田某妹、沈某成、孙某美、沈某琦、沈某年、朱某兰、沈某斌、沈根某、尚某娟、沈来某、朱某根、朱某。

被征收房屋位于上海市静安区南山路×××号前后室，房屋性质为公房，承租人田某妹。系争房屋原为田某妹配偶沈某甲于1962年分得的公房，沈某甲去世后承租人变更为田某妹。沈某兰系沈某甲与其前妻所生之女；沈某成、沈某年、沈根某、沈来某系沈某甲与田某妹生育的子女。本案当事人以家庭区分共计六户，分别是：沈某兰户（儿子：李某军，儿媳：陈某）、田某妹户、沈某成户（配偶：孙某美，儿子：沈某琦）、沈某年户（配偶：朱某兰，儿子：沈某斌）、沈根某（女儿：尚某娟）、沈来某户（配偶：朱某根，儿子：朱某）。

一、本案当事人的户籍变化情况：（一）沈某兰户：沈某兰的户籍于1962年8月迁入系争房屋，1963年迁往新疆，1996年12月自新疆迁回；李某军的户籍于1997年12月自本市南山路迁入；陈某于2012年9月自新疆迁入。（二）田某妹户：田某妹于1962年8月自本市共和新路迁入。（三）沈某成户：沈某成1962年迁入，1988年迁往本市武进路，2006年6月迁回；孙某美1985年自本市海宁路迁入，1988年迁往武进路，2006年6月迁回；沈某琦在系争房屋报出生，1988年迁往武进路，2006年6月迁回。（四）沈某年户：沈某年1962年迁入，1992年迁往本市商丘路，2004年因购房迁回；朱某兰、沈某斌1989年自本市海拉尔路迁入，1992年迁往商丘路，2004年迁回。（五）沈根某户：沈根某1962年迁入，1988年6月迁出，2007年10月自本市通河六村迁回；尚某娟在系争房屋报出生，后于1988年迁出，2001年因寄读自本市通河六村迁回。（六）沈来某户：沈来某在系争房屋报出生，1991年迁往本市普善路，2001年自本市乾溪路迁回；朱某根于2017年迁入；朱某在系争房屋报出生，1991年迁往本市普善路，2001年自本市乾溪路迁回。二、本案当事人在系争房屋的居住情况。陈某未在系争房屋实际居住过。田某妹一直在系争房屋实际居住直至2013年搬至养老院居住，系争房屋在征收前对外出租。三、本案当事人“他处有房”情况：沈某成户享受过福利分房。沈某年夫妇两人享受过福利分房，但此时沈某斌尚属未成年。沈某兰次子重残无业，政府照顾租赁了位于浦江镇两室一厅的廉租房，次子已于2018年去世。

2019年5月系争房屋被纳入征收范围，2019年8月沈某成、沈某年作为代理人与征收部门签订征收补偿协议，经核定居住困难人口为沈某兰、李某军、陈某、沈文某、沈根某、沈来某、朱某根、朱某、田某妹共9人。因户口在册人员对征收补偿利益无法协商一致，2019年沈某兰户向法院诉讼要求分割征收补偿利益。

裁判摘要：

法院认为：公有房屋承租人所得的居住房屋征收货币补偿款、产权调换房屋归公有房屋承租人及其共同居住人共有。本次征收，沈某兰、李某军、陈某、沈文某、沈根某、沈来某、朱某根、朱某、田某妹被征收单位核定的居住困难对象，均应获得相应补偿。关于系争房屋同住人情况认定如下：（一）沈某兰、李某军户籍在册，廉租房不属于在本市他处有其他住房，两人未享受过福利分房，且被告方亦承认为避免沈某兰与田某妹矛盾，不让沈某兰上门，故系有特殊原因无法在系争房屋居住，应当认定为本案同住人。陈某从未实际居住，故其征收利益以居住困难补偿为限。（二）田某妹户籍在册且在系争房屋长期实际居住，身体原因才搬至养老院居住，故仍应认定为同住人。（三）沈某成户均享受了武进路房屋征收补偿，故不认定为同住人。（四）沈某年、朱某兰享受过商丘路房屋的福利分房及拆迁安置，不认定为同住人，但沈某斌在商丘路房屋动迁时尚属未成年，不属享受过拆迁安置，考虑到其 2003 年至 2007 年实际居住可能性较大，结合其当时的实际年龄，本院在居住困难补偿以外酌情予以考虑。（五）对于沈根某母女，鉴于其自称搬回系争房屋居住的时间段内，二人的户籍均尚未迁回，自行搬离，故沈根某的征收利益以居住困难补偿为限，尚某娟不被认定为同住人。（六）沈来某家庭 2012 年自行搬离，故本院酌情确认其家庭份额以居住困难补偿为限。

案例评析：

根据政策规定公房的征收补偿利益归承租人和同住人共同共有，同住人一般需要满足三个条件，分别是：(1)作出房屋征收决定时，在被征收房屋处具有常住户口；(2)户口迁入后，实际居住生活一年以上（特殊情况除外）；(3)在本市无其他住房或者虽有其他住房但居住困难的人。其中“无其他住房”是否包含廉租房。本案的争议焦点较多，其中之一为沈某兰享受过廉租房，廉租房是否属于他处有房？本案观点认为，廉租房不属于本市他处有房的情形。那么，廉租房的概念和性质是什么，能否认定为“他处有房”呢？

（一）廉租房的概念和性质。廉租房是政府以租金补贴或实物配租的方式，向符合城镇居民最低生活保障标准且住房困难的家庭提供社会保障性质的住房。符合廉租房条件的一般是该户家庭收入较低、住房困难、家庭人员较多等，申请人向街道办事处或者镇人民政府提出书面申请。但廉租房只提供给住房困难的家庭，而且是以出租的形式或者租金补助的形式提供。如果该户经济情况、住房情况改善，政府要停止发放补助或者收回廉租住房。已领取租赁住房补贴或者配租廉租住房的城市低收入住房困难家庭，应当按年度向所在地街道办事处或者镇人民政府如实申报家庭人口、收入及住房等变动情况。建设(住房保障)主管部门应当根据城市低收入住房困难家庭人口、收入、住房等变化情况，调整租赁住房补贴额度或实物配租面积、租金等；对不再符合规定条件的，应当停止发放租赁住房补贴，或者由承租人按照合同约定退回廉租住房。

(二)廉租房不属于同住条件中“他处有房”的情形。廉租房虽然属于福利性保障住房，而且租金远低于市场价格。但廉租房只出租给符合特困条件的居民使用，只是在居民困难时期，提供给该户居民临时使用的房屋或者临时住房补贴。一旦该户居民不再符合困难条件，该项福利就停止或者收回，廉租房政策与同住人条件中“他处有房”有本质的区别。因此廉租房不属于他处有房。

实战策略：

司法审判中，通说观点认为，廉租房不属于他处有房。而且享受廉租房的居民，可以说明两点：(一)该户经济困难，年收入低于该市平均水平；(二)该户住房困难，人均居住面积低于该地区的居住困难标准。由于满足以上两点，在法庭上，可以主张因经济和住房困难，而适当多分征收补偿利益。

24. 农村宅基地是否属于“他处有房”?

焦点问题：房屋征收补偿利益分割案件中，在册户口人曾在他处享受过宅基地动迁利益或者为宅基地的原始权利人的，是否属于同住人条件之一的“他处有房”的情形?

要点分析：农村宅基地上的房屋在性质上属于私房，该类房屋是否属于他处有房应参考“公房同住人在他处因私有房屋征收而分得的安置房，原则上不属于‘他处有房’，但在私房征收中享受过托底保障等福利性政策的除外”。

案情介绍：(2020)沪02民终2335号

原告：袁某龙、徐某芳、袁某莲、洪某某。

被告:袁余伦、袁某义、袁某佳、袁某珠、杨某易。

被征收房屋位于上海市黄浦区宝带弄56弄××号,系争房屋原系案外人金某某祖上的私房,作为私有出租房屋改造交付国家归公。在公管期间,系争房屋中的底层客堂、底层西中厢由袁某伦租赁,袁某伦在租赁期间搭建阁楼一间,系争房屋自2005年起撤销改造,发还产权,由业主自管。2018年系争房屋被纳入征收范围,基于系争房屋征收时的房屋产权及实际居住情况,对袁某伦(户)以公房征收政策进行安置,对权利人金某某的征收利益予以保留。袁某龙、袁某义、袁某珠系袁某伦子女,系争房屋征收时户口在册共9人,分别是:袁某伦户、袁某龙户(配偶:徐某芳,子女:袁某莲,袁某莲子女:洪某某)、袁某义户(子女:袁某佳)、袁某珠户(子女:杨某易)。

一、本案当事人的户籍变化情况:袁某伦于1958年自浙江省镇海县迁入系争房屋;袁某龙于1988年自上海××学校迁入系争房屋、徐某芳于1990年自董家渡路×××号迁入系争房屋、袁某莲于1993年出生迁入系争房屋、洪某某于2017年报出生迁入系争房屋;袁某义、袁某佳两人于2003年自黄家路×××号迁入系争房屋;袁某珠于1963年报出生迁入系争房屋、杨某易于1996年报出生迁入系争房屋。

二、本案当事人在系争房屋的居住情况。袁某伦一直居住涉案房屋直至该房屋被征收;袁某龙自幼居住系争房屋,1990年与徐某芳结婚并生育袁某莲,嗣后于他处租房直至自购房屋;袁某义、袁某珠自幼在系争房屋居住直至各自结婚后搬离;洪某某、袁某佳、杨某易未在系争房屋居住。

三、本案当事人"他处有房"情况。2003年6月20日,徐某芳父母与南翔镇××村民委员会签订《农村私房易地迁建动迁安置协议书》,拆除其所有的坐落在××村××号的房屋。当日,徐某芳与南翔镇××村民委员会签订书面协议,就徐某芳违章建房部分的拆迁享受补偿款4,501元,用于作为新建住宅房的首期建房款,并另行支付建房款177,483元;袁某义配偶的原住房上海市昼锦路×××号房屋被分房小组收回,重新安排至上海市黄家路×××号公房一套,承租人为袁某义配偶,后黄家路房屋经购买取得产权,权利人为袁某义夫妇、袁某佳三人;1998年袁某珠配偶在夫妻婚姻关系存续期间,由其单位增配一套303室房屋,该房屋由其单位支付购房款15万元,本人支付2.5万元。此前,袁某珠配偶与其父母因居住困难而由其单位分配一套位于上海市浦东大道1695

弄××室房屋。

因户口在册人员对征收补偿利益无法协商一致，2019 年袁某龙户向法院诉讼要求分割征收补偿利益。

裁判摘要：

法院认为，民事主体从事民事活动，应当遵循公平原则，合理确定各方的权利和义务根据相关规定，公有居住房屋承租人所得的货币补偿款、产权调换房屋归公有房屋承租人及其同住人共有。同住人，是指作出房屋征收决定时，在被征收房屋处具有常住户口，并实际居住生活一年以上(特殊情况除外)，且本市无其他住房或者虽有其他住房但居住困难的人，此处的“其他住房”是指福利性质房屋。一、关于本案当事人是否为涉案房屋同住人的问题。(一)袁某伦一直居住系争房屋直至房屋被征收，他处亦未享受过福利性质分房，应当享有本次征收补偿利益。(二)袁某龙在系争房屋居住并与徐某芳结婚生育袁某莲，袁某伦一方称袁某龙、徐某芳及袁某莲未曾在系争房屋居住，但无证据佐证，本院难以采信。故袁某龙、徐某芳及袁某莲可作为系争房屋的同住人。洪某某的户籍在 2017 年报出生时迁入系争房屋，此时，袁某龙、徐某芳及袁某莲均已不在系争房屋居住，且洪某某一直随其父母生活，从未在系争房屋居住，所以不应作为系争房屋的同住人。至于袁某伦方主张袁某龙曾享受福利分房或者福利补贴，但是无证据佐证，本院不予采纳。袁某伦方主张徐某芳在南翔镇××村农村私房动迁中曾享受安置，但是农村宅基地上的私房动迁本不属于福利分房性质，况且徐某芳在本次动迁中仅因违章建筑获得补偿 4,501 元，新建住房也是由徐某芳自己出资，所以不属于享受福利分房的性质。综上，袁某伦方主张袁某龙方曾享受了福利分房，本院不予支持。(三)袁某珠结婚后搬出了涉案房屋，杨某易虽然报出生于系争房屋，但是杨某易并未在系争房屋居住，而是随父母在他处居住，所以不应作为同住人。袁某珠配偶曾获单位分配 303 室房屋，且单位支付了大部分的款项，此后又购买了 501 室房屋公有住房的产权，上述行为均发生在袁某珠两人婚姻关系期间，应视为袁某珠与配偶共同享受了福利分房。(四)袁某义一家居住的昼锦路公房经单位售配取得黄家路公房一套，袁某义辩称其为此支付对价，但嗣后，袁某义一家三口按公房出售政策购得上述房屋产权并登记在三人名下，该情形属于享受福利房屋，故袁某义、袁某佳不应作为同住人享受本次征收补偿利益。

案例评析：

根据政策规定公房的征收补偿利益归承租人和同住人共同共有，同住人需要满足以下三个条件，分别是：(1)作出房屋征收决定时，在被征收房屋处具有常住户口；(2)户口迁入后，实际居住生活一年以上(特殊情况除外)；(3)在本市无其他住房或者虽有其他住房但居住困难的人。其中"无其他住房"是否包含宅基地房屋。本案的争议焦点之一为袁某芳享受过宅基地动迁政策，宅基地房屋是否属于他处有房？本案观点认为，宅基地房屋不属于本市他处有房的范围。那么，通过该案例讨论以下三个问题：宅基地房屋的概念、特点以及是否属于福利分房。

(一) 宅基地的概念和性质。

宅基地使用权人依法对集体所有的土地享有占有和使用的权利，有权依法利用该土地建造住宅及其附属设施。我国实行农村土地集体所有制度，农民对其宅基地不拥有所有权，只拥有使用权，城镇居民不得享有宅基地使用权。农民申请宅基地建造住房有严格的规定。根据《土地管理法》第62条规定，农村村民一户只能拥有一处宅基地，其宅基地的面积不得超过省、自治区、直辖市规定的标准。农村村民住宅用地要经乡(镇)人民政府审核，由县级人民政府批准。同时，国务院的有关文件则明确禁止宅基地使用权及宅基地上房屋向城镇居民流转。2007年12月30日，国务院办公厅《关于严格执行有关农村集体建设用地法律和政策的通知》再次重申："城镇居民不得到农村购买宅基地、农民住宅或小产权房。"

(二) 土地及土地上房屋的权属可以分离。

关于房屋与土地的关系，即土地和房屋等建筑物的权利是否可以分开作为相互独立的不动产，根据法律规定，土地使用权转让、抵押时，地上建筑物、附着物同时转让、抵押。反过来，对地上房屋所有权进行转让、抵押的，该房屋占有范围内的土地也随之转让、抵押。即使双方当事人没有约定土地的转让、抵押，也将其视为整体同时处分。但也存在例外情形，由于我国农村宅基地使用权属于集体经济组织成员，经常出现土地使用权和房屋所有权不是同一个主体。农村各地逐渐开始推行的登记发放农村集体土地使用权证与集体土地上房屋所有权证的做法，虽然关于农村集体土地、宅基地与其上房屋的权利行使的法律比较粗略，但对其两权分离的法律分析与当前实践较为吻合。

（三）农村宅基地上的房屋动迁原则上不具有福利性。

宅基地属于本村经济组织成员以户为单位申请无偿使用的土地类型，本村经济组织成员对宅基地仅具有使用权，不具有所有权，因此宅基地的使用权不能继承。宅基地使用人可以在宅基地上建造居住房屋，房屋属于个人所有的财产，不具有福利性，可以继承。因此宅基地和房屋应分离看待。在房屋征收补偿利益分割的民事案件中，对于宅基地上的房屋是否属于福利分房，略有争议，但本文作者认为，对于宅基地的房屋以及动迁需要分开分析。(1)因申请而享受农村宅基地使用权，且在宅基地上建造房屋的，可以认为符合《高院解答》中他处有房的情形。比如(2019)沪0112民初44951号判决认为："钱某1虽在系争房屋有户籍，但其在本区有农村（居民）宅基地房屋，农村（居民）宅基地具有福利性质，可认定原告在他处有福利性质的分房。"(2)宅基地地上的房屋动迁是否属于福利政策，可以参考私房征收政策。因私有房屋动迁而获得货币安置或者房屋安置，原则上不属于他处有房，也不属于享受福利性动迁。除非享受托底保障等福利性政策。因此宅基地房屋如果认定为私有房屋或者非福利性房屋，那么宅基地动迁安置中除非证明居民享有托底保障的，才会被认定为享受过福利性分房。因此，很多法院在认定宅基地动迁是否属于福利性动迁安置时，参考适用公房动迁安置，就比如本案的观点。

实战策略：

关于宅基地上的房屋及宅基地上的房屋动迁是否属于他处享受过福利性政策，实践中争议较大，没有统一判决结果。在办理房屋征收补偿分割案件中，关于他处有房的认定，仍需要考虑他处房屋的性质、福利成分、房屋的来源等综合因素，从而认定是否属于福利分房。因此每个征收的问题，需要结合案件本身所具有的因素，综合考虑。

25. 联建公助房屋是否属于"他处有房"？

焦点问题：房屋征收补偿利益分割案件中，在册户口人在他处因取得联建公助建设住宅的，该类房屋是否属于同住人条件之一的"他处有房"的情形？

要点分析："联建公助"住宅出售以建筑面积计算，按建筑实体成本确定出售价款。售给建设单位职工的住宅，个人承付出售价款的百分之六十，但每平方米建筑面积承付的价款最高不要超过一百二十元，其余部分由建设单位补贴。售给被拆私房户住宅，不超过原居住面积的，个人承付出售价款的三分之一，其余部分由建设单位补贴；超过原居住面积，其超过部分按售给建设单位职工的规定办理。如果取得联建公助住宅时出资不超过房款的 1/2，那么在册户口人就属于“他处有房”，反之亦然。

案情介绍：(2020)沪 02 民终 8703 号

原告：柏某红、张某。

被告：柏某生、董某萍、柏某青。

被征收房屋位于上海市梧桐路×××号，房屋性质为公房，承租人为戴某弟，于征收开始前报死亡。征收时户口在册人员是柏某红、张某、柏某根、董某萍、柏某青 5 人。柏某红和柏某根是戴某弟的儿子；柏某根和董某萍是夫妻关系，柏某青是两人之子；张某是戴某弟的外孙女。

一、本案当事人的户籍变化情况。柏某生于 1963 年在系争房屋内报出生，后因强制戒毒原因多次迁出又迁入，末次迁入是 2004 年从上海市××教养管理所迁回；张某于 1986 年报出生在系争房屋；柏某根于 1969 年由系争房屋迁往黑龙江××农场，1979 年 3 月迁回，董某萍于 1981 年 3 月 3 日从中山北路×××号迁入系争房屋，同月 17 日又迁回中山北路×××号，1985 年迁往普陀四村×××号，2004 年迁往曹杨路×××号，2006 年迁入系争房屋，柏某青于 1996 年从中山北路×××号迁往普陀四村×××号，2004 年迁往曹杨路×××号，2006 年迁入系争房屋。

二、本案当事人在系争房屋的居住情况。柏某生在系争房屋内报出生并居住，但自 1999 年起因强制戒毒或劳动教养等原因客观上无法实际居住。张某在系争房屋内报出生后居住至 2002 年。柏某根在系争房屋内报出生并居住，1969 年至 1979 年去黑龙江上山下乡，户籍迁出，1979 年返沪并迁回户籍，至结婚前居住在系争房屋内。2002 年起柏某根、董某萍、柏某青在曹杨路×××号房屋内居住至今。

三、本案当事人“他处有房”情况。1994 年张某父亲因上海市鲁班路×××号公房动迁获配上海市南码头路×××号公房，张某属于新配房人员；1984 年董某萍与上海××厂签订《房屋买卖契约》，上海市普陀四村×××号的房屋系上海××厂联建公助职工住宅，上海××厂以补贴形式出售给董某萍，董某萍按实体造价60%支付价款。2003年普陀四村×××号房屋动迁，拆迁补偿安置协议和补偿费用结算单载明，普陀四村×××号房屋为私房，现住人口为董某萍和柏某青。2000年柏某根、柏某青购买上海市曹杨路×××号，产权登记为两人共同共有。2005年柏某根与案外人签订差价换房合同，柏某根取得了上海市×××村×××号的公房承租权。各方当事人均确认柏某红系低保人员，他处无房。

1997年张某的父亲去世，张某的母亲下岗，戴某弟夫妇为了补贴女儿，将系争房屋于2002年起由张某的母亲出租并收取租金，戴某弟夫妻随张某的母亲住到南码头路×××号房屋。2019年5月系争房屋被列入征收范围，2019年6月，柏某红作为系争房屋代理人与征收部门签订补偿协议，并选择货币补偿。因户口在册人员对征收补偿利益无法协商一致，2020年柏某红、张某向法院诉讼要求分割系争房屋的全部征收补偿利益。

裁判摘要：

法院认为，《征收细则》第44条规定："公有房屋承租人所得的货币补偿款、产权调换房屋归公有房屋承租人及其共同居住人共有。"第51条规定："共同居住人，是指作出房屋征收决定时，在被征收房屋处具有常住户口，并实际居住生活一年以上(特殊情况除外)，且本市无其他住房或者虽有其他住房但居住困难的人。"该条规定中其他住房，仅限于福利性质取得的房屋，包括原承租的公有住房、计划经济下分配的福利房、自己部分出资的福利房、房款的一半以上系用单位的补贴所购买的商品房、公房被拆迁后所得的安置房(包括自己少部分出资的产权安置房)以及按公房出售政策购买的产权房等。柏某红、柏某根在系争房屋内报出生并居住满一年以上，且未有证据证明二人享受过福利性质分房，故二人均属系争房屋同住人；张某已经在鲁班路×××号房屋公房动迁中获得动迁安置，且安置的上海市南码头路×××号房屋公房居住并不困难，但鉴于系争房屋自2002年起即由张某母亲出租，同时考虑到张某户籍在册及实际居住情节，以及张某方对房屋的实际控制，可酌情分配；董某萍户籍于1981年3月3日从中山北路×××号迁入系争房屋，同月17日又迁回中山北路×××号，之后其户籍再次迁入系争房屋的时间是2006年。另董某萍单位上海×××厂于1984年以补贴形式向董某萍出售联建公助职工住宅(本市普陀四村×××号房屋)，约定董某萍按实体造价支付60%的价款，虽具有一定的福利性质，但尚不属于《上海市国有土地上房屋征收与补偿实施细则》有关共同居住人认定中的其他住房。柏某青户籍于2006年迁入系争房屋，未在内实际居住。董某萍、柏某青自2002年起即居住在柏某根、柏某青名下曹杨路×××号产权房内，显然二人户籍迁入系争房屋并不是为了居住，故不符合同住人身份。

案例评析：

公房征收补偿利益分割案件中，征收补偿利益归承租人和同住人共同共有，同住人需要满足以下三个条件，分别是：1.作出房屋征收决定时，在被征收房屋处具有常住户口；2.户口迁入后，实际居住生活一年以上（特殊情况除外）；3.在本市无其他住房或者虽有其他住房但居住困难的人。本案的争议焦点之一为董某萍享受过联建公房政策，联建公助房屋是否属于他处有房？本案的审判法院认为，董某萍按实体造价支付60%的价款，虽具有一定的福利性质，但尚不属于《细则》有关共同居住人认定中的“他处有房”。那么，通过本案例讨论一下联建公助房屋的概念性质以及是否属于“他处有房”。

（一）联建公助的概念和性质。联建公助建设住宅是指在区城建部门组织领导下，由企业、事业单位投资，利用各区私房比较集中的棚户简屋基地，联合各方面的人力、物力，翻建多层或高层住宅后，再以优惠补贴的价格，出售给原来的私房户和建设单位职工。

（二）联建公助建设住宅属于私有产权房。根据1984年10月1日颁布的《上海市“联建公助”建设住宅试行办法》第十三条规定：“个人购买的‘联建公助’住宅在取得房屋所有权证书后，所有权属购房者所有。分期付款购买的‘联建公助’住宅，须待应付款交清后，房管部门再发给房屋所有权证书。”

（三）联建公助住宅不属于福利性分房。第十条：“‘联建公助’住宅出售以建筑面积计算，按建筑实体成本确定出售价款。售给建设单位职工的住宅，个人承付出售价款的百分之六十，但每平方米建筑面积承付的价款最高不要超过一百二十元，其余部分由建设单位补贴，售给被拆私房户住宅，不超过原居住面积的，个人承付出售价款的三分之一，其余部分由建设单位补贴；超过原居住面积，其超过部分按售给建设单位职工的规定办理。”第十一条：“售给被拆私房户的居住面积，一般与其原居住面积相等。原居住过于拥挤的，可酌情增售面积；原居住过于宽敞的，在自愿基础上可适当减售面积，减售部分，可给予每平方米建筑面积出售价款三分之一的补贴。被拆公房或私房中的原承租住户，原则上参照私房户售给住房。被拆私房户中属于私房落实政策的占房对象，应视同原私房户售给住房，所需补贴费用向其工作单位结算。”因此，根据 2004 年《高院解答》中“房款的一半以上系用单位的补贴所购买的商品房”，因此联建公助所取得的产权房，购房者需要出资 2/3 即可以获得房屋的产权。因此联建公助建设住宅不属于福利分房。

实战策略：

实践中居民取得联建公助建设住宅的形式，并非完全按照《上海市“联建公助”建设住宅试行办法》实施。有些联建公助建设住宅，是事业单位直接分配给职工的房屋或者职工仅出资 1/3 的款项就可以获得。因此，联建公助是否属于“他处有房”，仍需要根据房屋的来源以及联建公助建设协议进一步确定。

26. 私房动迁是否属于“他处有房”？

焦点问题：房屋征收补偿利益分割案件中，在册户口人在他处享受过私房动迁利益的，私房动迁是否属于同住人条件之一的“他处有房”的情形？

要点分析：私房拆迁补偿，是对房屋价值本身的替代补偿，并附之以政府附加的福利待遇，其主要内容是房屋价值补偿，被安置人应获利益的主要权源为所有权，故基于产权人身份而在他处获得拆迁补偿利益的，一般不应被认定为享受过福利性质房屋。而作为非产权人在他人所有的私房拆迁过程中被明确为被安置对象，享受了住房福利，则应认定其已享受过相应拆迁安置。

案情介绍：(2019)沪 0106 民初 38761 号

原告：左某美。

被告：左某俊、程某、左某华、林某、左某灵、左某、左某芬、范某璐。

被征收房屋位于上海市静安区昌平路×××号(以下简称系争房屋)，房屋性质是公房，承租人是左某俊。系争房屋原为左某美、左某俊、左某芬的父亲左某柏(2008 年报死亡)承租的公房，2011 年承租人变更为左某俊。左某美认为该委托未经左某芬同意，当时左某俊称所有人都同意了，所以其就同意签字了，后得知左某芬不知此事，故其对承租人变更有异议。范某璐的签名系其代签，当时其将此事告知范某璐，范某璐不同意。范某璐表示该签名不是其所签，不清楚谁代签的，对这件事情不清楚，置业公司表示系争房屋承租人变更合法合规。系争房屋征收时户口在册共 9 人，分别是左某美、范某璐、左某芬、左某俊户（配偶：程某，儿子：左某华，儿媳：林某，左某华与林某子女：左某、左某灵）。左某美、左某俊、左某芬为左某柏（2008 年报死亡）的子女，范某璐系左某美女儿。

一、本案当事人的户籍及居住变化情况。系争房屋原由父母子女共同居住，左某美于 1976 年因知青到本市崇明，于 1979 年回系争房屋居住，1982 年结婚搬出至今。左某芬于 1965 年因知青到新疆，在新疆结婚，2000 年将户籍迁回系争房屋，未回沪居住。左某俊在系争房屋结婚，与程某、左某华一家三口居住在系争房屋内，后搬至沪太路×××号公房居住至今，林某、左某灵、左某从未在系争房屋居住。审理中，左某美表示其曾因照顾母亲居住系争房屋，范某璐户籍因读书迁入系争房屋，读小学期间其在系争房屋居住，小学毕业后搬出。左某俊方表示，其一家三口于 2000 年后才搬至大××村房屋居住至今，但左某俊因开店及照顾父母，经常回系争房屋居住，范某璐从未在系争房屋居住。

二、本案当事人“他处有房”情况。1990 年，因住房困难，程某增配沪太路×××号公房，使用面积 22.8 平方米，配房人口左某俊、程某、左某华三人，其中左某俊为承租人，后程某将该房屋购买为售后公房。1999 年，左某美配偶所有的上海市潘家湾支路×××号私房被拆迁，左某美、范某璐为安置人口之一。

2015 年 9 月 10 日，左某俊出具《承诺书》一份：“静安区昌平路×××号老房动迁：左某俊拿贰套安置房，左某美拿壹套动迁安置房，左某芬拿壹套安置房；公证人：左某美配偶、左某美。承诺人：左某俊。”2015 年，系争房屋被纳入征收范围，2016 年左某俊与征收单位签订征收补偿协议，共获得 4 套安置房及部分货币补偿。因户口在册人员对征收补偿利益无法协商一致，2019 年左某美向法院诉讼要求分割征收补偿利益的四分之一。

裁判摘要：

法院认为，公民、法人合法的民事权益受法律保护。公有房屋承租人所得的居住房屋征收货币补偿款、产权调换房屋归公有房屋承租人及其共同居住人共有。根据国有土地上房屋征收与补偿相关法规规定，共同居住人是指作出房屋征收决定时，在被征收房屋处具有常住户口，并实际居住生活一年以上（特殊情况除外），且本市无其他住房或者虽有其他住房但居住困难的人。左某美虽对承租人变更为左某俊提出异议，认为左某芬出具的委托书未经左某芬同意，但左某芬方对出具的委托书予以确认，范某璐虽表示其对变更承租人一事不清楚，但左某美称范某璐的签名系其代签，当时其将此事告知范某璐，范某璐不同意，鉴于左某美与范某璐系母女关系，且未有证据显示范某璐曾对此提出过异议，置业公司亦表示系争房屋承租人变更合法合规，故系争房屋承租人变更并无不当。左某俊作为系争房屋承租人，理应分得相应征收补偿利益。程某享受过他处福利分房，且居住不困难，不属于系争房屋共同居住人。程某受配福利分房时，左某华虽为配房人口之一，但其当时系未成年人，并非作为独立的民事主体获得住房福利，而是附随于父母的居住利益，故左某华不属于他处有房，且其曾在系争房屋内居住过，应认定为系争房屋的共同居住人。林某、左某灵、左某从未在系争房屋居住，不属于系争房屋共同居住人。左某美、范某璐曾享受过私房动迁，两人均系安置人口并取得了相应的安置款，且该两人并非私房权利人，应认定该两人已享受过动迁安置，亦未有证据显示范某璐曾在系争房屋内居住过，故左某美、范某璐均不属于系争房屋共同居住人。但左某俊曾出具《承诺书》一份："静安区昌平路×××号老房动迁：左某俊拿贰套安置房，左某美拿壹套动迁安置房，左某芬拿壹套安置房。"鉴于左某俊作为承租人已作出该承诺，属于家庭达成了内部协议，应尊重当事人的真实意思表示，考虑系争房屋来源以及上述承诺书的内容，法院酌定左某美可取得1103室房屋。左某芬曾在系争房屋内居住，因知青到新疆，未有证据显示其曾享受过福利分房或者动迁安置，故左某芬属于系争房屋的共同居住人，应分得相应的征收补偿利益。

案例评析：

根据政策规定公房的征收补偿利益归承租人和同住人共同共有，同住人需要满足以下三个条件：(1)作出房屋征收决定时，在被征收房屋处具有常住户口；(2)户口迁入后，实际居住生活一年以上(特殊情况除外)；(3)在本市无其他住房或者虽有其他住房但居住困难的人。其中"无其他住房"是否包含因私房动迁而享受的公房呢？本案的争议焦点之一为左某美方享受过私房动迁安置，左某美方是否属于"他处有房"？本案的审判法院认为，左某美、范某璐曾享受过私房动迁，两人均系安置人口并取得了相应的安置款，且该两人并非私房权利人，应认定该两人已享受过动迁安置，亦未有证据显示范某璐曾在系争房屋内居住过，故左某美、范某璐均不属于系争房屋共同居住人。那么，通过本案讨论私房动迁是否属于重复享受福利政策?“拆私还公”是否属于“他处有房”?

(一)私房动迁原则上不属于福利性动迁。私房也即产权房,是权利所有人对该房屋产权享有占有、使用、收益和处分的权利。根据《宪法》第13条规定,国家可以依照法律规定对公民的私有财产实行征收或者征用并给予补偿。《条例》第2条规定,为了公共利益的需要,征收国有土地上单位、个人的房屋,应当对被征收房屋所有权人给予公平补偿。而公平补偿的核心应当是根据相关法律以及《条例》《细则》的精神很好地保护房屋所有权利人的合法权益,使被征收房屋的权利人的居住条件有所改善、原有生活水平不降低。因此,私房动迁补偿,其本质是根据公平补偿原则,对私房价值本身的替代补偿,房屋产权人所获得的动迁利益均来源于自己合法所有的产权,并不具有福利性质。司法实践中,多数法院采用此观点。

(二)在私房动迁中享受过托底保障的人属于“他处有房”的情形。根据《上海市高级人民法院房屋征收补偿利益分割民事纠纷研讨会会议纪要》沪高法民〔2020〕4号文件,高院认为:“公房同住人在他处因私有房屋征收而分得的安置房,原则上不属于‘他处有房’,但在私房征收中享受过托底保障等福利性政策的除外。”托底保障是指征收过程中,征收部门为保障居住困难户的居住问题,依据居住困难户提出的居住困难审核申请,征收部门对符合居住困难条件的家庭,以居住困难人数作为安置补偿金额的计算依据。因此,托底保障属于按照人头给予的征收补偿方式。但2011年之前的动迁政策与现行征收政策存在差异,在认定私房动迁中是否享受过托底保障的人员时,法院认为作为非产权人在他人所有的私房拆迁过程中被明确为被安置对象,享受了住房福利,则应认定其已享受过相应拆迁安置,因此该户内人员不能再次参与本次征收补偿利益的分配。

实战策略:

司法审判中,以上两种类型是法院判决案件的主流观点。但是从私房的征收补偿内容上看,即便是托底保障式的补偿也不属于福利性动拆迁。

私房的征收补偿利益主要体现在私房的价值补偿,属于对私房本身的替代补偿,其本身并不具有福利性质。征收实务中,对私房征收补偿有两种方式:一种是按照私房面积给予补偿安置(俗称“数砖头”);另一种是按照私房内居住困难人数给予补偿安置(俗称“数人头”或者“托底保障”)。而根据政策规定,只有当“数砖头”的补偿安置小于“数人头”的补偿安置,征收部门经被征收人申请,才会选择按照“数人头”的方式给予补偿安置。但“数人头”的补偿方式和补偿金额与“数砖头”相比是否具有较高的福利呢，以至于两者的安置性质完全不同。

（一）从补偿金额上看，“数人头”不具有明显的福利性。根据征收政策，只有在折算单价×居住困难户人数×22 平方米－被征收居住房屋补偿金额＝保障补贴≥0 时，该户才会选择“数人头”的补偿方式。而实践中，保障补贴的金额并不会很高，如果平均到每一位居住困难人数身上，该保障补贴更低。因此，“数人头”并不比“数砖头”具有明显数额上的优势，如果获得保障补贴就被认定享受了福利政策，并以此排除同住人身份显然不妥。

（二）从补偿方式上看，“数人头”不具有福利性。“数人头”与“数砖头”是两种并行的补偿方式。“数人头”的计算方式为：折算单价×居住困难户人数×22 平方米＋其他；“数砖头”的计算方式为：被征收居住房屋的补偿金额＋其他。如果认为“数人头”的补偿方式是政府按照居住困难人数给予每一个人的补偿安置，显然是不恰当的，如此计算必然侵害私房产权人的利益。居住困难人数所享有的利益不能超过因申请居住困难而多补贴的金额，也就是保障补贴金额。同时，根据《细则》第 44 条规定，征收居住房屋的，被征收人取得货币补偿款、产权调换房屋后，应当负责安置房屋使用人；公有房屋承租人所得的货币补偿款、产权调换房屋归公有房屋承租人及其共同居住人共有。因此，私房征收案件中，除产权人外，其他人均不属于政府安置。非产权人所获得的托底保障份额应当仅限于保障补贴金额，如果征收补偿款分割中，非产权人获得的份额超过应得的保障补贴的，应属于产权人对非产权人的安置，与福利政策无关。

综上可知，私房征收案件中，无论是否有居住困难保障补贴，均不属于福利性动拆迁。

27. 购买的“公房”是否属于他处有房？

焦点问题：房屋征收补偿利益分割案件中，在册户口人在他处购买过使用权房屋的，购买的使用权房屋是否属于同住人条件之一的“他处有房”的情形？

要点分析：从市场上购买的使用权房屋，虽然性质仍然属于公有住房，但其并非属于国家给予的住房福利，而是当事人支付对价所获得的房屋使用价值。

因此,此类房屋不属于同住人条件之一的“他处有房”的情形。

案情介绍:(2017)沪0109民初8424号

原告:徐某某、左某1、左某2、薛某1、薛2。

被告:左某3、叶1、叶某2、左某4、王某1、王2、左某5。

被征收房屋位于上海市公平路×××号,房屋性质为公房,承租人为左某6,左某6与徐某某是夫妻关系,生育左某1、左某2、左某3、左某4。系争房屋征收时户口在册共12人,分别是:左某6、徐某某、左某1、左某2户(配偶:薛某1,女儿:薛2)、左某3户(配偶:叶1,女儿:叶某2)、左某4户(配偶:王某1,女儿:王2)。左某6于2014年4月报死亡,未留有遗嘱。1964年左右,左某6单位将系争房屋分给左某6家庭,承租人为左某6,受配人为左某6、徐某某、左某1、左某2、左某3、左某4及左某6的父亲。

(一)征收时户口在册人员的户籍变化情况。左某6、徐某某、左某1三人于1964年从上海市川公路×××号迁入系争房屋;左某2、薛某1两人于1999年从上海市周家嘴路×××号迁入系争房屋,薛2于1984年9月27日在系争房屋报出生;左某3、叶1两人于1994年从江苏省南京市迁入系争房屋,1995年同号分户,叶某2于2007年从上海市零陵路×××号迁入系争房屋;左某4于1998年从上海市岳阳路×××号迁入系争房屋,王某1、王2两人于2001年从上海市岳阳路×××号迁入系争房屋。

(二)本案当事人“他处有房”情况。1993年,薛某1购买上海市市光三村×××号的优惠全价房;1998年,薛某1所有的上海市周家嘴路×××号私房拆迁,安置人员为薛某1、左某2、薛2,其中薛2为引进安置;2000年,左某2、薛某1、薛2购买了上海市眉州路×××号房屋,产权人为左某2、薛某1、薛2。1997年,叶1、左某3出资155,000元购买了上海市罗城路×××号使用权房屋,2000年,叶1以全额出资的方式向产权单位购买独用成套使用权住房,依据可办理产权变更手续的相关规定,办理了该房的产权证。2016年,叶1将该房出售。1982年,上海市岳阳路×××弄×××号房屋拆迁回搬,分配了上海市岳阳路×××号房屋,安置人口为王某1、左某4在内的5人;2000年7月,王某1、王某3购买了上海市岳阳路×××号房屋的售后产权,由王某3与王某1各占二分之一产权,购房时该房的在册户籍为王某1、王2在内4人;2000年12月,王某3、王某1将该房出售;嗣后,左某4、王某1购买了上海市临汾路×××

号二手房。

2012年7月，系争房屋列入征收范围，2012年9月28日，左某6与征收单位签订征收补偿协议。左某6户获得4套产权调换房屋，分别为：上海市罗店804室（由左某2、薛2购买）、上海市罗店704室（由左某4、王某1、王2购买）、上海市罗店1204室（由左某3、叶1购买）、上海市罗店703室（由徐某某、左某1购买）。2013年3月28日，原、被告及左某6签署了《确认书》，载明：现购置罗店804室房屋，房屋权利人确认为左某6、徐某某、左某1；现购置罗店704室房屋，房屋权利人确认为左某4、王某1、王2；现购置罗店1204室房屋，房屋权利人确认为左某3、叶1；现购置罗店703室房屋，房屋权利人确认为徐某某、薛2。该《确认书》中徐某某、左某1由左某6代签，薛某1、薛2由左某2代签。因四套产权调换房屋的面积发生变动，征收实施单位发放面积补差款44,054.30元，该款由徐某某领取，嗣后徐某某给付左某433,000元，给付左某314,600元，2015年3月，薛2给付徐某某面积补差款36,000元。2017年原告方诉至法院要求分得两套安置房，并认为剩余两套安置房的购买权可以归六人所有，但六被告应支付对应的现金价值给原告方。

裁判摘要：

法院认为，征收补偿利益的分割有其特殊性，其所涉及的利益各方绝大部分均有亲属关系，甚至有更为密切的血亲关系。在各方对于征收补偿利益分割协商、谈判时，也是各方对其各自享有权利的谦让、妥协，从而达成各方均能接受的分配方案的过程。一、本案中家庭内部成员是否达成分割协议并履行。本案中原、被告对于各自所购买的两套产权调换房屋已经通过《确认书》进行了明确。嗣后原告方对于其购买的两套产权调换房屋的购买人自行进行了调整，亦未涉及被告方购买的两套产权调换房屋，可见原、被告已对征收协议所涉的四套产权调换房屋的购买方案达成了一致。嗣后，因四套产权调换房屋的面积发生变动，征收实施单位向徐某某发放面积补差款后，徐某某给付左某433,000元，给付左某314,600元，薛2给付徐某某面积补差款36,000元。由此可见，原、被告双方是在对各自应得的征收利益已明确的情况下，才会各自对征收实施单位支付的差价款及征收单位发放的面积补偿款予以结算。从原、被告双方对于产权调换房屋的分配，以及对各项费用结算完毕的事实来看，被告辩称的家庭内部已达成分割协议并已经实际履行的意见，有事实依据，予以认可。二、原、被告同住人身份的认定。(一)原告左某2、薛2系周家嘴路×××号房屋拆迁的安置对象,属于在本市有其他房屋,不属于被征收房屋的共同居住人。薛某1虽然在上海市周家嘴路×××号房屋拆迁获得安置,但其为该房的产权人,该拆迁的补偿系对其所有的被拆迁房屋产权的补偿。其购买的上海市市光三村×××号房屋优惠全价房,系其全额出资购买的房屋,故薛某1不属于在本市有其他房屋,其可以认定为共同居住人。但上海市市光三村×××号房屋优惠全价房系上海市解决居住特困户联席会议办公室根据当时相关政策给予特定的人群购买优惠全价房,其具有一定的福利性质,故薛某1所能获得的征收补偿安置利益也应与其他共同居住人有所区别。(二)1997年,左某3、叶1以市场价格出资15.5万元购买了上海市罗城路×××号使用权房屋,该房不具备福利性质,故左某3、叶1、叶某2不属于在本市有其他住房,应认定为被征收房屋的共同居住人。(三)上海市岳阳路×××号房屋系动迁回搬房,安置人口中包含左某4、王某1,嗣后王某1、王某3又购买了该房的售后产权,可以认定王某1、左某4不是被征收房屋的共同居住人。但王2在该房动迁回搬时不是安置对象,又未购买该房的售后产权,故其应认定为被征收房屋的共同居住人。

原、被告均有部分人员不能认定为共同居住人,而且原、被告自行协商时并不能准确地确定各自是否为被征收房屋的共同居住人,故原告在双方已达成一致并已实际履行之后,再行起诉要求重新分配征收补偿利益,有悖诚实信用原则。原告应按其签署的确认书以及配套商品房供应申请单来购买产权调换房屋。

案例评析:

根据政策规定,公房的征收补偿利益属于承租人和同住人共同共有,同住人需要满足以下三个条件,分别是:(1)作出房屋征收决定时,在被征收房屋处具有常住户口;(2)户口迁入后,实际居住生活一年以上(特殊情况除外);(3)在本市无其他住房或者虽有其他住房但居住困难的人。其中"其他住房"是否包含购买的使用权房呢?本案的争议焦点之一为"左某3、叶1购买的使用权房是否影响其在本案同住人的认定?"法院认为该类房屋不具有福利性质,左某3和叶1应当被认定为被征收房屋的同住人。那么,通过本案讨论两个问题:(1)购买的使用权房屋是否属于"他处有房"?(2)通过售后公房政策将该类公房购买成产权房的,是否属于"他处有房"的情形?

（一）购买的使用权房屋不属于“他处有房”的情形。2004年《高院解答》中将“他处有房”仅限于福利分房，且作为同住人前提条件之一的原因是：公房的权利人不能重复享受福利政策。但从市场上购买的使用权房屋，虽然性质仍然属于公有住房，但其并非体现为国家或者单位给予的住房福利，而是当事人支付市场对价所获得的房屋使用价值。该使用权在本质上并无任何福利性质。因此个人购买的使用权房屋不属于“他处有房”。

（二）通过售后公房政策将该类公房购买成产权房的，不属于“他处有房”的情形。该观点在司法审判中争议较大，但从理论上来讲，1.购买公房的基础行为不具有福利性质，那么将公房从形式上转化为产权也不具有福利性质；2.根据《高院解答》中关于福利分房的定义，“房款的一半以上系用单位的补贴所购买的商品房属于福利分房”，而购买公房之时已经按照市场价格购买，支付了完整的对价或者支付的价款远高于房屋价款的一半以上，同样通过售后公房政策购买为产权房时，政府或者单位对该房屋的补贴金额，从整体上看也未超过房屋价款一半以上；3.如果通过售后公房政策将自购使用权房购买成产权房的时间，在他处公房征收之前的，认定为享受过福利政策，而在他处公房动迁后购买的，就不认定享受过福利政策，未免有些滑稽。因此，通过售后公房政策将自购使用权房购买成产权房的，不属于他处有房。

实战策略：

司法实践中，不同法官的判决观点存在差异，主要是由于在两种及以上的法律价值冲突时所做的选择不同。除案例评析中所论述的观点外，有些法官更注重法律关系内在价值。比如购买使用权房和通过售后公房政策购买产权是两个完全不同且互相独立的法律关系，前者是使用权的转让；后者是所有权的转变。后一种法律关系是将房屋的使用权从出租人手中用极低的价格购买产权房的形式，属于享受了国家的福利，因此认为该类产权房属于“他处有房”。

28. 按照公房出售政策购买公房的，是否属于他处有房？

焦点问题：房屋征收补偿利益分割案件中，在册户口人曾在他处按照公房出售政策购买产权房的，是否属于同住人条件之一的“他处有房”的情形？

要点分析：根据《高院解答》规定，他处房屋的性质，仅限于福利性质取得的房屋，包括原承租的公有住房、计划经济下分配的福利房、自己部分出资的福利房，房款的一半以上系用单位的补贴所购买的商品房，公房被拆迁后所得的安置房（包括自己少部分出资的产权安置房），以及按公房出售政策购买的产权房等。

案情介绍：（2021）沪 0101 民初 16278 号

原告：忻某云、章某惠。

被告：忻某凤、沈某芹、忻某骏、王某桂。

被征收房屋位于上海市广西南路×××弄×××号（以下简称系争房屋），房屋性质为公房，承租人为王某娣（1999 年 5 月去世）。系争房屋原承租人为忻某保（1979 年报死亡）。忻某云、忻某凤、忻某龙（2014 年报死亡）系忻某保与王某娣的子女。系争房屋征收时户籍在册共六人，分别是：忻某云户（配偶：章某惠）、忻某凤户（配偶：沈某芹，儿子：忻某骏）、王某桂。

本案当事人的户籍变化情况。忻某云户籍于 1959 年 7 月从东余杭路×××号迁入系争房屋，章某惠户籍于 2003 年 12 月因夫妻投靠从万荣路×××号迁入系争房屋；忻某凤户籍于 1979 年 2 月从上海市崇明县迁入系争房屋，沈某芹户籍系于 2006 年 9 月因夫妻投靠从江苏省启东市迁入系争房屋，忻某骏户籍于 1997 年 8 月从黑龙江漠河县迁入系争房屋，2008 年 12 月因服兵役注销户籍，2011 年 1 月退伍转业再次迁回系争房屋；王某桂户籍于 1999 年 2 月因离退休从黑龙江漠河县迁入系争房屋。

关于本案当事人在系争房屋内居住情况。忻某云、章某惠陈述，两人于 2002 年 1 月办理结婚仪式，2003 年 12 月领证，期间一直居住在系争房屋前堂，后因居住困难于 2003 年搬至大连西路房屋，2014 年大连西路房屋装修，两人搬回系争房屋居住了半年多。忻某龙和王某桂是从黑龙江回来后居住到系争房屋的，王某桂一直居住至房屋征收。忻某凤一家一直居住到房屋征收，2018 年忻某骏结婚搬离。

忻某凤、沈某芹、忻某骏、王某桂陈述，忻某凤、沈某芹、王某桂长期居住在系争房屋内，王某桂于 1999 年因为退休政策和忻某龙从黑龙江回来后一直居住在系争房屋内至征收，2018 年忻某骏结婚后居住到妻子家。忻某云在 1998 年受配房屋后不再居住系争房屋内，章某惠结婚后从未居住系争房屋，而是住在大连西路房屋中。

关于本案当事人他处有房情况。2001 年 11 月 19 日，忻某凤与案外人签订《房屋自行买卖协议》，约定购买新浦路×××号公房，并支付购房款 135,000 元。1998 年 5 月，忻某云从宁海东路×××号公房配房到凤城三村×××号×××室公房，凤城三村×××号×××室公房租赁户名是忻某云，配房人口 1 人，调配原因：困难户增配。1998 年 9 月，忻某云从凤城三村房屋退房套配到大连西路×××号×××室公房，大连西路×××号×××室公房的居住面积 13.5 平方米，建筑面积 26.7 平方米，房屋为已购公房，购房人忻某云，受配人员 1 人，调配类型为拨屋套调。住宅建设债券免购情况栏记载：忻某云同志以购房的形式分配住房，上述住房免予认购住宅建设债券。1998 年 9 月，忻某云签订《上海市公有住房出售合同》，购买大连西路房屋。

2020 年 9 月，忻某凤与征收单位签订征收补偿协议，并选择全额货币补偿。因本案当事人对征收补偿利益无法协商一致，2021 年忻某云、章某惠两人诉至法院要求分割征收补偿利益。

裁判摘要：

法院认为，同住人是指在房屋征收决定作出之日，在被征收居住房屋处有本市常住户口，已实际居住一年以上，且本市无其他住房或者虽有其他住房但居住困难的人。他处房屋的性质，仅限于福利性质取得的房屋。他处虽有住房但居住困难的情况，是指在他处房屋内人均居住面积不足法定最低标准的情况。忻某云于 1998 年以购买公房的形式分配取得大连西路房屋，按当时的标准不属于居住困难情形，不符合同住人条件。章某惠户籍于 2003 年 12 月迁入系争房屋，结合当事人自述，其户籍迁入后未实际居住一年以上，亦不符合同住人条件。忻某凤在 2001 年通过市场交易取得新浦路房屋承租权，但后于 2020 年按公房出售政策购买成产权房，属他处有房，不符合同住人条件。沈某芹户籍在册且在系争房屋实际居住至征收，符合同住人条件。忻某骏户籍在册且在系争房屋实际居住至 2018 年，亦符合同住人条件。忻某云方主张新浦路房屋承租权系忻某凤福利取得，沈某芹、忻某骏他处有房，但提供的证据均不足以证明上述主张。王某桂按离、退休政策户籍迁入系争房屋且实际居住至征收，他处无房，符合同住人条件。

案例评析：

根据政策规定公房的权利人只有承租人和同住人，而作为公房权利人之一的同住人，需要满足三个条件，分别是：1. 作出房屋征收决定时，在被征收房屋处具有常住户口；2. 户口迁入后，实际居住生活一年以上（特殊情况除外）；3. 在本市无其他住房或者虽有其他住房但居住困难的人。其中“无其他住房”是否包含按照公房出售政策购买的产权房？本案的争议焦点之一忻某凤通过市场购买的使用权房，后通过公房出售政策将该房屋购买为产权房，并登记为产权人，忻某凤是否属于“他处有房的情形”？本案观点认为，属于他处有房。那么理论上应当如何认定呢？司法实践中，配偶一方通过公房出售政策购买的产权房是否属于夫妻双方均属他处有房呢？

（一）通过公房出售政策将自购的使用权房购买成产权房的，是否属于“他处有房”？ 本书在《购买使用权房是否属于他处有房》一节中已经论述，在此不再赘述。关于该问题，虽然司法实践中存在一些争议，但本书作者认为不属于“他处有房”的情形。

（二）婚姻关系存续期间，配偶一方通过公房出售政策购买产权房时，另一方是否也属于他处有房？ 根据法律法规，婚姻关系存续期间通过公房出售政策购买的产权房属于夫妻共同财产，但福利分房不仅具有财产属性，更具有身份属性和福利属性，而且福利属性不能传递。因此判断是否属于福利分房，不能仅仅通过是否获得财产所有权而认定。

实务中，判断配偶一方是否属于他处有房的情形，一般是根据房屋的来源以及购房时是否使用了工龄作为判断标准。(1)公房系配偶一方婚前取得的，买成产权时只有配偶一方属于承租人或者同住人时，法院一般认定另一方不属于他处有房的情形；(2)房屋是婚姻关系存续期间所取得的，但买成产权房时只有配偶一方属于承租人或者同住人时，法院一般认定另一方也属于他处有房的情形，而此处认定的他处有房是基于房屋受配时考虑了夫妻双方的人口因素，并非基于购买的原因；(3)婚姻关系存续期间，一方通过公房出售政策购买的产权房，使用了配偶另一方的工龄的，一般认定配偶另一方享受过福利政策，属于他处有房的情形。

实战策略：

根据 2004 年《高院解答》文件，按照公房出售政策购买的产权房属于他处有房，但《高院解答》以及后期高院所出台的文件中，均未指出购买自购使用权房的，是否属于“他处有房”。只能通过裁判案例以及福利分房的本质予以解释。

福利分房属于计划经济时期，单位为解决职工住房问题而分配给符合条件的员工或者房屋价值一半以上是单位补贴而来。实务中，虽然很多房屋具有社会保障性质，有单位补贴、购房公积金或者其他福利性质，但福利性质与计划经济时代的福利分房有着本质的区别，不宜将福利分房作扩大解释。

29. 安居房、平价房是否属于他处有房？

焦点问题：房屋征收补偿利益分割案件中，在册户口人在他处购买安居房、平价房的，购买的安居房、平价房是否属于同住人条件之一的“他处有房”的情形？

要点分析：司法实践中存在较大的争议，但结合《高院解答》福利分房的实质上讲，如果购买安居房、平价房个人实际缴纳部分并未超过该房屋价款一半以上的，可以认定为福利分房，否则亦然。

案情介绍：(2019)沪 0109 民初 18973 号

原告：何某某、许某、孙某某。

被告：潘某 1、乐某某、潘某 2、潘某 3、潘某 4、周某某、李某某。

被征收房屋位于上海市海宁路×××弄××号(以下简称系争房屋)，房屋性质为公房，承租人系潘某 1。潘某 1、潘某 4 与案外人潘某 5 是兄弟姐妹关系，均为潘某 6 的子女，周某某系潘某 5 之女。系争房屋征收时户口在册共 10 人，分别是：潘某 1 户(配偶：乐某某，儿子：潘某 2，潘某 2 儿子：潘某 3)、潘某 4、何某某户(女儿：许某，许某女儿：孙某某)、周某某户(女儿：李某某)。系争房屋原承租人为潘某 6，早年由潘某 6 夫妇携子女居住使用，后其他子女陆续迁出，由潘某 1 随父母在此居住，潘某 6 夫妇相继去世后，承租人变更为潘某 1。何某某、许某于 1990 年代回沪，户籍先迁到上中路集体户口，后于 1997 年迁至系争房屋，并在此房屋居住，至 2000 年后自行购买本市罗秀路房屋居住(购房签订的是《上海市安居房、平价房配售合同》，约定房款为 143,700 元)，孙某某在系争房屋报出生；潘某 4 的户籍于 1999 年从安徽迁入系争房屋，实际居住上海的另一女儿家中；周某某幼时在系争房屋居住，1994 年随其父母通过动迁获配本市工农三村的公房，后迁出随父母居住，但户籍仍在该处，李某某在系争房屋报出生。

2019 年 5 月，系争房屋被纳入征收范围，2019 年 6 月 11 日，潘某 1 与征收部门签订补偿协议，并选择全货币补偿。因户口在册人员对征收补偿利益无法协商一致，2019 年何某某户向法院诉讼要求分割征收补偿利益。

裁判摘要：

法院认为，根据《上海市国有土地上房屋征收与补偿实施细则》的规定，征收居住房屋的，公有房屋承租人所得的货币补偿款、产权调换房屋归公有房屋承租人及其共同居住人共有；而共同居住人是指在作出房屋征收决定时，在被征收房屋处具有常住户口，并实际居住生活一年以上（特殊情况除外），且本市无其他住房或者虽有其他住房但居住困难的人。潘某 1 家庭一直在系争房屋实际居住，故属于同住人。潘某 4、何某某、许某因该处房屋居住困难而自行解决居住问题，属于特殊情况，在本市无其他福利性住房，属于同住人。潘某 1 等辩称何某某家庭在 2000 年自购罗秀路房屋属于安居房、平价房，应认定享受了住房福利，但何某某家庭系自行出资购房，并无证据证明其购房时享受了特定购房资格或房价优惠待遇，故法院对此意见不予采纳。孙某某、李某某与原承租人及房屋来源已关联太远，且从未在房屋内居住，属于空挂户口，不符合同住人条件。周某某已随其父母在他处享受过动迁安置并获得公有住房分配，属于他处有房，同样不符合同住人条件。综合考量系争房屋的来源、各方对房屋的贡献、各方居住状况、享受住房福利情况、家庭代际利益平衡的因素，征收补偿利益由潘某 4、何某某、许某和潘某 1、乐某某、潘某 2、潘某 3 取得并分割。

案例评析：

根据政策规定公房的权利人只有承租人和同住人，而作为公房权利人之一的同住人，需要满足三个条件，分别是：1. 作出房屋征收决定时，在被征收房屋处具有常住户口；2. 户口迁入后，实际居住生活一年以上（特殊情况除外）；3. 在本市无其他住房或者虽有其他住房但居住困难的人。其中“无其他住房”是否包含购买的安居房呢？本案的争议焦点为安居房是否属于福利分房。司法实践中经常把平价房与安居房并列讨论，虽然平价房与安居房有些区别，但本质上都属于保障性住房。本文亦将平价房与安居房一起论述，不做区分。本文主要讨论两个问题：（一）安居房的概念、性质；（二）审判实践中，法院的审理观点。

（一）安居房的概念及性质。安居房是指国家和地方政府为加快解决中低收入家庭住房困难的问题，建立社会主义市场经济条件下具有社会保障性质的住房供给体制，而实施的安居房开发、建设、分配、出售和管理的工程，并采用自建、联建、委托代建以及市统一建造多种形式进行建设。建设的安居房坚持非营利性原则，并以成本价向中低收入家庭出售。安居房建设用地，由政府划拨的方式进行安排。上海市人民政府在1995年开始实施安居房建设工程，解决中低收入家庭无房户、危房户和住房困难户的问题。

（二）安居房屋是否属于公房同住人资格中他处有房的情形，即安居房是否属于福利分房？司法审判中对该类房屋定性尚未有统一的观点，但有两种倾向性意见。

（1）安居、平价房屋属于福利分房，应当被认定为同住人资格中的他处有房。本案两级法院便坚持此观点，认为安居房属于保障性住房，不具有营利性，且个人仅支付了安居房屋的成本价格或低于成本价，因此安居房屋应当认定为福利分房。根据安居房的概念和性质可知，该类房屋福利性还包含：1.建设所用土地一般是行政划拨用地；2.房屋建筑贷款一般是政府扶持和单位出资建设，个人出资购买房屋虽然支付安居房的“成本价”，但远远低于商品房开发的成本价；3.税费减免，根据《关于上海市安居工程实施方案》沪府发〔1995〕42号文件（以下简称42号文）第十四条：“实施安居工程建设，按市、区分工的原则，分别由市、区承担固定资产投资方向调节税、营业税、房产税、契税。”安居房屋被认定为属于福利分房，审判实践中也有很多判例，比如（2011）沪二中民二（民）终字第1430号案例，法院认为：“1998年张甲与上海市建设系统职工住宅合作社签订《上海市安居房、平价房配售合同》，购买了本市棕榈路300弄某号402室房屋一套。安居房、平价房是国家安排的专项贷款和地方自筹资金建设的面向广大中低收入家庭，特别是对4平方米以下特困户提供的销售价格低于成本，由政府补贴的非营利性住房，故具有明显的福利性质，原审法院据此认定张甲取得了福利性质的房屋，且1992年后张甲已不居住该房屋内，张甲不具有系争房屋同住人资格，并无不当。”

（2）安居房、平价房不属于福利分房。安居、平价房是解决居住困难问题而由政府提供的保障性住房。根据42号文第4条规定：“安居房建设资金坚持国家、单位、个人三者共同负担的原则，即：国家贷款等扶持，单位筹资建房，个人出资买房。”符合条件的居民购买安居房时需要支付房屋的成本价。而根据上述文件第十九条规定：“安居房的成本价，由市建设委员会（以下简称市建委）会同有关部门审核确定。主要由征地和拆迁补偿费、勘察设计费和前期工程费、建筑安装工程费、住宅小区基础设施建设费(包括50%小区级非经营性公建配套费)、管理费、贷款利息和税金等构成。”安居房屋包含政府和单位帮助的福利性,但该部分福利性相对于福利分房的福利性较小,由于个人购买安居房时支付房屋对价,且该对价已经覆盖房屋的成本价格。国家和单位并未无偿补贴款项和房屋面积给个人,因此不能认定安居房屋属于福利分房。比如本案中法院的观点:“何某某家庭虽然在2000年自购罗秀路房屋商品房,根据房产交易中心合同显示:该房屋属于安居房、平价房。但何某某家庭系自行出资购房,也并无证据证明其购房时享受了特定购房资格或房价优惠待遇,故法院认定其未享受福利分房。”

实战策略:

实务中,律师必然会遇到各类含有福利成分的房屋,福利成分可能包括:单位补贴款、房价优惠、税费减免、土地划拨、租房补贴、贷款扶持、工龄购房等各类政府、单位各类优惠扶持。含有国家和单位福利成分的房屋并不代表一定是福利分房,根据上海高院解答:“房款的一半以上系用单位的补贴所购买的商品房”才被认定为福利分房。因此律师要勤勉尽责,将当事人购房的证据材料调查清楚,并重点力争房屋的成本价能否超过房屋的福利成分。

30. 如何认定居住困难的标准?

焦点问题:公房征收补偿利益分割案件中,公房同住人他处有房但居住困难的,仍属于征收补偿对象。如何认定“居住困难”?

要点分析:对于“居住困难”的认定,既要尽可能确定统一的标准,又要充分考虑公有住房分配政策的历史沿革。“居住困难”是指在他处房屋内人均居住面积不足法定最低标准的情况。法定最低标准面积的认定,应按照房屋调配当时的公房政策所规定“居住困难”的面积标准。

案情介绍:(2020)沪02民终3885号

上诉人(原审原告):陈坚某、吴某萍(以下简称陈坚某方)。

上诉人(原审原告):陈某璐、陈某亮、陈某屹(以下简称陈某璐方)。

被上诉人(原审被告):陈某根、陈某明。

被征收房屋位于上海市福佑路×××(以下简称系争房屋),房屋性质为公房,承租人是徐某菊(2016年报死亡),征收时户口在册有6人,分别是陈坚某一家两人,陈某璐一家两人,陈某根一家两人,陈某根与徐某菊系夫妻,陈坚某、陈某明系两人之子,陈坚某与吴某萍系夫妻关系,陈某璐系陈坚某与前妻的女儿,陈某亮与陈某璐系夫妻关系,陈某屹系两人之子。陈坚某的户籍于1993年从中山南一路迁入系争房屋,吴某萍的户籍于2014年从重庆市迁入系争房屋。陈某璐的户籍于2011年从中山南一路迁入系争房屋,陈某亮的户籍于2014年从南码头路迁入系争房屋,陈某屹的户籍因家庭矛盾无法报出生,2018年迁至昌里东路房屋。陈某根的户籍于1962年从上海汽车轮机厂迁入系争房屋,陈某明的户籍于2012年从澳大利亚迁入系争房屋。陈坚某与吴某萍婚后曾搬出系争房屋一段时间,后回到系争房屋居住。陈坚某与前妻婚后户籍迁入并居住在中山南一路房屋,1993年离婚后,陈坚某及陈某璐户籍迁回系争房屋并居住。2000年陈某璐从系争房屋搬到母亲处生活,之后未在系争房屋内实际居住,户籍亦于2004年迁回中山南一路房屋,陈某亮、陈某屹未在系争房屋内居住过。陈某根一直在系争房屋内居住,陈某明出国前在系争房屋内居住过。1988年东安三村房屋新配房屋,陈某明作为安置人员享受过福利分房政策,人均安置面积4.9平方米。2019年陈某根代表该户与征收单位签订征收补偿协议,并选择全货币补偿,因该户对征收利益无法协商一致,2019年陈坚某、吴某萍、陈某璐、陈某亮、陈某屹诉至法院,要求分割征收利益。

裁判摘要:

法院认为,同住人是指在征收许可证核发之日,在被征收居住房屋处有本市常住户口,已实际居住一年以上,且本市无其他住房或者虽有其他住房但居住困难的人。他处房屋的性质,仅限于福利性质取得的房屋。他处虽有住房但居住困难的情况,是指在他处房屋内人均居住面积不足法定最低标准的情况。当事人对陈坚某、陈某根为系争房屋同住人无异议,关于其余当事人是否为系争房屋同住人,吴某萍在系争房屋内有本市常住户口且实际居住,故吴某萍是系争房屋同住人。陈某璐虽然户籍在系争房屋内,但其自2000年起即与母亲共同生活,故陈某璐作为未成年人的居住应跟随其母亲,2011年陈某璐的户籍再迁回系争房屋后未再实际居住,属空挂户口,陈某亮在户籍迁入后从未在系争房屋内实际居住，属空挂户口，陈某屹在系争房屋内无户口且其居住应跟随父母，故陈某璐、陈某亮、陈某屹均非系争房屋同住人。陈某明出生后即居住在系争房屋内，出国按政策注销户口，2012 年户籍迁回，应对系争房屋享有居住权。虽然陈某明在东安三村房屋调配中享受过调配安置，但根据调配通知单记载，新配房屋面积仅 39.1 平方米，配房人口 8 人，人均居住面积低于 7 平方米，仍属居住困难，故陈某明亦为系争房屋同住人。据规定，承租人与同住人之间，一般遵循一人一份，均等分割的原则取得拆迁补偿款。但是对于承租人或同住人属于年老体弱，缺乏经济来源，且按均分所得的补偿款，无法购得房屋保证其正常生活的，可以酌情多分。法院综合考虑系争房屋的来源、个人对房屋的贡献、实际居住情况等因素，酌情分配征收补偿款。

案例评析：公房征收补偿利益归承租人和同住人共同共有，同住人需要满足以下三个条件：(1)作出房屋征收决定时，在被征收房屋处具有常住户口；(2)户口迁入后，实际居住生活一年以上(特殊情况除外)；(3)在本市无其他住房或者虽有其他住房但居住困难的除外。本案中关于陈某明曾在他处享受过福利分房，法院认为其不满足“人均居住面积 7 平方”，属于居住困难，符合同住人条件。但 2020 年《高院会议纪要》统一裁判口径，改变了以往的裁判规则。本书作者结合司法案例，讨论两个问题：(一)如何理解“他处有房但居住困难的除外”？(二)居住困难的标准是什么？

(一) 如何理解：他处有房但居住困难的除外？

司法机关(法院)认定他处有房的标准与行政机关(政府或者征收部门)认定他处有房的标准不同，由此也导致居住困难的认定标准不同。

(1) 法院关于他处有房的标准。

根据《高院解答》以及 2020 年《会议纪要》，法院认定被征收房屋的同住人时，关于在册户口人他处有房的标准仅限于福利分房，具体包括“原承租的公有住房、计划经济下分配的福利房、自己部分出资的福利房，房款的一半以上系用单位的补贴所购买的商品房，公房被拆迁后所得的安置房(包括自己少部分出资的产权安置房)，以及按公房出售政策购买的产权房等”。且享受福利分房不受年限限制，即凡是享受过福利分房，不论 70、80 年代还是 90 年代，即使该福利分房已经被出售、赠与或者其他形式的转让，房屋征收时名下已经没有了福利分房，依旧会被认定为“他处有房”，一律不符合同住人身份，但居住困难的除外。

(2) 征收部门关于他处有房的标准。

根据《征收细则》以及《(经济适用住房)申请对象住房面积核查办法》等征收文件可知:征收部门在认定居住困难保障对象的标准时,也会以他处是否有房作为判断标准。征收部门根据承租人或者被征收人的申请,针对他处无房、他处有房但居住困难的居民给予困难补贴。而此处的他处有房主要包括:福利分房、自购的商品房、宅基地房屋等所有能够解决居住问题的房屋。同时政府部门认定他处是否有房有一定的年限限制,一般以五年以内是否有房为标准。

(二)"居住困难"的标准是什么?

同样根据法院和征收部门认定他处有房的标准不同,居住困难的标准也不同。本文主要讨论法院在审核同住人"他处有房但居住困难的"所采用的标准是什么?

根据 2020 年的《会议纪要》:公房同住人他处有房但居住困难的,仍属于征收补偿对象。如何认定"居住困难"? 对于"居住困难"的认定,既要尽可能确定统一的标准,又要充分考虑公有住房分配政策的历史沿革。"居住困难"是指在他处房屋内人均居住面积不足法定最低标准的情况。法定最低标准面积的认定,应按照房屋调配当时的公房政策所规定"居住困难"的面积标准。

本案例中,法院认定的居住困难的标准为人均使用面积为 7 平方;自 2020 年之后,上海高院统一裁判口径,应按照房屋调配当时的公房政策所规定"居住困难"的面积标准认定。对此,我们需要对房屋的居住困难标准按照倒叙历史的轴线进行梳理。

(1) 2000 年至今的标准。

法院认定居住困难的标准一直是参考廉租房的居住困难标准。根据 2006 年 7 月 1 日生效的《上海市城市房屋拆迁面积标准房屋调换应安置人口认定办法》(现已失效)第十二条:"本办法所称的'居住困难',是指符合申请廉租住房的居住面积标准。"而廉租房居住困难的认定标准在不同的时间点也不一样。2000 年 9 月份《上海市城镇廉租住房试行办法》规定的人均居住面积是人均 5 平方米;2013 年至今人均居住使用面积为 7 平方米,根据《上海市人民政府关于调整和完善本市廉租住房政策标准的通知》(沪府发〔2013〕25 号)。

如果参考房屋的标准是产权房,需要根据公房向私房转换标准公式,转化后的面积作为参考标准。不过人均使用面积为 5 平方或者 7 平方的标准属于

2000年之后的居住困难认定标准，那么2000年之前的居住困难标准是多少呢？

(2) 1993年至2000年的标准。

根据1995年颁布的《关于解决人均居住面积4平方米以下困难户实施方案》第四条规定："截至1993年12月31日，居住在本市市区范围，有市区常住户口，不论其居住的是公房、系统房或私房，不论在职、离退休或无工作单位(包括个体户)，凡人均居住面积在4平方米以下的住户困难户和无房户，都属于解困范围。"

需要特别注意的是，此次的解决居住困难户仅限于单位福利分房或者(通过自建、参建、联建的房屋)，动迁分房不属于此种限制。动迁分配的安置房屋，根据当时的政策，因房源地段不同，安置房屋面积根据地段不同安置房屋的标准不同，对于选择市区房源的被征收人，其安置房屋的标准是维持原面积，有可能低于统一的标准，但依旧不属于居住困难。

根据《关于解决人均居住面积4平方米以下困难户实施方案》文件，该份文件属于1995年出台，确定1993年之后到2000年之间的居住困难标准。那么1993年之前的居住困难标准是多少？

(3) 1993年之前的标准。

根据1991年4月份《上海市解决居住困难户住房暂行办法》中规定："到本世纪末，上海市市区解决居住困难户住房问题的目标是：人均居住面积3.5平方米及以下居住困难户的住房问题得到解决。人均居住面积3.5平方米以上至4.0平方米居住困难户的住房问题大多数得到解决。1991年至1993年，解决1990年末人均居住面积2.5平方米及以下的居住特别困难(以下简称居住特困户)。"

该条文并未明确认定居住困难的统一标准，但是从条文中可以看出，不同时间段有些变化。而且与1993年之后的居住困难标准一致，为人均居住面积4平方。同时，由于特殊的历史背景，根据以上文件以及咨询当年的单位分房人员，"居住困难户和其他需要解决住房问题对象的条件，由各单位根据本单位的实际情况确定"。

实战策略：

司法实践中，根据《高院会议纪要》规定，法院将居住困难标准确定为"分房时居住困难的标准"。很多司法工作者对此规定颇有异议，认为该规定不具有实际意义。其主要原因有两点:(1)根据解决居住困难的要求,正是因为居民人均居住情况低于当时的法定标准,才可以向分房单位申请配房。根据分房政策要求,新配房屋人均居住面积不会低于当时的法定标准,不然还需要针对新房再配房。除非动迁时,居民选择市中心作为安置房的地址,动迁部门会根据居民的具体情况和意愿,安置新房面积可以维持原面积或者不超过人均4平方。因此司法实践中,很少有新配房人均居住面积会低于当时的法定困难标准,即使出现也是因为政策和房屋本身价值较高所造成的。因此高院出台的文件,不具有实际意义;(2)征收的目的是解决居住困难的居民和改善居民的居住条件,该处的居住困难应当是居住房屋被征收时居住困难的居民,而不是历史上曾经居住困难的居民。因此,高院的规定与征收的根本目的不相符。

31. 非同住人,是否可以酌情分割部分征收补偿利益?

焦点问题:在公有住房征收案件中,未被认定为共同居住人的当事人,可否分得征收补偿利益?

要点分析:《细则》第四十四条规定:"公有房屋承租人所得的货币补偿款、产权调换房屋归公有房屋承租人及其共同居住人共有。"故在公房征收补偿利益分割案件中,未被认定为共同居住人的户内人员无权获得征收补偿利益。但如果在征收补偿安置时,对该类户内人员确实基于基地政策考虑了其户籍因素,在征收单位出具加盖公章的情况下,可以参考因人口因素而增加的补偿价值,酌定适当给予其货币补偿。

同时,如果公房承租人在征收决定作出前已死亡,其余户内人员均不能被认定为共同居住人时,则征收补偿利益可在户内人员之间进行合理分配。

案情介绍:(2019)沪0109民初18823号

原告:潘某2、王某2、潘某3、周某某。

原告:潘某6、凌某某。

被告:潘某4、王某3、潘某5。

被征收房屋位于上海市东大名路×××号(以下简称系争房屋),房屋性质为公房,承租人原为秦某某,2018年12月4日,户口在册9人签订调解协议书一致同意承租人由秦某某变更为潘某4。征收时户口在册人员有9人，分别是潘某2一家两口，潘某3一家两口，潘某6一人，凌某某一人，潘某4一家三口，潘某2、潘某3、潘某7（报死亡）、潘某4、潘某6均系秦某某（2014年报死亡）的子女，王某2系潘某2之子，周某某系潘某3之外孙子，凌某某系潘某7之女，潘某4与王某3系夫妻关系，潘某5系两人之女。潘某2、王某2的户籍于2008年从东大名路×××号×××室迁入系争房屋。潘某3的户籍于2008年从粤秀路迁入系争房屋，周某某的户籍于2010年报出生在系争房屋。潘某6的户籍于2009年从东大名路×××弄×××号迁入系争房屋，凌某某的户籍于2008年从佳木斯路迁入系争房屋。潘某4的户籍于1978年从江苏省迁入系争房屋，王某3的户籍于1982年从泗塘二村迁入系争房屋，潘某5的户籍于1984年报出生在系争房屋。系争房屋原由秦某某夫妻与子女共同居住，子女相继搬离后，房屋由秦某某居住至2001年左右对外出租，秦某某去世后，房屋由潘某4家庭对外出租直至房屋被征收。1988年潘某2、王某2套配获得巴林路公房，承租人为案外人，家庭主要成员包含潘某2、王某2，1995年案外人将该房购买为售后产权房。1987年潘某3套配获得东体育会支路公房，承租人为案外人，家庭主要成员包含潘某3在内。2009潘某6承租的东大名路×××弄×××号房屋拆迁，该户安置人口包含潘某6在内。1981年王某3获配泗塘二村公房，承租人为案外人，家庭主要成员包含王某3在内。2018年10月30日，潘某4与征收单位签订征收补偿协议，获得安置房一套及部分补偿款。因该户对征收补偿利益无法协商一致，2019年潘某2、王某2、潘某3、周某某、潘某6、凌某某诉至法院，要求分割征收利益。

裁判摘要：

本院认为，公民的合法的民事权益受法律保护。公有房屋承租人所得的征收补偿利益归公有房屋承租人及其共同居住人共有。根据《上海市国有土地上房屋征收与补偿实施细则》的规定，共同居住人是指在作出房屋征收决定时，在被征收房屋处具有常住户口，并实际居住生活一年以上（特殊情况除外），且本市无其他住房或者虽有其他住房但居住困难的人。潘某2、王某2、潘某3在本市他处有福利分房，潘某6在本市他处享受过拆迁安置，故四人均不属于系争房屋共同居住人，不应分得征收补偿安置款。周某某、凌某某虽然户籍报入系争房屋，但其从未在系争房屋内居住，亦不应认定为共同居住人，不应分得征收补偿安置款。潘某 4、潘某 5 的户籍均在系争房屋内并实际控制使用系争房屋，都未有过福利性质的房屋，应认定为共同居住人，有权分得征收补偿安置款，王某 3 虽于 1981 年在泗塘二村曾享受过福利分房，但该福利分房系其作为分配对象之一婚前分配，且其户籍于 1982 年即迁往系争房屋并实际控制使用系争房屋，其居住权利应该在本案系争房屋中予以保障，故其以认定为共同居住人为宜，有权分得征收补偿安置款。但考虑到该房屋来源情况及变更承租人系经户籍在册人员协商一致的情况，故根据公平原则及当事人与原承租人之间的关系，本院酌情确定潘某 2、潘某 3、潘某 6、凌某某各自分得部分征收补偿安置款，其余征收补偿利益归潘某 4、王某 3、潘某 5 所有。

案例评析：

公房的征收补偿利益归公房的承租人和同住人共同共有，未被认定为同住人的，一般无权分割房屋的征收补偿利益。但如果在征收补偿安置时，对该类户内人员确实基于基地政策考虑了其户籍因素，在征收单位出具加盖公章的情况说明的情况下，可以参考因人口因素而增加的补偿价值，酌定适当给予其货币补偿；如果公房承租人在征收决定作出前已死亡，其余户内人员均不能被认定为共同居住人时，则征收补偿利益可在户内人员之间进行合理分配。本案中潘某 2、潘某 3、潘某 6 和凌某某并非涉案房屋的同住人，也未被征收部门认定为居住困难人员，且房屋内尚有其他同住人的情况，法院为何认定以上四人可以获得征收补偿利益？该类案例的判决观点是否可以普遍适用？

本案法官是根据公平原则给予潘某 2 等适当补偿的。那么法律原则适用的方法有哪些？(1)原则与规则一致情形下，原则作为规则的基础和指引；(2)规则缺位的情形下，适用原则以作漏洞补充；(3)原则与规则相冲突的情形下，适用原则创制规则的例外；(4)原则之间相互冲突情形下的特别复杂的适用。四种情形也可能在结构上交叉重合。本案中法官根据公平原则以及当事人与原承租人之间的关系，酌情判决不符合同住人的潘某 2 等人适当分得一些款项。从法律法规规定征收补偿利益归承租人和同住人共同共有，同住人与承租人之间的分割份额一般遵循“一人一份，均等分割”的原则。在法律法规政策等有明确规定的前提下，法院使用了公平合理的法律原则，使不具有同住人身份的潘某 2 等获得征收补偿利益。本文作者认为，在法律规则与法律原则存在冲突的情形下，法官也不能随意地通过原则为规则创制例外，换言之，通过原则为规则创制例外必须满足特殊的要求，法官必须承担例外情形下的论证义务。本案例中的论证“与原承租人存在关系”尚未达到原则可以超越规则而适用的地步。因此，该判例属于特殊情况，不属于共有纠纷案件中的普遍情况。

实战策略：

司法实践中，公房征收补偿利益分割案件中，征收补偿利益归承租人和同住人共同共有。不具有同住人身份却可以获得征收补偿利益的情形一般包括：(1)有协议约定的；(2)被认定为居住困难保障人员的；(3)作出征收决定时，公房承租人已经过世，房屋内所有人员均不符合同住人的；(4)作出征收决定时，公房承租人已经过世，但被征收公房处没有在册户口人员的；(5)自购公房的出资人；(6)适用公平合理原则，征收补偿利益由部分同住人全部分得明显不符合公平合理原则的。

第四章 家庭内部协议的效力

32. 家庭内部征收补偿利益分配协议的效力

焦点问题：家庭内部征收补偿利益分割协议的内容与政策规定不一致时，该协议是否有效？

要点分析：根据《民法典》154条规定，不违反法律、行政法规强制性规定的，民事法律行为有效。公房内所有权利人及其监护人在平等自愿的基础上，关于征收补偿利益如何分配达成一致的协议，即使协议内容与政策规定不一致时，协议的内容仍然有效。各方当事人应当按照协议的内容履行。

案情介绍：(2021)沪0101民初3028号

原告：蔡某云、陈某君、赵某聪、赵某润、蔡某。

被告：蔡某琴。

被征收房屋地址位于上海市唐山路，房屋性质为公房，原承租人为孙某英，2020年为办理征收事宜，承租人变更到蔡某琴名下。房屋在册户口人共计6人，分别是原告蔡某云一家四口（陈某君是蔡某云的女儿，赵某聪和赵某润是陈某君的子女）、蔡某一人以及被告蔡某琴一人。被征收房屋是蔡某琴和蔡某云祖上留下的房屋。2001年蔡某云一家四口在飞虹路私房动迁时，享受过托底保障性政策，且2001年户口迁入唐山路房屋后，并未实际居住。蔡某曾经在曲沃路和永清路的公房内分别享受过福利政策，1997年户口迁回唐山路后，并未实际居住。蔡某琴户口报出生和实际居住于被征收房屋，他处未享受过福利性政策。但在2018年蔡某琴兄弟姐妹8人共同签订一份家庭协议，协议约定："一、动迁分配方案：蔡某琴30%、蔡某25%、蔡某云一户23%，不在册的兄弟姐妹共计22%，动迁款打入蔡某卡内；二、房卡在册户口人员同意变更蔡某琴为租赁人；

三、动迁款要求动迁组分别打入蔡某琴、蔡某、蔡某云卡内即可，不可打入一张卡内。”2020 年 11 月蔡某琴作为承租人与征收部门签订征收补偿协议，共获得一套产权调换房屋和部分货币补偿款。2021 年因家庭内部关于征收补偿利益分割无法达成一致，蔡某云一户和蔡某作为原告起诉到法院，要求依法分割。

裁判摘要：根据《上海市国有土地上房屋征收与补偿实施细则》的规定，公有房屋承租人所得的货币补偿款、产权调换房屋归公有房屋承租人及其共同居住人共有，而共同居住人是指在作出房屋征收决定时，在被征收房屋处具有常住户口，并实际居住生活一年以上（特殊情况除外），且本市无其他住房或者虽有其他住房但居住困难的人。本案中，原被告签订的家庭协议系当事人真实意思表示，合法有效，故系争房屋征收补偿利益应由蔡某云、蔡某以及协议上确定的兄弟姐妹按照家庭协议约定的份额进行分割。关于产权调换房屋的归属问题，蔡某曾享受过本市他处的福利性质房屋，蔡某云一户曾享受过动迁安置，而蔡某琴户籍自出生时即在系争房屋内且从未迁出，未享受过他处福利性质的房屋，亦曾实际居住于系争房屋，属于系争房屋共同居住人。产权调换房屋应首先解决系争房屋承租人、共同居住人的安置问题，故蔡某琴应分得产权调换房屋，相应购房差价应由蔡某琴向其他当事人支付。

案例评析：

本案中蔡某云一户享受过福利动拆迁，按照上海高院政策规定，蔡某云一户属于他处有房，不属于被征收房屋的同住人；蔡某曾在他处获配过福利性公房，按照政策属于他处有房，不属于本案同住人。但是按照家庭内部协议约定，他们依旧可以获得相应的征收补偿利益，即使户口不在册的其他兄弟姐妹，同样可以根据协议内容享受相应的征收补偿利益。当然对于报出生且实际居住在被征收房屋处的蔡某琴来说，当然不公平，希望该协议无效或者可撤销，进而获得全部征收补偿利益。那么根据法律规定哪些协议属于无效或者可撤销的呢？

一、无效合同是指因违反法律法规强制性规定或者欠缺一定条件自始不发生效力的合同。根据《民法典》第 146 条，行为人与相对人以虚假的意思表示实施的民事法律行为无效。第 153 条，违反法律、行政法规的强制性规定的民事法律行为无效。违背公序良俗的民事法律行为无效。第 154 条，行为人与相对人恶意串通，损害他人合法权益的民事法律行为无效等。

二、可撤销的合同是指因意思表示不真实、不自由而签订的合同。根据《民法典》规定；主要包括：基于重大误解实施的民事法律行为；一方以欺诈手段，使对方在违背真实意思的情况下实施的民事法律行为；第三人实施欺诈行为，使一方在违背真实意思的情况下实施的民事法律行为；一方或者第三人以胁迫手段，使对方在违背真实意思的情况下实施的民事法律行为；一方利用对方处于危困状态、缺乏判断能力等情形，致使民事法律行为成立时显失公平的合同。

除以上无效和可撤销的合同外，凡是各方在签订家庭内部协议时，基于平等自愿且意思表示真实的情况下签订的征收补偿利益分配协议，同时内容清晰准确，不违反法律行政法规的强制性规定的协议都是有效的，各方都应当按照协议履行。所以本案蔡某琴在2018年签订协议时，就应当预测到协议成立且有效。

实战策略：

（一）谨慎签订家庭内部分配协议。针对所有具有法律效力的协议，当事人在签字之前都需要谨慎仔细，确保协议上的全部内容都是本人的真实意思表示，否则拒绝签订。根据法律规定，一份生效的法律协议，各方当事人都受该协议的约束，违反该协议约定的，需要承担相应的违约责任。如果当事人在签字之时，对协议的内容无法确认，可以在咨询专业人士之后再进行签署。实践中，很多居民因为“情面”“不懂”或者“被骗”而后悔签订协议。因此签订协议需谨慎。

（二）根据自身需要选择是否签订协议。本团队的律师会根据客户实际情况，帮助客户选择性地签订家庭内部协议。比如通过了解客户的实际情况，根据规定，客户不符合同住人身份或者根据客户的实际情况，法院判决不给或者会少分。那么在此类情况下，为了维护客户利益最大化，在各类矛盾爆发之前跟其他家庭成员达成协议，且协议内容主动起草好，以确保客户的利益最大化。但如果签订协议明显会损害了客户的利益，此时必然拒绝签订协议。

33. 内容约定不明的协议是否有效

焦点问题：曾签订过家庭内部协议，但因协议内容约定不明，而产生歧义，此时家庭内部协议是否有效？

要点分析：房屋征收补偿利益分割案件中，各方当事人曾经签订过协议，但协议内容明显约定不明，并存在两种以上的解释时，法院参考协议签的背景以及签订协议时各方当事人的真实意思表示，对协议内容作出认定；如果仍然无法确认协议内容的，认定协议无效，根据政策确认各方应得的征收补偿份额。

案情介绍：(2021)沪0101民初22845号

原告：徐某光。

被告：徐某荣、汪某荣、徐某利。

被征收房屋的地址位于上海市黄浦区望云路，房屋性质为私房，未办理产权证，土地证登记的权利人为沈某娣，已经于1981年过世，其配偶在其过世之前已死亡。沈某娣夫妇共养育四个孩子，也是该房屋的全部继承人，分别是徐某光、徐某荣、徐某胜、徐某利。徐某胜于1988年过世，其配偶为汪某荣。为了减少家庭内部矛盾，帮助困难户徐某胜一户，家人协商房屋产权过户到汪某荣名下，徐某荣、徐某利放弃继承。1995年5月份，徐某光与汪某荣签订协议，汪某荣承诺："事成之后，我愿意按照私房折旧1/4费用付给徐某光"，并于同年12月份去公证处办理继承公证，产权登记在汪某荣名下。2021年汪某荣作为被征收人与征收部门签订征收补偿协议，该户选择全货币补偿共获得260多万补偿款。征收结束后，徐某光要求汪某荣支付房屋补偿款的1/4，认为1995年所签订的协议内容为房屋拆旧款的1/4。但是汪某荣认为该份协议属于债权，应该支付给徐某光1995年房屋价值1/4的折价款，且目前诉讼时效已过，不支付任何费用。双方因协议内容约定不明，有两种完全不同的解释，为此原告徐某光向法院提起诉讼，要求汪某荣兑现承诺，支付1/4的征收补偿款。

裁判摘要：本案的争议焦点系徐某光是否可以依据1995年6月29日汪某荣出具的书面材料主张征收补偿款？庭审中当事人均确认书面材料中"事成之后"是指徐某光放弃继承涉案房屋，汪某荣取得涉案房屋产权之后，但对出具上述书面材料的理由及真实意思表示当事人陈述不一。徐某光认为"折旧"实为拆旧，汪某荣承诺房屋拆迁或征收后支付徐某光房屋拆迁或征收利益的四分之一；汪某荣称出具承诺书系为了安抚徐某光的配偶，当时房屋价值不高，人们普遍认为房屋价值是固定的，只会和其他财产一样有折旧，并无拆迁后支付拆迁款的意思表示。结合书面材料出具内容及签订背景，本院认为上述材料系汪某荣为取得涉案房屋产权向徐某光出具的承诺书。然现无证据证明1995年涉案房屋有被拆迁或被征收的可能性，书面材料亦明确写明"折旧1/4费"，故徐某光主张

"拆旧"实为拆迁或者征收,缺乏事实依据,本院不予认可。按照承诺的内容,事成之后即汪某荣取得涉案房屋产权之后,徐某光即有权主张相应的房屋折旧费用,然 1996 年 12 月 5 日汪某荣登记取得房屋产权至今,徐某光未向汪某荣主张过上述折旧费用,现汪某荣抗辩徐某光上述主张已远超过最长二十年的诉讼时效,本院予以确认。综上,徐某光依据承诺书要求汪某荣支付征收补偿款的诉讼请求,本院不予支持。

案例评析:

本案中,徐某光与汪某荣在 1995 年 6 月份达成一致意见,如果徐某光答应将祖宅产权过户到王某荣名下,并办理公证,汪某荣出具承诺书这一事实。对于徐某光来说,其当时的意思应当是:"如果房屋变卖或者动迁,汪某荣会按照房屋价款的 1/4 的费用给徐某光。"但是承诺书记载的内容极为简单,只有 20 个字左右,没有前后对照,无法完全看出各方的真实意思表示,对文字内容极易产生误解,徐某光最终为粗制滥造的协议付出巨大的代价。对于汪某荣来说,如果徐某光同意将房屋产权过户到自己名下,其支付徐某光一定的费用即可。否则房屋折旧的 1/4 要如何计算呢? 如果不出售或者征收,还需要第三方评估机构确认房屋价格,为协议履行增加不必要的程序。

实战策略:

首先,签订一份书面协议。很多居民因各方当事人都是父母或者兄弟姐妹等挚亲,彼此之间深信不疑或者因为亲情"不好意思",怕伤了"情面"等情况而未签订书面协议。根据《民法典》第 469 条:"当事人订立合同,可以采用书面形式、口头形式或者其他形式",口头协议虽然具有法律效力,但是司法实践中很难举证证明存在口头协议,绝大多数口头协议因为缺乏证据而败诉。需要特别提出的是,征收利益分割案件中,一般都是父母或兄弟姐妹之间的诉讼。从法律上来讲,签订一份客观真实有效的协议,是维护一段亲情和友情的最好方式,协议可以最大限度地约束签订协议者的野心,不会随着时代、环境和观念的改变而膨胀。相反,在没有协议约束的情况下,如果可获得的利益巨大时,道德和情义在他们面前将一文不值。

其次,签订一份内容清晰且准确的协议。为确保协议有效、内容清晰准确、具有可履行性。需要详细了解本户真实情况,并结合案件事实和自己的真实想法,草拟一份协议。如果起草一份协议有困难,可以邀请专业人士出具相应的文书，以确保协议有效、意思表示准确清晰。

最后，针对一份具有歧义的协议，该如何应对？如果合同存在歧义，法院一般会以文义解释的方式理解协议的内容，若文义解释不能反映出当时各方当事人真实意思表示时，就需要提供证据证明签协议的背景以及签订协议后各方的履行情况并结合恰当的说理，尽可能让法院相信签订协议时的真实想法。就本案而言，徐某光之所以败诉，在于其过分关注协议本身，而忽视征收案件的整体性。需要提供其他证据(证人证言、签订协议的背景材料，1995 年的动迁政策情况等)或者说理，说明该份协议中折旧费用计算的时间点应当为该房屋出售或者征收之日。

34. 父母代为签订家庭协议，是否有效？

焦点问题：家庭内部征收补偿利益分割协议上，均是父母在没有取得书面委托书的情况下，代替自己已经成年的子女签字，子女是否可以主张协议未经其本人同意，对其不发生效力？

要点分析：司法实践中虽然存在一些争议，但倾向性观点认为该类行为属于表见代理，所签订的协议有效。父母虽然未取得成年子女的书面委托书，但从家庭伦理、房屋来源、签订协议的背景、协议的内容等综合情况看，协议相对方有理由相信父母具有代理权，签订协议的行为属于表见代理，应属有效法律行为。

案情介绍：(2021)沪 02 民终 7277 号

上诉人(原审被告)：童某荣、曹某影、童 2、童某 1。

被上诉人(原审原告)：童某英、仲某、某 1、李某 2。

被上诉人(原审被告)：童某彬、周某明、童某。

被征收房屋位于上海市虹口区峨嵋路，房屋性质为公房，原承租人马某英，2020 年为办理征收事宜需要，推选童某荣作为承租人。房屋在册户口人数共有 11 人，分别是童某荣一家四口，童某英一家四口和童某彬一家三口，童某荣、童某英和童某彬均为马某英的子女。被征收房屋是 1976 年由马某英永定路公房置换而来。童某英结婚后搬离被征收房屋，居住在夫家，且童某英及其孩子在他处获得过私房福利性动迁，1996年童某英户口迁入后，并不在系争房屋内居住。童某彬与其配偶共同受配过一套福利分房，1988年将户口迁入被征收房屋内，但长期不在被征收房屋居住。童某荣知青返乡后一直居住在该房屋内，并于2001年在系争房屋内申请居改非，从事商业经营。2001年童某荣、童某英、童某彬三兄妹代表三户人家签订家庭内部协议："系争房屋归三姐弟共有，若该房屋动迁时，三方享有均等的权利（如何分享三方另行协商）；该房未动迁之前，三方均按现居住情况及范围不变；童某英、童某彬两方同意将该房的前半部5—6个平方由童某荣开店经营使用，并协助童某荣申办个体经营执照的一切手续；由童某荣使用的前门店面，童某荣不得擅自转让、擅自改变房屋结构；本协议经三方签字生效，三方不得违约，若有一方违约，承担违约责任。"但该协议落款处童某荣代替已经成年的子女签字。2020年该房被征收，童某荣与征收部门签订征收补偿协议，该户选择货币安置。由于三方关于协议的效力存在争议，征收补偿利益分配无法达成一致，童某英向法院提起诉讼，请求法院依法分割。

裁决摘要

一审观点：

童某英婚后迁出居住至夫家，享受过福利性动拆迁，该户家庭属于享受了住房福利，而童某彬之妻单位曾增配房屋，该家庭亦属于已享受了住房福利，童某英一户和童某彬一户依法均不符合同住人的条件。而2001年的协议约定，系争房屋的权利由童某英、童某彬与童某荣共有，遇动迁时三方享有均等权利，童某荣辩称其成年的子女未在协议上签字亦未授权童某荣代签，协议不成立。法院认为系争房屋来源于童某英、童某荣、童某彬的父母，由童某荣代表自己的小家庭与童某英、童某彬家庭协商系争房屋使用及利益分配事宜符合常理，即使童某荣签署该协议未经其子女授权，但其行为也已构成表见代理，故该协议对协议各方依法产生法律拘束力，童某英及童某彬家庭有权分得相应的征收补偿利益。协议同时约定如何分配利益另行协商，本案中，因系争房屋居改非手续由童某荣办理，故有关房屋价值补偿中因童某荣办理居改非手续增加的部分，应由童某荣家庭分得，其余价值补偿应由童某英、童某荣、童某彬家庭均分。因童某荣家庭实际使用系争房屋并为营业执照的持有人和实际经营人，故相关的奖励补贴均应由童某荣家庭分得。

二审观点：童某荣方因需要申办个体营业执照，于 2001 年与童某英、童某彬签订家庭协议，约定了系争房屋的权利由童某英、童某彬与童某荣共有，拆迁时三方享有均等权利。协议签订后，童某荣以系争房屋为经营场所注册了上海市虹口区荣泰杂货店，并实际由其经营至征收。该协议系各方真实意思表示，合法有效。一审法院综合考量系争房屋的来源、各方的人员结构、居住使用房屋情况及享受福利分房等因素，酌情确定各方当事人应享有的征收补偿利益尚无不妥。童某荣方现提出签订协议时，童某英、童某彬均隐瞒了享受过福利分房的事实，以此为由主张家庭协议无效，不能成立，本院不予采纳。

案例评析：本案中童某荣根据政策可以获得全部征收补偿利益，但根据 2001 年其所签订的协议条款，其只能分得动迁款的 1/3。该协议并未违反法律法规强制性规定，属于童某荣当时的真实意思表示。但当时其成年子女并未在协议上签字，根据协议的相对性，即协议只能约束签订协议当事人，对协议之外的第三人不具有约束力，除非该无权代理行为属于有效行为(表见代理)。根据目前的法律法规，表见代理是指：行为人没有代理权，仍然实施代理行为，相对人有理由相信行为人有代理权的，代理行为有效。显然在本案中，结合各种情形，童某荣的代为签订的行为符合表见代理的构成要件，被法院认定为有效。

同样，该类案例并非只有一种观点，另一种观点认为权利人未在协议上签字的，协议应当被认定为无效。根据 2021 年黄浦法院的一份判决原文：“陈某娟主张按照《住房协议书》约定两户平均分配征收利益，陈某主张上述协议书仅有父母的签订，并无陈某本人的签名，协议应属无效。法院认为，该协议虽然对涉案房屋租金承担、居住部位分配、征收补偿利益分割事宜作出约定，客观上反映了两户在涉案房屋分部位居住及承担租金的情况，但陈某作为承租人并未在上述协议中签字，且未有证据证明陈某对上述协议书的内容知晓并予以确认，故《住房协议书》侵害了陈某的利益，应属无效。”

一份成年子女未签字或者父母代为签订的协议是否有效，需要根据签订协议的背景、家庭结构、家庭伦理、房屋来源、协议的内容等综合因素考量，法院判决结果往往是多种因素共同作用的产物。

实战策略：

司法实践中，成年子女未签字的协议是否有效，虽然有两种截然不同的观点，但是协议效力的认定具有先后顺序。首先从形式上看，根据合同的相对性原则，未经其本人签字，合同对其没有约束力。根据法律规定，当事人恶意串通侵害他人合法利益的行为属于无效行为。家庭内部协议是对该户整体利益分配的约定，必然侵害了未签字者的利益，因此从法律规则上看，该行为属于无效的行为。其次从实质内容上看，如果认定合同无效明显有违公平或者公序良俗原则的，法院才会突破规则适用原则，认定该份协议有效。

司法实践中，表见代理的适用范围相对较小，表见代理本质上属于无权代理，在相对方尽到合理审查义务的同时，仍然有理由相信代理人有代理权的情况下，该代理行为才是有效行为。从法律价值选择上看，善意的相对人应当受到保护，而因被代理人过错而使代理人从形式上获得代理权的行为应当受到处罚，虽然该行为是无权代理，但法律强制性认定该行为有效，被代理人有权向无权代理人追责。无论代理人与被代理人的关系如何亲密，履行合理审查义务必然包括出具书面的授权委托书，如果没有尽到审查义务很难说明相对人是善意的，那么代理行为就属于无效行为。因此，根据诉讼方不同，需要选择不同的代理策略。

35. 协议签订后，又迁户口的，协议是否有效？

焦点问题：征收利益分割协议签订后，在册户口人未经他人同意将其他人的户口迁入被征收房屋的，且被迁入人至房屋征收时符合同住人条件，那么先前签订的协议是否有效？

要点分析：分割协议属于协议签订时权利人的真实意识表示且符合协议的形式要件的，协议应当有效。协议签订后，有新户口迁入的，且符合同住人的条件时，先前协议并未出现失效的法定事由，该新权利人的出现不影响原协议的效力。对于新权利人的份额根据“谁迁入、谁负责”的原则予以确定。

案情介绍：(2020)沪 02 民终 4320 号

上诉人(原审原告)：史某杨、史某萍、史某平。

上诉人(原审被告)：史某萍、潘某森、潘某。

被征收房屋地址为上海市黄浦区天灯路，房屋性质为公房，承租人为史某萍

（2009 年变更），原承租人为史某萍的母亲戴某（2009 年亡），户籍在册人员共有 3 人，分别是史某萍一家三口。该房屋是戴某夫妇用金条兑换的房屋，史某萍、史某杨、史某某、史某平是戴某的子女，史某萍一户于 1995 年享受过福利分房安置，2007 年史某萍户口迁入系争房屋，其他三兄弟姐妹因结婚或者知青等原因户口均迁出了被征收房屋。2010 年兄弟姐妹四人签订《协议书》，约定："房子动迁时，除去户主史某萍人头费后，其余动迁款按五份分配。哥哥史某杨拿五分之二、其余兄妹各拿五分之一。"结尾处四人签字。2012 年史某萍将配偶和子女的户口迁入系争房屋并在被征收房屋处实际居住。2019 年史某萍作为承租人与征收部门签订征收补偿协议，该户选择货币补偿。后因《协议书》效力无法达成一致，诉至法院。

裁决摘要：

一审观点：史某杨确认其户籍及实际居住均不在涉案房屋内，本不应享有动迁安置利益，而史某萍在结婚后，随其夫单位福利分房迁出涉案房屋时，其亦已丧失同住人身份，后史某萍于 2007 年迁回户籍，并于 2009 年 7 月（父母死亡后不久）变更为涉案房屋承租人，又于 2010 年 1 月与史某杨方签订《协议书》，故该《协议书》应认定为史某杨方为解决涉案房屋承租权纠纷达成的协议。该《协议书》系史某杨方与史某萍四人真实意思表示，且已实际部分履行，故现应在除去史某萍"人头费"后，按协议分割其余征收补偿款。《协议书》签订两年后，史某萍以承租人身份将其夫、其女户籍迁入涉案房屋，对具体征收利益分配产生的影响，应属史某萍在其享有的征收利益份额内进行处分，故史某萍配偶和子女所得份额应包含在原史某萍依《协议书》可享有的份额内。对于各项补偿、奖励费的具体分割：家用设施移装费、搬迁费、临时安置费、搬迁奖励费系基于涉案房屋的实际居住情况发放，应归于实际居住人所有。

二审观点：史某杨方与史某萍于 2010 年 1 月 31 日就签订了《协议书》，之后多年史某萍并未对《协议书》提出过异议，且根据查明事实分析，该《协议书》部分内容已实际履行，一审法院据此认定《协议书》的签订系史某杨与史某萍真实意思表示，史某杨依据《协议书》提起诉讼，依法有据，并无不妥。史某萍上诉主张《协议书》非其真实意思表示，本院不予采纳。鉴于史某萍配偶和子女的户籍于《协议书》签订两年后才迁入涉案房屋，该户籍迁移行为不应对《协议书》约定内容产生影响，一审法院认定史某萍配偶和子女可分得的征收补偿利益应包含在史某萍依据《协议书》可享有的份额内，本院予以认同。史某萍方上诉主张其配偶和子女可各分得三分之一征收补偿利益、史某杨无权分割他们的份额，理由不能成立，本院不予采纳。根据《协议书》约定征收补偿利益在除去史某萍“人头费”后按五份分配。由于《协议书》及征收协议中均无关于“人头费”的明确约定，双方当事人亦无法确认约定的“人头费”金额，在此情况下，一审法院基于公平原则及本案实际情况，酌情确定可扣除的金额，尚属合理。一审法院将征收补偿利益除去相应费用后，根据《协议书》的约定，判决确认双方当事人各自可分得的征收补偿利益，并无不当，各当事人相应权益已获得保障。史某杨方及史某萍方上诉各自主张的分割方式均缺乏相应依据，本院均不予采纳。史某杨方及史某萍方的上诉请求均不能成立，应予驳回。

案例评析：本案中，史某萍签订有效的《协议书》在先，在《协议书》签订后，将自己的配偶和子女迁入系争房屋，且在该房屋内实际居住。虽然史某萍的配偶子女因他处有房而不符合同住人条件，但在册户口人均同意的情况下，依然有权分割被征收房屋的征收补偿利益。因一方当事人的原因，无论后期发生何种情形变化，原则上不得影响先前合同的效力。此时史某萍的配偶及子女主张自己的权利，根据法律解释，他们需要向史某萍一人主张，从《协议书》中确定史某萍应得的份额中予以分配，不得影响《协议书》中其他当事人的份额。

根据户籍政策“本市居民系房屋产权人或承租人或农业户户主的，经其同意，其本市非农业户口的直系亲属（大中专院校学生集体户口、科研单位学生集体户口和中央各部、各省市驻沪办事处工作户口人员除外）可以在其户口所在地公安派出所办理户口迁移”，如果承租人过世，在册户口人需要将其近亲属的户口迁入的，需要所有在册户口人同意，否则户口无法迁入。如果有违规迁入户籍的，可以申请户籍部门撤销户籍，发回原籍。无论是承租人同意他人户口报入，还是同住人私自将他人户口迁入的，如果有先前协议存在，后期户口迁入的，遵循“谁迁入、谁负责”的原则。

实战策略：

司法实践中，对于法院已经确定的裁判口径，律师或者当事人针对政策本身的辩论空间相对有限，而对于事实认定方面的辩论更加有效。比如从史某萍的角度看，本案存在两件事实：已经签订的家庭协议；新加入的权利人。其中存在三个主要的法律关系，首先确认合同已经成立、有效；其次证明新加入的人员具有同住人的权利；再次因新权利人出现致使征收利益分配结构发生变化，三种法律关系都是案件主要争议的焦点，但相对于后者法院确定的裁判口径本身而言，法律关系是否存在才是辩论的要点。比如合同是否具有先后履行义务，合同相对方是否先履行了合同的义务；是否有过其他材料内容与本协议内容相互冲突；协议是否符合法定生效要件等。同样对于每一个争议焦点都可能是当事人可能赢得案件的点，均需要从事实认定、法律关系成立、法律规范适用正确的角度分析。

36. 录音录像的证明效力

焦点问题：录音录像等视听资料证据，在征收补偿利益分割案件中是否可以作为家庭协议使用？其证明效力如何？

要点分析：根据《民事诉讼法》及相关司法解释规定：录音录像属于视听资料证据，视听资料具有高度逼真性和准确性。合法有效的视听资料，且内容能清晰确认双方真实意思表示的，可以作为协议使用。

同时，根据《最高人民法院关于民事诉讼证据的若干规定》规定，存在有疑点的视听资料，不能单独作为认定案件事实的依据；对于未经对方当事人同意私自录制其谈话取得的资料，只要不是以侵害他人合法权益（如侵害隐私）或者违反法律禁止性规定的方法（如窃听）取得的，仍可以作为认定案件事实的依据。

案情介绍：(2021)沪 02 民终 38 号

原告：石某保、杨某 1、杨某 2。

被告：石某明、包某某、石某、胡某某。

被征收房屋地址为上海市虹口塘沽路房屋，房屋性质为公房，承租人为石某明。在册户口共有 7 人，分别是石某保一家三口（石某保、石某保丈夫杨某 1，他们的子女杨某 2）和石某明一户四人（石某明、石某明妻子包某某，石某帆是他们女儿，胡某某石某帆的孩子），石某保和石某明是兄妹关系，石某是二人的父亲。1972 年石某夫妇取得该房屋，并携两子女将户口迁入并在该房屋内居住，石某为该房屋的承租人。1972 年石某保以插队落户到外地参加知青，户口迁出。

1989 年石某单位增配房屋，石某夫妇增配到上海市隆昌路公房内。同年承租人由石某变更为石某明。1997 年石某保之子按照政策迁入系争房屋，2009 年石某保夫妇退休迁入该房屋。

2019 年石某明一户提供视频资料一份，内容为石某保、石某明在系争房屋内的谈话，石某保表示迁入户籍时根据国家政策能按人口取得拆迁利益，不会影响石某明的利益，根据现有政策，如能够享受托底保障，则取得属于自己的一份，如不能享受托底保障，按房屋面积补偿，不会影响石某明的利益。石某保之子不愿意迁走户口，要放着户口看看政策怎么样。

裁判摘要：根据《上海市国有土地上房屋征收与补偿实施细则》的规定，征收居住房屋的，公有房屋承租人所得的货币补偿款、产权调换房屋归公有房屋承租人及其共同居住人共有；而共同居住人是指在作出房屋征收决定时，在被征收房屋处具有常住户籍，并实际居住生活一年以上（特殊情况除外），且本市无其他住房或者虽有其他住房但居住困难的人。本案中，石某明提供的视频虽系在石某保不知情的情况下录制，但系关系密切的姐弟二人之间的对话，不存在胁迫、诱骗的情形，石某保的意思表示客观真实，可予采信。根据该视频，可以认定石某保夫妇迁入户籍时曾承诺不影响石某明的征收利益，并明确表示在现有政策下，如按照居住困难人口予以托底保障，则石某保、杨某 1 可分得相应利益，如未进行托底保障，未考虑在户内的人口因素，则不分得相应利益。石某保之子虽未在视频中出现，但石某保夫妇先后迁入户籍时，系争房屋系由石某明承租，该户户主亦系石某明，石某保配偶户籍得以迁入系基于其与石某保的夫妻关系，故可认定该石某保的意思表示系代表其夫妻二人，根据诚实信用原则，在目前的征收补偿方案下，石某保、杨某 1 不应再分得系争房屋征收补偿款。而视频中，石某保表示其子自己要根据政策看是否能分得征收补偿利益，亦无明确证据表示其户籍迁入时承诺放弃拆迁或征收利益。现杨某 2 户籍系根据知青子女回沪政策迁入，虽因家庭结构和居住条件等原因未居住系争房屋内，但他处无福利性质房屋，依法可认定为系争房屋同住人，可分得相应的征收补偿利益。石某明一户长期居住使用系争房屋，无他处福利性质房屋，分别为系争房屋的承租人和同住人，对房屋进行了长期的维护管理，且石某明单位出资购买了隆昌路房屋交由原承租人石某及其配偶居住，石某明得以变更为系争房屋的承租人，该家庭显然对房屋贡献较大，房屋价值补偿款可予以多分，居住搬迁部分的奖励补贴亦应由其分得。胡某某系承租人的第三代亲属，其出生后主要随父母在外居住，依法不认定为同住人。

案例评析：

一、石某明所制作的录像属于何种证据？是否可以证明存在家庭内部协议？

根据《民事诉讼法》及相关的司法解释规定，视听资料包括录音资料和影像资料。因此该份录像属于视听资料证据。视听资料证据真实且清晰的画面显示过往的客观事实，一旦被采纳，证明效力较高。但是当事人以视听资料作为证据的，应当提供存储该视听资料的原始载体，如果不能提供原始载体的，视听资料无效。根据《最高人民法院关于民事诉讼证据的若干规定》第 90 条，存有疑点的视听资料、电子数据不能作为证据使用。就本案中，石某明在与石某保谈话中所录制的影像属于视听资料，其内容清晰地记载了双方关于落户的过程以及落户时石某保所做的承诺，该内容完整，不存在胁迫、欺诈、显失公平的情形，应当被认定为有效。

二、本案中，假设石某保的配偶符合同住人的身份，有权享有征收补偿利益，本案中石某保放弃被征收补偿利益的说辞，能否认定为其配偶也有放弃征收补偿的意思表示？

从法律上讲，石某保在其配偶没有书面或者口头授权的情况下，哪些情况下可以代理其配偶从事有效的法律行为？首先是家事代理权，根据《民法典》及相关的司法解释：家事代理权是指夫妻在日常家事处理方面互为代理人，夫妻间有相互代理对方从事法律行为的权利，其法律后果是配偶一方代表家庭所为的行为，配偶另一方须承担由此产生的法律后果。家事代理权是基于夫妻关系为共同生活所需的便利，在行使代理权时不必以被代理人的名义，但该代理权范围限于日常家事，超出日常家事就属于无效，放弃征收补偿利益的行为显然已经超出家事代理权的范围。其次是表见代理，根据《民法典》第 172 条规定　行为人没有代理权、超越代理权或者代理权终止后，仍然实施代理行为，相对人有理由相信行为人有代理权的，代理行为有效。但是表见代理需要有代理权的形式要件，由于被代理人的过错，足以让相对人相信行为人有代理权，代理的行为对被代理人有效。但从本案中客观事实分析，法院认定石某保放弃的意思表示适用于其配偶，从法律上有待商榷。

实战策略：

一、“打官司，就是打证据”，证据对于诉讼来讲是至关重要。对于客户所经历的重要事件，保存好证据，就是保护好自己的合法权益。但司法实践中，未经他人允许录制视听资料能否作为证据使用？

根据《最高人民法院关于民事诉讼证据的若干规定》第68条规定，以侵害他人合法权益或者违反法律禁止性规定的方法取得的证据，不能作为认定案件事实的依据。故偷录偷拍的证据只要不侵害他人权益或不是以违反法律禁止性规定的方法取得，可以作为法院定案的依据。

二、司法实践中，哪些偷拍偷录行为属于违法取证，不能作为证据使用呢？

《最高人民法院关于适用〈中华人民共和国民事诉讼法〉的解释》第106条规定，对以严重侵害他人合法权益、违反法律禁止性规定或者严重违背公序良俗的方法形成或者获取的证据，不得作为认定案件事实的根据。比如在他人家里安装监听、监视设备进行偷录、偷拍，这种偷录、偷拍严重侵犯了他人的隐私权，所以通过这种方式取得的视听资料属于违法取得，不会被法院认可。

同时根据《中华人民共和国反间谍法》第25条规定：任何个人和组织都不得非法持有、使用间谍活动特殊需要的专用间谍器材。如果使用这类器材获取录音录像违反了法律的禁止性规定，也属于违法取得。

37. 承租人的承诺是否有效？

焦点问题：承租人承诺公房动迁时，给户口不在册人员一定的征收补偿利益，该说法是否具有法律效力？

要点分析：根据《民法典》第七条规定，民事主体从事民事活动，应当遵循诚信原则，秉持诚实，恪守承诺。合法有效的单方允诺具有法律效力，承租人应当按照承诺的内容诚实守信地全面履行。

案情介绍：(2018)沪0109民初24867号

原告：舒某1。

被告：舒某2。

被征收房屋地址位于上海市四川北路×××弄×××号，房屋性质为公房，承租人为舒某2,户口在册只有舒某2一人。原告舒某1与被告舒某2系姐弟关系。该房屋是原承租人舒某3(于1995年2月死亡)在1973年增配所得,舒某3为舒某1、舒某2的父亲。2003年3月,系争房屋承租人变更为舒某1、舒某2的母亲曹某某(于2005年12月29日报死亡),曹某某死亡时系争房屋内无户籍。2006年4月,经舒某1申请,系争房屋承租人变更为舒某1。2006年8月,系争房屋承租人经协商一致又变更为舒某2。征收前,系争房屋内有舒某2一人户籍在册,其户籍于2006年8月27日由本市武威路房屋迁入。征收前,系争房屋由舒某1之子居住使用。

2016年11月20日,舒某2出具承诺书,内容为:"四川北路×××弄×××号亭子间房屋的权益,我舒某2和舒某1各百分之五十。如遇动拆迁,就按动拆迁补偿款各百分之五十平分。"2018年2月23日,舒某2又出具承诺书,内容为:"本人舒某2在四川北路×××弄×××号亭子间的动迁款(扣除困难户补贴)百分之五十给舒某1,钱到账时给舒某1。签动迁协议与舒某1同往。"落款处见证人栏有其他兄弟姐妹的签名。

舒某2丈夫孙某原承租的本市长安路×××号后楼于1990年10月套配本市武威路房屋,配房人员包括舒某2一家三口。2001年,武威路房屋购买产权登记为舒某2夫妇共同共有,由其家庭3人居住使用。

2018年8月22日,系争房屋所在地区被纳入征收范围。2018年9月5日,舒某2与征收部门签订征收补偿协议,共获得260万元。原告舒某1与被告舒某2关于征收补偿利益分割无法达成一致,故诉至法院。

裁判摘要:

法院认为,根据《上海市国有土地上房屋征收与补偿实施细则》的规定,征收居住房屋的,公有房屋承租人所得的货币补偿款、产权调换房屋归公有房屋承租人及其共同居住人共有。本案中,系争房屋承租人在2006年4月变更为舒某1,又在2006年8月协商一致变更为舒某2,后舒某2出具承诺书,承诺系争房屋的征收补偿利益由其和舒某1双方各半分割,舒某2辩称受胁迫所写,然其陈述的情况难以认定构成法律规定的胁迫情形,况且其先后两次出具承诺书,2018年2月的承诺书中还有其他亲属见证签名,故本院对该辩称意见不予采纳。本案系争房屋原系舒某1等人父母承租的31号房屋增配所得公房,其父母死亡后,系争房屋内无户籍,根据相关规定,舒某1、舒某2均有权成为新的承租人,在多人具有承租人资格时，可协商一致变更承租人，协商不一致时由出租人指定承租人。舒某1在成为系争房屋新的承租人之后，又配合变更承租人为舒某2，基于系争房屋的来源、承租人变更、居住使用等情况，本院认为舒某2上述承诺并非赠与，其应遵守承诺，照此履行。基于承诺书，舒某1有权参与征收补偿利益的分配，况且虽然舒某1享受了31号房屋的动迁安置，舒某2亦享受过武威路房屋福利分房，双方均享受过住房福利。综上，舒某1有权分得系争房屋50%征收补偿款，舒某1现主张征收补偿款130万元，系对自身权利的处分。

案例评析：

征收补偿利益分割案件中，合法有效的协议优先于政策适用。如果家庭内部协议已经确定权利人和相对应的征收利益份额的，法院不再审核同住人，直接根据协议的约定确定各方的权利和义务。本案中承租人舒某2对舒某1的单方允诺是否属于协议，其效力如何？

单方允诺不属于协议，但具有法律约束力。单方允诺是指表意人向相对人作出的为自己设定某种义务，使相对人取得某种权利的意思表示。单方允诺与协议不同，协议是指当事人或当事双方之间设立、变更、终止民事关系的合意。合法有效的协议具有法律约束力，协议各方当事人均受该约定拘束。因此协议强调当事人之间的合意；单方允诺是一方当事人为自己设定义务，使他人取得权利的单方意思表示。从法理上看，单方允诺是独立于契约之外被赋予强制执行力的意思表示，但是单方允诺是否有效需要一定的判断标准。需要以允诺形成的对价、形式和原因等所谓的“郑重性标志”作为衡量其正当化的标准。根据《民法典》第七条规定，民事主体从事民事活动，应当遵循诚信原则，秉持诚实，恪守承诺。本案中，舒某2对该房屋的征收补偿利益作出承诺的原因是舒某1转让承租人；且该房屋是舒某1和舒某2父母留下的房屋，双方对该公房的来源和贡献一致，权利义务一致。因此，法院基于诚实信用的原则并结合案件事实认定舒某2的承诺有效。

实战策略：

“证据为王”是所有诉讼律师的坚信的真理。征收补偿利益分割案件中，证据较难获取，因为公房在册户口人之间关系较为亲密，彼此之间信任，一般不愿意签订协议。而获利的一方一般会极力作出承诺，有时候承诺只是以口头的形式作出。一旦后期出现矛盾，相对方很难举证证明存在口头承诺。因此，价值较大的房产、车辆等财产发生变更时，签订协议是保护彼此权利最好的方式。

38. 家庭内部协议是否可以视为赠与？

焦点问题：家庭成员之间签订征收补偿分割协议时，约定无权享有征收补偿利益的一方可以获得一定的征收补偿利益的条款，是否可以认定为赠与协议？

要点分析：根据《高院会议纪要》第 12 项问答，家庭成员在征收之前就征收补偿利益的分割以家庭内部协议的方式预先作出约定，对于此类协议的性质和效力应如何认定？

家事纠纷有人身依附性和家庭伦理性特征，家庭成员之间关于征收补偿利益分割事宜所达成协议的性质为家庭共有财产分割，内含家庭成员对家事问题、财产问题等的妥协和让步。家庭成员对于财产的处分与赠与不同，不宜按任意撤销权之规定处理，法院应尊重家庭成员之间的合意。如果协议仅有部分被安置人签字的，要结合协议签订的背景、协议内容、签字方是否有代理权等因素综合判断协议是否为全体被安置人的共同意思表示。

案情介绍：(2020)沪 02 民终 5593 号

上诉人(原审被告)：符某芳。

被上诉人(原审原告)：符某盛、符某茂。

被征收房屋地址位于上海市永定路 1 号(以下简称 1 号房屋)，房屋性质为私房。房屋的原权利人符某余，符某余与符某怀系兄弟关系，符某兰、符某茂、符某盛系符某怀之子女，符某芳系符某余之女。1980 年，符某余去世，其配偶缪某于 1985 年去世，二人死后遗有上海市永定路 2 号房屋(以下简称 2 号房屋)。1988 年，符某怀就 1 号房屋申报土地使用权，登记表载明 1 号房屋由父母遗留，由符某怀和符某余二人共同继承、使用，现符某余已过世，由符某余女儿符某芳使用居住至今，符某怀居住 2 号房屋，符某芳居住 2 号房屋，无用地纠纷，交纳地租，公地地租收据载明户名为符某余。1990 年填发的 1 号房屋土地使用证载明，使用户名为符某怀等人。1992 年，符某怀去世，其配偶缪某芳于 2002 年去世。2014 年 11 月 29 日，符某兰报去世，其生前无婚姻记录。

2012 年，符某芳作为甲方，符某盛作为乙方签署《协议》一份，约定甲方现住

2号房屋为符某余独生女儿，无其他子女，父母已过世多年。乙方符某盛现住1号房屋及2号房屋，兄弟姐共三人，现兄、姐委托乙方办理所有有关房屋的事宜，父母已过世多年，符某怀与符某余为亲兄弟二人。以上住房都是甲乙双方父亲在世时共同购买，现2号部分已有产权证，权利人为符某芳。现1号房屋及2号房屋部位实际居住人为符某盛。现甲乙双方确认，符某芳居住部位权利及收益全部归符某芳，乙方符某盛对此无异议。符某盛居住部位权利及收益全部归符某盛、兄、姐三人，甲方符某芳对此无异议。以上表述为甲乙双方真实意愿，特此订立本协议。本协议一式三份，甲乙双方各执一词，另一份由上海市虹口区第一征收事务所归档确认。

2018年11月，1号房屋、2号房屋所在地区被纳入征收范围。符某芳和符某盛代表符某盛、符某茂、符某芳分别就1号房屋和2号房屋与征收部门签订了《上海市国有土地上房屋征收补偿协议》。协议签订后，符某芳认为自己对1号房屋的征收补偿利益享有50%的份额，双方就征收补偿利益无法达成一致，故诉讼到法院，请求法院依法判决。

裁判摘要：

1号房屋土地使用权申报时，因符某余及其配偶均已去世，登记的土地使用人符某怀等人应为符某怀及符某余之女符某芳，后因符某怀去世，故1号房屋的权利人应为符某怀之子女与符某芳。2012年符某盛与符某芳所签订的《协议》就父辈所遗留的1号房屋、2号房屋以及2号房屋的使用情况和权益分配进行了约定，协议载明该房屋系二人之父辈共有，现符某芳住2号房屋，并已取得产权证，该房屋权益归符某芳所有，符某盛住1号房屋及2号房屋，该房屋权益归符某盛方姐弟所有，该协议虽无符某茂及符某兰签名，现符某茂对该协议内容无异议，符某兰去世后亦无第一顺位法定继承人，其遗产和权益应由第二顺位法定继承人即符某盛、符某茂继承，故该协议依法成立有效，当事人应当按约履行。关于符某芳认为该协议具有赠与性质，有权撤销的意见，因该协议系双方基于房屋来源和历史居住情况就房屋权益分割事宜所达成协议，其性质应为家庭共有财产的分割，系家庭成员对于共有财产的处分，与赠与不同，不适用赠与撤销权之规定。关于符某芳认为在2号房屋征收补偿款项分配中双方未按协议内容履行的意见，该笔款项分配系符某盛与符某芳自愿协商对原协议内容进行的变更，不影响原协议中关于其他权益分配约定的效力。综上，符某盛、符某茂要求1号房屋的征收利益全部归符某盛、符某茂共同所有的诉讼请求，于法有据，法院予以支持。

案例评析：

本案中符某芳与符某盛一方签订的征收补偿利益分配协议不属于赠与协议。因为，根据相关政策规定，家事纠纷有人身依附性和家庭伦理性特征，家庭成员之间关于征收补偿利益分割事宜所达成协议为家庭共有财产分割，内含家庭成员对家事问题、财产问题等的妥协和让步。家庭成员对于财产的处分与赠与不同，不宜按任意撤销权之规定处理，法院应尊重家庭成员之间的合意。如果协议仅有部分被安置人签字的，要结合协议签订的背景、协议内容、签字方是否有代理权等因素综合判断协议是否为全体被安置人的共同意思表示。因此，家庭成员之间所签的征收补偿利益分割协议一般不属于赠与协议，不能按照赠与协议的性质处理。

家庭成员之间关于征收补偿利益分割达成协议的性质与赠与不同，主要体现在以下两方面：1. 家庭成员之间签订的协议是以分割共有财产为主要意思表示，并非无偿给予。公房一般是父辈或者家族的福利所得，从家庭伦理的角度看，该房屋属于该家庭整体共有。在签订协议时，各方均是以"家庭共有财产共同分割"的想法为真实意思表示，并非赠与。因此，公房内家庭成员之间签订征收补偿利益分割的协议不存在赠与的意思表示。2. 公房同住人的认定权归属于法院，在法院认定同住人之前，任何一名在册户口人员或者与公房有利害关系的人均有可能被认定为房屋的权利人。但当家庭成员之间关于征收补偿利益已经达成分割协议的，应当尊重当事人的约定，法院对同住人身份不再认定。因此，家庭成员之间签订征收补偿利益分割协议时，不存在赠与的前提条件——将赠与人所有的财产赠与他人。

实战策略：

目前法院倾向性观点认为，关于家庭成员之间所签订的征收补偿利益分割协议不属于赠与协议。但部分学者持有不同的观点，他们认为该类协议应当存在两种情形。

（一）该类协议因缺少赠与的意思表示而不属于赠与协议。根据《民法典》规定，赠与合同是赠与人将自己的财产无偿给予受赠人，受赠人表示接受赠与的合同。赠与之前提为受赠人在受赠之前对受赠的利益不享有权利；赠与之根本目的在于使受赠人无偿获得利益;赠与之核心为赠与人有赠与的意思表示,受赠人有接受的意思表示。家庭成员之间所签订的征收补偿利益分割协议,根据法律政策规定无权享有征收补偿利益的一方无偿获得征收补偿利益的,有权获得征收补偿利益的一方为此财产减少的,满足赠与客观要件。但协议各方当事人并没有赠与的意思表示,而是基于共有财产的想法才签订的征收补偿分割协议,不满足赠与的主观要件。因此,该类征收补偿分割协议并不属于赠与协议。但如果协议各方在签订协议之时,已经明确一方无权享有征收补偿利益,而仍然愿意将部分征收补偿利益无偿给予该方的,应当认定为赠与。

(二)家庭成员之间签订的征收补偿利益分割协议不属于赠与协议的,应当被认定为意思表示存在瑕疵(重大误解),属于可撤销的协议。根据《民法典》第147条规定,基于重大误解实施的民事法律行为,行为人有权请求人民法院或者仲裁机构予以撤销。重大误解是指由于行为人在对行为的性质、对方当事人以及标的物的品种、质量、规格和数量等方面的错误认识,使行为的后果与自己的意思相悖,并造成较大损失的民事法律行为。家庭成员之间所签订的征收补偿利益分割协议是有权获得征收补偿利益的一方基于对公房权利人的性质产生了错误认识,将非权利人认定为权利人,属于意思表示不真实而签订的协议,根据法律规定属于重大误解,经权利人申请,法院应当给予撤销。

目前,上海法院关于家庭成员之间所签协议的统一适用规则为"各方当事人意思表示一致的有效协议",从司法实践以及公平正义的角度,能更好地平衡家庭成员之间的利益。

第五章 征收补偿利益如何分配?

39. 征收补偿利益分配原则之公平合理原则

焦点问题:征收补偿利益分割案件中公平合理原则是指什么,在司法审判中如何体现?

要点分析:公平合理原则是指法院在确定承租人和同住人或者同住人与同住人之间征收份额时,适用法律规则,明显会使各方权利义务失衡时而采用的法律原则。

司法实践中,法院在分配征收补偿利益时,除依据“权利人之间均等分割”的规定外,同时还会综合房屋来源、实际居住情况、对被征收房屋的贡献情况、户口迁入情况、他处有房情况、经济困难情况等多种因素酌情确定份额。

案情介绍:(2019)沪02民终9441号

上诉人(原审原告):冯4、华某巧、冯某3。

被上诉人(原审被告):冯某茂、陶某华、冯某峻、王某某、冯某璋。

被征收房屋位于上海市静安区安庆路,房屋性质为公房,承租人为冯某茂,在册户口人数共8个人,分别是冯某茂一户5人和冯某1一户三人(冯某1于2005年过世,冯某4、华某巧、冯某3,分别为冯某1的儿子、儿媳、孙子)。其中冯某茂与冯某1是兄弟关系。系争房屋为冯某茂与冯某1等人父母(冯某樵夫妇)于解放前买下,后变为公房,当时承租人冯某樵,经过多次承租人变更,最后于1998年变更为冯某茂。系争房屋自1998年后即空关,户口在册人员自户口最后一次迁入后均未在内实际居住。1996年冯某茂一户获得东宁路私房拆迁安置,1999年冯某1一户享受成都北路公房拆迁安置。2015年系争房屋被征收，冯某茂代表该户与征收部门签订征收补偿协议，共获得三套安置房屋和部分货币补偿。因原、被告对征收补偿利益无法协商一致，冯4、华某巧、冯某3向法院提起诉讼，请求依法分割。

裁判摘要：

法院认为：征收公有居住房屋的，公有房屋承租人所得的货币补偿款、产权调换房屋归公有房屋承租人及其共同居住人共有。本案系争房屋被征收时户内在册人员为当事人8人，对于征收补偿如何分配，法院做如下分析：冯某1一户不仅获得成都北路房屋拆迁利益，而且自户口迁入后均未实际居住，冯某1一户三人均不符合同住人。冯某茂一户他处虽未享受过福利分房，但自户口迁入后并未在内实际居住，故双方均不符合同住人的条件；同时，冯某茂作为承租人只是系争房屋全部户籍在册人员的代表，在当事人均未实际居住的情况下，如判决征收补偿利益由承租人冯某茂独享则对其他户籍在册人员明显不公，故当事人均可取得相应征收补偿利益。综合系争房屋的来源、户籍情况、与系争房屋的实际联系等因素，酌情分配。

案例评析：本案中，根据法院认定的事实，各方当事人均因他处有房或者户口迁入后并未实际居住等因素，而不符合同住人资格，无权享有征收补偿利益。根据政策规定，承租人不受同住人的条件限制，对被征收房屋享有绝对的权利。因此，按照法律政策规定，本案中被征收房屋的全部征收补偿利益应当归承租人冯某茂所有。根据本案客观事实以及法律价值判断，本案适用法律规则会使得各方的权利义务明显失衡，因此法院在综合房屋来源、实际居住、他处有房等公平合理原则，使不具有同住人资格的其他在册户口人突破法律规则，获得征收补偿利益。

公平合理原则是法官自由裁量权的体现。虽然很多征收补偿利益分割案件中适用该原则，可以最大限度地实现公平正义，但是该原则适用的限度应当有限，否则必然造成滥用自由裁量权，导致腐败。适用公平合理原则的案件，一般是在各方均符合权利人的情况下，以平衡各方利益。但完全突破同住人规则适用原则的情况毕竟属于极少数。

实战策略：

征收利益分配案件因为缺少全国性统一适用的法律法规，目前法院裁判规则以上海市高院各类文件为准，但因为政策不够健全、缺乏体系，政策与政策之间存在矛盾，甚至与法律相冲突等客观现实，经常出现法律不统一适用，类案无法类判的情况。因此，法院在实际审判中，法官的自由裁量权极大。作为诉讼的一方当事人，基于现实，在固有的证据和规则情况下，从公平合理的角度出发，往往能获得意想不到的好结果。

40. 征收补偿利益分配原则之均等分割原则

焦点问题：公房征收补偿利益在承租人与同住人、同住人与同住人之间如何分配？

要点分析：根据《上海市高级人民法院关于房屋动拆迁补偿款分割民事案件若干问题的解答》规定，承租人、同住人之间，一般遵循一人一份、均等分割的原则取得拆迁补偿款。

案情介绍：(2013)黄浦民四(民)初字第901号

原告：张某1。

被告：张某2、李某。

被征收房屋位于上海市黄浦区侯家路，房屋性质为公房，承租人为张某2。在册户口人数共3个人，分别是张某1、张某2和李某，张某1与张某2是堂兄妹关系，李某与张某2是母女关系。该房屋是张某1的祖母(已过世)承租的房屋，后经多次变更，在2007年变更为张某2。张某2亦在变更承租人时承诺“保证共同居住人的居住权”，2007年后该房屋被用于对外出租。1994年张某1户口迁出涉讼房屋，2002年因退伍、转业入籍迁入涉讼房屋，被告李某户口在1981年由上海市某号迁入涉讼房屋。2008年张某1购买上海市某室房屋，性质为产权房，系张某1夫妻、张某1父母4人共同共有。2012年系争房屋被征收，张某2代表该户签订征收补偿协议，选择货币补偿。2013年因两户对征收补偿利益无法协商一致，张某1向法院提起诉讼，请求依法分割。

裁判摘要：法院认为：征收公有居住房屋的，公有房屋承租人所得的货币补偿款归公有房屋承租人及其共同居住人共有。本案综合各方面因素，并结合相关规定，认定原告张某1有权对涉讼房屋的征收补偿款主张权利，理由如下：一、张某1作为知青子女户籍迁入涉讼时尚未成年，张某2的父亲(此时的承租人)

承诺：自愿为张某1提供住宿条件，承担生活管理和教育的责任，故张某1在户籍迁入涉讼房屋后即取得了涉讼房屋的居住权。嗣后张某1户口虽因参军一度迁出涉讼房屋，但并不影响张某1的居住权。二、张某1在上海市某室房屋属于夫妻、张某1父母4人共同共有，且来源于买卖，并不属于福利性质取得的房屋，张某1现居住的房屋亦是向案外人所借。张某2变更承租人时承诺“保证共同居住人的居住权”，且2007年后该房屋被出租给他人，张某1根本无法居住在内，房屋征收事务所在核定人口时亦未将张某1拟出。三、虽然补偿安置协议中约定由张某2负责安置涉讼房屋内的实际使用人或同住人，但这并不意味着张某2可以对房屋征收补偿款的分割比例有决定权，张某2在选择货币补偿时应当充分考虑到自己和其母李某的居住状况和经济状况。房屋征收补偿款的分割应遵循一人一份、均等分割的原则，故法院认为房屋价值补偿款、自行购房补贴应由原、被告均等分割。

案例评析：本案中张某1属于按照政策回沪的知青子女，后期户口变动不影响其同住人的认定，因此张某1符合同住人资格。张某2和李某户口在被征收房屋内，他处无房符合同住人的资格。因此各方均属于被征收房屋的权利人，有权分配征收补偿利益。

那么，征收补偿利益在同住人与承租人之间如何分配？

（一）征收补偿款在承租人和同住人之间属于共同共有。根据《征收细则》第四十四条：“征收居住房屋的，公有房屋承租人所得的货币补偿款、产权调换房屋归公有房屋承租人及其共同居住人共有。”根据《民法典》物权篇中共有的规定，无论该共有属于共同共有或者按份共有（约定份额的除外），在共有分割时一般坚持以均等分割为原则。

（二）根据《高院解答》的相关规定：“征收补偿款在承租人、同住人之间，一般遵循一人一份、均等分割的原则”，公房的产权属于物业单位，承租人和同住人对公有房屋并无所有权，仅有居住使用权。承租人是所有同住人共同推选出的代表，同住人和承租人对公有房屋享有同等的居住使用权。因此房屋征收补偿款在承租人和同住人之间原则上是均等分割。长宁法院有一则案例，对该原则的表达更为清晰：“公房虽由一名同住人作为代表担任承租人，其他同住人与承租人享有相同的权利，承租人、同住人均应作为安置对象，在征收安置补偿中一般应享有相同的权利，原告方有权要求均分涉讼房屋的征收补偿利益。”

实战策略：

审判实务中，均等分割原则一般与公平合理原则综合适用。根据《高院解答》的相关规定，法院在坚持均等分割原则的同时，可以对以下三种情况酌情多分：1. 承租人或同住人属于年老体弱，缺乏经济来源，且按均分所得的补偿款，无法购得房屋保证其正常生活的；2. 承租人或同住人在取得公房承租权时额外支付过较多款项的；3. 对公房内居住的未成年人实际承担监护义务的。司法实践中，法院酌情多分的因素较多，除了以上情况外，还包括房屋来源、房屋性质、实际居住状况、户籍迁移情况、当事人曾经获得的福利分房、房屋征收人安置等。均等分割原则体现法律的公正性，而公平合理原则体现法律的公平性。绝大多数案例，法院都是综合考虑均等分割原则和公平原则，比如（2020）沪 01 民终 480 号案例："公有居住房屋的征收补偿款，在承租人和同住人之间，一般遵循一人一份、均等分割的原则，并结合家庭成员具体情况，按照公平合理原则予以处理。"

需要指出的是：私有房屋被征收时，征收补偿款分割同样是坚持均等分割。私有房屋的征收补偿款，属于产权人之间均等分割，或者继承人之间均等继承，但是曾约定产权份额、有遗嘱或者家庭内部协议的除外。

41. 公房征收补偿利益分配原则之保护老年人利益原则

焦点问题：老年人是公房的承租人或者同住人时，如何保护老年人的合法权益？

要点分析：根据《老年人权益保障法》规定，国家保障老年人依法享有的权益。征收补偿利益分配案件中主要体现在保护老年人的居住权、财产权和受赡养的权利。共有纠纷案件中，依据保护老年人权益的原则，会综合老年人的经济情况、身体状况、居住条件以及受赡养的情况，给老年人酌情多分。

案情介绍：（2020）沪 0101 民初 9051 号

原告：周某喜。

被告：周某、陈某怡。

被征收房屋位于上海市黄浦区松雪街，房屋性质为公房，承租人为周某喜，征收时户籍在册人员共 3 人，周某喜一户一人，周某一户两人，周某喜与周某系父子关系，周某与陈某怡系夫妻关系。周某喜、周某自 1993 年间迁入系争房屋，陈某怡在 2003 年间迁入系争房屋，周某、陈某怡 2 人婚后未在系争房屋内实际生活。2018 年 8 月，系争房屋被政府征收，周某喜委托周某与房屋征收实施单位签订征收补偿协议，共获得 1 套安置房屋和部分货币补偿款。2019 年 1 月，征收单位向周某喜发放了征收房屋补偿款，2019 年 4 月，有周某喜签名的选购安置房屋产权人、使用人确认书，确认青浦区乐爱路房屋由陈某怡认购。2020 年周某喜认为周某擅自将房屋产权调换获得的上海市乐爱路房屋的预购登记人仅登记为陈某怡 1 人，又通过哄骗方式将发放给其本人的征收补偿款全部转至周某个人银行账户。遂向法院提起诉讼，请求分割征收补偿利益。

裁判摘要：法院认为：公有房屋承租人以征收决定作出之日合法有效的租用公房凭证计户，按户进行补偿。公有房屋承租人所取得的征收补偿款，归公有房屋承租人及其共同居住人共有。周某喜对系争房屋来源有贡献，留存于银行的转款信息由周某喜账户转至周某名下，尤其向周某的大额转款交易中周某喜没有明确的意思表示，周某抗辩转入其名下即为赠与的实体处分与事实不符，而双方对于征收补偿未进行分割，其转款的大额款项不足以作为认定处分依据，周某喜的说法更具有合理性，为保护老年人的合法权益，周某的抗辩意见不予采信。周某喜为系争房屋之承租人，依法享有房屋征收利益，周某、陈某怡夫妇婚后未在系争房屋内实际生活，因周某喜愿按一半的征收利益予以分享，故判决周某、陈某怡应支付周某喜系争房屋征收补偿款，并协助周某喜办理房屋权属变更手续。

案例评析：本案中周某喜作为房屋的承租人、实际居住人、原始受配人，同时是周某的父亲，也是一位需要被赡养的老人。周某喜居住的房屋被征收过程中，周某喜因为行动不便，委托儿子周某办理征收事宜，被征收房屋共获得产权调换房屋一套和部分货币补偿款。该案诉讼至法院后，存在以下几点影响法院判决的事实：周某未经父亲周某喜同意，擅自处分产权调换房屋属于对周某喜合法权益的侵害；根据共有纠纷的裁判规则，陈某怡因未实际居住不符合同住人条件；周某对周某喜有法定的赡养义务，双方矛盾无法调和，日后周某对周某喜履行赡养义务难度较大。因此法院最终并未采纳周某赠与的法律观点，而更倾向于保护老年人的合法权益，判决周某败诉。

本案的焦点在于周某获得的征收补偿款是否属于赠与。根据《民法典》第657条规定：赠与人将自己的财产无偿给予受赠人，受赠人表示接受赠与的合同。在双方当事人之间有财产转移的行为时，又无其他书面材料证明转移财产的目的时，判定双方之间是否属于赠与法律关系时存在很多难点。一般法院根据双方当事人之间的亲属关系、财产经济状况、数额大小以及其他具有特殊时间、特殊地点、特殊金额的综合情况判定。

实战策略：征收利益分配案件与其他类型的纠纷不同，没有完整统一的法律法规，虽然上海高院经常会出台一些政策文件，但是很难做到公平公正地适用于每一个案件。此时，诸如保护老年人权益的法律原则适用的范围更广，以保障老年人的居住权、财产权和受赡养的权利。

征收案件审理中，与保护老年人的利益相结合原则是保护弱势群体的原则。从既往的庭审经验中能清晰地感知，法院对弱势群体的照顾是为了平衡该户征收利益的整体公正。因此，在办理征收利益分配案件，充分理解、运用法律原则和法理对承办案件更加有利。

42. 征收补偿利益分割原则之保护实际居住人原则

焦点问题：征收补偿利益分割案件中，如何保护被征收房屋内的实际居住人？

要点分析：房屋征收的目的在于解决被征居民的居住困难，改善居民的居住条件。保护实际居住人原则，一般体现在实际居住人可以分割因居住而补贴的费用；实际居住人可以优先获得房屋安置的权利。

案情介绍：(2020)沪0109民初24242号

原告：俞某某、王某。

被告：秦某1、秦2。

被征收房屋位于上海市虹口区安国路×××-×××号(以下简称系争房屋)，房屋性质为公房，承租人原系陈某某(俞某某之母，2016年报死亡)，后在动迁中变更为秦某1。征收时户口在册人员有4人，分别是俞某某母女2人，秦某1父子2人，俞某某与秦某1的配偶是姐妹关系，王某是俞某某之女，秦2是秦某1之子。1993年陈某某以惠民路房屋交换取得安国路106号公房，俞某某作为成年同住人在换房征求意见表上签字并盖章，1993年秦某1购买取得安国路108号公房，同年106号房屋与108号房屋并户为系争房屋，租赁户名陈某某。1993年陈某某、俞某某、秦某1、秦2四人的户籍迁入系争房屋，王某的户籍于1997年报出生在系争房屋。1995年系争房屋进行了居改非，陈某某与秦某1家居住到秦某1母亲名下承租的舟山路公房，1997年秦某1在系争房屋内注册成立了个体工商户，系争房屋由秦某1自行经营使用或者对外出租经营至今。1991年俞某某结婚，其配偶名下承租有江浦路×××号公房，2014年俞某某配偶去世，承租人变更为俞某某。另案生效判决确定，俞某某、秦2、秦某1对系争房屋享有使用权，王某对系争房屋无使用权。2020年秦某1代表该户与征收单位签订征收补偿协议，并选择全货币补偿，因该户对征收利益无法协商一致，2020年俞某某、王某诉至法院，要求分割征收利益。

裁判摘要：

法院认为，根据《上海市国有土地上房屋征收与补偿实施细则》的规定，征收居住房屋的，公有房屋承租人所得的货币补偿款、产权调换房屋归公有房屋承租人及其共同居住人共有。本案中，已有生效判决确定俞某某、秦2、秦某1对系争房屋有使用权，而王某对该房屋无使用权，则征收利益应由上述三个权利人取得并分割。108室房屋系秦某1通过购买取得，与此相关的利益应由其获得，系争房屋由秦某1长期实际占有使用用作开店经营，故因房屋经营性质而增加的利益以及与实际占有使用相关的奖励补贴均应由其取得。俞某某婚后，其配偶的住房可供居住，而系争房屋用于经营并不具备可供居住的条件，对其在此长期居住的主张难以采信。综合考量系争房屋的来源、各方对房屋的贡献、各方居住状况、房屋经营情况的因素等，酌情确定份额。

案例评析：公房征收补偿利益归承租人和同住人共同共有，私房的征收补偿利益归产权人所有。实际居住的承租人、同住人和产权人因居住的房屋被征收时，征收部门和司法部门出台各种政策以保护其居住利益。本案中秦某1对被征收房屋长期实际使用，从事商业经营，法院将与实际占有使用相关的奖励补贴均判决给秦某1。征收实务中，保护实际居住人原则体现在哪些方面？

（一）实际居住人或者使用人可以分割因居住而补贴的款项。根据《高院解答》规定："搬家补偿费、设备迁移费、临时安家补助费，应归确因拆迁而搬家、设备迁移和临时过渡的承租人、同住人等。奖励费和一次性补偿费，一般应当由拆迁时在被拆迁房屋内实际居住的人之间予以分割。设备搬迁和安装费用、无法恢复使用的设备按重置价结合成新结算的费用，应归设备所有人。因拆迁造成停产、停业损失的补偿归遭受实际损失的经营人。”而私房中房屋的实际使用人可以要求产权人进行安置。根据《细则》第四十四条规定：“征收居住房屋的，被征收人取得货币补偿款、产权调换房屋后，应当负责安置房屋使用人。”同时私房中，实际居住产权人，也可以分得因居住而补贴的费用，比如案例(2021)沪 0101 民初 12198 号判决：“孙某兴既属于房屋产权人也是房屋的实际居住人，可以分得一次性搬迁奖励费、装饰装潢补贴等。”

（二）实际居住人可以优先获得房屋安置。房屋征收补偿的目的之一在于解决被征收房屋内的居住困难问题，应在解决实际居住人征收后的居住困难之后，再酌情分配部分征收补偿款给其他权利人。上海高院也认为，在安置补偿对象人数较多，但可以分割或者购买的安置房数量有限的情况下，实际居住人有权优先购买安置房。2011 年《动迁新政后动迁安置补偿款分割纠纷研讨会综述》中，多数意见认为安置房应优先用于保障在被征收房屋内实际居住的被安置人。以及私房安置过程中，根据 2011 年《上海高院关于动迁新政后动迁安置补偿款分割纠纷研讨会综述》观点，多数意见认为：非居住共有产权人可要求全部分割。理由是这三部分补偿均是对被拆房屋价值的补偿，只是表现形式不同，故可以要求进行相应份额的分割。但分割后剩余的补偿款，应当能够保障其余居住人基本的居住安置要求，否则应优先保障居住安置需求，然后再要求分割。

实战策略：

司法实践中，保护实际居住人的原则适用较为广泛，但实际居住人需要满足公房承租人或者同住人条件，或者是私房的产权人。若非房屋的被安置人，则无法获得保障的诉讼基础，也不属于征收补偿利益分割诉讼的当事人。

上海市房屋征收补偿利益分割方式方法一直在调整，以往的很多政策在实际裁判过程中已作修改。比如 2011 年《上海高院关于动迁新政后动迁安置补偿款分割纠纷研讨会综述》中关于私房征收补偿利益分配方法：“非居住共有产权人只能分割被征收房屋的‘三块砖头’部分，甚至少数观点认为只能分割‘第一块砖’评估价格。”但目前的裁判观点，已不再区分居住产权人和非居住产权人，除与实际居住有关的奖励费由实际居住人分得外，其他款项均由产权人分得。因此，征收实务律师，需要密切关注法院裁判规则以及征收政策，给客户最新的政策解答。

43. 征收补偿利益分割的基本方法

焦点问题：公房征收补偿利益分割案件中，征收补偿利益在承租人和同住人之间如何分割？各类奖励补贴应当如何分配？哪些征收补偿利益属于特殊人员所有？

要点分析：首先，征收补偿利益分割应当坚持四大基本原则：均等分割原则、公平合理原则、保护实际居住人原则和保护老年人原则；其次，具体的分割的方法为：与房屋价值有关的征收补偿利益在承租人和同住人、同住人和同住人之间坚持“一人一份”均等分割的原则，与实际居住有关的补偿利益由符合同住人条件的实际居住人获得；最后，专属款项由特定人员获得。

案情介绍：(2019)沪 02 民终 4452 号

上诉人(原审被告)：张某光、何某芬、张某琦、林某怡、林某言。

被上诉人(原审原告)：张某帮、崔某华、张某玲、丁某冬。

被征收房屋位于上海市黄浦区西马街(以下简称系争房屋)，房屋性质为公房，承租人系张某光。原承租人为吴某贞，系张某帮、张某光的母亲，2006 年 5 月吴某贞去世，2006 年 7 月承租人变更为张某光，更改租赁户名申请书上有张某光、何某芬、张某琦、张某玲的签名。征收时户口在册人数有 9 人，分别是张某光一家 5 人，张某帮一家 4 人，张某光与张某帮系兄弟关系，何某芬系张某光的妻子，张某琦系张某光的女儿，林某怡系张某琦的丈夫，林某言系张某琦的儿子，崔某华系张某帮的妻子，张某玲系张某帮的女儿，丁某冬系张某玲的儿子。

张某光的户籍于 1950 年报出生在系争房屋，何某芬的户籍于 1987 年从江西省迁入系争房屋，张某琦的户籍于 1987 年报出生在系争房屋，林某怡的户籍于 2016 年从凌兆路迁入系争房屋，林某言的户籍于 2008 年报出生在系争房屋。张某帮、崔某华的户籍均于 2007 年从四川省迁入系争房屋，张某玲的户籍于 2000 年从四川省迁入系争房屋，丁某冬的户籍于 2015 年报出生在系争房屋。张某光等提供的证人证言证明：张某光、何某芬在系争房屋居住至动迁时为止，张某琦、林某言亦居住在系争房屋内，林某怡偶尔回来照顾老人。张某帮在系争房屋居住过，结婚后搬出，崔某华、张某玲、丁某冬未在系争房屋居住过。系争房屋面积很小，最多仅能住四至五人。

2001 年人民路公房动迁，林某怡作为安置人员享受动迁福利政策，2013 年林某怡、张某琦通过买卖取得丽园路×××室公寓的所有权，2015 年林某怡通过购买取得上海市凌兆路×××室公有房屋所有权。1990 年张某玲的公公购买东书房路×××号私房，2005 年该私房动迁置换成板泉路房屋，2007 年张某玲及其配偶取得板泉路房屋所有权。

2017 年张某光代表该户与征收单位签订征收补偿协议，并选择全货币补偿。因该户对征收补偿利益无法协商一致，2019 年张某帮、崔某华、张某玲、丁某冬诉至法院要求分割征收利益。

裁判摘要：

法院认为，同住人是指在拆迁许可证核发之日，在被拆迁居住房屋处有本市常住户口，已实际居住一年以上，且本市无其他住房或者虽有其他住房但居住困难的人。他处房屋的性质，仅限于福利性质取得的房屋。他处虽有住房但居住困难的情况，是指在他处房屋内人均居住面积不足法定最低标准的情况。

庭审中，双方对张某光、何某芬、张某琦、林某言的同住人身份均无异议，林某怡于 2001 年在人民路房屋拆迁中享受过货币安置，无证据证明其居住仍属困难，故林某怡不属于本案同住人。

张某玲作为回沪知青，其户口迁入符合政策规定，张某光等未能提供证据证明张某玲放弃在系争房屋的居住权。张某玲名下板泉路房屋系拆迁私房所得，不属于福利性质，板泉路房屋来源于东书房路×××号房屋拆迁，而该被拆迁的房屋系张某玲的公公丁某某于 1990 年购买取得的私房，尽管丁某某购买时其工作单位有过部分出资，但此出资系对丁某某的福利补偿，丁某某死亡后该私房拆迁事宜由儿子的配偶张某玲处置。故上诉人据此要求确认张某玲享受过福利分房并排除张某玲在系争房屋内同住人资格尚缺乏合法有效的事实依据。张某光变更成为系争房屋承租人时，张某玲在更改租赁户名申请书中盖章签名，该份申请书实质上承诺了张某光成为承租人后将保证所有户籍在册同住人包括张某玲的利益。根据政策规定，知青退休后投靠子女的可将户籍迁入上海市，张某帮、崔某华户口迁入符合政策规定并经户主张某光同意，张某光等主张张某帮、崔某华等户口迁入后未实际居住，鉴于系争房屋面积较小且张某光等提供的证人证言证明张某光、何某芬、张某琦、林某言均实际居住在内，林某怡亦偶尔居住，故系争房屋属住房狭小致张某帮等无法实际入住。综上，法院认定张某光、何某芬、张某琦、林某言、张某帮、崔某华、张某玲、丁某冬是系争房屋的同住人。鉴于本案中张某帮、崔某华户籍迁入时承租人为张某光，张某光系基于兄弟亲情因素同意张某帮、崔某华户籍迁入系争房屋，故张某帮、崔某华的份额应区别于其他同住人。系争房屋所得征收利益中家用设施移装费、搬迁费、临时安置费等应归征收时房屋实际居住人所有，搭建补贴鉴于双方当事人均未向法庭提供证据证明由谁搭建，故法院确认搭建补贴属于同住人共有。综合考虑系争房屋的来源、承租关系的变更、户籍迁入的历史缘由、户籍迁入的时间长短、系争房屋的实际居住情况等，结合系争房屋征收时由张某光等实际居住等情况，遵循公平合理的原则，酌情判决征收补偿利益分配办法。

案例评析：公房征收补偿利益归承租人和同住人共同共有，有协议的按照协议。本案中，张某光作为承租人有权分割征收补偿利益，其他在册户口人根据同住人的条件审核确认，法院共确认何某芬、张某琦、林某言、张某帮、崔某华、张某玲、丁某冬符合同住人条件，有权分割系争房屋的征收补偿利益。那么，一般情况下公房的征收补偿利益主要包含哪些内容？征收补偿利益在承租人和同住人之间应当如何分配？

（一）公房征收补偿利益主要包含的内容。房屋征收补偿利益主要分为两部分：房屋价值补偿和房屋各项奖励费补贴。根据《实施细则》第二十七条规定，征收居住房屋的，应当根据不同情况，按照本细则规定给予被征收人、公有房屋承租人以下补偿、补助：(1)被征收房屋的房地产市场评估价格；(2)价格补贴；(3)特定房屋类型的套型面积补贴；(4)居住困难户的保障补贴；(5)搬迁费和临时安置费。

对按期签约、搬迁的被征收人、公有房屋承租人，房屋征收部门应当给予奖励，具体奖励标准由各区(县)人民政府制定。

房屋的价值补偿主要包括：(1)被征收房屋的房地产市场评估价格；(2)价格补贴；(3)特定房屋类型的套型面积补贴；(4)居住困难户的保障补贴；(5)非居住停产停业补偿；(6)非居住价值补偿。

房屋各项奖励费补贴(各区的具体明细不同，以黄浦区为例)：(1)签约奖励费;(2)家用设施移装费;(3)搬迁费;(4)临时安置费;(5)不予认定建筑面积材料费;(6)搭建补贴;(7)搬迁奖励费;(8)均衡实物安置补贴(不选房补贴)。

(二)公房征收补偿利益具体分割方法。

(1)坚持征收补偿利益分割的四大基本原则:均等分割原则、公平合理原则、保护实际居住人原则和保护老年人原则。根据《高院解答》第九项问答,公有居住房屋拆迁补偿款,在承租人、同住人之间如何分配?答:承租人、同住人之间,一般遵循一人一份、均等分割的原则取得拆迁补偿款。但有以下情况之一的人,可以酌情多分:承租人或同住人属于年老体弱,缺乏经济来源,且按均分所得的补偿款,无法购得房屋保证其正常生活的;承租人或同住人在取得公房承租权时额外支付过较多款项的;对公房内居住的未成年人实际承担监护义务的。

(2)征收补偿利益分割的具体方法。房屋价值补偿根据承租人和同住人之间、同住人和同住人之间均等分割的原则予以分配;各项奖励费根据高院文件予以分割。根据《高院解答》第十项问答,搬家补偿费、设备迁移费、临时安家补助费,应归确因拆迁而搬家、设备迁移和临时过渡的承租人、同住人等。奖励费和一次性补偿费,一般应当由拆迁时在被拆迁房屋内实际居住的人之间予以分割。设备搬迁和安装费用、无法恢复使用的设备按重置价结合成新结算的费用,应归设备所有人。因拆迁造成停产、停业损失的补偿归遭受实际损失的经营人。

(3)专属费用归专属人员所得。根据征收实践,征收部门根据公房在册户口人或者相关人员申请,符合特定条件的可以获得相应的款项,包括:高龄补贴、知青补贴、大病补贴、特殊困难补贴、残疾补贴等,该项费用为专属费用,属于特定人员。无论该部分人员是否符合承租人或同住人条件,均可获得。

实战策略:

房屋征收补偿利益分割案件中,尚未出台统一适用的法律法规,且个案之间均有不同,因此主审法官的自由裁量权较大。本文所介绍的分割原则和方法是根据高院文件以及大量案例总结而成,应属于通说观点。但司法实践中,法官自由裁量过大,突破政策文件和以往判例的习惯,往往会造成法律适用的不确定性,进而引起更多的矛盾和诉讼。因此,针对征收补偿利益分割的民事案件,更多的法律从业人员都希望司法机关能出台相对统一、公平合理的规章文件,尽量避免法律不统一适用的情形。

44. “老出租”房屋被征收时，征收补偿利益如何分割?

焦点问题:“老出租”房屋是什么？这类房屋被征收时，征收补偿利益应当如何分配?

要点分析:根据《实施细则》规定:“老出租”是指执行政府规定租金标准的私有出租居住房屋。该类房屋的征收补偿利益分配参考公房同住人和承租人分配规则，由承租人和符合同住人资格的人共同享有。

案情介绍:(2020)沪 02 民终 3815 号

上诉人(原审原告):龚某 1、许某、龚某 2。

上诉人(原审被告):龚某 3。

被上诉人(原审被告):龚某、龚某 4。

原审被告:王某 1、王某、方某、吴某。

原审第三人:上海市闸北第一房屋征收服务事务所有限公司。

被征收房屋位于上海市静安区东宝兴路某号，房屋性质为私房，产权人为龚某福。被征收房屋为执行政府租金标准的私有出租房屋(又称“老出租”)，房屋类型旧里，出租部分的承租人为龚某 3，龚某宝(2000 年死亡)有五个子女，分别是:龚某兴、龚某 3、龚某 4、龚某隆、龚某生。龚某 1 系龚某兴之子，龚某系龚某隆之子。系争房屋征收时共有 4 户人家分别是:龚某 1 户(配偶:许某，子女:龚某 2)、龚某 3 户、龚某户，龚某 4 户(配偶:王某 1，子女:王某，王某的子女:方某、吴某)，除许某之外，其余当事人户籍均在系争房屋内。系争房屋为龚某宝之弟龚某福所有，初始由龚某宝夫妇携五子女居住，后龚某宝夫妇及子女(龚某 3 除外)因支内、结婚等因素陆续搬出后，龚某 3 在 20 世纪 90 年代取得福利分房后迁出，后龚某福要求龚某 3 返还房屋未果。龚某宝回沪后在系争房屋内居住，期间龚某 4 在系争房屋中予以照顾;龚某读大学期间在系争房屋内居住直至大学毕业出国居住，2006 年取得澳大利亚永久居留权;龚某 1 因读书及工作原因亦在系争房屋内居住过。1999 年龚某 3 购买了上海市虹口区欧阳路某号福利公房的产权。2003 年龚某 4、王某 1、王某在本市陆丰路某号房屋(系王某 1 父亲私房)享受过动迁福利。2018 年系争房屋被征收，龚某 3 代表该户与征收部门签订征收补偿协议，并选择货币补偿(系争房屋所有权人龚某福的补偿利益系单独结算)。因4户对征收补偿利益无法协商一致,2019年龚某1户向法院起诉要求分割系争房屋的征收补偿利益,由龚某3向其支付征收补偿款400万元。

注意:本文只讨论出租部分的征收补偿利益的分配规则。对于私房征收补偿利益的分配本文不做阐述。

裁判摘要:

法院认为:房屋征收补偿利益的分配应该符合政策与法律规定。房屋的同住人是指在作出房屋征收决定时,在被征收房屋处具有常住户口,并实际居住生活一年以上,且本市无其他住房或者虽有其他住房但居住困难的人。

一、关于本案同住人的认定,系争房屋系龚某福所有,龚某宝一家借住使用,户籍亦一并迁入在册,故征收时参照老出租房屋予以补偿。(一)龚某1户同住人的认定如下:龚某1自2001年户籍迁入系争房屋后,曾在内居住且在本市无其他住房,属于同住人;龚某2为未成年人,不属于同住人,但对其实际承担监护义务的龚某1可以适当多分;许某在本市并无常住户口,婚后仅在寒暑假时随龚某1回沪在系争房屋内居住,至房屋征收决定作出之日未在系争房屋内居住满五年,不符合同住人的认定条件,不应当在本次征收中享受征收利益。(二)龚某3户同住人的认定如下:虽当事人祖辈居住于系争房屋内,但系争房屋属案外人所有,系争房屋性质也不等同于公有住房,故不能认定龚某3为传统意义上的承租人,且龚某3现居住的房屋系计划经济下取得的福利分房且已按公房出售政策购买后取得产权,故龚某3不符合同住人的条件也不能当然享受承租人的利益,但因龚某3在取得福利分房前在系争房屋内实际居住长达数十年,并对房屋予以长期维护,对系争房屋维持老出租的状态作出了贡献,这应当在本次征收利益的最终分配上有所体现。(三)龚某户同住人的认定如下:龚某自1997年户籍迁入系争房屋后,曾在内居住且在本市无其他住房,属于同住人。(四)龚某4户同住人的认定如下:陆丰路某号房屋系王某1之父所有,鉴于该房屋拆迁之时其父亲已去世,在龚某4、王某1婚姻关系存续期间依法可继承陆丰路房屋的部分权利,作为私有房屋权利人通过拆迁取得的房屋对价亦不能等同于公房被拆迁后所得的房屋货币补偿款、设备迁移费、搬家补助费等利益,但王某1并未在本案系争房屋内形成长期稳定的居住关系,故其不应被认定为系争房屋的同住人,而龚某4曾在内居住,可认定为同住人;同理,王某并非陆丰路房屋的权利人,陆丰路房屋拆迁时其享受的权利,应认定为其已享受福利分房,故王某不应被认定为系争房屋的同住人;方某及吴某为未成年人,不属于同住人,在对两人实际承担监护义务的王某无法享受征收利益时,两人亦不能取得系争房屋的征收利益。

二、关于征收补偿利益的分配原则。征收补偿利益的分配过程中,基于每个家庭成员的长幼次序、经济地位、居住条件、户籍状况各有不同,故对每一户的补偿利益分配应该结合该户的实际情况而定,实行绝对的平均分配或显著失衡的不平均分配都将违反民事活动等价有偿、公平合理的基本原则。因此,法院将根据客观情况对征收补偿利益进行酌情分配,分配的原则是既贯彻居住困难保障补贴的原则,使个体至少获得最低限度的居住保障,又遵循公平合理原则;此外,综合考虑各方当事人实际居住情况、对系争房屋来源的原始贡献、人身关系、经济情况以及生活基础等方面,法院酌定龚某1应得征收补偿款255万元;龚某4应得征收补偿款190万元;龚某应得征收补偿款160万元;龚某3应得征收补偿款110万元。

案例评析:本案中被征收房屋属于执行政府规定租金标准的私有出租居住房屋(又称"老出租"),该类房屋是特殊历史背景下产生的,有政策限制的特性。该类房屋的权利人虽属于自然人,但不同于市场行为的租赁关系。该类房屋的承租人与公房的承租人的权利基本一致。

(一)"老出租"是什么样的房屋?根据上海市的政策文件,"老出租"是指执行政府规定租金标准的私有出租居住房屋,包括由房屋行政管理部门代理经租的私有居住房屋、落实私房政策后由房屋行政管理部门代为经租的居住房屋,以及1983年12月17日《城市私有房屋管理条例》实施前已经建立租赁关系,执行政府规定租金标准,且租赁关系延续至今的私有出租居住房屋。征收执行政府规定租金标准的私有出租居住房屋,区(县)房屋征收部门应当以被征收人、房屋承租人提供的下列材料作为认定依据:(1)当时的房屋租赁协议;(2)租金交纳证明;(3)1983年12月17日前,已有承租人户口报在被征收房屋内的证明。

(二)"老出租"房屋被征收后,征收补偿利益如何分配?根据目前的征收补偿政策,"老出租"产权与居住权完全分离,征收部门与产权人和承租人分别签订征收补偿协议,分开补偿。"老出租"的征收补偿利益分割纠纷,参考公房分割办法。

实战策略：

霍布斯曾说：法律的生命不在于逻辑，而在于经验。

通过大量的办案经验可知，“老出租”房屋属于政策性限制类房屋，该类房屋的存在具有合理性，但不合法。关于“老出租”的政策，在本质上违法了上位法，属于地方性政策对所有权人的限制，应属无效。根据《民法典》第114条规定，民事主体依法享有物权。物权是权利人依法对特定的物享有直接支配和排他的权利，包括所有权、用益物权和担保物权。首先，“老出租”的出租人对该类房屋享有所有权，但所有权人确因政策性“租赁关系”无法获得完整的所有权。其次，该政策性“租赁关系”有三大特性：无限期、租金低、无法解除，均违反上位法的规定。根据《民法典》第707条规定，租赁期限六个月以上的，应当采用书面形式。当事人未采用书面形式，无法确定租赁期限的，视为不定期租赁。第730条，当事人对租赁期限没有约定或者约定不明确，视为不定期租赁；当事人可以随时解除合同，第705条规定，租赁期限不得超过二十年。超过二十年的，超过部分无效。因此，“老出租”的产权人依据《民法典》可以解除租赁合同，请求居住人搬离房屋。但司法实践中，该类诉讼大多数以产权人败诉而结案，即使部分权利人获得法院胜诉判决，一般也很难执行。

45. 自购公房的征收补偿利益如何分配？

焦点问题：通过市场买卖取得的使用权房被征收时，谁有权分割该类房屋的征收补偿利益？

要点分析：根据《高院解答》规定，通过市场买卖取得的使用权公有居住房屋被拆迁后，所得到的货币补偿款，一般应归出资人所有。

案情介绍：(2018)沪0109民初24475号

原告：王某某、刘某1。

被告：刘某2、虞某1、虞某2。

第三人：刘某3、马某某。

被征收房屋位于上海市虹口区青云路×××号(以下简称系争房屋)，房屋性质为公房，2005年马某某向原承租人购买了公房使用权，承租人登记为刘某

2。刘某 1、刘某 2、刘某 3 是兄弟姐妹关系，均为王某某、刘某 4 夫妇的子女，刘某 2 与虞某 1 是夫妻关系，虞某 2 是二人之子，马某某是刘某 3 的男友。房屋购买后，王某某、刘某 1、刘某 2、虞某 1、虞某 2 五人的户籍陆续迁入系争房屋，系争房屋实际由王某某、刘某 1、刘某 3 和马某某居住，2014 年后王某某、刘某 3 和马某某因家庭矛盾从系争房屋搬走。刘某 2、虞某 1、虞某 2 三人曾从单位增配获得彭浦新村的公房，后买为售后公房并出售，购买了银杏路的商品房居住，后又置换芷江中路商品房居住，2001 年刘某 2、虞某 1、虞某 2 在光复西路私房动迁中作为安置对象获得了货币安置。

刘某 4 名下有一套凉城路售后公房，2003 年 4 月 29 日刘某 4 报死亡，而凉城路房屋于 2003 年 8 月 10 日以刘某 4 的名义被出售。2018 年刘某 2 与征收单位签订征收补偿协议，并选择全货币补偿，因该户对征收补偿利益无法协商一致，2018 年刘某 2、虞某 1、虞某 2 诉至法院，要求分割征收利益。

裁判摘要：

本院认为，根据《实施细则》的规定，征收居住房屋的，被征收人取得货币补偿款、产权调换房屋后，应当负责安置房屋使用人，公有房屋承租人所得的货币补偿款、产权调换房屋归公有房屋承租人及其共同居住人共有。系争房屋虽系公有住房，但并非由国家或单位分配所得，而是当事人从市场上购买取得，故相关征收利益不仅属于承租人和同住人享有，也应由出资人参与分配。根据证据显示，马某某取出银行存款 15 万元与出售方存入 15 万元在时间、地点上完全吻合，可认定购房款系由马某某出资。刘某 2 辩称购房款系当事人出售凉城路房屋所得的房款，但时间上无法对应，也无证据可以证明，无法采信。马某某与刘某 2 并无亲属关系，显然无理由将购得的房屋权益赠与刘某 2，结合房屋购买后的实际居住情况，可认为马某某购买该房屋使用权主要系用于帮助解决女友刘某 3 及其亲人王某某、刘某 1 的居住问题。然承租人登记时却使用了刘某 2 的名义，对此原告和第三人无法给出令人信服的理由，也无法提供充分证据证明其说辞。刘某 2 辩称因刘某 1、刘某 3 擅自出售了刘某 4 名下的凉城路房屋，侵犯了刘某 2 对该房屋的权利，故家庭协商决定以刘某 2 为系争房屋承租人，将该房屋权利作为对其的补偿，鉴于凉城路房屋的出售情况确有异常，该解释较之对方的主张更具有说服力。但以刘某 2 对凉城路房屋的产权继承份额而言，就算存在补偿其该房屋权益的因素，按常理也不应将系争房屋权利完全归属其一人，故采纳部分抗辩理由，认定当事人的真实意思是将系争房屋的权益由王某某及其子女即整个家庭共享，其中包含了对刘某 2 在凉城路房屋权益的补偿，则征收利益也应由相关当事人取得并分配。

王某某、刘某 1 的户籍均在系争房屋且长期实际居住，属于房屋同住人，应当获得相关安置利益。刘某 2 作为系争房屋的承租人，配合参与征收事宜，也可分得相应的利益，虞某 1、虞某 2 虽将户籍迁入系争房屋，但并未实际居住，且在他处已获得过公房和动迁等住房福利，不符合同住人条件，无权分得征收利益。刘某 3、马某某表示其可得的征收利益均由王某某、刘某 1 取得，彼此不存在纠纷，与法不悖，综合考量系争房屋的来源、对房屋的贡献、居住状况、享受福利分房等因素，酌情确定征收利益。

案例评析：

本案中，马某某实际出资购买系争房屋，承租人登记在刘某 2 名下。关于公房的居住情况以及利益分割情况，双方未签订协议，那么房屋征收补偿利益如何分割？

结合司法审判案例，根据出资比例，房屋的贡献、在册户口、实际居住情况以及他处有房的情况综合判定。首先，自购使用权房与福利分配的公房在法律性质上是一致的，产权与居住权相分离。居民所购买的是房屋的使用权、居住权，无法拥有该房屋的产权。根据《高院解答》第十二项问答，通过市场买卖取得的使用权公有居住房屋被拆迁后，所得到的货币补偿款，一般应归出资人所有。当地政府对该房屋依旧按照《实施细则》的使用权房标准给予补偿。其次，使用权房屋征收补偿利益分割方式，无论是自购使用权房或者单位分配使用权房，都应当按照公房征收补偿利益的分割办法。但是对于自购使用权房还应当参考出资比例。且房屋的出资人可以不受户口、居住和他处有房的限制。根据案例(2018)沪 02 民终 1711 号判决："系争房屋系由叶 2、俞某某在夫妻关系存续期间购买所得，在双方离婚判决中，已经将系争房屋使用权作为夫妻共同财产予以分割，由叶 2 获得系争房屋的使用权。鉴于系争房屋虽系公房，但实际上系购买而来，并且作为夫妻共同财产已经分割完毕，故系争房屋征收补偿款应由叶 2 取得。"

实战策略：

征收补偿利益分割案件中，涉及自购使用权房的情况较多。首先，自购使用权房不属于他处有房，没有福利成分，是买受人支付了市场对价所购买的房屋。买受人对该使用权房具有占有、使用、收益和处分的物权权利，从房屋本质上看，买受人对该使用权房屋具有“所有权”。因此，《高院解答》规定，该类房屋的征收补偿利益归出资人所有；其次，自购使用权房屋被拆迁或者征收的，买受人获得拆迁或者征收安置的，不属于福利性安置。被征收房屋本身就不具有福利性，征收行为可以改变财产形式，其本身并不产生福利，但享受过托底保障等福利性政策的除外；最后，按照售后公房政策将自购使用权房买成产权房屋的，不属于同住人条件中的“他处有房”。买受人已经支付房屋对价，房屋本身并无福利属性，售后公房政策本身并未赋予买受人更多的福利价值。因此涉及自购使用权房的法律问题，需要结合公房性质和产权房性质综合判断。

46. 所有在册户口人均不符合同住人时，征收补偿利益如何分割？

焦点问题：作出征收补偿决定前，被征收公房承租人已经过世，所有在册户口人均不符合同住人的情况下，征收补偿利益如何分割？此时，户口不在册的人员是否有权分割征收补偿利益？

要点分析：如果公房承租人在征收决定作出前已死亡，其余户内人员均不能被认定为共同居住人时，则征收补偿利益可在户内人员之间进行合理分配。此时，户口不在册的人员无权分割征收补偿利益。

案情介绍：(2021)沪02民终10688号

上诉人(原审原告)：罗某。

被上诉人(原审被告)：陈某平。

原审被告：陈某浩。

被征收房屋位于上海市虹口区×××路(以下简称系争房屋)，房屋性质为公房，系争房屋来源于陈某平母亲单位分配，承租人为陈某平的父亲(2006年报死亡)，征收时物业公司指定陈某平为承租人。征收时户口在册人员有3人，陈某平与陈某浩系父子关系，罗某系陈某平的弟媳。陈某平、陈某浩的户籍于1996年从南京市××公司迁入系争房屋，罗某的户籍于2008年从江苏省迁入系争房屋。系争房屋原由陈某平父母实际居住，两人去世后，系争房屋由案外人实际居住。罗某及陈某平因居住条件良好未在系争房屋内实际居住过，陈某浩成年后未实际居住系争房屋。1999 年陈某平通过内销获得×××路商品房一套。1999 年罗某购买×××商品房一套，2011 年置换为×××路×××室。2020 年陈某平与征收单位签订征收补偿协议，并获得安置房一套及部分补偿款，因该户对征收利益无法协商一致，2021 年罗某诉至法院，要求分割征收利益。

裁判摘要：

本院认为，系争房屋被征收时在册户籍为三人，认定该三人是否属于共同居住人，应审查其户籍迁入后的居住情况。罗某的户籍于 2008 年迁入系争房屋，根据其自述，其居住系争房屋至 2000 年另购房屋，据此可认定罗某在其户籍迁入系争房屋后未实际居住，故罗某不属于系争房屋共同居住人。罗某主张其曾实际居住系争房屋，即使其所述属实，结合罗某的自述及其实际购房情况，罗某主张的居住事实也应发生在其户籍迁入之前，此时的居住事实并不会改变对罗某共同居住人认定的结论。陈某平仅系签约代表，其户籍于 1996 年迁入系争房屋，根据其自述其于 1998 年自购房屋后与陈某浩搬出系争房屋，故其认为实际居住系争房屋至 1998 年，对此罗某不予认可，陈某平对其主张也未提供相应证据予以证明，故本院难以认定陈某平属于系争房屋共同居住人。陈某浩成年后未实际居住系争房屋，故亦不属于共同居住人。系争房屋原由陈某平父母居住，两人去世后由案外人实际居住。而查明的事实显示，罗某与陈某平在其户籍迁入系争房屋前后均有自购房屋行为，根据当事人的陈述及查明的事实，罗某及陈某平未居住系争房屋均可能因居住条件等原因在外自行解决，故双方对于系争房屋的依赖程度相当，鉴于各当事人在本案中地位相当，系争房屋因征收所取得的征收补偿利益可由户籍在册的各当事人参与分配。综合系争房屋的来源、当事人的家庭结构、居住状况及征收补偿利益构成等因素酌情确定。

案例评析：公房征收补偿利益归承租人和同住人共同共有。本案中，被征收公房的承租人已于作出征收决定前过世，在册户口人共有三人，且经法院审理认定均不符合同住人。法院认为各方当事人地位相当，系争房屋因征收所取得的征收补偿利益可由户籍在册的各当事人参与分配。司法实践中，征收补偿利益的分配是否有先后顺序？在册户口人均无权分割时，实际居住人是否可以参与分配？

公房征收补偿利益分配的先后顺序。(1)有协议的，按照协议内容分配。家庭成员在征收之前就征收补偿利益的分割以家庭内部协议的方式预先作出约定的，应尊重家庭成员之间的合意，按照协议内容分配，法院不再对该户同住人审核认定。(2)没有协议约定的，征收补偿利益归承租人和同住人共同共有。根据《实施细则》第四十四条规定，征收居住房屋的，被征收人取得货币补偿款、产权调换房屋后，应当负责安置房屋使用人；公有房屋承租人所得的货币补偿款、产权调换房屋归公有房屋承租人及其共同居住人共有。法院应当对该户同住人进行审核认定，符合同住人条件的才可以获得征收补偿利益，不符合条件的，无权分割征收补偿利益。(3)没有协议约定，且作出征收决定前，被征收公房承租人已过世，所有在册户口人均不符合同住人的情况下，征收补偿利益在在册户口人之间合理分配。(4)均不存在前三项规定的情形，且作出征收补偿决定前，该户没有在册户口人的，征收补偿利益由原承租人的继承人依法分得。根据上海市第二中级人民法院公布的观点："房屋承租人在征收决定作出前已死亡，其因不具备主体身份而无从享有征收补偿利益，即征收补偿利益中不存在公房承租人的遗产，故其继承人无权要求参与征收补偿利益分配。仅在被征收的公有居住房屋内，除已故承租人外无其他户籍在册人员的特殊情况下，征收补偿利益可作为公房承租人的遗产由其法定继承人依法继承。"此种情况，户口不在册的人员，即使实际居住也无权分割征收补偿利益。

实战策略：

征收补偿利益分割民事诉讼案件中，在没有家庭分割协议的情况下，首先要确认己方是否符合同住人条件，符合同住人条件的有权分割补偿利益，不符合同住人条件的，一般无权分割征收补偿利益；其次如果己方不符合同住人条件，需要调查取证，确认其他在册户口人是否符合同住人条件，所有在册户口人均不符合同住人条件的，己方也可以分割征收补偿利益。征收补偿利益分割案件较为复杂，特殊情况下，法院会引用各类法律原则裁判案件，以使得案件更加公平合理。

47. 被征收房屋内无户口的，征收补偿利益如何分割？

焦点问题：公房征收补偿利益分割案件中，在征收决定作出前承租人已经过世，且没有其他在册户口人的情况下，征收补偿利益如何分割？

要点分析：征收决定作出前，公房承租人已经死亡，且房屋内没有其他在册户口人的，参考适用法定继承规则，由该公房承租人的继承人依法继承。

案情介绍：(2019)沪 02 民终 5369 号

上诉人(原审被告)：廖某 2。

被上诉人(原审原告)：廖某 1。

被上诉人(原审被告)：罗某(曾用名廖某歌)。

被征收房屋位于上海市昌化路某号亭子间，房屋性质为公房，原承租人系廖某海(1978 年亡)。廖某 2 系廖某海女儿，廖某 1 系廖某海孙子，罗某(曾用名廖某)系廖某海孙子。系争房屋由廖某 1 使用，廖某 2、罗某长期不在系争房屋处居住。2015 年 9 月系争房屋纳入征收范围，彼时系争房屋内无户籍人口。2015 年 12 月廖某 2、廖某 1 代表该户与房屋征收部门签订征收补偿协议，共获得 2 套安置房屋和部分货币补偿。廖某 2 曾因动迁获得上海市北京西路某房屋，廖某 1 因上海市昌化路某号亭子间房屋被征收(与系争房屋同时纳入同一征收范围)，获得相关征收补偿利益。因三户对征收补偿利益无法协商一致，2019 年廖某 2 向法院提起诉讼要求分得系争房屋的征收补偿利益的三分之一，廖某 1 则认为其应分得系争房屋全部征收补偿利益。

裁判摘要：

法院认为，公民、法人的合法民事权益受法律保护，任何组织和个人不得侵犯。本案因系争房屋被征收引起的纠纷，应适用《实施细则》的相关规定，《实施细则》规定：共同居住人是指在作出房屋征收决定时，在被征收房屋处具有常住户口，并实际居住生活一年以上(特殊情况除外)，且本市无其他住房或者虽有其他住房但居住困难的人。本案中，系争房屋被征收之时房屋内并无户籍人口，故系争房屋无共同居住人，系争房屋征收补偿利益应属于原承租人廖某海的遗产。承租人廖某海的继承人为廖某 2(第一顺位)、廖某 1(转继承)、罗某(代位继承)，廖某 1 称对廖某海尽到了主要赡养义务的证据不足，故本案当事人可平均继承本次征收补偿利益。

案例评析：

被征收公房的承租人已经过世，且被征收公房内没有在册人员的。根据征收补偿公平、公开、公正的原则，该类房屋按照政策给予补偿。本案中，在房屋征收补偿开始之时，公房内承租人已经过世，也没有其他在册户口人，法院适用继承规则确定原被告范围，并以法定继承人方法在继承人之间分配。而司法审判中，针对该部分补偿款，法院的审判惯例是怎样的呢？

参照《民法典·继承篇》，承租人的法定继承人可以继承该房屋的征收补偿款。公房虽然不适用于继承，但公房也是房屋承租人辛苦一生的"财产"。由于计划经济制度的特殊背景，无法实现房屋产权私有，但不可否认该公房具有私有财产的属性。根据《上海市房屋租赁条例》及相关司法解释，"承租人死亡后，其生前的同住人在该承租房屋处无本市常住户口或者其生前无同住人的，其生前有本市常住户口的配偶和直系亲属可以继续履行租赁合同"。变更承租人时，参照继承关系，由具有本市常住户口的配偶和直系亲属获得同住人和承租人的权利。因此，法院在判决征收补偿款时，可以参考适用该规定。由承租人的配偶和直系亲属继承该部分征收补偿款，并以均等分割为原则，同时依据继承人对该公房的来源、居住以及他处有房等因素，综合考虑每位继承人可分得的数额。本案中虽然确认该类案件不适用《民法典继承篇》，但实际也是参考使用。否则根据已知案情，本案中当事人应当会追加陈某2女儿王某某。司法审判中，该类观点较为常见，比如2013年虹口法院的一则判例：当公有住房中不存在有户口的同住人时，应按配偶、子女、父母的顺序确定承租人，与第一顺位继承人的范围重叠，调解员在调解中询问继承人情况完全合理。且参考继承原则调解公有住房利益分割的纠纷，也合乎社会对调解家庭纠纷的认知，并无不当之处。本文作者更倾向于该观点，既具有司法操作性，也能体现社会和法治的公平性。

被征收公房内没有承租人和同住人时，因公房不属于遗产，该类纠纷便不适用我国《民法典继承篇》。但从司法程序的可操作性和公平性而言，参考适用继承原则，更加有利于案件审理，也更加方便快捷地解决社会矛盾。

实战策略：

司法实践中，公房征收补偿利益可按下列顺序分割。前顺序存在时，排后顺序不再审查考虑。(1)有协议的，按照协议内容分配；(2)没有协议约定的，征收补偿利益归承租人和同住人共同共有；(3)作出征收补偿决定前，被征收公房承租人已过世，所有在册户口人均不符合同住人的情况下，征收补偿利益由在册户口人之间合理分配；(4)作出征收补偿决定前，承租人已经死亡且没有在册户口人的，征收补偿利益由原承租人的继承人依法分得。

但是司法审判中，以上属于多数法官的观点。我们在司法案例中，同样也看到户口在册人不符合同住人时，法院根据被征收房屋内的来源、户籍迁入迁出演变、实际居住时间、本市拥有住房、对该房屋的贡献等实际情况综合判断，承租人的继承人可以适当分得相应的征收补偿利益。比如(2017)沪02民终3483号判决认为："一审法院认定系争房屋征收时该户内无符合共同居住人条件的人员，符合相关规定。在此基础上，一审法院考虑到征收补偿利益已实际生成，各方当事人对该利益本身不存在异议的客观情况，根据系争房屋的历史来源、相关当事人在系争房屋内的居住时间长短、户籍迁移情况及他处有无住房等实际情况，酌情判定陈素高分别支付张某、陈某珍350,000元，判决尚无不当。"

第六章 未成年人的权利

48. 未成年人是否有权分割被征收房屋的征收补偿利益?

焦点问题:公房征收补偿利益分割案件中,在册户口人属于未成年人的,是否有权分割征收补偿利益?

要点分析:根据《上海市高级人民法院公房居住权纠纷研讨会综述》第二项解答中,在系争房屋内有无户籍不是衡量当事人有无公房居住权益的唯一标准,而应根据实际居住生活年限、他处有无住房等因素综合考虑,予以确认。如果承租人或同住人允许他人将户口迁入系争公房,并允许其在公房内居住,可以视为承租人为代表的公房使用权人同意让渡部分公房使用权,但入住人为未成年人,或双方另有约定的除外。因此,未成年人即使符合同住人条件也无居住权,无权分割征收补偿利益。根据《高院解答》,对在公房内居住的未成年人实际承担监护义务的人,可以就该房屋的拆迁补偿款适当多分。

案情介绍:(2019)沪 02 民终 8300 号

上诉人(原审原告):陈某蕉、张某彤。

上诉人(原审被告):陈某栋、陈某华、陈某。

被上诉人(原审原告):陈某荣。

被上诉人(原审被告):陈某森、陈某珠、李某芬、陈某凌、金某珍。

被征收房屋位于上海市紫金路×××号(以下简称系争房屋),房屋性质为公房,房屋用途居非兼用,承租人系陈某长(2016 年报死亡)。在册户口人数共 12 人,分别是陈某荣、陈某森、陈某栋、陈某华、陈某珠、陈某(六人均系陈某长的子女),陈某蕉系陈某栋之女,张某彤系陈某蕉之女,李某芬系陈某森前妻,陈某凌系陈某森与李某芬之子,王某芳系陈某珠之女,金某珍系陈某前妻。

陈某栋、陈某蕉的户籍分别于2002年、2006年由上海市其他地址迁入系争房屋，张某彤的户籍于2014年报出生在系争房屋，三人户籍迁入后均未在系争房屋内居住。陈某森的户籍于1979年迁入，李某芬的户籍于1987年由上海市徽宁路迁入，陈某凌的户籍于1987年报出生在系争房屋，三人一直在系争房屋内居住，1997年因系争房屋被陈某用于经营，转而在外租房。陈某华的户籍于2014年由上海市外马路迁入系争房屋。陈某珠的户籍于1984年由系争房屋迁往上海市重庆北路，2001年由上海市重庆北路迁回，王某芳的户籍于2005年由上海市重庆北路迁入系争房屋，两人户籍迁入后均未在系争房屋实际居住。陈某户口迁入系争房屋后长期居住在内，2002年系争房屋分户，陈某系户主，金某珍的户籍于1992年迁入系争房屋，2002年分户时户口簿上记载金某珍与陈某非亲属关系，1999年两人离婚后，金某珍赴日本定居。

1985年陈某栋获得单位分配公房一套，面积13.4平方米，1990年单位调整另给陈某栋公房一套，面积20平方米，原房退租，1998年陈某栋、陈某蕉作为受配人配售房屋一套。1996年李某芬获得单位增配房屋一套，2003年该房屋动迁。2013年陈某华作为安置人员及产权人获得安置房屋一套。

2014年系争房屋被纳入征收范围，2016年陈某长报死亡，2017年陈某、陈某森代表该户与征收部门签订征收补偿协议，共获得六套安置房屋及部分补偿款。因该户对征收补偿利益无法协商一致，2019年、陈某蕉、张某彤向法院提起诉讼，要求获得安置房一套及部分补偿款；陈某荣向法院提起诉讼，要求获得陈某长所获征收补偿利益的六分之一。

裁判摘要：

一审法院认为：系争房屋性质为公房，房屋用途居非兼用，鉴于公有非居住用房是由公有居住用房变更而来，故对居住补偿部分，应由承租人和同住人共同分割。对于非居住补偿份额，利用系争房屋进行经营的同住人，可以适当多分。房屋征收决定于2014年作出，承租人陈某长于2016年死亡，陈某长作为承租人仍应获得系争房屋相应的征收补偿利益。本案争议焦点为系争房屋征收时，哪些人员属于同住人？

陈某栋户口迁入后并未在系争房屋实际居住，且曾多次获得单位福利分房，不属于系争房屋的共同居住人，陈某蕉、张某彤虽在系争房屋处具有常住户口，但陈某蕉户口迁入后并未在系争房屋实际居住，且曾于1998年随父母获得福利分房，不属于系争房屋的共同居住人，张某彤虽然在系争房屋报出生，但在其监护人不属于系争房屋共同居住人的情况下，张某彤亦不属于系争房屋的共同居住人。

1997 年左右陈某将系争房屋用于经营时，原居住在内的陈某长夫妇与陈某森一家均在外租房，房租由陈某支付，陈某森、陈某凌属于系争房屋的共同居住人，李某芬曾于 1996 年获得单位增配公房一套，后该公房又因拆迁获得安置补偿，虽然李某芬辩称系有偿解困，但鉴于李某芬增配的房屋系公房，故李某芬不属于系争房屋的共同居住人。陈某华户籍于 2014 年 5 月 6 日才迁入系争房屋，且曾于 2013 年因上海市外马路公房拆迁，作为安置人员及产权人获得产权安置房屋，不属于系争房屋的共同居住人。

陈某珠户籍从前夫承租的公房迁入后并未在系争房屋实际居住，不属于系争房屋的共同居住人，王某芳户籍从父亲承租的公房迁入后并未在系争房屋实际居住，亦不属于系争房屋的共同居住人。

陈某户口迁入系争房屋后，长期居住在系争房屋内，系争房屋于 1997 年左右始由陈某用于经营，故确认陈某系利用系争房屋进行经营的共同居住人。1999 年金某珍与陈某离婚后赴日本定居，后获得日本国永久居留权，虽然户口仍在系争房屋内，但 2002 年系争房屋分户时，户口簿上记载金某珍与陈某已经属于非亲属关系，故金某珍不能被认定为系争房屋的共同居住人。

综合考虑系争房屋来源、居住情况、系争房屋获得征收补偿利益具体构成等因素，法院认定，因陈某长已死亡，陈某长获得的征收补偿利益归陈某长全体继承人共有。对于陈某蕉、张某彤的诉讼请求，法院不予支持。

案例评析：公房的征收补偿利益归承租人和同住人共同共有，同住人一般需要满足三个条件，分别是：1. 作出房屋征收决定时，在被征收房屋处具有常住户口；2. 户口迁入后，实际居住生活一年以上（特殊情况除外）；3. 在本市无其他住房或者虽有其他住房但居住困难的人。未成年人符合以上同住人条件的，是否有权分割房屋的征收补偿利益？其理论依据是什么？本案中张某彤未分得征收补偿利益是否恰当？

（一）法院倾向性观点认为，符合同住人条件的未成年人不享有征收补偿利益，但对未成年人承担实际监护义务的人可以适当多分。根据《高院综述》第二问答，在系争房屋内有无户籍不是衡量当事人有无公房居住权益的唯一标准，而应根据实际居住生活年限、他处有无住房等因素综合考虑，予以确认。如果承租人或同住人允许他人将户口迁入系争公房，并允许其在公房内居住，可以视为承租人为代表的公房使用权人同意让渡部分公房使用权，但入住人为未成年人，或双方另有约定的除外。以及《高院解答》第四项问答，对在公房内居住的未成年人实际承担监护义务的人，可以就该房屋的拆迁补偿款适当多分。因此，未成年人即使符合同住人条件也无居住权，无权分割征收补偿利益。

（二）未成年人不能单独享有征收补偿利益的理论依据。公房居住权属于居住利益，并非法定权利。公房制度是我国在特定历史背景下，国家为解决职工生活居住的一项福利性住房政策。公房的产权属于政府、企业，公房的居住使用权（或称为居住权）属于承租人和同住人。公房居住权不同于市场行为的居住权，公房的居住权包含对公房的占有、使用、收益和处分四大权能，属于“准物权”。根据 2011 年上海高院对公房居住权的解释，公房居住权不是一种物权，它区别于罗马古典法时期的役权。因此，很多法院便据此认为，居住权是一种居住利益，并非一项法定权利。而监护人对未成年人具有法定抚养义务，对未成年人的居住问题同样需要其一并解决，而并非用被征收房屋的补偿款予以解决。对于承担监护义务的人，可以适当给予照顾。因此本案中张某彤属于未成年人，不享有征收补偿利益。

实战策略：

从公平合理以及家庭伦理的角度分析，符合同住人条件的未成年人无权分割房屋的征收补偿利益的观点具有实践意义。但是部分律师和学者认为该观点与《宪法》《民法典》以及《未成年人保护法》等上位法相悖，具体内容请参阅本书作者的论文《探究公房征收利益分配存在的问题及对策——以未成年人利益分配为视角》。

49. 哪些情况属于对未成年人的帮扶？

焦点问题：未成年人时期将户口迁入他人（非监护人）公房的，是否可以分割征收补偿利益？

要点分析：根据《高院解答》规定，承租人或同住人允许他人未成年子女在自己承租的公房内居住的，一般可认定为属于帮助性质，并不当然等于同意该未成年人取得房屋的权利份额。因此，在这种情况下，该未成年人无权主张分割房屋拆迁补偿款，除非其能够提供证据证明其居住权并非基于他人的帮助而取得。

根据《高院综述》，除回沪知青子女等按政策回沪人员外，承租人或同住人允许无法定监护关系未成年人迁入户口的，一般可认定为属于帮助性质，如允许他人子女为上学之便，将户口迁于公房，一般不应确认他人子女为同住人。

因此，未成年人时期将户口迁入他人的公房处的，一般不具有同住人身份，无权分割征收补偿利益。

案情介绍：(2020)沪 0101 民初 4032 号

原告：李某、李某瞳。

被告：臧某萍、阚某林、阚某峰、阚某鑫。

被征收房屋位于上海市福建南路×××号(以下简称系争房屋)，房屋性质是公房，承租人系臧某萍。征收时户口在册人员有 6 人，分别是李某一家两口，臧某萍一家四口，李某是臧某萍外甥，李某瞳是李某之女，臧某萍与阚某林是夫妻关系，阚某峰是两人之子，阚某鑫是阚某峰之子。原承租人是臧某萍的父亲，臧某萍的父亲去世后，承租人变更为臧某萍。李某的户籍于 1987 年报出生在系争房屋，1988 年迁往平型关路，1998 年再次迁入系争房屋，李某瞳的户籍于 2012 年报出生在系争房屋。臧某萍的户籍于 1993 年从崂山东路迁入系争房屋，阚某林的户籍于 2006 年从崂山东路迁入系争房屋，阚某峰的户籍于 1989 年报出生在系争房屋，阚某鑫的户籍于 2019 年报出生在系争房屋。系争房屋由臧某萍、阚某林、阚某峰、阚某鑫实际居住，李某 1988 年后未实际居住在系争房屋内，李某瞳从未在系争房屋内居住过。1988 年李某及其父母因私房动迁获得上海市平型关路公房安置，2013 年李某及配偶取得上海市沪太路××××弄××号×××室房屋产权。2019 年臧某萍代表该户与征收单位签订征收补偿协议，并选择全货币补偿，因该户对征收利益无法协商一致，2020 年李某、李某瞳两人诉至法院，请求分割征收利益。

裁判摘要：本院认为，共同居住人是指作出房屋征收决定时，在系争房屋处具有常住户口并实际居住生活一年以上(特殊情况除外)，且本市无其他住房或者虽有其他住房但居住困难的人。他处房屋的性质，仅限于福利性质取得的房屋。他处虽有住房但居住困难的情况，是指在他处房屋内人均居住面积不足法定最低标准的情况。李某的户籍自1987年报出生在系争房屋内至1988年迁出，期间无论李某是否在系争房屋内实际居住，其1988年户籍迁出并在他处居住的事实即可视为其在系争房屋内不再享有居住权，尽管其户籍于1998年再次迁入系争房屋，但其自1988年至今先后在平型关路、洛川中路、沪太路房屋内居住，却未在系争房屋内居住，可见其对于系争房屋并无实际居住需求，当时的承租人同意其迁入户籍并非为了解决其居住问题，而是帮助性质，故李某不符合同住人条件。李某瞳从未在系争房屋内居住，且作为未成年人，其居住权随其监护人，故李某瞳亦不符合同住人条件。

案例评析：公房征收补偿利益归承租人和同住人共同共有，同住人需要满足以下三个条件，(1)作出房屋征收决定时，在被征收房屋处具有常住户口；(2)户口迁入后，实际居住生活一年以上(特殊情况除外)；(3)在本市无其他住房或者虽有其他住房但居住困难的人。如果居民满足以上三个条件，但户籍迁入时属于未成年人，且其父母等监护人的户口并不在被征收房屋处的，该未成年人成年后，是否属于该房屋的同住人？本案中李某户籍迁入福建南路时尚属于未成年人，且其父母均不住在该公房处，迁入的原因为读书。法院认为承租人同意李某户口迁入属于帮助性质，其政策依据是什么？

法院判决的政策依据。(1)根据《高院解答》第四项解答，在公房内居住的未成年人问题如何解决？

答：对在公房内居住的未成年人实际承担监护义务的人，可以就该房屋的拆迁补偿款适当多分。承租人或同住人允许他人未成年子女在自己承租的公房内居住的，一般可认定为属于帮助性质，并不当然等于同意该未成年人取得房屋的权利份额。因此，在这种情况下，该未成年人无权主张分割房屋拆迁补偿款，除非其能够提供证据证明其居住权并非基于他人的帮助而取得。当事人对该未成年人入住的相关问题另有约定的，依约定处理。

(2)根据《高院综述》，除回沪知青子女等按政策回沪人员外，承租人或同住人允许无法定监护关系未成年人迁入户口的，一般可认定为属于帮助性质，如允许他人子女为上学之便，将户口迁于公房，一般不应确认他人子女为同住人。

因此，承租人或者同住人允许他人未成年人子女户口迁入的，属于帮助性质，一般情况下不享有征收补偿利益。

实战策略：

司法实践中，若要证明属于“帮助性质”确实有些困难。一般可以从以下几点举证，(1)从该户户籍信息入手，从户籍档案资料查看该居民父母以及其本人户籍迁入以及迁出情况；(2)根据户籍溯源，调查该居民名下所有的房屋，是否属于他处有房，证明对被征收房屋没有居住需求；(3)查询读书证明，证明户口迁入的目的为读书，符合政策规定的帮助性质。

50. 未成年时居住，成年后未居住的，是否有权分割房屋的征收补偿利益？

焦点问题：公房征收补偿利益分割案件中，在册户口人在未成年人时期居住于系争房屋，但成年后未实际居住的，是否有权分割征收补偿利益？

要点分析：司法实践中存在两种观点，但倾向性观点认为，公房征收补偿利益分割案件中，在册户口人在未成年时曾实际居住生活满一年以上，成年后未实际居住的，视为空挂户口，无权享有征收补偿利益。

案情介绍：(2020)沪 02 民终 4583 号

原告：程某鸣、沈某琳。

被告：程某莺、王某佳、程某康、胡某娣、程某新、杨某莹。

被征收房屋位于上海市黄浦区梧桐路×××号(以下简称系争房屋)，房屋性质为公房，承租人系程某康。在册户口人数共 8 人，分别是程某康、胡某娣夫妻 2 人，程某鸣、程某新、程某莺为二人之子女，程某鸣与沈某琳系夫妻关系，程某新与杨某莹系夫妻关系，程某莺与王某佳系母女关系。程某康夫妇一直居住在系争房屋直至房屋被征收。2002 年程某鸣与沈某琳结婚，因系争房屋居住困难搬离在外租房，2003 年沈某琳的户籍迁入系争房屋。2006 年程某新与杨某莹结婚，因系争房屋居住困难搬离在外租房，杨某莹户籍于 2016 年迁入系争房屋，2018 年两人离婚。1990 年左右程某莺因结婚搬离系争房屋至昌里路房屋居住，其户籍同时迁至该处，2012 年程某莺的户籍自昌里路房屋迁回系争房屋，王某佳的户籍报出生于昌里路房屋，年幼时在系争房屋居住，2008 年左右回昌里路居住，2009年户籍自昌里路迁至系争房屋。2011年程某莺与案外人按公有房屋出售政策将昌里路房屋购买为售后公房。

2019年系争房屋被列入征收范围，程某康委托程某莺与征收单位签订征收补偿协议，因该户对征收补偿利益无法协商一致，2019年程某鸣、沈某琳向法院提起诉讼，要求分割系争房屋征收补偿款，2020年程某莺、王某佳不服一审判决，向上海市第二中级人民法院提起上诉。

裁判摘要：

一审法院认为：公有住房的征收补偿利益由承租人及同住人享有。沈某琳与程某鸣系夫妻关系，婚后即迁入户籍，虽因系争房屋居住困难在外租房但不影响对其同住人身份的认定。杨某莹因征收前已与程某新离婚，根据其与系争房屋之关联情况，不应认定其离婚后仍具有系争房屋同住人身份。程某莺曾按公有住房出售政策购买房屋，属于福利性质取得房屋，不宜再作同住人认定。因承租人夫妇、程某鸣、程某新认可王某佳曾在系争房屋居住并迁入户籍，程某莺购买售后公房的事实与王某佳无关，王某佳应随程某莺认定为享受过福利性质房屋的意见不具法律依据，故认定王某佳为系争房屋同住人。综合考虑案情及当事人各方情况，王某佳可得份额应予酌情减少，承租人程某康夫妇系高龄老人，酌情照顾多分，程某鸣、沈某琳及程某新各自可得份额大致相当。

二审法院认为：上诉人程某莺与王某佳认为其属于系争房屋同住人，应与承租人夫妇以外的其余三名同住人均等分割拆迁补偿款，然程某莺曾按公有住房出售政策购买房屋，购买售后公房用谁的工龄购买，并不影响程某莺实际享受了公有房屋出售的福利政策，另程某莺户籍迁入系争房屋后并未实际居住。王某佳年幼时虽曾在系争房屋居住，但其户籍在2009年才迁至系争房屋，本人亦认可在2009年未成年时回昌里路房屋与其父母一同居住，因未成年人的居住应随其父母，其户籍挂在系争房屋只能认定为空挂户口，严格意义上说，王某佳并非系争房屋同住人。因此上诉人认为程某莺并未享受过福利性分房政策、其与王某佳均为系争房屋同住人，王某佳所分得征收补偿款偏少的理由均不成立。另鉴于程某莺与王某佳利益一致，程某莺所享受福利政策购得房屋的面积并不大，一审法院判决王某佳酌情分得征收补偿款已平衡了各方利益，尚属公平合理。

案例评析：本案中，王某佳在未成年人时期在系争房屋内实际居住，且户口迁入后也在该房屋内实际居住，但成年之前就搬离了系争房屋。二审法院认为未成年人的居住利益应随其父母，因此王某佳被认定为空挂户口，无权分割征收补偿利益。

公房征收补偿利益分割案件中，征收补偿利益归承租人和同住人共同共有，同住人需要满足以下三个条件，分别是：(1)作出房屋征收决定时，在被征收房屋处具有常住户口；(2)户口迁入后，实际居住生活一年以上(特殊情况除外)；(3)在本市无其他住房或者虽有其他住房但居住困难的人。有些居民满足(1)(3)条件，但其在未成年人时居住成年后未居住是否满足“实际居住生活满一年以上”的条件，司法审判中有两种裁判观点，目前尚未统一法律适用。

(一)未成年人时居住生活满一年以上的，满足同住人条件(2)的标准。(1)根据《民法典》第十三条，自然人从出生时起到死亡时止，具有民事权利能力，依法享有民事权利，承担民事义务。未成年人与成年人平等地享有财产权利和人身权利。未成年人与成年人唯一的区别在于民事行为能力，未成年人的民事行为由监护人代为行使。根据《民法典》规定，不满 18 周岁的自然人为未成年人。一般情况下，未成年人属于无民事行为能力人或者限制民事行为能力人，未成年人的民事法律行为由监护人代为行使。司法审判中，法院对因患有精神病而被认定为无民事行为能力的成年人往往具有较多的照顾，不会因为其为无民事行为能力人而判决其不享有份额，也不会因为其为无民事行为能力人而判决其居住利益附随于监护人。因此法院判决符合同住人条件的未成年人不享有份额，并非因为其为无或者限制民事行为能力人，而是因为其为“未成年人”。财产权利和财产利益不应当因为其年龄而丧失，否则必然违反上位法规定。(2)实际居住生活一年以上，应当属于事实行为，而非法律行为。事实行为是指行为人不具有设立、变更或消灭民事法律关系的意图，但依照法律的规定能引起民事法律后果的行为。实际居住生活满一年以上不以民事行为能力为限制，不以意思表示能力为限制，只要从事该行为，法律规定产生相同的法律效果，未成年人的居住当然应当被视为实际居住。

(二)未成年人时居住生活满一年以上的，不满足同住人条件(2)的标准。有些法院认为未成年人的居住利益附随于其监护人，其本人不具有独立的居住利益。比如本文案例便持有该观点。

实战策略：

司法实践中，对于未成年时期曾实际居住的人能否享有征收补偿利益，难点不仅在于理论观点，还在于负有具有举证责任的一方如何举证证明其实际生活满一年以上。实践中，可以提供的证据包括直接证据和间接证据。

（一）直接证据。直接证据是指能够单独直接说明案件主要事实的证据。比如居委会或者街道所出具的居住证明、居住情况说明、居住证信息、邻居的证人证言、家庭内部居住协议、判决书、离婚协议书等能直接反映出实际居住情况的证据；

（二）间接证据。间接证据是指不能直接证明案件的事实，但能和其他证据联系起来，共同证明和确定案件事实的证据。比如他处无房居住、缴纳被征收房屋的租金、水电煤费、在附近小学、初中读书的凭证以及毕业凭证、快递收发以及经济条件较差等证据，该类证据虽然不能直接证明实际居住在该房屋内，也能从侧面反映出在该房屋内实际居住的可能性。

相反地，如果主张他人未实际居住的，也可以从以上的两类证据中搜集相关证据，进而让法院更加确信其未实际居住。

51. 未成年人时期享受过福利分房，是否属于他处有房？

焦点问题：公房征收补偿利益分割案件中，未成年人时期在他处享受过福利分房或者拆迁利益的，是否属于他处有房？

要点分析：根据《高院会议纪要》规定，实践中，有的当事人在未成年时曾与父母共同受配过公有住房（甲房），在成年后又分得另外一套公房（乙房），在确定乙房同住人范围时，该当事人是否会因为曾经受配甲房而被认定为“他处有房”存在一定争议。会议倾向性意见认为，未成年人与父母共同受配公房时，未成年人并非作为独立的民事主体获得住房福利，而是附随于父母的居住利益，故原则上不属于他处有房，不影响其成年后所获得公房在征收时同住人的认定。

案情介绍（2021）沪 02 民终 3375 号

原告：孙某安、孙某坤。

被告：孙某良、孙某刚。

被征收房屋地址位于上海市黄浦区新昌路，房屋性质为公房，承租人为王某英（2006 年亡），在册户口人共有 4 人，分别是孙某安、孙某坤（1987 年出生）父子二人和孙某良、孙某刚父子二人，王某英系孙某安和孙某良的母亲。系争房屋是1972年王桂英以天津路房屋交换取得，家庭人口为四大二小。经查，孙某安、孙某良均为天津路房屋户籍在册人员，后迁入涉案房屋。孙某安户籍系于1998年9月从市光某村房屋迁入；孙某坤户籍系于1996年1月从西藏南路房屋迁入；孙某良户籍系于1972年2月从天津路房屋迁入；孙某刚户籍系于1998年10月从扬州路房屋迁入。

他处有房的情况。1995年12月份的《住房调配单》记载，原住房地址为西藏南路房屋，性质为公房，租赁户名陆某根(死亡)，家庭主要成员为孙某安、陆某芳、孙某坤，全家人口三人。新配房地址为市光某村房屋，居住面积为14.1+7.5平方米，性质为公房，租赁户名为孙某安、陆某芳(妻)、孙某坤(子)，配房人口三人。

2016年5月31日，扬州路房屋被征收，征收补偿协议中被征收人为沈某建、沈某敏、杨某义、杨某美(孙某良的配偶)，房屋性质为私房。2019年5月，孙某良、杨某美夫妻买卖取得上海市富国房屋所有权。

2020年7月，孙某安、孙某坤、孙某良、孙某刚与征收部门签订征收补偿协议，该户共获得608万补偿款。

裁判摘要：

法院认为，共同居住人是指在征收决定发布之日，在被征收居屋处有本市常住户口，已实际居住一年以上，且本市无其他住房或者虽有其他住房但居住困难的人。他处房屋的性质，仅限于福利性质取得的房屋。他处虽有住房但居住困难的情况，是指在他处房屋内人均居住面积不足法定最低标准的情况。涉案房屋承租人王桂英去世后未变更承租人，房屋征收时户籍在册人口为孙某安、孙某坤、孙某良、孙某刚四人。孙某安、孙某坤户籍在册，但两人均在1995年西藏南路公有房屋拆迁时作为配房人口获得市光某村房屋安置，无证据证明市光某村房屋按当时的标准属于居住困难，故孙某安、孙某坤属他处有房情形。孙某坤主张西藏南路房屋拆迁时其未成年，因此未享受过拆迁利益，依据不足，法院不予采信。2001年，陆某芳根据售后公房政策购买市光某村房屋，虽然系以陆某芳个人名义购买，但购买发生于孙某安与陆某芳夫妻关系存续期间；2004年孙某安离婚时协议约定市光某村房屋归陆某芳所有系对自身权利的合法处分，孙某安、孙某坤以此主张他处无房，不予采纳。综上，孙某安、孙某坤不符合共同居住人条件。孙某良户籍迁入涉案房屋后实际居住一年以上，他处无房，符合共同居住人条件。孙某安等主张孙某良在扬州路房屋拆迁中享受过安置，然扬州路房屋系私房，根据征收协议记载，征收系对产权人的补偿，孙某良未享受托底保障，故孙某安等上述主张法院不予采纳。孙某刚虽然户籍在册，但未提供证据证明其户籍迁入后实际居住一年以上，故亦不能被认定为共同居住人。综上，涉案房屋征收利益应归孙某良一人所有，孙某安方要求分配征收利益的诉讼请求不予支持。

案例评析：公房征收补偿利益分割案件中，征收补偿利益归承租人和同住人共同共有，同住人需要满足以下三个条件，分别是：1. 作出房屋征收决定时，在被征收房屋处具有常住户口；2. 户口迁入后，实际居住生活一年以上（特殊情况除外）；3. 在本市无其他住房或者虽有其他住房但居住困难的人。符合前两个条件的在册户口人，在未成年人时期与父母共同受配过公房或者被拆迁过的，是否被认定为他处享受过福利分房？本案中孙某坤在未成年人时享受过公房动拆迁安置，法院认为其已经获得过福利性安置，属于他处有房，无权分割征收补偿利益。司法实践中，该类案例的裁判观点有哪些？其理论依据是什么？

（一）高院观点认为“未成年人时期曾与父母共同受配过公房的，不属于他处有房”。根据 2019 年《高院会议纪要》第二项问答，在对公有住房的成年同住人进行认定时，如果该当事人在未成年时曾与其父母共同受配过公房，是否属于“他处有房”？实践中，有的当事人在未成年时曾与父母共同受配过公有住房（甲房），在成年后又分得另外一套公房（乙房），在确定乙房同住人范围时，该当事人是否会因为曾经受配甲房而被认定为“他处有房”存在一定争议。会议倾向性意见认为，未成年人与父母共同受配公房时，未成年人并非作为独立的民事主体获得住房福利，而是附随于父母的居住利益，故原则上不属于他处有房，不影响其成年后所获得公房在征收时同住人的认定。因此，从体系解释的角度看，2004 年《高院解答》以及 2014 年《高院综述》中对未成年人是否有权获得征收补偿利益的观点一致，未成年人的居住利益附随于其父母，无权单独获得征（拆迁）收补偿利益，可以对其监护人适当多分。且司法审判中的裁判观点与高院文件高度一致。比如案例（2019）沪 0117 民初 11245 号判决认为：“对于蔡某妍，其系未成年人，不能认定为同住人，但对其实际承担监护义务的人可以就拆迁补偿款适当多分。”因此，未成年人时曾与父母共同受配过公房的，不属于他处有房。参考案例(2019)沪0106民初38761号,法院认为:"程某萍受配福利分房时,左某华虽为配房人口之一,但其当时系未成年人,并非作为独立的民事主体获得住房福利,而是附随于父母的居住利益,故左某华不属于他处有房,且其曾在系争房屋内居住过,应认定为系争房屋的共同居住人。"

(二)法院倾向性观点,"未成年人时期曾与父母共同受配过公房的,属于他处有房"。该类观点认为,拆迁单位或者分房单位已经明确将未成年人列为安置对象,且受配房屋面积较大,考虑了未成年人的份额,应当属于他处有房的情形。同时对2019年《高院会议纪要》的解读为:未成年人不属于他处有房的条件为:(1)未成年人时曾与父母受配过公房(甲房);(2)被征收房屋(乙房)是未成年人成年后分得的;(3)乙房被征收时,未成年人符合同住人其他条件的。此时未成年依旧可以获得乙房同住人身份,有权分割相应的征收补偿款。因此,法院在实际审判中,如果不符合前述条件,未成年人属于他处有房。还可参考案例(2020)沪0101民初8202号:"1994年桃园四村房屋拆迁,许某纯及其母作为该房屋被安置人,与其母共同分得灵山路房屋一套,二人均属于已在本市他处公有房屋拆迁中得到过动迁安置,且不属于居住困难,许某纯将户籍迁入系争房屋,其并不能因此获得同住人身份。"

实战策略:

司法实践中,未成年人时曾与父母共同受配过公房或者被拆迁过的,从理论上两方的观点均可展开论述,均具有一定的合理性,并未完全统一法律适用。但在实务承办案件中,提供如下建议。

未成年人时曾与父母共同受配过公房或者被拆迁过的,应当审慎提起诉讼。在确定其他诉讼之前,主要审查该未成年人自户口迁入后是否实际居住或者成年后是否实际居住在被征收房屋处。根据实务经验,一般情况法院判决未成年人时曾与父母共同享受过福利政策的不符合同住人,并非因为他处有房,而是因为自户口再次迁回后未实际居住或者成年后未实际居住而不符合同住人身份。比如案例(2021)沪0101民初6344号判决认为:"金某的户籍迁入涉案房屋后未居住,其父母受配了龙柏二村某室公房,当时金某作为未成年子女居住利益跟随其父母,并无在涉案房屋内居住的必要,不符合涉案房屋共同居住人条件。"

52. 父母离婚,是否影响未成年子女的征收补偿利益?

焦点问题:公房征收补偿利益分割案件中,父母离婚后,未成年人子女跟随的抚养人不同,是否影响未成年人的征收补偿利益?

要点分析:离婚协议或者离婚裁决书中确定未成年人的抚养义务人的,在公房征收利益分割案件中,如果负有抚养义务一方监护人不属于被征收房屋的承租人或者同住人的,即使未成年人已经成年,也无权享有征收补偿利益。因为,未成年人子女的居住利益附随于抚养人,抚养人没有份额,被抚养人也没有份额。

案情介绍:(2015)静民三(民)初字第 428 号

原告:钱某某、毕某甲。

被告:毕某乙、毕某丁、江某某、魏某某、潘某某。

被征收房屋位于本市×××路×××号(以下简称系争房屋),房屋性质为公房,系争房屋原承租人为毕某戊(系毕某乙、毕某丁的父亲,已去世),2014 年系争房屋列入征收范围内,因毕某戊已死亡,户口在册人员协商一致变更毕某乙为承租人。在册户口人数共 7 人,分别是钱某某、毕某甲母女 2 人,钱某某系毕某乙的前妻,毕某甲系毕某乙的女儿,潘某某系毕某乙的外甥,毕某丁系毕某乙的姐姐,江某某、魏某某系毕某丁的女儿和外孙。1994 年钱某某与毕某乙结婚,同年生育女儿毕某甲,约 1999 年起钱某某出国不在系争房屋居住,2009 年两人离婚并约定:毕某甲归钱某某抚养,毕某乙每月支付抚养费直至毕某甲年满 18 周岁,两人共同财产已自行分割完毕,离婚后钱某某自行解决住房问题。2014 年毕某乙代表该户与征收部门签订征收补偿协议,共获得 5 套安置房及部分补偿款。2014 年毕某丁、毕某乙、毕某丙(潘某某母亲)签署家庭协议书并约定:征收获得 5 套安置房由毕某甲、毕某乙、毕某丁、江某某、潘某某各享有一套;部分补偿款按实际居住人毕某乙、毕某丁、江某某、魏某某、潘某某平均分配。因该户对征收补偿利益无法协商一致,2015 年钱某某、毕某甲向法院提起诉讼,要求分割征收补偿利益。

裁判摘要:

法院认为,公民、法人合法的民事权益受法律保护,任何组织和个人不得侵犯。公有房屋承租人所得的居住房屋征收货币补偿款、产权调换房归公有房屋承租人及其共同居住人共有。共同居住人，是指作出房屋征收决定时，在被征收房屋处具有常住户口，并实际居住生活一年以上，且本市无其他住房或者虽有其他住房但居住困难的人。

根据本案查明的事实，钱某某与毕某乙结婚后将其户籍迁入系争房屋，在与毕某乙离婚之前因出国长期未居住在系争房屋内，2009 年两人离婚并约定钱某某自行解决住房问题，之后钱某某未再居住系争房屋，故应认定钱某某离婚时已放弃在系争房屋中的居住权益。毕某甲幼年时将户籍迁入系争房屋，其在系争房屋生活系因父母对未成年子女负有抚养义务，应为其提供可供正常生活的居住空间，父母离婚时明确其随母亲生活，因离婚后母亲不再享有系争房屋居住权，其也相应丧失在系争房屋居住的权利，其实际长期居住在外。鉴于系争房屋的来源与两人无关，在作出房屋征收决定时两人亦长期不居住系争房屋，此次征收中系争房屋获得的补偿利益亦与户籍数无关，故两人在征收时虽户籍仍在系争房屋，但亦不能被认定为系争房屋的共同居住人，无权主张分割系争房屋征收补偿利益。

五被告综合考虑家庭因素，以家庭协议书形式对征收补偿利益进行分配，给予毕某甲安置房一套，于法无悖，该约定对五被告有约束力。

案例评析：

本案的争议焦点之一为毕某甲是否符合同住人？

毕某甲的居住利益附随于抚养人，钱某某不属于同住人，付某甲也无权享有补偿利益。公房征收补偿利益归承租人和同住人共同共有，同住人需要满足三个条件，分别是：(1)作出房屋征收决定时，在被征收房屋处具有常住户口；(2)户口迁入后，实际居住生活一年以上(特殊情况除外)；(3)在本市无其他住房或者虽有其他住房但居住困难的人。本案中，毕某甲均符合以上三个条件，但其父母离婚时毕某甲尚未成年。离婚协议中约定，钱某某自行解决居住问题，毕某甲的抚养义务归钱某某。根据法院的裁判惯例来看，未成年人并非作为独立的民事主体获得征收补偿利益，而是附随于父母的居住利益。毕某甲未成年时期在系争房屋生活系因父母对未成年子女负有抚养义务，应为其提供可供正常生活的居住空间，父母离婚时明确其随母亲生活，因离婚后母亲不再享有系争房屋居住权，其也相应丧失在系争房屋居住的权利。

实战策略：

司法审判的通说观点为，毕某甲因居住利益附随于抚养人，根据离婚协议或者法院裁决书确定的抚养人不符合同住人条件的，毕某甲也不符合同住人资格。但也有另外一种观点认为毕某甲符合同住人条件：(1)从理论上看，符合同住人条件的未成年人与成年人具有相同的权利，不因“未成年”而受限制，也不因“民事行为能力”而受限，否则必然违反上位法。从同住人的定义上看，实际居住属于事实行为，与行为人的民事行为能力无关。因此未成年人当然享有征收补偿利益。(2)从监护人和抚养人的角度看，毕某甲的父母离婚后，毕某乙仍然是毕某甲的监护人，不因婚姻关系的变化，而改变父母子女之间的关系，毕某乙也已具有抚养的义务(支付抚养费)。因此，毕某乙有份额的情况下，毕某甲也应当有份额。

53. 探究公房征收利益分配存在的问题及对策
——以未成年人利益分配为视角

秦志刚

摘要：公有承租房屋(以下简称“公房”)征收利益家庭分割纠纷案件，近些年来急剧增多。但关于征收补偿利益如何分配并无直接的法律法规依据；同时公房的承租人和共同居住人(以下简称“同住人”)仅享有该房屋的居住权，因此实际审判中法官的自由裁量权较大。在征收利益分配制度尚不完善的大环境下，符合同住人资格的未成年人在这样疑难复杂、人数众多的案件中，其合法权益并未获得公平公正的对待，反而因其是未成年人身份而被排除、限制。因此有必要进一步探究建立完善征收补偿相关制度，以推动征收补偿案件审理公平公正。

关键字　未成年人　征收补偿　制度建设

一、问题的提出

案例：原告刘翠与被告刘吉系姐妹关系，二人均是原承租人刘某某的子女。被告赵某某为被告刘吉之子。系争房屋为刘某某承租的公房，现在册户籍为原被告3人。系争房屋被征收前，承租人已过世，且未选定新的承租人。赵某某的户籍在系争房屋内报出生。本案的争议焦点之一,未成年人赵某某是否具有同住人资格,以及在本案件中,他是否可以获得征收补偿款?

法院的审理观点认为:根据相关规定,公有房屋承租人所得的货币补偿款、产权调换房屋归公有房屋承租人及其同住人共有。同住人是指作出房屋征收决定时,在被征收房屋处有本市常住户口,并实际居住生活一年以上(特殊情况除外),且本市无其他住房或者虽有其他住房但居住困难的人。本案的赵某某为未成年人,应当随监护人生活,由监护人提供生活保障,本案中未成年人没有自己的份额。可以对其监护人适当多分。

本案中法院认为未成年人应当依附于其监护人,不能独立平等地享有同住人的征收补偿份额。持有该观点的判例并非个案,而是普遍存在的现象。根据笔者对上海市法院裁判案例的整理、归纳和研究,在国有土地上公房征收补偿的纠纷案件中,即使未成年人满足《上海市国有土地上房屋征收与补偿实施细则》第五十一条规定的同住人条件时,法院仍不给予未成年人同住人待遇,而是根据2004年《上海市高级人民法院关于房屋动拆迁补偿款分割民事案件若干问题的解答》(以下简称《高院解答》)第四组问答,确定未成年人没有份额。其实对于该解答应有两种释义,第一:满足同住人条件的未成年人,可以独立享有同住人的份额,出于对未成年人的保护,对其承担监护义务的人,还可以适当多分;第二:满足同住人条件的未成年人不能独立享有份额,仅对其承担监护义务的人适当多分。但纵观上海各级法院的判例,第二种观点已然成为司法裁判的主流依据。几乎没有法院采用过第一种观点。而且高院在审判监督程序中从未因此而改判过,据此可以看出2004年上海市《高院解答》对未成年人份额的解释应倾向于第二种,严格限制满足同住人资格的未成年人的征收份额。

符合同住人资格的未成年人,法院不愿意公平地给其补偿。可想而知,未成年人若要获得公房同住人资格更难。从上海《高院解答》以及各类判例中可以管中窥豹,其处处设置前置条件,限制未成年人获得同住人资格。比如该解答第四组:“承租人或同住人允许他人未成年子女在自己承租的公房内居住的,一般可认定为属于帮助性质,并不当然等于同意该未成年人取得房屋的权利份额。因此,在这种情况下,该未成年人无权主张分割房屋拆迁补偿款,除非其能够提供证据证明其居住权并非基于他人的帮助而取得。”本条是指除按政策回沪的知青子女除外,未成年人户口在被征收房屋内且实际居住生活,往往会被法院特别列出，认为对未成年人的帮助，即使该未成年人在房屋征收时已经成年同样不具有同住人资格。审判实践中，法院认为如果未成年人的监护人不在被征收房屋内的，未成年人一般就不属于同住人。那么上海市各级法院严格限制未成年人成为同住人，或者排除具有同住人资格的未成年人的份额，法院的该类做法是否具有法律法规依据，以及法院如此判决的出发点是什么？

二、我国对于未成年人征收份额的理论与法律背景

（一）未成年人具有平等的民事权利能力。根据《中华人民共和国民法典》（以下简称《民法典》）第十三条规定："自然人从出生时起到死亡时止，具有民事权利能力，依法享有民事权利，承担民事义务"，以及第十四条规定："自然人的民事权利能力一律平等"。未成年人具有自然人身份，"任何自然人不论其智力程度，身体状况，文化水平，宗教信仰等各方面存在何种差异，皆无例外能够享有任何私法权利，承担任何私法义务"。未成年人在权利能力上与成年人并无二致，且根据《未成年人权益保护法》第三条规定，未成年人不仅平等地享有各项合法权益，而且应当特殊、优先保护。因此未成年人可以享有一切不受行为能力限制的权利，且未成年人的各项合法权益不能被取代、剥夺或者约定放弃，正如梁慧星教授所讲："民法关于民事权利能力的规定属于强制性规定，不允许当事人以自由意思予以排除或变更。"

未成年人与成年人在法律上唯一的区别在于民事行为能力。虽然未成年人因为精神、智力和年龄方面等各方面的原因，在民事行为能力上受到相应的限制，但是纯获利益的行为或者与其民事行为能力相适应的行为依然被认定为合法有效。如果其从事与其民事行为能力不相适应的行为，可以由其监护人代为履行，但最终的权益仍然归属于未成年人。同时，为保护未成年人等无或者限制民事行为能力人能平等地享有各项民事权利承担民事义务。我国《民法典》第二章第二节设置了监护制度。监护是根据法律的规定，对特定自然人的人身和财产权益进行监督和保护的民事法律制度。因此，监护人只有保护被监护人的人身、财产以及其他合法权益的义务，却无权放弃、侵害或者代替被监护人的合法利益的权利。在法律层面上，未成年人与其监护人在民事权利能力上平等且互相独立，在行为能力上需要被监护人等社会特殊的照顾、保护。如果其他组织或个人有侵犯未成年人合法权益的，其监护人可以代理其提起诉讼，要求赔偿损害。

（二）涉及未成年人拆迁、征收份额的法律规定。

1. 行政法领域对未成年人在拆迁、征收份额方面持有平等且特殊照顾的观点。2010 年国务院出台的《国有土地上房屋征收与补偿条例》及其已废止的两部《城市房屋拆迁管理条例》，由于我国地缘辽阔，各地征收工作均具有地域性，因此以上的规定都较为宏观，也未单独提起未成年人，可以推定未成年人作为自然人可以被平等地对待。上海市政府在福利分房、拆迁安置等多方面不仅将未成年人作为独立的自然人看待，而且特殊的未成年人会适当多给予照顾。比如在 1991 年出台的《上海市城市房屋拆迁管理实施细则》（已废止）第四十五条规定："未成年子女因入托入学等原因，常住户口不在父母或监护人处的，拆迁时应当计入该户口的安置人数，但不分户安置。"可知，符合条件的未成年人可以被平等地对待，即使有些不符合安置人口原则性规定的未成年人，符合该条规定的仍然可以获得平等的补偿安置。且该细则第四十六条规定："被拆迁房屋使用人中凡已领取本市独生子女证的独生子女，根据建设单位房屋规格，安置时可增加二至四平方米；但独生子女已结婚的除外。"以及 2006 年的《上海市城市房屋拆迁面积标准房屋调换应安置人口认定办法》（已废止）关于引进未成年人作为被安置人口的规定等等，均可看出上海市人民政府对未成年人有平等且特殊的照顾。由于市场经济的发展，上海市政府对拆迁工作方式的调整等多方面原因，自 2011 年市政府出台《上海市国有土地上房屋征收与补偿实施细则》后，将"房屋拆迁"改为"房屋征收"。政府征收时对房屋内被安置人数以及安置人员不再认定（因居住困难而获得托底保障的除外）。征收安置补偿协议上只显示公房承租人的名字，其他同住人安置份额由其家庭内部协商解决。若家庭内部因同住人认定或份额有争议的，可以交由当地人民法院裁决。

2. 司法审判领域对未成年人在拆迁、征收份额方面持限制、排除的观点。在法律层面上，我国《宪法》《民法典》《未成年人保护法》《妇女儿童权益保护法》等，对未成年人均给予特殊、优先保护。但在上海各级法院审判层面上，包括《高院解答》《上海市高级人民法院公房居住权纠纷研讨会综述》以及各级人民法院的判例中体现出，对未成年人存在限制、排除或者由其监护人直接取代的观点。且在实际审判存在自相矛盾的观点，比如，在 80—90 年代，当时的未成年人与其父母共同享受过福利分房或者公房拆迁安置的，法院会认定当时的未成年人已经享受过福利分房或者作为同住人被安置过，根据高院规定"不能重复享受福利政策”的分配原则，当时的未成年人现已成年，但已无权利再在他处公房内享受征收补偿利益；在今天，与其完全对立的观点是，符合同住人资格的未成年人在公房征收中，却也能获得同住人应有的安置补偿。那么上海市各级法院为何在没有法律法规依据的情况下，要严格限制未成年人成为同住人或者限制其份额呢，而且这种观点一直持续至今，还有可能继续持续下去。

三、探究未成年人不享有征收份额的原因

上海市各级人民法院关于未成年人在征收补偿中应享有的份额的判决，虽然没有法律法规的依据，但是均参考且适用上海市高级人民法院在 2004 年作出的《高院解答》第三组问答的观点。那么《高院解答》的理论依据何在。唯有找到原因，才能更好地规范未成年人在征收补偿中应有的权益。

（一）公房居住权问题

1. 公房居住权并非法定权利。公房是我国在特定历史背景下，国家为解决职工生活居住的一项福利性住房政策，公房的产权属于政府，公房的居住使用权（或称为居住权）属于承租人和同住人所有。根据 2011 年高院对公房居住权的解释：公房居住权不是一种物权，它区别于罗马古典法时期的役权，因此很多法院便据此认为，居住权是一种居住利益，并非一项法定权利。而监护人对未成年人具有法定抚养义务，对未成年人的居住问题同样需要其一并解决，而并非用被征收房屋的补偿款予以解决。比如（2016）沪 02 民终 4384 号判决认为：“未成年人的父母是未成年人的监护人。虽然沈某某的户籍报出生于系争房屋内，但是对于该未成年人的居住生活等负有抚养义务的，首先系其父母作为监护人理应承担的责任和义务。故未成年人的居住问题，应由其监护人解决。系争房屋被征收补偿安置对象沈某，负有监护未成年人的义务，故酌情给予其适当多分了相应的补偿”。本文作者认为承租人和同住人对公房的居住权确实不同于普通的用益物权，这种居住权是属于可以对公房“占有、使用、收益和处分（当然，处分权会受到一定受限）”的权利，若非区别于公房的性质，其与私房所有权在财权权益方面并无差异，可以称为“准所有权”。另外 2006 年《物权法（草案）》（五次审议稿）删除居住权的原因，并非因为居住权的性质不属于物权，而是“全国人大法律委员会研究认为居住权制度的适用范围很窄，居住权纠纷多发于亲属朋友之间，可通过婚姻法、合同法等救济渠道加以解决”。因此居住权并非仅仅是一项居住利益，而且该项居住权应当由承租人和同住人共同享有，未成年人在享有权利方

面也应当被同等地对待。

2. 居住权差异化对待。虽然并无法律法规细化征收补偿利益分配问题，但上海市《高院解答》第九组问答同样回答了该问题："承租人、同住人之间，一般遵循一人一份、均等分割的原则取得拆迁补偿款。"但是该观点似乎将未成年人遗忘了，或者法院审判中显然并未参考该意见，而是适用《高院解答》的其他规定，排除、限制或者取代未成年人的权利。但是无论法院赋予居住权何种名义，比如居住利益，作为自然人的未成年人都应当平等地享有，且应当受到法院等司法机关的特殊保护，但实践中并非如此。具有讽刺意味的是，在被征收公房内有无民事行为能力的成年人时，该无民事行为能力人不仅可以分得征收补偿份额，而且还可以被照顾，适当获得多分，此时法院对行为能力和监护人问题，却闭口不谈。

(二) 裁判规范方面的原因

1. 现行立法简约粗放，适用性差。

从法律层面上，法院判决书引用的参考条款为《物权法》第九十四条："按份共有人对共有的不动产或者动产按照其份额享有所有权"，但该条对认定同住人以及如何分割征收份额，并无关联性。

从上海市法规层面上，法院判决的依据可能是《上海市国有土地上房屋征收与补偿实施细则》第四十四条和第五十一条，虽然该条文规定了公房征收补偿利益归属承租人和同住人，以及认定同住人的原则，但是该规定比较宽泛，适用性差。

因此，为了解决公房征收补偿利益分配审理问题，各地高院往往制定一些审判参考性文件、内部会议和常见纠纷问答等，以便本地区法院参考使用。但高院制定各类参考文件时，制作程序简单、缺乏论证，往往存在违反上位法，或自相矛盾等问题。比如《高院问答》中对未成年人份额解答中"对在公房内居住的未成年人实际承担监护义务的人，可以就该房屋的拆迁补偿款适当多分"明确未成年人在征收中不享有份额。然而在1998年之前，当时的未成年人名字出现在福利分房调配单上或作为公房拆迁的被安置人时，法院往往认定他们已经享受过福利分房或者享受拆迁安置利益。如此自相矛盾的观点，却很受法官的青睐。

2. 司法审判观点与政府安置补偿政策不统一。

上海市政府对房屋的拆迁安置或征收补偿，考虑更多的是社会效果，尽可能保障被征收户的合法权益，解决被征收户的整体居住利益，因此政府会尽可能地多一些补偿该户居民。法院审理案件时解决的是家庭内部矛盾，家庭成员之间的利益是此消彼长的关系，为平衡家庭成员间矛盾冲突，未成年人的利益自然要适当妥协。因此法院审判观点和政府的政策冲突较大，尤其在"他处有房""居住困难"等概念上，都不完全相同。法院对他处有房的理解为：他处无福利分房，无年限限制；政府认定他处有房一般是指五年内，名下无任何房屋。在遇到冲突时，法院审判观点无法统一，又无直接的法律法规调和之间的矛盾，因此审判实践中法官自由裁判权极大，对未成年人的份额认识和判断自然会做出不同的判决。同时征收裁判规范不健全使得法律法规适用不统一，这也是造成同案不同判现象的重要原因。

（三）传统观念方面的原因

首先，在法律上，公房承租人和同住人虽然仅有居住使用权。但实际上，根据公房的来源、实际居住等情况，其中部分长辈承租人或同住人会被认定为该房屋的"所有权人"。而作为晚辈的未成年人一般对被征收公房来源没有任何贡献、不实际居住、户口报出生时的空挂，因此未成年人不能和其他同住人具有平等分割权利。其次，未成年人一般随其父母等监护人居住、生活，其对被征收房屋依赖较小，如果其父母能解决居住问题，那么不独立居住、生活的未成年人也可以附带被解决，所以法院在审查该类案件时，为了平衡复杂的家庭矛盾和利益，实现案件的法律效果和社会效果的统一，就会判决未成年人依附于其监护人，只对其监护人适当多分，但其本人不能独立享有份额。尽管法院作出的裁判结果，勉强可以接受，但其裁判理由严重违反上位法规定。因此，法院可以因未成年人未实际居住、对房屋无贡献等其他原因，而认定未成年人因不符合同住人资格而不享有份额或者符合同住人资格而应适当少分；但绝不可因为该同住人是未成年人而对其不予分配。

四、规范未成年人征收份额的对策研究

从目前司法判例研究看，对未成年人可以享有公房征收补偿份额的观点并未得到法院的普遍认可，但此处应当分别看待，有的案件因为未成年人本身确实不符合同住人资格，或者符合同住人资格但是应当属于少分的情形，应当适用同住人资格认定标准，判决其应当享有相应的份额，此种观点应属合理；而有的案例，未成年人完全符合同住人的条件时，而法院却对未成年人的份额就随意限制、剥夺，确属不合理。但更好地规范未成年人的征收份额，必须要完善征收补偿分割的法律法规等法官裁判理由的系统性工程，未成年人仅属于其中一栏，征收补偿案件属于牵一发而动全身的社会问题。因此，研究未成年人征收利益分割份额的合理性，也就是要规范和完善征收利益分割的制度和裁判观点。笔者认为要完善征收补偿分割制度，应当从以下几点着手。

（一）完善法律法规制度，及时公布指导性案例以统一裁判尺度。

1. 完善征收补偿的法律法规制度是规范法官裁判案件的前提。法律法规是法官裁判案件的直接依据。首先，在征收补偿共有纠纷案件中，因为没有统一的法律法规依据，在面对疑难复杂、人数众多又具有历史性难题的征收案件时，法官往往仅根据自己对案件的理解、判断而做出裁定，因此法官的自由裁量权非常大，极易引起一方当事人对案件实体正义的怀疑，以及对裁判结果不满，当事人往往会选择上诉或再审。因此，在制定法规政策时，首先要在符合宪法、法律法规等上位法的前提下，可以较为细致地规范、确定承租人和同住人的利益分配方式。其次，参考房屋的公房历史性、房屋来源、实际居住、在册户口、他处有房、经济条件等情况综合考量、平衡符合同住人资格的当事人之间的利益。作为未成年人的同住人，根据以上因素，公平公正地规范其应当享有的利益。不必将未成年人作为特殊的主体对待，可以不适当照顾，但是绝不可以特殊地排除、限制。

2. 各地高院可以在其职权范围内制定合理、合法且“非具体应用法律性”问题的指导性文件，是统一裁判尺度的关键。法律法规制定需要严格程序，一般耗时较长。而且房屋征收法律法规一般具有地域性，适用范围较小，因此在出台完善的法规政策之前，各地高院可以在其职权范围内，依据被征收房屋的性质、难点、焦点以及疑难问题，并按照相对严格程序制定既符合上位的规定，又具有可适用性的非法律适用性的审判指导文件。同时向司法机关、社会组织、专业行业等征询讨论其裁判指导文件的合法合理性问题，在相当程度上符合法律规范的整体性与合法性。但绝对不可以高院组织各区法院法官，内部召开一次会议，且并未经过严格的程序论证、讨论，也未向社会公开征求意见，更未经过相关专业领域的论证讨论，就形成了“统一裁判口径”。如此一来司法裁判观点前后不一，同案不同判现象更加严重，同时社会丧失了对司法的知情权，老百姓对司法不公的积怨更深。同时，省高院及其下级法院在遇到征收疑难和复杂问题，且属于适用法律的问题时，可以逐级向最高人民法院请示，要求高院给出参考性意见，方便法官对类似案件的审理工作。因此需要制定统一且完善的法规制度,相关辅助性法律文件,以规范法官的裁判尺度,平衡征收补偿利益分配。未成年人才能在征收整体制度合法、合理的前提下,获得更合适的补偿。司法裁判也将会进一步减少因对法律、法规、法律性问题理解不同而造成的同案不同判现象。

3. 及时公布征收补偿方面的指导性案例是统一征收法律适用的先导。虽然在司法理论领域广泛讨论指导案例效力性、适用性问题,但在司法实践中指导案例却具有不可取代的指引作用。律师、法官等法律从业人员在办理案件时,遇到新问题和争议性较大的法律问题时,往往具有检索类似先例的习惯,并参考以往法院法官对相同案例、相同法律适用的观点。而且优质的指导案例比法律法规更具有及时性、实用性等优点。因此上海市高院在征收审判中对新问题、争议性大或者疑难性问题上,可以搜集本地区受案法院裁判方法得当、裁判结果正确的案例,并报请最高院将该类案件作为指导性案例公布。各级法院在裁判类似问题时遵循指导性案例中的指导规则。指导性案例可以表明最高院以及高院对该类问题的观点,具有及时高效的特点,可以更好地指导法院的裁判工作。

(二)构建征收法律职业共同体,推动房屋征收审判工作的良性发展。

我国广义的法律职业共同体主要包括:法官、检察官、律师、法学研究者、仲裁员、公司法务以及所有法律职业从业者。但司法实践中,对于法官、检察官、律师属于典型的法律职业,并构成法律职业共同体的核心并未有异议。司法审判中的角色不同决定了思维方式多样化。法官始终处于公平、公正的审判者角度,力求每一个案件能够实现司法审判的社会效果与法治效果的有机统一;专业且满腹经验的征收律师为实现委托人利益最大化,不断切换原被告身份,深知司法审判中相关制度和判决存在的不足和缺陷,对未成年人等应当享有或者不应当享有征收份额的理论和实践观点非常充实;检察官在民事、行政案件中担任审判监督的角色,审查民事案件在法律实体适用和程序适用方面存在的问题,最大程度维护司法的公正和权威。因此需要建立征收法律职业共同体交流机制,现实角度互补。因此法律职业共同体可以对法律争议性问题实现合理性统一、疑难性问题的论证研究、特殊性问题合理性解决方案等多方面、多角度不断交流沟通,以健全完善征收法律法规,实现法规统一适用,规范法官裁判尺度,并可以减少同案不同判的现象,多角度化解社会矛盾,减少诉讼纠纷,进而推动征收司法审判工作的良性发展。

（三）树立正确的裁判观念和科学的裁判思维，实现司法效果与社会效果的统一。

1. 树立正确的裁判观念。公房是特定历史背景下，单位分配给员工家庭使用的房屋，员工及其家庭成员均不享有产权，仅有居住使用权。只有在出售或者被征收时，该房屋的居住利益才会转化为财产利益，而且征收补偿利益不仅仅是对评估价格的补偿，其包含多重奖励补贴，法律性质以及归属争议较大。因此，裁判分割该类房屋的征收利益时，不仅法律层面上属于疑难复杂的案件，而且具有较强的家族属性。同时该类纠纷涉及人员较多，多为近亲属之间的矛盾。因此法官在审理此类案件时，在符合法律法规的前提下，以化解家庭矛盾为目的，平衡各同住人之间的利益（以户口为基础，参考房屋的来源、居住困难、经济困难、他处有房等）为基础，有效地实现司法效果有社会效果的统一。

2. 培养科学而统一的裁判思维。科学而统一的思维是指导法官正确进行法律思维，从而公正裁判案件的工具，也是保证法律统一适用、避免同案不同判的关键。而各地房屋征收补偿利益分割案件，在尚无法律法规规定的前提下，法官的裁判思维不同以及对法律关系理解不一，是造成目前同案不同判的主要原因。因此需要加强对法官裁判思维的培训，将裁判思维统一到法律思维的层面上，避免避开法律规则而直接适用原则的现象，另外加强法律思维的教学工作，我国法学教育重研究，轻实践，而司法审判中以实践为主，以研究为辅助。因此调整法学教育的方法，重点培养学生的法律思维能力和案件分析能力，以便能更好地从法律上处理矛盾纠纷。

五、结论

在公房征收利益分配案件中，符合同住人资格的未成年人不应因其民事行为能力而受限或者由其监护人代为受配，而应当依据该未成年人对房屋具体贡献、实际居住、他处房屋、户口等综合情况，认定其征收利益份额。由于征收利益分割案件疑难复杂，争议性问题极多，且无法律法规直接规定，也无足够的指导性案例，法官在审判中自由裁量权极大。每位法官的裁判思维以及方法不同，法律不统一适用成为常态。同时也要限制法官的自由裁量权。因此需要对征收补偿利益分配出台统一法律法规，公布相应的指导性案例，以规范法官的裁判尺度，形成统一的法律思维和正确的裁判观念，尽量减少因法律不统一适用而造成的同案不同判现象。由于审判实践中，不断出现新情况和新问题，需要构建征收法律职业共同体，加强疑难案例研讨和交流，不断弥补征收案件中存在的缺陷。

第七章 征收与婚姻

54. 征收补偿利益是否属于夫妻共同财产?

焦点问题:婚姻关系存续期间,一方所得的征收补偿利益是否属于夫妻共同财产?

要点分析:婚姻关系存续期间,一方所分得的公房征收补偿利益,原则上属于夫妻共同财产;私房征收补偿利益根据私房的来源以及取得的时间不同而有所区别。

案情介绍:(2020)沪 0109 民初 152 号

原告:梁某、陈某 1。

被告:陈某 2、蔡某某、陈 3。

被征收房屋位于上海市武昌路×××号(以下简称系争房屋),房屋性质为公房,承租人是陈某 2。系争房屋原承租人系陈某 2 的姑父,1990 年变更为陈某 2,征收时户口在册人数有 4 人,分别是陈某 2 一家三口,陈某 1 一人,陈某 2 与蔡某某系夫妻关系,陈 3 系二人之子,梁某和陈 3 原系夫妻关系,陈某 1 系二人之子女。陈某 1 的户籍报出生在系争房屋。陈 3 的户籍于 1989 年自本市武昌路迁入系争房屋,1997 年陈某 2、蔡某某、陈 3 的户籍迁入共和新路房屋,2001 年陈某 2、陈 3 的户籍自共和新路房屋迁入系争房屋,后陈 3 因入伍注销户籍,2004 年因退伍户籍再次迁入系争房屋。2007 年陈 3 与梁某登记结婚,婚前系争房屋由陈 3 和其父母居住,婚后蔡某某夫妻和陈 3 夫妻居住在景凤路房屋内,系争房屋对外出租,租金由蔡某某收取和使用。2018 年陈 3 与梁某离婚,并约定陈某 1 随梁某生活,双方婚后无共同财产,无纠葛。1991 年蔡某某单位分配共和新路房屋一套,受配对象为蔡某某、陈某 2。2017 年陈某 2 代表该户与征收单位签订征收补偿协议，并选择全货币补偿，因该户对征收利益无法协商一致，2020 年梁某、陈某 1 诉至法院，要求分割征收利益。

裁判摘要：法院认为，根据《上海市国有土地上房屋征收与补偿实施细则》的规定，征收居住房屋的，公有房屋承租人所得的货币补偿款、产权调换房屋归公有房屋承租人及其共同居住人共有。共同居住人是指在作出房屋征收决定时，在被征收房屋处具有常住户籍，并实际居住生活一年以上(特殊情况除外)，且本市无其他住房或者虽有其他住房但居住困难的人。本案中，陈某 1 的户籍虽在系争房屋内，但未实际居住，且陈 3、梁某离婚时约定陈某 1 随梁某生活，故其不属于系争房屋的同住人，其要求分得征收补偿款依法不予支持。陈 3 的户籍于 1989 年迁入系争房屋，1997 年迁出至共和新路，该房屋受配对象为蔡某某、陈某 2，故蔡某某已享受了分房福利，属于他处有房人员，在系争房屋征收中不属于同住人，而陈 3 未曾享受分房福利，不属于征收中的他处有房人员。陈 3、陈某 2 的户籍于 2001 年迁回系争房屋，后陈 3 因入伍注销，退伍后其户籍又于 2004 年迁回系争房屋，直至征收。另案中蔡某某、陈 3 的委托诉讼代理人(即本案中的委托诉讼代理人)表示陈 3 在婚前居住于系争房屋内，本案中陈某 2、蔡某某、陈 3 虽表示否认，但未提供充分的证据证明 2004 年后陈 3 未曾居住于系争房屋内，根据民事诉讼中禁止反言和诚实信用的原则，本院对此事实予以确认。征收前系争房屋用于出租系家庭内部对房屋使用的统一安排，陈 3 未居住，不影响认定其在征收中的同住人身份，故其应分得相应的征收补偿利益。由于陈 3 取得征收利益是在与梁某的婚姻关系存续期间，其所得财产依法属于夫妻共同财产，离婚协议中对此财产并未作出明确约定，故本院酌情认定梁某可分得一半。

案例评析：

房屋征收补偿款是否属于夫妻共同财产，其区分的难点在于该征收房屋的性质是否属于婚前财产，以及征收补偿款的具体项目中是否具有以家庭为单位或者对夫妻双方的补偿。但综合分析房屋的性质、类型以及补偿的项目等多种情况后，认为征收款中的主要财产不属于夫妻共同财产。但司法裁判的观点认为，公房征收补偿款属于夫妻共同财产。

国有土地上被征收房屋的类型，总体上看分成两类：公房和私房(产权房)。公房的承租人或同住人与私房的产权人对房屋均具有“占有、使用、收益和处分”

的权利，但两类房屋在权属上差别较大，因此补偿方式和补偿利益的性质差别也较大。本文以夫妻共同财产为前提，结合房屋类型，分别阐述公房和私房的征收款是否属于夫妻共同财产。

（一）从婚姻法的角度看

（1）夫妻共同财产。

夫妻共同财产主要包括自领取结婚证后，在婚姻关系存续期间，夫妻双方所得用于共同生活的所有财产，有明确约定的除外。根据我国《民法典》第一千零六十二条，夫妻在婚姻关系存续期间所得的下列财产，归夫妻共同所有：工资、奖金；生产、经营的收益；知识产权的收益；继承或赠与所得的财产，但本法第一千零六十三条第三项规定的除外；其他应当归共同所有的财产。

《婚姻法》司法解释（二）第十一条，婚姻关系存续期间，下列财产属于婚姻法第十七条规定的“其他应当归共同所有的财产”：一方以个人财产投资取得的收益；男女双方实际取得或者应当取得的住房补贴、住房公积金；男女双方实际取得或者应当取得的养老保险金、破产安置补偿费。

《婚姻法》司法解释（三）第五条，夫妻一方个人财产在婚后产生的收益，除孳息和自然增值外，应认定为夫妻共同财产。

（2）为夫妻一方所有的财产。

一方婚前财产、婚前财产转化而来的财产或婚姻期间所得的财产具有个人属性的均为夫妻一方所有财产。根据《民法典》第一千零六十三条，有下列情形之一的，为夫妻一方个人的财产：一方的婚前财产；一方因身体受到伤害获得的医疗费、残疾人生活补助费等费用；遗嘱或赠与合同中确定只归夫或妻一方的财产；一方专用的生活用品；其他应当归一方的财产。

《婚姻法》司法解释（一）第十九条，婚姻法第十八条规定为夫妻一方所有的财产，不因婚姻关系的延续而转化为夫妻共同财产。但当事人另有约定的除外。

《婚姻法》解释（二）第十三条，军人的伤亡保险金、伤残补助金、医药生活补助费属于个人财产。

因此从婚姻法财产规定的角度看，房屋征收补偿款属于一方婚前所有的财产或者权利，婚后将婚前财产或者权利转化为货币的形式，根据《婚姻法》解释（一）第十九条规定，该部分财产仍然属于一方婚前财产，除非夫妻之间有约定，不会自动转化为共同财产。

（二）从征收的角度看

（1）如果被征收的房屋属于私房，则获得的征收补偿款为夫妻一方婚前财产。举例："2000 年 6 月份李峰继承到一套老房，产权登记在李峰和其母亲的名下。2010 年李峰与张倩结婚，婚后一直在张倩家居住，2019 年该套老房屋被征收，李峰自己获得 200 万的征收补偿款，那么该 200 万的征收补偿款是否属于李峰与张倩夫妻共同共有？"根据法律规定，该套老房属于李峰婚前个人财产，不因婚姻关系的延续而转化为夫妻共同财产。同样根据《婚姻法》司法解释（三）第五条，夫妻一方个人财产在婚后产生的收益，除孳息和自然增值外，应当认定为夫妻共同财产。征收补偿并非单单对房屋价值的补偿，同时还包括其他各项奖励费。但各项奖励费可以理解为房屋的孳息或者自然增值，但绝不会是经营所得。无论婚后该套房屋如何转变其存在形态，可能会置换、买卖、自然增值、征收等，仍然无法改变该房屋为李峰个人婚前财产的本质。因此 200 万的征收补偿款仍然属于李峰个人财产。

征收案件错综复杂，仍然是具体问题具体分析，哪怕条件发生一些微小的变化，结果就会完全不同。同样是私房，如果征收时在夫妻关系存续期间，即使征收补偿款不能被认定为夫妻共同财产，但是只要条件满足，另一方同样具有分割征收补偿款的权利。举例："2000 年 6 月份李峰继承到一套老房，产权登记在自己和母亲的名下。2010 年李峰与张倩结婚，婚后一直在该征收房屋内居住。2019 年该套老房屋被征收，共获得征收补偿款 300 万元补偿款，那么张倩是否有权请求分割 300 万的利益？"此时只要张倩他处没有房屋，就可以以实际居住人身份主张获得安置。当然，此时并非因为夫妻共同财产而获得安置。

（2）如果被征收的房屋属于公房的，征收补偿款不属于夫妻共同财产。举例："1990 年 6 月份，李峰报出生于父母居住的一套公房内，并实际居住至结婚，承租人为其父老李，在册户口为李峰和他的父母一家三人。2010 年李峰与张倩结婚，婚后一直在张倩家居住，2019 年该套公房被征收，李峰自己获得 200 万的征收补偿款，那么该 200 万的征收补偿款是否属于李峰与张倩夫妻共同共有？"公房征收补偿利益归房屋的承租人和同住人共同共有。同住人需要满足以下三个条件：①作出房屋征收决定时，在被征收房屋处具有常住户口；②户口迁入后，实际居住生活一年以上（特殊情况除外）；③在本市无其他住房或者虽有其他住房但居住困难的人。本案中李峰作为公房的同住人，有权获得该公房的征收补偿款。张倩户口不在册，也未实际居住，不属于公房的被安置对象。但李峰获得的 200 万征收补偿款是否属于夫妻共同财产，结合法律规定和法学理论，公房征收补偿款属于个人财产，其原因为：

1. 从财产性质上看，该笔征收补偿款为一方婚前财产权利转化而来，仍然属于一方婚前财产。首先，李峰对该公房的占有使用权利，在夫妻关系确立之前便已取得，且另一方对该份财产权利的取得并无任何贡献性，且该份权利并未因结婚而扩大，仍然保持婚前的状态；其次，公房承租人或者同住人对公房虽不具有所有权的表象，但对所承租的公房却具有占有、使用、收益和处分的所有权的全部内属权利，因此从法律本质上看，公房承租的财产权应当属于婚姻法第十八条第一款规定的婚前财产；再次，根据《婚姻法》司法解释三第五条，夫妻一方个人财产在婚后产生的收益，除孳息和自然增值外，应认定为夫妻共同财产。其中个人的财产应当包括财产权，征收补偿利益应当属于孳息和自然增值，仍然属于婚前一方所有的个人财产。而且征收补偿款应当属于《婚姻法》第十八条第五项规定的“其他应当归一方所有的财产”。

2. 从征收补偿对象和补偿项目看，征收补偿利益不属于夫妻共同财产。公有房屋补偿的对象是公房的承租人和同住人，并未将家庭作为补偿的对象，因此承租人或者同住人是否结婚，与谁结婚对征收补偿的数额并没有影响。从补偿项目上看，依据《国有土地上房屋征收与补偿条例》第十七条规定：作出房屋征收决定的市、县级人民政府对被征收人给予的补偿包括：①被征收房屋价值的补偿；②因征收房屋造成的搬迁、临时安置的补偿；③因征收房屋造成的停产停业损失的补偿。以上海征收政策为例，目前房屋征收补偿的方式主要依据是房屋建筑面积。补偿项目包括：评估价格、套型面积补贴和价格补贴（俗称“三块砖头”），其计算方式分别是：评估价格＝被征收房屋的房地产市场评估单价×被征收房屋的建筑面积，被征收房屋的房地产市场评估单价低于评估均价的，按评估均价计算；价格补贴＝评估均价×补贴系数×被征收房屋的建筑面积，补贴系数不超过 0.3，具体标准由区（县）人民政府制定；套型面积补贴＝评估均价×补贴面积。

从计算公式中可以看出，“三块砖头”的补偿数额仅仅与房屋的面积有关，与承租人或者同住人的人数并无关联，因此单纯的结婚不会增加房屋的征收补偿款。

奖励费主要包括签约奖励费、搬迁奖励费、房屋装饰装修补偿费、均衡安置补贴、搭建补贴以及无搭建补贴、过渡费、营业损失补贴等，根据实践经验来看，政府计算奖励费数额的标准要么每户都一致，比如签约奖励费、搬迁奖励费等，要么是以被征收房屋的面积为基数乘以固定的系数，最终得出奖励费的数额，比如房屋装饰装修补偿费等。因此奖励费数额的多少与承租人或者同住人的人数也无必然的关系。

总之，无论是私房或公房被征收，如果夫妻一方当事人不能成为被征收人或者同住人的话，那么夫妻一方所分得的征收补偿款应当只属于夫妻一方的个人财产。

实战策略：

根据目前法院裁判惯例，公房征收补偿款属于婚后取得，应当被认定为夫妻共同财产，比如(2016)沪02民终5578号判决："杨某美户籍不在系争房屋内，而是在本市他处公房内，且在系争房屋被征收前未实际居住，故杨某美不属于系争房屋的使用人，被征收人无需对其进行安置。刘某兴与杨某美于征收过程中离婚，刘某兴所得的征收补偿利益应属于夫妻共同财产，杨某美对此有权予以分割。"因此，在司法实践中，法院裁判的观点成为主流观点，司法观点需要经得起法律推敲。

55. 婚姻关系存续期间，是否可以提起分割补偿款诉讼？

焦点问题：婚姻关系存续期间，不提出离婚的情况下，是否可以请求分割征收补偿利益？

要点分析：《〈婚姻法〉解释三》第四条规定：婚姻关系存续期间，夫妻一方请求分割共同财产的，人民法院不予支持，但有下列重大理由且不损害债权人利益的除外：(一)一方有隐藏、转移、变卖、毁损、挥霍夫妻共同财产或者伪造夫妻共同债务等严重损害夫妻共同财产利益行为的；(二)一方负有法定扶养义务的人患重大疾病需要医治，另一方不同意支付相关医疗费用的。

案情介绍：(2017)沪0101民初7651号

原告：吴某英。

被告:杨某芳。

被征收房屋位于上海市黄浦区东江阴街×××号(以下简称系争房屋),房屋性质为公房,承租人系案外人杨某某。在册户口人数共3人,分别是吴某英、杨某某、杨某芳,杨某某系吴某英丈夫,杨某芳系杨某某之女。2017年初杨某某代表该户与房屋征收单位签订征收补偿协议,因该户对征收补偿利益无法协商一致,2017年吴某英诉至法院,要求分割征收补偿利益。

裁判摘要:

本院经审查认为,吴某英与案外人杨某某系夫妻关系,吴某英起诉主张分割房屋征收补偿利益,其中包含案外人杨某某夫妻共同财产部分。根据法律规定,婚姻关系存续期间,夫妻一方请求分割共同财产的,人民法院不予支持,但有重大理由且不损害债权人利益的除外。现吴某英在婚姻关系存续期间单独起诉要求分割夫妻婚内财产,且未提出必须分割夫妻共同财产的重大理由。另案外人杨某某作为必须共同诉讼的当事人并未参加本案诉讼主张权利,故吴某英的起诉属主体资格不适格,驳回吴某英的起诉。

案例评析:本案的焦点问题为夫妻关系存续期间,一方起诉要求分割征收补偿利益的,人民法院是否准许?法院认为原告未提供分割夫妻共同财产的重大理由,驳回原告的起诉。司法实践中,起诉分割夫妻共同财产的情况还有哪些?

根据《〈婚姻法〉解释三》第四条,婚姻关系存续期间,夫妻一方请求分割共同财产的,人民法院不予支持,但有下列重大理由且不损害债权人利益的除外:(一)一方有隐藏、转移、变卖、毁损、挥霍夫妻共同财产或者伪造夫妻共同债务等严重损害夫妻共同财产利益行为的;(二)一方负有法定扶养义务的人患重大疾病需要医治,另一方不同意支付相关医疗费用的。

(一)一方实施损害夫妻共同财产行为的,应当依法予以分割。此情形包括一方隐藏、转移、变卖、毁损、挥霍夫妻共同财产的行为,也包括为了分割更多财产,伪造夫妻共同债务的行为。其中变卖行为不仅是将共同财产出售变卖,而应当界定为一方未经对方同意,私自变卖夫妻共同财产,并将所得收入隐藏、转移、毁损、挥霍的行为。如果只是变卖,未做隐藏、转移、挥霍等损害夫妻共同财产权益,甚至将变卖所得款项交给对方保管的,不应当认定为本条规定的"变卖"。挥霍是指随意、任意花钱,夫妻关系存续期间,一方为了自己或者双方的需求进行消费是正常的,如何将一些消费行为认定为挥霍,应当根据消费水准、消费数额、消费目的以及消费的合理性和正当性确定。如一方将夫妻共同财产用于赌博、吸毒、酗酒等，即使数额不大，也应当认定为“挥霍”，而一方将夫妻共同财产用于再学习、照顾一方或双方的父母子女、正常投资等，即使数额较大，也难以认定为挥霍。认定一方的消费行为是否为挥霍，不仅是从消费本身来讲，更要考虑消费的原因和目的，从主观正当性考虑是否属于“挥霍”夫妻共同财产，目的的正当性应当可以阻止“挥霍”的认定。

（二）一方负有法定扶养义务的人患重大疾病需要医治，另一方不同意支付医疗费用的，应当予以分割。除此以外的其他人，无论是一方出于见义勇为、乐善好施、治病救人等慈善或者其他崇高目的，或者是其他朋友、同事、战友等有着其他密切关系者患有重大疾病，出于友情、亲情等要求以夫妻共同财产支付医疗费而对方不同意的，不得要求在夫妻存续期间分割共同财产。如果是夫妻一方患重大疾病需要医治，另一方不同意支付医疗费用的，本着举重以明轻的原则，夫妻一方要求分割共同财产，应当对夫妻共同财产予以分割。配偶一方丧失诉讼能力的，其父母、子女等其他近亲属有权作为其法定代理人进行起诉，维护其合法权益。

实战策略：

征收补偿利益分割案件中，如果夫妻双方均属于案件当事人，除夫妻双方以外尚有其他原被告的，法院应当受理，分割的理由适用《民法典》第三百零三条规定，共有人约定不得分割共有的不动产或者动产，以维持共有关系的，应当按照约定，但是共有人有重大理由需要分割的，可以请求分割；没有约定或者约定不明确的，按份共有人可以随时请求分割，共同共有人在共有的基础丧失或者有重大理由需要分割时可以请求分割。因分割造成其他共有人损害的，应当给予赔偿。

56. 离婚后，哪些情形不享有征收补偿利益？

焦点问题：甲乙结婚后，乙将户口迁入甲方父母遗留的公房内，在征收决定作出前，甲乙已经离婚。哪些情况下，乙方无权享有征收补偿利益？

要点分析：一般情况下，离婚后将户口迁出被征收公房处的，属于放弃征收补偿利益；离婚协议中约定户口迁出的，于房屋征收之前却未迁出的在册户口人，无权享有征收补偿利益；离婚协议中约定各自解决居住问题，或者离婚后不再在被征收房屋内实际居住的，一般无权享有征收补偿利益。

案情介绍：(2021)沪02民终12530号

原告：胡某祺。

被告：邹某宝、赵某妹、赵某林、赵某、靳某。

被征收房屋位于本市××路××号，为公有，承租人为邹某宝。征收时户籍在册人员共6人，分别为：邹某宝、胡某祺、赵某妹、赵某林、赵某、靳某。邹某宝、赵某妹、赵某林系同母异父的兄弟姐妹；赵某系赵某林女儿，靳某系赵某女儿；胡某祺与邹某宝原系夫妻(1986年11月20日登记结婚，2004年7月7日协议离婚)。

婚姻情况。2004年7月7日，胡某祺与邹某宝至民政部门协议离婚，双方达成协议，"……，四、分居住房落实，现双方共同承租，居住在××路××号房屋内(被征收房屋)，由于双方结婚十几年以来共同居住，因此经协商双方同意此住房在将来拆迁后，所得款数或住房每人一半，但是在未拆迁前，此住房暂由女方居住，直到拆迁为止，如与动迁政策有冲突，责任自负"。2019年1月9日，胡某祺与案外人沈某某登记结婚。系争房屋被征收时胡某祺未在内居住。

居住情况。邹某宝、赵某林表示，赵某林自2007年户籍回迁时，胡某祺已经不在亭子间内居住；而胡某祺则认为，其在2016年之后才离开。但双方均未提供事实依据。此外，邹某宝、赵某林自认在征收补偿款领取后，邹某宝拿2,050,000元，赵某林拿2,030,000元。另，2011年5月，胡某祺与邹某宝经地区协调，系争房屋由邹某宝居住。上述事实由人民调解协议书为证。

2020年10月24日，邹某宝与征收部门签订征收补偿协议和结算单，该户不符合居住困难户。确认货币安置的结算总金额为4,083,131.67元，其中特殊困难补贴30,000元属于赵某林。现征收补偿款于2021年3月由邹某宝领取。

裁判摘要：

根据相关规定，公有房屋承租人所得的货币补偿款、产权调换房屋归公有房屋承租人及其共同居住人共有。共同居住人，是指作出房屋征收决定时，在被征收房屋处具有常住户口，并实际居住生活一年以上(特殊情况除外)，且本市无其他住房或者虽有其他住房但居住困难的人。系争房屋被征收时在册人员不符合居住困难户。本案的争议焦点在于，胡某祺是否为房屋同住人，是否有权取得房屋征收补偿利益。女方基于婚姻关系将户籍迁入夫家并随同男方家庭共同生活是符合公众认知的、较为普遍的社会习俗，邹某宝对胡某祺将户籍迁入系争房屋不持异议，表明其同意接纳胡某祺作为家庭成员并解决其居住问题，两人婚姻关系结束后，胡某祺是否长期在内居住没有事实依据，在内居住同住人否认胡某祺实际居住生活，故无法认定胡某祺为房屋实际居住人，胡某祺离婚后至征收前离开系争房屋实际居住在外，户籍属于空挂，属于不符合居住一年以上的共同居住人，故胡某祺不具有系争房屋的同住人资格，不符合同住人分割征收补偿利益的资格条件。

同时，夫妻一旦解除婚姻关系，双方理应对居住问题重新作出安排。应当指出的是，该居住问题的解决并非只对单方有利，而是双方得以顺利解除婚姻关系、开始各自独立生活的保障。邹某宝既同意离婚后胡某祺继续在系争房屋内落户，也同意在房屋拆迁安置时为胡某祺争取利益，并且在取得住房或安置款后对胡某祺作分割分享，该承诺显然是针对胡某祺离婚后的居住保障，虽然从拆迁安置政策的角度难以认定胡某祺为受安置资格，但邹某宝与胡某祺的离婚协议是双方真实意思的表示，对胡某祺与邹某宝有约束力，在相关条件成就时应该得到落实，现系争房屋已拆迁安置完毕，邹某宝在获取相应补偿款的同时应履行承诺，但因邹某宝与胡某祺约定该条款不得影响他人的利益，而赵某妹、赵某林、靳某、赵某并非协议当事人，协议约定的款项分割标准与实际拆迁的安置方式不一致，也系两个不同的法律关系，故胡某祺的要求应另行处理解决。

为此，根据公平原则，考虑到系争房屋来源、实际居住情况、对房屋的贡献以及考虑补偿与安置兼顾等因素，胡某祺以同住人身份要求按整个房屋征收利益的三分之一进行分割，不符合客观事实，不予支持。

案例评析：

本案例属于较为经典的案例，夫妻一方因结婚而将户口迁入另一方房屋，且婚姻关系存续期间双方都在被征收房屋内实际居住，并于房屋征收之前离婚。司法审判中，类似的案例较多。本案经过法院审理判决，胡某祺无权享有征收补偿利益。但现有的且公布出来的法律法规中，没有明确确定离婚后同住人认定的问题。笔者结合长期的实务办理和案件研究，并根据法院审理案例，总结以下几种情形（注意：本文讨论的前提是：户口在册、实际居住满一年以上且他处无房的情形）。

（一）离婚协议中约定户口迁出的，于房屋征收之前却未迁出的在册户口人，无权享有征收补偿利益。

户口在被征收房屋内的，从形式上看属于被征收房屋的权利人，一旦户口迁出，就意味着放弃被征收房屋的权利。离婚协议中约定户口迁出的，一般意味着承诺放弃该房屋的权利，因此离婚协议或者其他协议中有承诺户口迁出的，一般都不属于被征收房屋的权利人。参考案例(2020)沪02民终5993号："丁某英离婚判决中已经明确迁出男方家，由于户口无处可迁，一直挂在男方家，即使后来男方家房屋动迁调配单上有其姓名，仍无权享受男方房屋动迁利益，不能认定其享受过动迁利益。"

（二）离婚协议中约定各自解决居住问题，或者离婚后不再在被征收房屋内实际居住的，一般无权享有征收补偿利益。

离婚后不居住的，不再属于被征收房屋的同住人属于通说观点。正如2022年上海某法院的一份文件中也表明了该观点："夫妻双方户籍均在被征收房屋内，且已离婚的，如一方与被征收房屋并无联系，仅因婚姻关系迁入户籍，离婚后又不实际居住的，原则上不应认定为同住人。"较多案例与该观点相印证，比如案例(2015)静民三(民)初字第428号："原告钱某某与被告毕某乙结婚后将户籍迁入系争房屋，在与被告毕某乙离婚之前因出国长期不居住系争房屋，2009年离婚协议约定原告钱某某自行解决住房问题，之后原告钱某某未再居住系争房屋，故应认定原告钱某某离婚时已放弃在系争房屋中的居住权益。"和本文作者在2020年承办过的案件观点一致，判决认为："杨某的户籍于婚后迁入新昌路房屋至其登记离婚的时间仅有两个半月的时间，其也未就在离婚后继续居住新昌路、实际居住满一年以上提供证据予以佐证，故对杨某的同住人身份不予认定。"

（三）离婚协议未约定户口和居住问题的，如果离婚后仍然长期实际居住在被征收房屋内的，一般应当认定为同住人，可以分得征收补偿利益(略有争议)。

从理论上来讲，离婚后仍然长期实际居住在被征收房屋内的以及从征收解决实际居住问题的角度考量，应该给予安置；从实践上来看，此类情形极为罕见，除非是"假离婚"，一般离婚后不会居住在对方父母留下的房屋内。而且此种情况下的居住人员，在司法实践中也面临巨大的举证压力，如果无法证明离婚后在被征收房屋内实际居住满一年以上，依旧会被排除在同住人之外。总之，此种情况下，尽量避免诉讼，通过其他方式寻求救济，比如(2020)沪 02 民终 4583 号："杨某莹则因征收前已与程×离婚，根据其与系争房屋之关联情况，不应认定其离婚后仍具有系争房屋同住人身份。"

(四) 离婚后未实际居住，但是离婚协议上约定有权分割征收补偿款的，可以视为夫妻一方对另一方的承诺。

该观点比较符合法律规定。首先，离婚协议是有效的；其次，离婚协议上的承诺也未违反法律的强制性规定，也属于有效的内容；再次，该承诺不得侵害其他同住人的利益。因此该承诺属于"对内有效，对外无效"的约定，被承诺方可以基于该承诺，从承诺人处获得相应的征收补偿利益，其获得的款项不得超过承诺人所获得的征收补偿利益。该观点类似于协议签订后又增加其他同住人的，应当遵守"谁迁入，谁负责"的原则，比如案例(2020)沪 02 民终 4320 号："《协议书》签订两年后，史某萍以承租人身份将其夫、其女户籍迁入涉案房屋，对具体征收利益分配产生的影响，应属史某萍在其享有的征收利益份额内进行处分，故潘某森、潘某某所得份额应包含在原史某萍依《协议书》可享有的份额内。"

(五) 离婚后，未成年子女的抚养人没有份额，未成年人也没有份额。

该处的未成年人，即使在房屋征收时已经成年，一般也无权分割房屋的征收补偿款。约定未成年人的抚养关系时，如果是对公房的来源无关系的一方获得未成年人的抚养权的，只要抚养人没有份额，该未成年人一般也无权分割房屋的征收补偿利益。比如本文作者在 2020 年承办案件的判决书："本案原告徐某自 1997 年父母离婚随母迁居他处，对系争房屋不再享有居住权益。"

实战策略：

公房征收补偿利益分割案件中，如何认定同住人始终是案件的争议难点。同时法院在特殊情况下，用法律原则突破已有的法律规则，创设法律规则的例外情形。笔者认为法院在创设例外情形时，应当给出充足的论证说理，更重要的是类似的"例外情形"应当统一适用。比如有些法院的文件认为"夫妻双方户籍均在被征收房屋内，且已离婚的，如一方与被征收房屋并无联系，仅因婚姻关系迁入户籍，离婚后又不实际居住的，原则上不应认定为同住人"，而(2020)沪 0101 民初 9044 号判决认为"离婚后女方虽然搬离了被征收房屋，但并不意味着放弃征收补偿利益"等一些案例依然认定符合同住人资格，可以获得相应的征收补偿利益。司法实践中，关于离婚之前实际居住的配偶一方，离婚后未实际居住的，需要向法院证明两点：首先是实际居住的证明；其次是证明搬离并不意味着放弃征收补偿利益，尤其是他处无房，或者居住困难的居民。最后可以提供一些类似指导性案例，给法院提供一种参考，以争取利益最大化。

57. 离婚后，户口迁回父母房屋处未再居住的，是否还符合同住人？

焦点问题：公房征收补偿利益分割案件中，一方当事人离婚后，将户口从配偶家迁回原居住地房屋处(父母家)，但未实际居住的，是否符合同住人身份？

要点分析：根据法院观点，"实际居住一年以上"应理解为户籍在册人员将户口迁入被征收房屋后未再迁出，直至征收时，以被征收房屋为居住地，长期连续稳定居住一年以上，而并不仅指至房屋征收决定作出前一年的实际居住。如果因离婚而将户口再次迁回，但迁回后未实际居住的，视为空挂户口，无权分割征收补偿利益。

案情介绍：(2021)沪 0110 民初 13749 号

原告：刘某娟。

被告：赵某蓉、刘某明、蔡某蓉、刘某康。

被征收房屋位于上海市杨浦区许昌路×××号(以下简称系争房屋)，房屋性质为公房，承租人是赵某蓉。征收时户口在册人员有 5 人，分别是刘某娟 1 人和赵某蓉一家 4 人，赵某蓉系刘某娟的嫂子，刘某明系赵某蓉的儿子，蔡某蓉系赵某蓉的儿媳，刘某康系赵某蓉的孙子。系争房屋由刘某娟的母亲从 1983 年开始承租，系原租户，刘某娟的母亲于 1996 年报死亡，承租人变更为赵某蓉的配偶(2017 年报死亡)，动迁过程中，上海平凉物业管理有限公司确定承租人变更为赵某蓉。

刘某娟于 1956 年报出生在系争房屋内，1985 年因结婚刘某娟的户籍自系争房屋迁往祥德东路，1998 年刘某娟的户籍自祥德东路迁回系争房屋，未实际居住。2009 年祥德东路房屋产权人变更为刘某娟的配偶，2010 年因夫妻加名变更为刘某娟夫妻两人。赵某蓉的户籍于 1984 年自塘沽路迁入系争房屋，并实际居住。刘某明的户籍于 1984 年报出生在系争房屋，并实际居住。1986 年 8 月 18 日系争房屋同号分户，一户为刘某娟的母亲，一户为赵某蓉一家三口。蔡某蓉的户籍于2014年因夫妻投靠自永春北路迁入系争房屋，刘某康的户籍于2013年报出生在系争房屋。刘某明、蔡某蓉结婚生子后三人租借在系争房屋内，2015年起刘某明、蔡某蓉、刘某康至日本工作、学习。2015年刘某娟因上海市通北路×××号房屋动迁获得动迁安置房两套及部分货币补偿款，刘某娟自述其为获得通北路×××号房屋内的企业网店经营使用权曾支付1.5万转让费。2021年赵某蓉代表该户与征收单位签订征收补偿协议，并选择货币补偿。因该户对动迁征收利益无法协商一致，2021年刘某娟诉至法院，要求分割动迁款。

裁判摘要：

法院认为，民事主体的合法权益受法律保护。公有住房的安置对象为房屋承租人、共同居住人。共同居住人是指在房屋征收许可证核发之日，在被拆迁居住房屋处有本市常住户口，已实际居住一年以上，且本市无其他住房或者虽有其他住房但居住困难的人。本案中，1984年刘某娟因结婚搬出系争房屋至配偶家动迁获取的祥德东路安置公房中居住，户籍也随之迁出。虽庭审中刘某娟陈述其结婚生子后回来和母亲居住过两、三年，然此时刘某娟的户籍不在系争房屋内，且结合中国生活传统，该居住无论出于工作方便还是出于照顾母亲，均应视为暂时借住。另外刘某娟的母亲(于1996年报死亡)独立成户，刘某娟的户籍于1998年迁回系争房屋至刘某娟的母亲户，迁入户口并非为居住，且户口迁入后也未实际居住。综上，刘某娟不符合共同居住人的认定条件。进一步讲，即使刘某娟获取通北路房屋时支付了部分补偿金，但综合考虑当时房屋的价值且该房屋现已动迁之事实情况，本院认为刘某娟在通北路×××号房屋中享受了国家的福利政策。综上，对刘某娟要求分得征收补偿款之诉讼请求，不予支持。

案例评析

根据政策规定公房的征收补偿利益归承租人和同住人共同共有，同住人一般需要满足三个条件，分别是：(1)作出房屋征收决定时，在被征收房屋处具有常住户口；(2)户口迁入后，实际居住生活一年以上(特殊情况除外)；(3)在本市无其他住房或者虽有其他住房但居住困难的人。司法实践中，很多居民结婚前报出生在被征收房屋处，一直实际居住到结婚，结婚后将户口迁入配偶家，离婚后又将户口迁回原房屋处，但因为各种原因无法实际居住的，是否还符合同住人身份？

自户口迁回原房屋后，未实际居住的，不符合同住人条件。该居民符合同住人条件(1)和(3)。但是否符合条件(2)？根据二中院解答：实际居住一年以上应理解为户籍在册人员将户口迁入被征收房屋后未再迁出，直至征收时，以被征收房屋为居住地，长期连续稳定居住一年以上，而并不仅指至房屋征收决定作出前一年的实际居住。但根据《高院解答》规定，在被拆迁公有居住房屋处有本市常住户口，因家庭矛盾、居住困难等原因在外借房居住，他处也未取得福利性房屋的，满足以上两点条件的，即使未居住也视为同住人，但司法实践中，该类事实较难证明，所以该类居民往往被认定为非同住人。

实战策略：

司法实践中，有一些情况即使户口迁出原房屋，后期又迁回的，不中断居住时间，可以连续计算。比如《高院解答》房屋拆迁时，因在服兵役、读大学、服刑等原因，户籍被迁出被拆公有居住房屋，且在本市他处没有福利性房屋的，征收时，即使户口不在册，也可以视为同住人。举重以明轻，户口迁回后，即使不居住也不中断居住时间。除以上情况外，司法审判中还包括因知青、读书、出国等原因迁出的，户口再次迁回后，不中断居住时间。综合以上不中断居住时间的情形，可以得出结论，他们均因“非自愿”的因素而将户口迁出，并有“再次迁回”的需要。除以上因素之外，还应当满足本市他处无房的条件。那么因结婚而将户口迁出是属于社会风俗，而将户口迁到夫家；离婚后也只能将户口迁回父母所在的房屋处，有再次迁回的需求。因此如果因结婚迁出，因离婚又迁回的，他处没有享受福利分房的，应当不中断居住时间，可以视为同住人。

第八章 征收与知青

58. 知青的那段历史

房屋征收案件中，知青及其子女的安置是不可忽视的问题，几乎每一个被征收房屋的家庭里，都至少有一位知青。那么对于回沪知青以及回沪知青子女，在房屋征收补偿案件中的份额，是否有所不同？本文主要研究知青的背景以及知青子女回沪的政策，讨论知青及其子女在征收补偿案件中是否可享有特殊照顾。

二十世纪五十年代，我国开始出现城市中小学毕业的青年学生自愿去山区、农村、边疆参加农村社会主义建设的举动。1956 年 1 月，中共中央政治局在《一九五六年到一九六七年全国农业发展纲要(草案)》中写道："城市中、小学毕业的青年，除了能够在城市升学、就业的以外，应当积极响应国家的号召，下乡上山去参加生产，参加社会主义建设的伟大事业。"这是在党和政府的文件中，第一次提出知识青年上山下乡的概念，也成了知青上山下乡开始的标志。二十世纪六七十年代，在文革期间，毛主席发出"农村是一个广阔的天地，到那里是可以大有作为的""知识青年到农村去，接受贫下中农的再教育，很有必要"的指示，大量的城市"知识青年"开始有组织、大规模地离开城市，到农村定居和劳动。

知青上山下乡运动主要分为四个阶段：1964 年中央成立了"知识青年下乡指导小组"和安置办，各地区也成立了安置知青下乡的专门办事机构。加上原来已有的六一、六三年以及后来的六五届下乡知青，被称为"前老三届"，后期的还有"老三届"(1966—1968 年)，"新五届"(1969—1973 年)，以及"后五届"(1974—1978 年)知青。根据相关部门统计在 1962—1979 年之间，全国上山下乡的知青约有 1700 万人(国家统计局社会统计司，1987 年)。

1978 年 10—12 月，知识青年上山下乡运动结束，知青回城工作提上议事日程。而上海在 1979 年 5 月 28 日至 6 月 3 日召集各方参加的统筹安排知青工作会议,采取了知青子女顶替、发展集体所有制等方法,统筹安排本系统、本地区职工的回城子女。为适当帮助仍在外省区工作的原上海城镇上山下乡知识青年,解决其子女就读、就业方面的实际困难,1989 年 3 月继北京、天津之后,上海作出了允许在外省区工作的原上海城镇上山下乡知青子女回沪就读入户的决定。经上海市人民政府同意,市劳动局、教育局、公安局、粮食局于 1989 年 3 月 21 日联合发出《关于允许在外省区工作的原上海城镇上山下乡知识青年子女来沪就读入户问题》[沪劳访发(89)23 号]以及[沪劳访发(89)24 号]文件规定:每户知青(包括夫妻双方都是上海知青的和夫妻中有一方是上海知青的)允许一名年满十六周岁或初中毕业以上未婚、未就业的子女来沪就读入户。并必须有知青在沪的父母、兄弟姐妹做知青子女的监护人,又能自行解决住房问题。当年经批准来沪的知青子女有 35955 人,1990 年批准的有 15205 人。

除了去省外的知青,支边和支疆外,还有到市郊农场的"知青(上青)"。在上海市地方志办公室整理的《农垦志》中关于该部分知青(上青)子女回沪的规定:"1985 年 3 月,市公安局和市农场局分别下达市区县各公安局,市郊各国营农场规定凡市区到农场工作的知青职工、原从市区调入农场工作的职工、国家分配的大中专毕业生及知青女职工的子女,可以在农场就地登记为上海市市区户口;登记为市区户口的知青女职工所生的子女年满 15 周岁的准许有一个子女户口迁入市区直系亲属家中落户。"在 1985 年后,上海市各有关机关不断修正关于市郊知青子女就读和就业的问题,1988 年 5 月由市农场局、市劳动局、市教育局、市人事局联合以沪农场教卫(88)151 号文下达"关于海丰农场上青职工子女在市区学校借读升学问题的实施办法",解决了农场知青职工子女在市区各类中、小学、技职校借读、就读的问题,消除了农场职工的后顾之忧。同时在 1990 年 3 月,经与市劳动、公安等局协商,市农场局、市公安局联合下达"关于允许已登记市区户口符合条件的市属国营农场知青职工子女户口迁回市区的请示",报经市政府协调同意,5 月实施,规定市郊国营农场已登记为市区户口的知青职工子女,年满 13 周岁或在初中二年级就读的,允许 1 户有 1 个子女户口迁入市区直系亲属家中。对符合条件的每年办理一次,逐年解决。

2009 年上海市政府为了积极稳妥地解决历史遗留户口问题,相继出台了《关于本市投靠类户口迁移若干实施意见》[沪府(2009)70 号]和《上海市公安局关于执行本市投靠类户口迁移政策的若干规定》等文件，对知青及其子女回沪制定针对性的政策。

知青及知青子女为家庭和社会作出极大的牺牲，曾长期生活在上海的城市青年，成为知青对他们及子女造成深远的影响。有学者认为，知青生活幸福感比非知青要低，“文化大革命”期间下乡的知青社会信任水平显著更低；知青的精神健康状况更差；下乡经历甚至改变了知青的个人信念；上山下乡运动使知青失去了接受正规文化教育的机会，从而导致其人力资本损失。基于此，征收补偿利益分割案件中，法律政策会向知青及其子女适当倾斜。

59. 按照政策回沪的知青子女是否可以获得征收补偿份额？

焦点问题；按照政策回沪的知青子女享受哪些政策性照顾？

要点分析：根据《高院综述》《高院解答》等政策规定：除回沪知青子女等按政策回沪人员外，承租人或同住人允许无法定监护关系未成年人迁入户口的，一般可认定为属于帮助性质，如允许他人子女为上学之便，将户口迁于公房，一般不应确认他人子女为同住人。同时，按照政策回沪的知青子女，不受实际居住条件的限制，符合同住人条件。

案情介绍：(2021)沪 0101 民初 26427 号

原告：韩某、韩某好。

被告：韩某良、韩某蓓、许某轩、许某思。

被征收房屋位于上海市黄浦区净土街×××号(以下简称系争房屋)，房屋性质为公房，承租人系韩某良。征收时户口在册人员有 6 人，分别是韩某、韩某好父女 2 人，韩某良一家四口，韩某系韩某良的侄子，韩某蓓系韩某良的女儿，许某轩、许某恩两人系韩某蓓的女儿。系争房屋原承租人为韩某良的母亲，1983 年变更为韩某良。韩某的父亲系知青，韩某的户籍于 1989 年按知青子女回沪政策迁入系争房屋，韩某好的户籍于 2009 年报出生在系争房屋内。韩某蓓的户籍于 1979 年报出生在系争房屋，后迁出，2011 年从本市三牌楼路再次迁入系争房屋内，许某轩户籍于 2009 年报出生在系争房屋内，后迁出，于 2010 年从本市三牌楼路再次迁入系争房屋内，许某恩的户籍于 2013 年报出生在系争房屋内，韩某、韩某好、许某轩、许某恩4人均未在系争房屋内实际居住，系争房屋由韩某良居住至动迁。韩某良夫妻于1979年分得本市梦花街房屋一套，受配人包括韩某蓓，另本市三牌楼路公房承租人为韩某蓓外祖母，2001年承租人变更为韩某蓓，该房屋于2007年动迁，安置人口为韩某蓓1人。2021年韩某良与征收单位签订征收补偿协议，并选择全货币补偿。因该户对征收补偿利益无法协商一致，2021年韩某、韩某好向法院起诉，要求分割征收补偿利益。

裁判摘要：

本院认为，根据相关规定，公有居住房屋承租人所得的货币补偿款、产权调换房屋归公有房屋承租人及其共同居住人共有。共同居住人是指作出房屋征收决定时，在被征收房屋处具有常住户口，并实际居住生活一年以上（特殊情况除外），且本市无其他住房或者虽有其他住房但居住困难的人，该处所指的他处房屋的性质仅限于福利性质取得的房屋。韩某的户籍系按知青子女回沪政策迁入系争房屋，在其无明确表示放弃居住权益情况下，基于系争房屋居住条件而未实际居住，不影响其对系争房屋享有的居住权益，故应享有系争房屋征收补偿利益，韩某好系未成年人，亦未在系争房屋内实际居住，不应认定为同住人，不享有征收补偿利益。韩某良为承租人，其长期居住在系争房屋至动迁，即使其在他处获得过福利分房，亦不影响其对系争房屋享有征收补偿利益。韩某蓓不仅是梦花街房屋福利分房的受配对象，且在他处作为公房的承租人获得过动迁安置，故其不符合同住人条件，许某轩和许某恩系未成年人，未在系争房屋内实际居住，属空挂户口，且二人居住利益应附随于父母，故许某轩、许某恩不符合同住人条件，不享有系争房屋征收补偿利益。综合考量系争房屋来源、房屋实际居住使用情况等因素，依照公平合理的原则，本院酌定分割征收补偿利益。

案例评析：知青是特殊历史背景下，对上山下乡的知识青年的称谓。按照上海市的政策，符合条件的知青子女可以回沪，知青本人退休后也可以根据政策投靠子女回沪。对该类特殊人群，法院在房屋征收补偿款分配案件中，往往会对其有特殊的照顾。本案中韩某属于按照政策回沪的知青子女，虽未实际居住，但根据知青保护政策，韩某属于同住人，有权分割房屋的征收补偿利益。司法实践中按照政策回沪的知青子女，还有哪些方面的特殊保护？

（一）按照政策回沪的知青子女，不属于帮扶性质。在2014年的《上海市高级人民法院公房居住权纠纷研讨会综述》中讨论“当事人仅迁入户口并未实际居住,是否可以确认其享有居住权?”中规定:“除回沪知青子女等按政策回沪人员外,承租人或同住人允许无法定监护关系未成年人迁入户口的,一般可认定为属于帮助性质,如允许他人子女为上学之便,将户口迁于公房,一般不应确认他人子女为同住人。”由于知青子女可以按照政策规定回沪,且回沪的知青子女都属于未成年人,其父母监护人无法一同回沪,只能由其外公外婆、爷爷奶奶做“监护人”,代为照顾。根据该政策规定,未成年知青子女不随其父母监护人迁入户的,不会被认定为帮扶性质,一般享有征收补偿利益。但入户时有协议书或者承诺书的除外,如果入户时已经明确确定不享有房屋征收款的,则入户人员不再享有征收补偿利益。

(二)按照政策回沪的知青子女,即使未实际居住,不会影响其同住人的身份。知青子女按政策回沪后,因为房屋面积较小或者家庭内部有困难等因素,不方便在房内居住的,不会被认定为空挂户口。比如案例(2016)沪 02 民终 7381 号:“龚某强因系回沪知青子女而落户于系争房屋,但未实际居住,一审法院基于龚某强取得系争房屋居住权利的方式以及系争房屋的来源等因素,酌情确定龚某强可以分得系争房屋征收补偿利益的金额,尚属合理,本院予以认同。”另有案例(2020)沪 02 民终 204 号:“杨 2 因知青子女回沪政策将户口迁入系争房屋,在系争房屋出租前因系争房屋实际使用状况和其在外地求学、工作等原因未居住系争房屋,回到上海生活时系争房屋已出租无法居住,故杨 2 亦在系争房屋享有居住权。”对于该部分的观点实践中尚存在一些争议,有些法院严格按照同住人的条件认定,即使是知青女子按照政策回沪的人员,因为其从未实际居住的客观情况,法院依旧认定该在册户口人属于空挂户口,无权享有征收补偿利益。

实战策略:

如何证明居民是按照政策回沪的知青子女?

司法实践中,通常两类证据可以证明:(一)知青子女档案资料(包括《在外省区工作的原上海城镇下乡知青子女来沪就读入户审批表》《知青申请书》等内档资料)。该份资料的保存地一般是知青子女回沪时,户籍报入地的区档案馆。对于该份资料,当事人本人可以持有效身份证调取,律师需要申请法院调查令依法调取;(二)户籍签报表。知青子女报入户口时,需要派出所审核通过,如果属于按照知青(内)子女政策回沪的,户籍签报表中会有记载。该份资料保存于户口所在地的派出所,当事人和律师均不能调取,需要向法院提出申请,法官依职权调取。

60. 按政策回沪的知青及其配偶是否有权分割征收补偿利益?

焦点问题:知青本人及其配偶按照政策将户口迁入被征收房屋处的,是否有权分割房屋的征收补偿利益?

要点分析:审判实践中,按照政策回沪的知青本人将户口迁入原迁出地的,户口迁入后未实际居住的,也属于同住人,有权分割房屋征收补偿利益。但对于知青配偶,如果户口迁入后未实际居住生活的,一般不符合同住人条件,无权享有征收补偿利益。

案情介绍:(2020)沪 0101 民初 7722 号

原告:许某珍、陆某昌、陆某琴。

被告:许某定、王某、许某峰。

被征收房屋位于上海市黄浦区侯家路×××号(以下简称系争房屋),房屋性质为公房,承租人是许某定,征收时户口在册人数有 6 人,分别是许某珍一家三口,许某定一家三口,许某珍与许某定系姐弟关系,许某珍与陆某昌系夫妻关系,陆某琴系二人之女,许某定与王某系夫妻关系,许某峰系二人之子。系争房屋原承租人为许某珍、许某定两人的父亲,2003 年许某定将承租人变更为其本人,并保证共同居住人的居住权及按知青政策回沪亲属的居住使用权。许某珍的户籍于 2008 年因退休从江苏省迁入系争房屋,陆某昌的户籍系于 2008 年因投靠亲属从江苏省迁入系争房屋,陆某琴的户籍于 1989 年按知青子女回沪政策从江苏省迁入系争房屋且本人居住,许某珍、陆某昌两人户籍迁入后未居住在系争房屋内。许某定的户籍于 1995 年从顺昌路迁入系争房屋,王某、许某峰的户籍均于 2005 年从顺昌路迁入系争房屋。1995 年许某定单位给其新配公房一套,承租人系许某定,家庭主要成员 1 人是许某定前妻,1999 年新配房屋承租人变更为许某定前妻。1998 年王某因侯家路房屋调配取得杨高支路房屋公房一套,房屋面积 42.89 平方米,房款计算每平方米 1,020 元,王某因分配公房付房款 10,000 元。2009 年许某定一家三口购买制造局路房屋一套。2018 年王某作为许某定的代理人与征收单位签订征收补偿协议,并选择全货币补偿,因该户对征收补偿利益无法协商一致,2020 年,许某珍户诉讼至法院,要求分割征收补偿利益。

裁判摘要：

本院认为，同住人是指在征收公告发布之日，在被征收居住房屋处有本市常住户口，已实际居住一年以上，且本市无其他住房或者虽有其他住房但居住困难的人。他处房屋的性质，仅限于福利性质取得的房屋。他处虽有住房但居住困难的情况，是指在他处房屋内人均居住面积不足法定最低标准的情况。双方当事人对许某定作为承租人有权分配征收利益无异议。陆某琴作为知青子女回沪，其户口迁入系争房屋符合政策规定且回沪后实际居住系争房屋内，符合同住人条件。许某珍按知青政策退休回沪，户籍迁入系争房屋亦符合相关规定，许某定等提供的证人证言不足以证明陆某琴、许某珍等在户籍迁入系争房屋时承诺放弃系争房屋居住权或征收利益，故许某珍亦为系争房屋同住人。陆某昌系投靠亲属将户籍迁入系争房屋内且未实际居住，不符合同住人条件。王某虽户籍在册，但其在1998年侯家路房屋调配时取得杨高支路房屋时作为受配人进行安置，且人均居住面积按当时政策不属居住困难，属他处有房情形。虽许某定等称王某出资10,000元超过杨高支路房屋价值一半，然根据1990年的《定购商品房屋协议书》记载，杨高支路房屋每平方米均价为1,020元，建筑面积为42.89平方米，王某出资未达到房屋价值的一半，故上述主张本院不予采纳，综上王某非系争房屋同住人。许某峰户籍迁入系争房屋时系未成年人，因其父是系争房屋承租人且许某定他处未享受过福利分房、户口从未迁出，故对系争房屋应享有居住权，符合同住人条件，许某珍等主张许某定在系争房屋从未居住过但未提供证据证明，本院不予采信。本院综合考虑房屋来源、户籍迁入的历史缘由、系争房屋的实际居住情况等，考虑到房屋征收前由许某定管理，许某珍从未在系争房屋实际居住过，当事人均长年未居住系争房屋等，遵循公平合理的原则，本院予以酌情分割。

案例评析：公房征收补偿利益归承租人和同住人共同共有，同住人需要满足以下三个条件，(1)作出房屋征收决定时，在被征收房屋处具有常住户口；(2)户口迁入后，实际居住生活一年以上(特殊情况除外)；(3)在本市无其他住房或者虽有其他住房但居住困难的人。本案中许某珍报出生在被征收房屋处，在被征收房屋内长期居住，后因知青政策到江苏，户口也从被征收房屋中迁出。许某珍退休后，因投靠亲属，再次迁回系争房屋处。法院认为，即使户口迁回后未再居住的，也属于同住人。陆某昌属于知青随迁人员，自户口迁入后未实际居住，根据同住人认定条件，陆某昌不属于同住人。但司法实践中，对知青配偶是否有份额略存在争议。本案例认为，陆某昌只是知青的随迁人员，并非知青，户口迁入应当按照同住人标准审核认定。

实战策略：

知青一般是适龄的兄弟姐妹中的一人作为该户代表到外地参加社会主义建设。如果该知青不参加该次运动，那么其他适龄的兄弟姐妹就要参加。换句话说，该知青以牺牲自己的上海户口为代价，保住了其他兄弟姐妹的上海户口和留在上海的机会。而且，他们到外地后，其生活居住环境、子女受教育情况、工作情况等各个方面都与上海的兄弟姐妹相差较远。由于政策照顾，知青子女符合条件的可以回沪，知青本人暂时无法回沪（退休后，可以回沪）。因此回沪的知青子女虽然回到上海，但依旧感觉是寄居在外公外婆或者爷爷奶奶家，他们面临的不仅是物质方面的压力，更重要的是心理方面的困境。因此，征收补偿案件中，法院也希望能照顾到知青及其回沪的子女。

61. 知青及知青子女不享有征收补偿利益的五种情形

焦点问题：知青及知青子女在哪些情况下不享有征收补偿利益？

要点分析：公房征收补偿利益分割案件中，虽然回沪的知青及其子女会受到相应的照顾，但存在以下五种情形的除外。(1)非按政策回沪的；(2)户口迁入非相关房屋处的；(3)有家庭协议的；(4)户口迁入后又迁出的；(5)在他处享受过福利分房的。

案情介绍：(2019)沪 02 民终 432 号

原告：王某莉、崔某航、王某琳；岳某琴、王某妹、岳某。

被告：王某标、张某敏、王某慧、张某。

被征收房屋位于上海市嵩山路×××号公房（以下简称"系争房屋"），房屋性质是公房，承租人是王某标。征收时户口在册人员有 10 人，分别是王某标一家 3 人，张某 1 人，王某妹一家 3 人，王某莉一家 3 人。王某标与张某敏系夫妻关系，王某慧系两人之女，张某系张某敏之外甥；王某妹与王某标系姐弟关系，王某妹与岳某琴系夫妻关系，岳某系两人之女；王某标系王某莉之舅，崔某航、王某琳系王某莉之儿女。系争房屋原承租人系王某财，2008年变更为王某标。

张某系知青子女（与户主属其他亲属关系），其户籍于2001年由外省市迁入系争房屋，未实际居住。岳某系知青子女，经系争房屋原承租人同意后，其户籍于1990年从外省市迁入系争房屋并实际居住生活至出嫁。王某妹系知青，2008年因退休户籍从外省市迁入系争房屋，并书面承诺因系争房屋地方小无法居住，不住在系争房屋内。岳某琴基于婚姻关系，经承租人王某标同意，于2014年将户籍从外省市迁入系争房屋，并书面承诺系争房屋拆迁时，若按人头算只要一半，若按砖头算不参加分配，岳某琴在庭审中否认该签名的真实性。王某妹、岳某琴户籍迁入系争房屋后未实际居住。王某莉、崔某航、王某琳的户籍均报出生在系争房屋，王某莉读书期间居住于系争房屋内，1990年搬离，崔某航、王某琳从未在系争房屋居住过。1996年桃源路房屋动迁新配房屋为耀华路房屋，张某敏、王某慧是安置人员，但新配房人员中无王某慧。之后，张某敏、王某慧的户籍分别迁入系争房屋并一直居住至征收。2016年系争房屋因动迁获得四套安置房，王某标向征收部门支付部分安置款差价。因该户对征收补偿利益无法协商一致，2017年王某妹户、王某莉户诉至法院，要求分割征收补偿利益。

裁判摘要：

本院认为，公有房屋承租人所得的货币补偿款、产权调换房屋归公有房屋承租人及其共同居住人共有。共同居住人是指在作出房屋征收决定时，在被征收房屋处具有常住户口，并实际居住生活一年以上（特殊情况除外），且本市无其他住房或者虽有其他住房但居住困难的人。

根据查明事实，岳某符合知青子女回沪政策，户籍迁入系争房屋后实际居住，属于系争房屋共同居住人。王某妹符合知青回沪政策，户籍迁入系争房屋时虽出具相关承诺，但其承诺内容并无放弃征收补偿利益的意思表示，其虽未实际居住系争房屋，但鉴于房屋面积较小、居住困难，王某妹亦属于系争房屋共同居住人。岳某琴的户籍系基于婚姻关系迁入系争房屋，且在户籍迁入时对房屋征收补偿利益的处分有明确意思表示，根据系争房屋征收补偿计算依据和其承诺，其对系争房屋不享有征收补偿利益，岳某琴虽对该书面承诺中签名真实性持有异议，但王某标系基于该承诺的真实性而同意其户籍迁入，故岳某琴现以非其签名为由否认承诺的抗辩，不予采信。

王某莉的户籍报出生在系争房屋内并曾实际居住，现亦无证据表明其曾享受过福利分房，因此王某莉属于系争房屋共同居住人，崔某航、王某琳虽户籍报出生在系争房屋，但从未实际居住过，且作为未成年人应随监护人居住，故崔某航、王某琳不属于系争房屋共同居住人。

张某的户籍因知青子女回沪迁入系争房屋，但未实际居住系争房屋，且张某与户主属其他亲属关系，张某户籍迁入系争房屋属帮助性质，对系争房屋不享有征收利益。

张某敏、王某慧在桃源路房屋动迁时已作为安置人口享受动迁安置，虽然王某慧未成为新配耀华路房屋的新配人员，但系其对自身权益的处分，因此，张某敏、王某慧均不符合系争房屋共同居住人的认定条件，不享有系争房屋征收补偿利益。

综上，本院认定岳某、王某妹、王某莉、王某标属于系争房屋征收补偿安置对象，可以享有相应的征收补偿利益。本院根据查明事实，结合房屋来源、迁入户籍原因、实际居住情况等因素，兼顾公平原则对个人可享有的征收利益予以确认。

案例评析：

公房征收补偿利益分割案件中，征收补偿利益归承租人和同住人共同共有，同住人需要满足以下三个条件，(1)作出房屋征收决定时，在被征收房屋处具有常住户口；(2)户口迁入后，实际居住生活一年以上(特殊情况除外)；(3)在本市无其他住房或者虽有其他住房但居住困难的人。法院对按政策回沪的知青及知青子女会有倾向性照顾，比如《高院综述》："除回沪知青子女等按政策回沪人员外，承租人或同住人允许无法定监护关系未成年人迁入户口的，一般可认定为属于帮助性质。"但并非所有回沪知青及其子女都必然享有征收补偿利益。根据实际承办案件以及法院判例，总结以下五种情况，供大家参考。

(一) 非按照政策回沪的知青及其子女。知青子女必须是按知青子女政策回沪的，这里的政策一般是指，沪劳访发(89)第24号文《关于允许在外省区工作的原上海城镇上山下乡知识青年子女来沪就读入户问题》、沪劳访发(89)23号《上海市劳动局关于解决在新疆原上海支青子女来沪就读入户问题的通知》、沪公发〔2013〕166号《上海市公安局关于执行本市投靠类户口迁移政策的若干规定》《关于本市投靠类户口迁移若干实施意见》[沪府(2009)70号]等,除以上文件外,还有一些材料也会提及,比如《农垦志》。若非按照政策回沪的知青及知青子女,仍然需要按照同住人条件审核。

(二)户口迁入非相关人员房屋内的,一般会被认定为帮助性质。按照政策回沪的知青子女应当将户口迁回其父母户口迁出地房屋或者与迁出的房屋存在关联性的房屋。如果户口迁入到叔叔、阿姨、姑姑、舅舅单位所分配的房屋内,且与其本人并无利害关系的,一般会被认定为帮助性质。本案例中,张某户籍因知青子女回沪迁入系争房屋,未实际居住系争房屋,且张某与户主是其他亲属关系,据此一审认为张某户籍迁入系争房屋属帮助性质,对系争房屋不享有征收利益。

(三)有家庭内部协议或者承诺书,放弃房屋征收补偿利益的。承租人或者同住人同意将他人户口迁入被征收房屋的,往往与被迁入人约定征收补偿利益分配的问题。如果有书面约定,法院一般会参考该约定的内容。司法实践中,知青或者知青子女回沪时,往往会签订放弃公房利益的承诺书或者协议书,以获得迁入的资格。一旦承诺或者协议被确认有效,知青或者知青子女便无权享有征收补偿利益。比如(2020)沪02民终8706号判决,郝某仪在其父郝某明出具的《字据》下方签字,证明郝某仪认可《字据》中载明的"在姐姐家动迁时,绝不侵占姐姐家的房产所得"等内容,法院认为该字据是知青子女按政策迁入时,其监护人的真实意思表示,属于有效条款。

(四)户口迁出后又迁入的。按政策回沪的人员将户口从被征收房屋处迁出,后因投靠亲属或者离婚等原因又迁回的被征收房屋的,不再享有知青的特权,需按照同住人的条件审核认定,其中最重要的条件为:"户口再次迁入后实际居住生活满一年的条件。"

(五)已经享受过福利分房的。按政策回沪的知青或者知青子女,如果已经在本市他处房屋处享受过福利分房或者福利性动拆迁的,除非作为被征收房屋的承租人或者被认定为居住困难保障对象外,一般无权享受被征收房屋的征收补偿利益。

实战策略:

按照政策回沪的知青及知青子女为何不受"实际居住生活满一年"的限制?目前无明文规定,按政策回沪的知青子女以及知青可以突破同住人的条件限制,这一观点仅属于上海法院的审判惯例。但存在某些非规范文件，比如公房物业公司内部保存的文件《公房承租人变更申请书》中，有一段格式文字“按政策回沪的人员，需要保障其居住权利”。很多法院认为，这段格式文字是对按政策回沪的知青及其子女保护的依据。

第九章 征收与居住困难保障户

62. 不符合同住人条件，但被认定为居住困难户的人员，是否有权分割征收补偿利益？

焦点问题：公房征收补偿利益分割案件中，按照居住困难标准补偿的困难户，其中被认定为居住困难的人员，但不符合同住人的条件，是否有权分割征收补偿利益？

要点分析：根据《高院会议纪要》，如果在征收补偿安置时确实基于户籍因素考虑过该部分人员利益的，可以适当给予货币补偿。补偿款的数额可以参考因人口因素而增加补偿价值予以酌定。需要注意的是，确定空挂户口人员系配房考虑对象必须有明确依据，不能按政策推定，而应当由征收单位出具加盖公章的情况说明。因此，不符合同住人条件的居住困难人员可以获得因人口因素而增加的部分。司法实践中，法院认为该类人员可以获得人口安置费。

案情介绍：(2021)沪 0101 民初 16114 号

原告：张某敏、赵某党、赵某洁、刘某嫣、王某怡。

被告：赵某明、赵某良、叶某芬、郁某芳、董某婕、赵某杰、冯某根。

被征收房屋位于上海市黄浦区北京西路×××号(以下简称系争房屋)，房屋性质为公房，承租人系张某英(已过世)，征收时户口在册人员有 10 人，分别是张某敏户 5 人，赵某明户 2 人，赵某良户 1 人，叶某芬户 2 人，张某敏的配偶、赵某明、赵某良、叶某芬四人系兄弟姐妹关系，均为张某英之子女，赵某党与赵某洁系张某敏的子女，刘某嫣与王某伊为赵某洁之女，赵某明与郁某芳系夫妻关系，董某婕系叶某芬之女，赵某良在诉讼中去世，赵某杰和冯某根系其继承人。

张某敏的户籍于 2008 年自河南省迁入系争房屋，1992 年赵某党按知青子女政策回沪，其户籍自河南省迁入本市北护塘路，1997 年自上海市金杨路迁入系争房屋，赵某洁的户籍于 2005 年投靠亲属自河南省迁入系争房屋，刘某嫣的户籍于 2011 年报出生在系争房屋，王某伊的户籍于 2020 年报出生在系争房屋。赵某明、郁某芳的户籍于 2006 年父母投靠子女自本市金杨路迁入系争房屋。叶某芬的户籍于 1966 年报出生在系争房屋，董某婕的户籍于 1993 年报出生在系争房屋。赵某良的户籍于 2005 年父母子女互相投靠自本市成山路迁入系争房屋。

1994 年北护塘路公房动迁回房至金杨路，郁某芳、赵某明、赵某党系金杨路房屋的安置人员，2000 年郁某芳按当年度公有住房成本价该将房屋购买为产权，核定计算购房面积标准时考虑了郁某芳、赵某明 2 人。1995 年叶某芬的配偶因住房困难，增配共和新路公房一间，2001 年其配偶使用本人工龄一人出资将该房屋按公有住房成本价购买为产权房。1987 年赵某良购买岚皋西路联建公助房，房款一半以上由单位补贴。2001 年赵某良、赵某杰因高雄路动迁获得本市成山路安置直管房一套，新配房受配人为赵某良、赵某杰，房屋现由赵某杰居住使用。2021 年 6 月 28 日，赵某良立遗嘱表明系争房屋所获得拆迁款全部留给配偶冯某根。2021 年赵某党代表该户与征收单位签订征收补偿协议，并选择全货币补偿，经征收单位核定本户居住困难人员共 8 人，分别是，张某敏、赵某洁、刘某嫣、王某伊、赵某明、郁某芳、董某婕、赵某良。因该户对征收补偿利益无法协商一致，2021 年张某敏户诉至法院，要求分割征收利益。

裁判摘要：

本院认为，根据《上海市国有土地上房屋征收与补偿实施细则》的规定，征收居住房屋的，公有房屋承租人所得的货币补偿款、产权调换房屋归公有房屋承租人及其共同居住人共有。共同居住人是指在作出房屋征收决定时，在被征收房屋处具有常住户口，并实际居住生活一年以上(特殊情况除外)，且本市无其他住房或者虽有其他住房但居住困难的人。系争房屋被征收时，在册户籍人员(即赵某良、赵某洁、董某婕、赵某明、郁某芳、张某敏、刘某嫣、王某伊)为系争房屋的居住困难人员，故上述 8 人均有权参与涉案房屋征收补偿利益的分割。

张某敏实际居住系争房屋内，在外无福利住房，为本案系争房屋同住人，又被核定为居困对象，在房屋拆迁补偿中予以适当多分。刘某嫣、王某伊系未成年人，居住权由其监护人予以保障，因被认定居住困难保障人口，系认定同住人的例外，可独立享有居困人口所享有的征收补偿利益，但应在居住范围核定之内，赵某洁作为本案同住人并对未成年人实际承担监护义务的情况下，可在房屋的拆迁补偿款中予以适当多分。

1994年郁某芳、赵某明、赵某党因本市北护塘路房屋拆迁回房而获配安置本市金杨路房屋，属于享受了福利分房，2000年郁某芳按当年度公有住房成本价该将房屋购买为产权房，核定计算购房面积标准时考虑了郁某芳、赵某明两人，郁某芳、赵某明属于再次享受了福利性质，故郁某芳、赵某明在居困人员认定之外均不符合系争房屋同住人条件。而赵某党在居困人口认定之外，不符合本次征收利益人员，不应分割征收补偿。

叶某芬的户籍报出生于系争房屋内，并实际居住满一年以上。原告主张其配偶获配共和新路房屋并按公有住房成本价购买为产权房属于享受了福利性质，根据在案证据看，仅由其配偶一人获配该房屋且将该房屋购买为产权房，房屋受配时受配人员中并无叶某芬，此后将房屋购买为产权房系使用其配偶工龄且由其一人出资，并无显示叶某芬为同住成年人，且房屋登记的权利人也仅为其配偶一人，自共和新路房屋受配直至购买为产权房过程中并无显示叶某芬，仅凭婚姻关系存续不能直接推断出叶某芬就此享受了福利性质，故其不属于享受了福利分房，符合系争房屋的同住人条件。但因其配偶获配房屋及房屋购买为产权房均发生于其与叶某芬婚姻关系存续期间，且系争房屋征收时叶某芬常年未实际居住在内，故叶某芬在分割本案征收利益时考虑酌情少分。董某婕的户籍报出生于系争房屋内，本案中并无证据证明董某婕在系争房屋内有实际居住的事实，且在外居住不困难，属于空挂户口，在居困人口认定之外不属于本案同住人。

赵某良的户籍于2005年迁入系争房屋，1987年其购买岚皋西路联建公助房屋。根据规定，“联建公助”建设住宅是指在区城建部门组织领导下，由企业、事业单位投资，利用各区私房比较集中的棚户简屋基地，联合各方面的人力、物力，翻建多层或高层住宅后，再以优惠补贴的价格，出售给原来的私房户和建设单位职工。赵某良购买岚皋西路房屋的房款一半以上系由单位补贴，且房屋面积按照分配当时的公房政策之规定亦不属于居住困难，属于福利性质分房，故赵某良在居困人口认定之外不符合本案同住人条件。

综上，张某敏、赵某洁、叶某芬属于本案的同住人。又因征收协议中认定了居住困难人口，故除征收中因居住困难认定而增加的居住困难补贴由居住困难人员均分外，与系争房屋相关的征收补偿利益应在同住人张某敏、赵某洁、叶某芬及被认定的居住困难人口之间予以分割，各自份额由法院结合家庭情况、房屋来源、对房屋的贡献、实际居住情况等因素予以酌定。

此外，根据规定，遗产是自然人死亡时遗留的个人合法财产，遗嘱继承优先于法定继承。赵某良在房屋被征收后过世，其在生前立据《遗嘱》将名下财产留给妻子冯某根，该《遗嘱》由赵某良本人亲笔书写并签字确认，受赠人冯某根亦签字确认，遗嘱形式符合法定形式要件，遗嘱处分指向的财产具体内容也不违反法律禁止性规范，遗嘱体现被继承人真实意思表示，应产生法律效力，故对本案中涉及被继承人遗产，应按照遗嘱继承方式予以处理。除赵某杰外，各方当事人对于遗嘱予以确认，赵某杰主张赵某良系意识不清、他人代写、受胁迫而书写遗嘱未提供证据证明，本院不予采信。

案例评析：

公房征收补偿利益无论是按照房屋面积补偿还是按照居住困难人口补偿的，征收补偿利益归同承租人和同住人共同共有。如果不符合同住人条件而在征收补偿时考虑了人口因素，那么该被考虑人员可以获得因其人口因素增加的份额。但司法实践中，关于该部分征收补偿利益是被征收房屋的承租人与同住人之间以及同住人之间关于征收补偿款如何分割问题上存在分歧。房屋被纳入征收补偿范围后，房屋征收部门和物业公司分别确定签约主体与房屋的承租人，顺利完成签约。因承租人申请居住困难保障，征收部门核实 9 人属于居住困难范围，并给予居住困难补贴。基于对居住困难保障对象的理解不同，不动产征收实务中经常出现一组矛盾，即被认定属于居住困难保障的居民并不满足该被征收房屋的同住人的条件，或者该居民曾经承诺放弃征收利益的，司法审判中，该类居民应当如何分配利益呢？

（一）居住困难保障对象认定标准与同住人认定标准的区别

（1）居住困难保障对象的认定标准。征收部门认定居住困难保障对象的标准。征收部门根据承租人或者被征收人的申请，针对他处无房且经济困难的居民给予困难补贴。而此处的他处无房不仅包括福利分房，还包括自购的商品房、宅基地房屋等所有能够解决居住问题的房屋。

根据《上海市国有土地上房屋征收与补偿实施细则》规定，按照本市经济适用住房有关住房面积核定规定以及本条第二款规定的折算公式计算后，对于人均建筑面积不足 22 平方米的居住困难户，增加保障补贴，但已享受过经济适用住房政策的除外。增加的保障补贴可以用于购买产权调换房屋。

而申请经济适用房时房屋的计算标准为:根据申请经济适用房的相关规定,申请对象他处住房应当按照该住房的全部建筑面积计算。如申请对象他处住房内无户籍人员,或者虽有户籍人员但按照规定不计入核定面积家庭人数的,可以按照申请对象在该住房拥有的建筑面积计算,计算方式如下:1.该住房为产权住房,《房地产权证》记载房屋产权为按份共有的,按照其拥有的产权份额计算住房建筑面积;《房地产权证》记载房屋产权为共同共有的,按照住房建筑面积除以房地产权利人人数计算住房建筑面积。2.该住房为承租公房的,按照该住房的全部建筑面积计算。3.该住房为宅基地住房的,按照住房建筑面积除以批准建房人数计算。

结论:征收部门核准居住困难中他处无房的标准为他处五年内没有任何房屋,包括单位福利分房,拆迁分房,自购商品房,经济适用房以及宅基地房屋等。征收部门认定居住困难必须符合五年之内没有房屋的条件限制。而这一条件决定了征收部门认定困难人员与法院认定同住人的标准不同。

(2)征收补偿利益分割民事诉讼中被安置对象的认定标准。法院认定被征收房屋内同住人的标准,需要满足同住人前提条件之一是他处无房。在民事诉讼中,法院认定被安置的对象必须满足他处无房或者他处有房但居住困难的标准,而此处他处无房的概念仅指福利性质的房屋。只要享受过福利分房且不属于居住困难的,不受时间限制,一律不被认定为房屋的同住人。

根据《上海市高级人民法院关于房屋动拆迁补偿款分割民事案件若干问题的解答》第三项,他处虽有住房但居住困难的情况,是指在他处房屋内人均居住面积不足法定最低标准的情况。这里所指的他处房屋的性质,仅限于福利性质取得的房屋,包括原承租的公有住房、计划经济下分配的福利房、自己部分出资的福利房,房款的一半以上系用单位的补贴所购买的商品房,公房被拆迁后所得的安置房(包括自己少部分出资的产权安置房),以及按公房出售政策购买的产权房等。

同时,居住困难人均不足法定最低标准是参考廉租房申请的标准,参考《上海市人民政府关于调整和完善本市廉租住房政策标准的通知》。

综上所述,法院审理共有纠纷案件中认定居住困难和他处有房的标准与征收部门认定居住困难和他处有房的标准不同。因此符合征收部门居住困难标准的人员不一定满足法院认定同住人的标准。

参考图表:征收部门认定居住困难户和法院认定他处有房但居住困难的区别对照图表

	法院	征收部门
他处有房的类型	福利分房(仅限于福利性质取得的房屋,包括原承租的公有住房、计划经济下分配的福利房、自己部分出资的福利房,房款的一半以上系用单位的补贴所购买的商品房,公房被拆迁后所得的安置房[包括自己少部分出资的产权安置房],以及按公房出售政策购买的产权房等。)	1. 该住房为产权住房的,《房地产权证》记载房屋产权为按份共有的,按照其拥有的产权份额计算住房建筑面积;《房地产权证》记载房屋产权为共同共有的,按照住房建筑面积除以房地产权利人人数计算住房建筑面积。 2. 该住房为承租公房的,按照该住房的全部建筑面积计算。 3. 该住房为宅基地住房的,按照住房建筑面积除以批准建房人数计算。
房屋取得年限的要求	无	五年以内名下无房且未征收过的
居住困难的概念	他处无房或者他处有房但面积不足法定最低标准的	折算单价×居住困难户人数×22平方米>被征收居住房屋补偿金额
居住困难面积的标准	他处房屋内人均居住面积不足法定最低标准的情况 申请家庭人均居住面积低于7平方米(含7平方米)(备注:2010年之前是5平方米,后来由于办法的修订,增加了2平方米)	核定家庭成员他处住房人均住房建筑面积低于15平方米(含15平方米)的,可以计入申请对象户口所在地住房的核定面积家庭人数;人均住房建筑面积超过15平方米的,不得计入申请对象户口所在地住房的核定面积家庭人数。
参考依据	1.《上海市高级人民法院关于房屋动拆迁补偿款分割民事案件若干问题的解答》 2.《上海市人民政府关于调整和完善本市廉租住房政策标准的通知》(沪府发〔2013〕25号) 3.《上海市高级人民法院公房居住权纠纷研讨会综述》	1.《上海市国有土地上房屋征收与补偿实施细则》 2.《上海市共有产权保障房(经济适用住房)申请对象住房面积核查办法》 3. 关于贯彻执行《上海市国有土地上房屋征收与补偿实施细则》的若干意见

(二)不符合同住条件,但被认定为居住困难对象的,可以分割居困保障补贴部分。根据《高院会议纪要》,如果在征收补偿安置时确实基于户籍因素考虑过该部分人员利益的,可以适当给予货币补偿。补偿款的数额可以参考因人口因素而增加补偿价值予以酌定。需要注意的是,确定空挂户口人员系配房考虑对象必须有明确依据,不能按政策推定,而应当由征收单位出具加盖公章的情况

说明。其计算公式为：保障补贴＝折算单价×居住困难户人数×22平方米－被征收居住房屋补偿款。如此判决的理由主要有两点：1.被征收房屋的被安置人的前提条件是该居民对被征收房具有居住使用权，否则就无法获得安置，而被征收部门认定为困难保障的人员不一定对房屋具有居住使用权，相反，不被征收部门认定居住困难保障的人员不一定不属于同住人。因此无论征收部门是否给予居住困难补贴，法院所需要安置的人员不因此而改变。2.不符合同住人条件的居住困难人员，因其符合居住困难标准，征收部门给予保障补贴，因此该部分保障补贴应当属于该居住困难人员。

实战策略：

征收部门认定居住困难人员的标准与法院认定同住人的标准不同，导致法院审理该类共有纠纷案件时，无法做到法律统一适用，也是很多案件矛盾的起点。高院会议纪要的精神坚持适用法院认定同住人标准；部分中院及基层法院认为应当按照征收部门的标准给予补偿；同时还有些审判法官希望在两者之间寻找平衡，以上观点导致法律政策无法统一适用，类似案件无法类似处理的问题。因此，司法实践中，针对承租人或者同住人是否需要提出居住困难审核申请，往往需要再三考虑。因为一旦申请成功，根据目前法院的审判政策，承租人或者同住人的征收补偿份额会被稀释，造成“好人没好报”局面。“按人头”补偿的方式属于政府对被征收户的福利政策，但部分法院坚持“人头费”的判决方法让被征收户不敢接受政府的优惠政策，显然违背了征收初衷。

63. 认定居住困难户的，征收补偿利益应当如何分配？

焦点问题：公房征收补偿利益分割案件中，按照居住困难标准补偿的家庭，应当如何分配征收补偿利益？

要点分析：公房的征收补偿利益归承租人和同住人共同共有，不符合同住人条件的居住困难人员可以获得相应的安置份额，具体数额参照《高院会议纪要》规定，如果在征收补偿安置时确实基于户籍因素考虑过该部分人员利益的，可以适当给予货币补偿。补偿款的数额可以参考因人口因素而增加的补偿价值予以酌定。

案情介绍：(2020)沪 02 民终 8167 号

上诉人(原审被告)：沙某弟、沙某凌。

被上诉人：原审原告：沙某珍、金某福、金某莎、金某欢。

被上诉人(原审被告)：王某荣、顾某君。

原审被告：沙某某、沙某明、胡某悦。

被征收房屋位于上海市宝山路×××号(以下简称系争房屋)，房屋性质是公房，系争房屋源于祖辈分配，2017 年承租人变更为沙某弟。征收时户口在册人员有 11 人，分别是沙某弟父子 2 人，沙某珍一家 4 人，王某荣 1 人，顾某君 1 人，沙某某 1 人，沙某明父女 2 人。沙某弟、沙某珍、顾某君的母亲、沙某明 4 人系沙金生与其原配偶所生子女，王某荣系沙金生再婚配偶，沙某凌系沙某弟的儿子，沙某某系沙某凌的儿子，沙某珍与金某福系夫妻关系，金某莎、金某欢系二人之女，胡某悦系沙某明的女儿。沙某弟的户籍报出生在系争房屋，后因结婚迁出，2007 年迁回系争房屋，沙某凌的户籍于 1998 年迁入系争房屋。沙某珍的户籍报出生在系争房屋，后因插队而将户籍迁往江西，2008 年户籍迁回系争房屋，金某福、金某欢的户籍于 2011 年自江西迁入系争房屋，金某莎的户籍于 2005 年自本市他处迁入系争房屋。王某荣的户籍于 2010 年自外地迁入系争房屋。顾某君的户籍于 2002 年迁入系争房屋。沙某某的户籍报出生在系争房屋。沙某明的户籍报出生在系争房屋，之后户籍有过变动，2007 年迁回系争房屋，胡某悦的户籍于 1993 年迁入系争房屋。1990 年沙某明、胡某悦曾分得上海市通河二村房屋一套，2002 年沙某明将该房屋购买为产权房。1997 年沙某弟、沙某凌曾分得上海市华池路房屋，2000 年，沙某弟将该房屋购买为产权房。系争房屋被征收前仅有王某荣实际居住，而其他人员均已多年未居住。2017 年沙某弟代表该户与征收单位签订征收补偿协议，共获得征收补偿款 6,641,455.43 元，包含因居住困难户增加货币补贴款 1,467,224.56 元，经征收单位核定，该户居住困难人口为沙某弟、沙某珍、金某福、金某欢、金某莎、王某荣、顾某君、沙某某 8 人。因该户对征收补偿利益无法协商一致，2020 年沙某珍、金某福、金某欢、金某莎四人诉至法院，要求分割征收利益。

裁判摘要：

一审法院认为，对于系争房屋的征收补偿款，当事人均表示各方之间并未就分配方案达成一致，故由法院依法处理。沙某弟、沙某珍、金某福、金某欢、金某莎、王某荣、顾某君、沙某某8人作为征收单位认定的居住困难对象，理应获得相应补偿，沙某明、胡某悦及沙某凌未被认定为居住困难对象，且沙某明享受过单位福利分房，故不应享有征收利益。综合考虑王某荣是系争房屋征收时唯一的实际居住人、其余家庭均多年未实际居住、他处住房、困难人口认定等因素，酌情确定王某荣份额为2,637,455.43元，沙某珍、金某福、金某欢、金某莎共2,288,000元，沙某弟、沙某某、顾某君各572,000元。二审法院对上述判决予以维持。

案例评析：本案的争议焦点为同住人的身份认定。公房征收补偿的方式不影响征收补偿利益的分割方式。公房征收补偿利益归承租人和同住人共同共有，不符合同住人条件，但征收补偿安置时确实基于户籍因素考虑过该部分人员利益的，该部分人员可以获得适当的货币补偿。

司法实践中，对于不符合同住人条件的居住困难人员能享有多少征收补偿利益，一般存在两种观点。

(1) 不符合同住人条件的居住困难对象，应当获得“人头费”。比如本案，法院认为部分被认定为居住困难的人员虽然不具有同住人的资格，但是已经明确被征收部门认定为被安置人，应当给予安置费。判决理由主要是：征收部门给予的补偿标准并非按面积补偿(俗称“砖头数”)，而是根据该户居住困难人数多少给予的补偿(俗称“按人头”)。“按人头”补偿的计算公式为：补偿款总额＝折算单价×居住困难户人数×22平方米。因此，该计算公式被认定为居住困难的居民是该户补偿利益获得的核心依据，必须得到安置。

(2) 不符合同住人资格的居住困难对象，只能分割居困保障补贴部分。根据《高院会议纪要》，如果在征收补偿安置时确实基于户籍因素考虑过该部分人员利益的，可以适当给予货币补偿。补偿款的数额可以参考因人口因素而增加补偿价值予以酌定。需要注意的是，确定空挂户口人员系配房考虑对象必须有明确依据，不能按政策推定，而应当由征收单位出具加盖公章的情况说明。其计算公式为：保障补贴＝折算单价×居住困难户人数×22平方米－被征收居住房屋补偿款。如此判决的理由主要有两点：1. 被征收房屋的被安置人的前提条件是该居民对被征收房具有居住使用权，否则就无法获得安置，而被征收部门认定为困难保障人员不一定对房屋具有居住使用权，相反，不被征收部门认定居住困难保障的人不一定不属于同住人。因此无论征收部门是否认定居住困难补贴，法院所需要安置的人员不因此而改变。2. 不属于同住人条件的居住困难人员，因其符合居住标准征收部门给予保障补贴，因此该部分保障补贴应当属于该居住困难人员。比如案例(2018)沪 0101 民初 23794 号，法院认为："系争房屋被征收过程中，陆某、叶某虽作居困人口认定，但其享受过福利分房，根据本市相关规定，其不满足系争房屋同住人的条件。因此陆某、叶某不因被认定居困而具有同住人身份并基于该身份而享受补偿利益。鉴于各项补偿费用中的居住困难保障补助系按居困人口数予以确定，故陆某、叶某在该笔补助中享有相应的份额，其余各项补偿费用无人口因素，陆某、叶某依法均不应享有。"

实战策略：

房屋征收过程中，对于居住困难户需要特殊保护。因此，有可能符合居住困难的被征收人、公有房屋承租人应当向所在区（县）住房保障机构提出居住困难审核申请，并提供相关证明材料。那么，实务中如何提出居住困难审核申请?

（一）1. 开始的时间：居住困难户人数及住房面积核查认定时点以本地块房屋征收决定公告之日为准；2. 结束的时间：签订征收补偿协议的结算单；3. 申请人：一般是房屋的承租人和被征收人；4. 提交的材料；5. 被征收房屋权属证明；6. 被征收房屋户籍证明；7. 在本市有他处房屋的，需提交相关证明；8. 申请人要求将外地配偶、未成年子女认定为居住人口的，必须提供婚姻状况的证明及当地居委会出具的居住情况证明材料；9. 其他材料。

（二）流程图

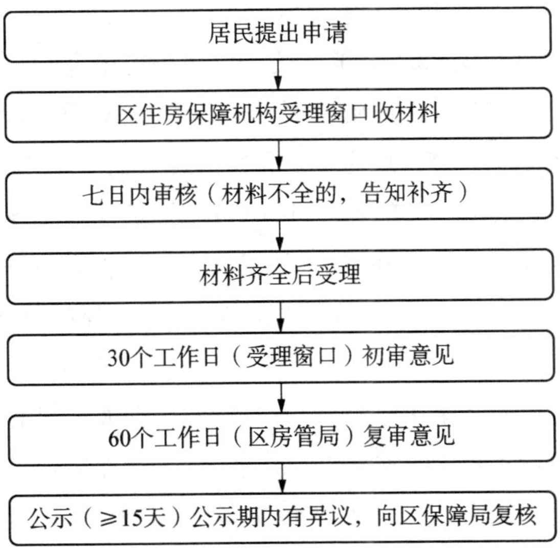

第十章 征收与非居住面积（商业经营）

64. 公有非居住房屋的征收补偿利益如何分割?

焦点问题:征收非居住公房所获得的补偿利益,谁有权获得?

要点分析:个人承租的非居住房屋,不存在同住人,应当归公房的承租人和实际经营人所有。

案情介绍:(2021)沪 02 民终 1174 号

上诉人(原审原告):姚 1、毛某 1、毛某 2、姚某 2、冷某某。

被上诉人(原审被告):毛某 3。

被征收房屋位于上海市方浜中路×××号(以下简称系争房屋),房屋性质为公有非居房屋,经出资购买,2001 年毛某 3 登记为系争房屋的承租人。姚 1 与毛某 3 原系夫妻关系,毛某 1、毛某 2 系二人子女,姚某 2、冷某某系姚 1 的父母。2001 年毛某 3 的户籍迁入系争房屋,2007 年姚 1、毛某 1、毛某 2、姚某 2、冷某某的户籍迁入系争房屋。2001 年毛某 3 以系争房屋为经营场所申请个体工商执照,用于经营。2001 年经出资购买,姚 1 承租牌楼路房屋。姚 1 与毛某 3 于 1996 年结婚,2014 年离婚,并约定子女均由姚 1 抚养,毛某 3 每月支付抚养费 2,000 元至子女工作止;双方无共同财产分割;双方无债务。2017 年毛某 3 代表该户与征收单位签订征收补偿协议,因该户对征收利益分配问题无法协商一致,2020 年姚 1、毛某 1、毛某 2、姚某 2、冷某某诉至法院,要求分割征收利益。

裁判摘要:

法院认为,本案中,系争房屋为公有非居房屋,个人承租的公有非居住用房的征收补偿款通常归承租人与实际经营人所有,不存在同住人的认定问题。毛某 3 是系争房屋的承租人,亦为个体工商户营业执照经营者,故系争房屋的补偿系对毛某 3 的专属补偿，应归毛某 3 所有。姚 1、毛某 1、毛某 2、姚某 2、冷某某认为其是系争房屋的共同经营人，应当获得相应征收补偿利益，但其并非系争房屋承租人，亦非个体工商户营业执照经营者，且提供的银行明细信息尚不足以证明其是系争房屋的共同经营人，故该意见缺乏事实依据，不予采纳。毛某 3 与姚 1 于系争房屋征收前已协议离婚，双方已作约定"无共同财产分割"，如此，双方各自名下财产归各自所有，姚 1、毛某 1、毛某 2、姚某 2、冷某某现以夫妻共同财产未处分，系争房屋是家庭共同财产的意见，无事实及法律依据，不予采纳。

案例评析：本案中，被征收房屋为公有非居住房屋，个人承租的公有非居住房屋的征收补偿利益归承租人和实际经营人共有。司法实践中公有非居住房屋的类型有哪些？公有非居住房屋的征收补偿利益由谁享有？

（一）公有非居住房屋的认定：

（1）原始计划为非居住房屋，延续至拆迁时仍作为非居住房屋使用的，可以认定为非居住房屋；

（2）公房承租人与所有人签订了公有非居住房屋租赁合同，建立了公有非居住房屋租赁关系的，可以认定为非居住房屋；

（3）房地产权证记载的权利人为单位，可以认定为非居住房屋，但原始设计为居住房屋以及实际用作职工或者职工家庭居住使用的除外；

（4）原始设计为居住房屋，经市或区（县）房地局批准居住房屋改变为非居住用途的，可以认定为非居住房屋。但在 2001 年 11 月 1 日以前，已经以居住房屋作为经营场所并领取营业执照的，可以认定为非居住房屋；在 2001 年 11 月 1 日以后，以居住房屋作为经营场所并领取营业执照，未经市或区（县）房地局批准居住房屋改变为非居住用途的，不认定为非居住房屋。

（二）公有非居住房屋的补偿款由哪些人享有？

个人承租的公有非居住用房的拆迁补偿款归承租人。该条文中所述的"个人承租的公有非居住用房拆迁补偿款归承租人"中"个人承租"是指房屋内仅有承租人一人的个人承租，且房屋内没有其他共同居住人的情况。司法实践中该类情况还包括——公房的承租人属于营业执照的经营者及实际经营人，且从未变更，此种实际案例中所有的非居住面积的补偿款全部归承租人所有。因此，实践中很多人对此有误解，认为承租人可以获得全部的非居住征收补偿款，这属于对条文的错误解读，以偏概全，也误导了很多当事人。比如，案例（2019）沪 0106

民初 25500 号:“1997 年 5 月 30 日,承租人胡某某在系争房屋处申请上海市静安区×××发廊营业执照,并在系争房屋内实际经营该发廊,而胡某某另作为申请营业执照的实际经营人,非居部分征收补偿利益亦应归其所有。”

实战策略:

针对非居住房屋的征收补偿利益分割案件,需要从四个方面着手:1. 房屋的来源,尤其是非居住部分的来源,确认当事人对被征收房屋的贡献;2. 房屋的实际经营情况,是确定房屋权利人的关键,应从房屋的承租人和实际经营人出发。经营的方式不仅限于实际经营,还包括对外出租、收取租金、缴纳公房租金等行为;3. 营业执照持有人的变更情况,确认对公房经营的贡献;4. 从非居住公房补偿的项目看,分析补偿金额在承租人和实际经营人之间的分配。

65. 征收居非兼用的公房时,征收补偿利益应当如何分配?

焦点问题:征收居非兼用的公房时,所获得的征收补偿利益应当如何分配?

要点分析:根据《高院解答》规定,被征收的房屋属于居住和非居住兼用的,如果征收人在给付征收补偿款时已经明确区分居住补偿和非居住补偿份额的,则对居住补偿部分,承租人和同住人可以共同分割;对非居住补偿部分,利用该房屋进行经营的人是该公房的承租人或同住人的,则该承租人或同住人可以适当多分。如果征收人在给付征收补偿款时未明确区分的,利用该房屋进行经营的承租人或同住人,就整个补偿款可以适当多分,具体份额由人民法院酌定。

案情介绍:(2021)沪 0109 民初 7346 号

原告:陈某、余某 1。

被告:余某 2、王某 1。

被征收房屋位于上海市虹口区×××路(以下简称系争房屋),房屋性质是居非兼用公房,承租人是余某 4(2021 年 6 月 30 日报死亡),系争房屋是 1980 年余某 4 用×××路房屋置换取得,原为居住用房,1996 年因陈某要经营申请居改非成为居非兼用房。余某 3(2021 年 5 月 4 日报死亡)、余某 2、王某 1 三人系兄弟姐妹关系,三人均系余某 4 之子女,陈某与余某 3 原系夫妻关系,余某 1 系二人之子。征收时户口在册人员有 4 人,分别是余某 3、陈某、余某 1、余某 4。余某3的户籍于1980年从本市×××路迁入系争房屋；陈某的户籍于1981年从本市×××路迁入系争房屋；余某1的户籍于1982年报出生在系争房屋内，后因读书迁出，2006年从辽宁省××学院再次迁回；余某4的户籍于1995年从本市×××路迁入系争房屋。系争房屋起初由余某3、余某4共同居住，1981年陈某与余某3结婚后共同居住在内，1982年余某1出生后随父母共同居住，1984年余某4住至余某2处与其共同生活，余某3家庭居住至2001年。1996年陈某用系争房屋申请营业执照后在内经营食品百货，经营至2001年，征收前系争房屋被出租给他人经营。2021年余某1代表该户与征收单位签订征收补偿协议，并选择货币补偿。因该户对征收利益无法协商一致，2021年陈某、余某1诉至法院，要求分割征收利益。

裁判摘要：

本院认为，根据《上海市国有土地上房屋征收与补偿实施细则》的规定，征收居住房屋的，公有房屋承租人所得的货币补偿款、产权调换房屋归公有房屋承租人及其共同居住人共有，共同居住人是指在作出房屋征收决定时，在被征收房屋处具有常住户口，并实际居住生活一年以上(特殊情况除外)，且本市无其他住房或者虽有其他住房但居住困难的人。征收非居住房屋的，应当对公有房屋承租人给予补偿。本案中，系争房屋征收时余某3、陈某、余某1、余某4四人的户籍均在系争房屋内，余某3、陈某、余某1户籍迁入后均曾在内实际居住，且未享受过福利分房及动迁安置，属于同住人，系争房屋居住部分的征收补偿款及奖励补贴应由余某3、陈某、余某1与承租人余某4共同取得并分割，其中余某4作为承租人且对系争房屋来源贡献较大，应适当予以多分。系争房屋虽因陈某申请而变为居非兼用房，但仍与原房屋无法切割，故非居住部分的征收补偿款应由余某4与陈某共同取得。陈某曾在内实际经营，与经营相关的奖励补贴应由其取得。余某4、余某3均在征收后去世，其份额应由其继承人取得，王某1愿意将其所应继承份额给予余某3、余某2，本院予以照准，综合考量系争房屋的来源、各方对房屋的贡献、实际居住、实际经营及继承的情况等因素，本院酌情确定各方的征收补偿利益。

案例评析：本案属于居非兼用的房屋，法院认为非居住面积由居住面积转化而来，非居住面积的补偿利益不仅由承租人和实际经营人获得，居住部位的同住人也可以获得相应的征收补偿利益。司法实践中，关于居非兼用的公房征收补偿利益，应当由哪些人享有？如何分配更为合理？

（一）被征收房屋属于居非兼用的公房时，哪些人有权分割非居住面积？

被征收的房屋属于居住和非居住兼用的，如果征收人在给付征收补偿款时已经明确区分居住补偿和非居住补偿份额的，则对居住补偿部分，承租人和同住人可以共同分割；对非居住补偿部分，利用该房屋进行经营的人是该公房的承租人或同住人的，则该承租人或同住人可以适当多分。如果征收人在给付征收补偿款时未明确区分的，利用该房屋进行经营的承租人或同住人，就整个补偿款可以适当多分，具体份额由人民法院酌定。

征收公有非居住房屋的，被征收人还可以获得设备搬迁和安装费用，无法恢复使用的设备按重置价结合成新结算的费用，因征收造成停产、停业的损失补偿等。

（二）在动迁时按照公有非居住用房进行安置，而此前该公有非居住用房是由公有居住用房变更而来，办理“居改非”手续时由同住人办理或经同住人同意，征收补偿款中属非居住用途补偿的部分如何分割？

（1）如果“居改非”后该公房全部用于经营的，利用该房屋进行经营的承租人或同住人，可以就非居住用途补偿款适当多分；

（2）如果“居改非”后该公房经营、居住兼用的，则需要结合征收协议是否明确区分居住补偿和非居住补偿份额，予以分别处理。1.若已经明确区分的，对非居住补偿部分，利用该房屋进行经营的承租人或同住人，可以适当多分；对居住补偿部分，承租人和同住人共同分割。2.若未明确区分的，利用该房屋进行经营的承租人或同住人，就整个补偿款可以适当多分。至于征收补偿款之外的其他补偿费，则应归相应的特定对象所有，如设备搬迁和安装费用、无法恢复使用的设备按重置价结合成新结算的费用，归设备所有人；因征收造成停产、停业损失的补偿归遭受实际损失的经营人。

实战策略：

从实践的操作上看，本案同样先确定房屋的来源，确认“居转非”的申请人和申请时间，证明当事人对公房来源和非居住房屋的贡献较大。除了本文已经谈及的问题，实战中，我们还会遇到一些特殊情况。比如，非居住面积处于出租的状态时，非居住面积补偿款如何分割？该类情况同时参考房屋的营业执照持有者，缴纳营业执照费用以及经营税费的同住人或者承租人，或者负责出租的同住人、承租人可以多分。该类人员虽然没有直接实际经营，但可以认定为间接经营该房屋，且对非居住房屋付出较大的贡献，可以较多地获得非居住房屋的征收补偿款。比如，(2019)沪02民终1615号："关于非居住部分，包某芬主张非居面积产生于陈某某开设的水果店及其后续的出租行为，与包某德无实际关系。但根据现有证据显示，截至1995年11月10日，系争房屋内个体户营业执照系包某德设立的'黄浦区佳果水果店'，且联营协议也系包某德签字，故应认定包某德为非居部分的经营者，对非居住补偿部分应当适当多分。"

66. 不符合同住人条件的实际经营人，是否有权分割非居住部分的补偿利益？

焦点问题：非居住公房征收补偿利益分割案件中，不符合同住人条件的实际经营人，是否有权获得非居住面积的补偿利益？

要点分析：

如果"居改非"后该公房全部用于经营的，利用该房屋进行经营的承租人或同住人，可以就非居住用途补偿款适当多分；

如果"居改非"后该公房经营、居住兼用的，则需要结合拆迁协议是否明确区分居住补偿和非居住补偿份额，予以分别处理。(1)若已经明确区分的，对非居住补偿部分，利用该房屋进行经营的承租人或同住人，可以适当多分；对居住补偿部分，承租人和同住人共同分割。(2)若未明确区分的，利用该房屋进行经营的承租人或同住人，就整个补偿款可以适当多分。

案情介绍：(2021)沪02民终11529号

上诉人(原审原告)：周某夏。

上诉人(原审被告)：周某林。

被征收房屋位于上海市静安区×××路(以下简称系争房屋)，房屋性质为公房，用途为非居，承租人系周某林。征收时户口在册人员有2人，分别是周某林、周某夏父子两人。系争房屋是1987年6月由××路××弄××号居住房屋调换而来，调换当时系争房屋性质为居住，1987年10月起变更为非居住。周某林的户籍于1987年7月从江宁路×××弄×××号房屋迁入系争房屋，周某夏的户籍于1991年5月从××路××号房屋迁入系争房屋。1983年周某林结婚后搬至周某林母亲承租的江宁路×××弄×××号房屋(该房屋后置换到江宁路×××号)内居住,周某夏出生之后,周某林一家搬回昌平路房屋居住。系争房屋内设立有上海××有限公司静安分公司的营业执照,法定代表人为周某林,2021年该公司处于吊销未注销状态,周某夏表示系争房屋一直由其经营。周某林表示仅在2015年至2017年其在监狱服刑期间由周某夏经营,其余时间均由其本人经营。2018年周某林代表该户与征收单位签订征收补偿协议,并获得四套安置房,因该户对征收利益无法协商一致,2021年周某夏诉至法院,要求分割征收利益。

裁判摘要:

法院认为,房屋征收补偿利益的分配应该符合政策与法律规定。征收居住房屋的,公有房屋承租人所得的货币补偿款、产权调换房屋归公有房屋承租人及共同居住人共有,共同居住人是指在作出房屋征收决定时,在被征收房屋处具有常住户口,并实际居住生活一年以上,且本市无其他住房或者虽有其他住房但居住困难的人。本案中,系争房屋性质于1987年10月已变更为非居住,并非居住和非居住兼用,各方当事人均确认系争房屋实际用于开办商铺,显然不具有长期居住的功能,周某夏并非系争房屋性质尚为居住用房时的共同居住人,故原则上系争房屋的征收补偿利益应归承租人周某林所有,但鉴于周某夏的户口于1991年已迁入系争房屋,并参与经营,且他处无福利性质房屋,故将结合其他查明事实综合判定本案征收利益的分配。根据另案的生效判决,周某夏、周某林均实际居住于××路××号房屋,在昌平路房屋的征收中亦仅作为周某夏母亲(即周某林配偶)的继承人身份参与诉讼,并未作为同住人享受该房屋的征收利益,则二人的征收利益应当在本案系争房屋的征收中予以体现,故周某林称应由其独享全部征收利益的意见,不予支持。而结合系争房屋的非居性质、开办房屋营业执照的法定代表人和公房租赁凭证均登记于周某林名下的事实,综合考虑全案实际情况,认定系争房屋所涉征收利益中,周某夏享有安置房屋一套,周某林享有安置房三套。政府征收系争公有住房,进行旧城区改建,是家庭改善居住环境,提高生活质量的好事,周某夏、周某林作为亲属,应当相互体谅、换位思考、沟通协商,实事求是地对待户籍迁移的历史原因和家庭成员实际情况,妥善解决征收补偿利益的分割事宜,维护家庭和睦。

案例评析：

征收个人承租人的非居住公房时，征收补偿利益归承租人和实际经营人所有；征收居非兼用的公房时，征收补偿利益归承租人和同住人所有。本案中，被征收公房原属于居住用途，自 1987 年后改为非居住用途，不再具有居住性质，因此被征收房屋处不再认定同住人。周某夏不符合“居改非”之前的同住人，也不符合“居改非”之后的承租人，但在“居改非”后属于实际经营人。那么该类非居住公房被征收时，不属符合同住人条件的实际经营人，是否有权获得非居住面积补偿款？

司法实践中，法院认为征收非居住房屋，征收补偿利益归承租人和实际经营人共同共有，因拆迁造成停产、停业损失的补偿归遭受实际损失的经营人。但对于非居住部分补偿数额来看，在于实际经营的承租人或者原同住人对房屋的贡献，主要包括：实际经营者、营业执照持有者、缴纳房屋租金以及对房屋搭建、维修等情况。根据 2011 年《上海高院关于动迁新政后动迁安置补偿款分割纠纷研讨会综述》，如果“居改非”后该公房全部用于经营的，利用该房屋进行经营的承租人或同住人，可以就非居住用途补偿款适当多分。比如（2016）沪 02 民终 6414 号判决：“系争房屋征收时，方某虽户籍并不在册，但其与营业执照所有人胡某甲系夫妻关系，且是非居部分的共同经营人，方某及胡某甲对于非居部分征收补偿利益的获得具有较大贡献，结合系争房屋来源、非居部分的实际经营情况、征收补偿款的具体组成及本案的实际情况，酌情确定方某可获得的征收补偿利益为 70 万元。”

实战策略：

在承办该类共有纠纷案件时，第一步需要确认“居改非”之前的承租人和同住人，这是确认该公房的权利人重要的步骤，尤其是居改非之后是否满足同住人条件之一的“他处有房”的情况（通过户籍信息、房屋调配单信息等查询）；第二步需要确认公房的实际经营人、营业执照持有人、房屋租金缴纳人以及对外签订租赁合同的承租人或者同住人和其他对房屋有巨大贡献的人，上述人员可以获得多分的权利；第三步确认房屋征收补偿明细，其中部分专有补偿为房屋实际经营人所独有。第四步确认案件的证据材料、己方的举证责任以及案件的争议焦点；第五步根据案情确认案件可能存在的特殊情况或者其他权利人的情况。以上五步法是办理该类案件的基础方法，其中证据材料是案件的核心。

第十一章　征收与诉讼程序

67. 征收补偿利益分割案件的管辖法院

焦点问题：公房征收补偿利益分割民事诉讼案件，当事人应当向哪个法院提起诉讼？

要点分析：征收利益是对被征收房屋的补偿，为便于当事人诉讼以及人民法院审理此类征收补偿利益分割案件时的事实调查和处理标准的统一，目前本市司法实践对此类案件一般由被征收房屋所在地的人民法院进行管辖。

案情介绍：(2021)沪 0115 民初 57061 号

原告：徐某峰。

被告：徐某勇、周某英、徐某、徐某馨。

被征收房屋位于上海市黄浦区大夫坊××弄×××号，房屋性质为公房，承租人是徐某勇。徐某峰是徐某勇的侄子，徐某勇与周某英原是夫妻关系，徐某是两人的女儿，徐某馨是徐某的女儿。2021 年黄浦区大夫坊××弄×××号房屋被征收，徐某勇与征收单位签订征收补偿协议，并获得浦东新区听达路×××号安置房一套及部分征收补偿款。因该户对征收利益分配无法协商一致，徐某峰诉至法院要求分割征收利益。徐某勇、周某英、徐某、徐某馨在答辩期间未对管辖权提出异议。

裁判摘要：

本院经审查认为，原告徐某峰主张分割的征收利益虽然现有部分在本院辖区内，但征收利益是对被征收房屋的补偿，为便于当事人诉讼以及人民法院审理此类征收补偿利益分割案件时的事实调查和处理标准的统一，目前本市司法实践对此类案件一般由被征收房屋所在地的人民法院进行管辖，双方当事人也同意本案移送至被征收房屋所在地人民法院即上海市黄浦区人民法院处理。

案例评析：本案中，被征收房屋地址位于上海市黄浦区，安置房屋的地址位于上海市浦东新区。原被告关于征收补偿利益分配无法达成一致，原告向安置房屋所在地的浦东新区人民法院提起诉讼。经过浦东法院审理认为，该案由黄浦区人民法院审理更为恰当，并结合当事人意愿移交到被征收房屋所在地的黄浦区人民法院审理。司法实践中，利害关系人应当向哪一个人民法院提起诉讼？

（一）级别管辖法院。根据《民事诉讼法》相关规定，我国法院分为四级法院，实行两审终审制度。四级法院分别包括：基层法院、中级法院、高级法院和最高人民法院。两审终审是指，一个案件经两级法院审判后方可宣告终结并发生法律效力。基层人民法院审理管辖区内的一审案件。中级人民法院审理基层法院上诉的二审案件或者(1)重大涉外案件；(2)在本辖区有重大影响的案件；(3)最高人民法院确定由中级人民法院管辖的案件。高级人民法院审理中级法院一审的上诉案件或者管辖在本辖区有重大影响的一审民事案件。最高人民法院审理高级人民法院一审的上诉案件或者(1)在全国有重大影响的案件；(2)认为应当由本院审理的案件。所以征收补偿利益分割民事案件一般只能在基层人民法院审理。

（二）地域管辖法院。结合征收补偿利益分割诉讼的情况，并根据《民事诉讼》和《民事诉讼法解释》规定，征收补偿案件属于不动产纠纷类案件，应当由被征收不动产所在地人民法院专属管辖。目前审判实践中，关于征收补偿利益分割的民事案件均由被征收房屋所在地的人民法院统一审理。

实战策略：

征收补偿利益分割民事诉讼与其他类型的诉讼不同，该类案件由被征收房屋所在地法院管辖。为节约诉讼时间和诉讼成本，当事人或者律师可以直接向有管辖权的人民法院提起诉讼。

68. 如何保全（冻结）征收补偿款？

焦点问题：征收补偿利益分割案件中，原告方为防止承租人转移财产，保护自己合法权益不受侵害，应如何采取保全措施，冻结征收补偿利益？

要点分析：利害关系人因情况紧急，不立即申请保全将会使其合法权益受到难以弥补的损害的，可以在提起诉讼或者申请仲裁前向被保全财产所在地、被申请人住所地或者对案件有管辖权的人民法院申请采取保全措施。申请人应当提供担保，不提供担保的，裁定驳回申请。人民法院接受申请后，必须在四十八小时内作出裁定；裁定采取保全措施的，应当立即开始执行。申请人在人民法院采取保全措施后三十日内不依法提起诉讼或者申请仲裁的，人民法院应当解除保全。

案情介绍：(2021)沪0101民初10802号

申请人：方某叶、方某铭、方某叶。

被申请人：方正英、张某、方某、方某建、方某。

申请人方某叶、方某铭与被申请人方某英、张某、方某、方某建、方某共有纠纷一案，本院于2021年3月12日受理后进行诉前调解，案号为(2021)沪0101民诉前调4041号，于2021年5月17日立案，案号为(2021)沪0101民初10802号。申请人向本院提出财产保全申请于2021年5月20日缴纳保全申请费，要求依法查封、冻结被申请人方某英、张某、方某、方某建、方某银行存款人民币3,200,000元或查封、扣押被申请人其他的等值财产。方某叶、方某铭向本院提交了某财产保险股份有限公司上海分公司出具的诉讼财产保全责任保险担保书作为信用担保。

本院经审查认为，申请人申请符合法律规定。依照《中华人民共和国民事诉讼法》第一百条、第一百零二条、第一百零三条第一款规定，裁定如下：立即查封、冻结被申请人方某英、张某、方某、方某建、方某银行存款人民币3,200,000元或查封、扣押其相应价值的财产。本裁定立即开始执行。

如不服本裁定，可以自收到裁定书之日起五日内向本院申请复议一次，复议期间不停止裁定的执行。

案例评析：

本案中，申请人一方为了防止被申请人领取款项，向法院申请保全，要求冻结被申请人名下320万元的款项。那么，征收补偿利益分割案件中，如何申请保全？保全的程序和费用应当如何计算？

（一）财产保全的原因

征收案件中，承租人或者被征收人可以选择产权调换或者货币补偿进行安置。随着产权调换优惠力度越来越小，选择范围小，因此很多居民更倾向于选择全货币补偿安置。由于征收案件的特殊性与复杂性，一般只有承租人才能领取货币补偿款；同时，征收部门发放征收补偿款具有一定的时效性，一般在签订征收补偿协议及结算单后60日内发放。因此，同住人与承租人关于如何分割征收补偿款无法达成一致时，同住人须及时采取保全措施，防止承租人领取款项。否则，即使赢了官司，也将面临执行难的可能。同样，法院根据一方当事人提出财产保全的申请，对于可能因对方当事人的行为或者其他原因，使判决难以执行或者造成当事人其他损害的，可以裁定对其财产进行保全。

（二）财产保全程序：诉前财产保全和诉中财产保全

根据《民事诉讼法》第一百零四条："利害关系人因情况紧急，不立即申请保全将会使其合法权益受到难以弥补的损害的，可以在提起诉讼或者申请仲裁前向被保全财产所在地、被申请人住所地或者对案件有管辖权的人民法院申请采取保全措施。申请人应当提供担保，不提供担保的，裁定驳回申请。"财产保全分为诉前财产保全和诉中财产保全。诉前财产保全是指在诉讼启动之前，就将对方财产查封冻结，一般具有及时性。根据《民事诉讼法》规定："人民法院接受财产申请后，必须在四十八小时内作出裁定；裁定采取保全措施的，应当立即开始执行。"诉中财产保全，只有在情况紧急的情况下才会适用此规定，根据《最高人民法院关于人民法院办理财产保全案件若干问题的规定》第四条："人民法院接受财产保全申请后，应当在五日内作出裁定；需要提供担保的，应当在提供担保后五日内作出裁定；裁定采取保全措施的，应当在五日内开始执行。对情况紧急的，必须在四十八小时内作出裁定；裁定采取保全措施的，应当立即开始执行。"诉前保全和情况紧急的保全具有及时性，一般是48小时以内会做出财产保全裁定。诉前保全具有明显的时间优势，但是当事人对于诉前财产保全属于必须提供担保。当事人不提供担保，法院会裁定驳回申请保全。

对于征收案件的当事人来说，因时间紧迫，希望在承租人不知情的情况下将财产冻结，然后再提起诉讼。但在实践中，由于法院案多人少、保全审查难度大等，因此诉前保全的时间并不快。即使按照法律规定受理了诉前保全申请，也无法在48小时内保全所申请的财产。一般是48小时以内可以做出裁定，但是要达到财产冻结或者查封，时间比较长。征收律师一般在立案之时提出保全，在被告收到诉状之前可以查封冻结部分征收补偿利益。

（三）财产保全数额以及费用问题

如果当事人希望启动财产保全的程序，需要缴纳保全费和提供财产担保。

首先是保全费用。保全费是当事人申请法院采取诉讼保全措施的费用，该笔费用类似于法院的诉讼费用，由提起保全的一方当事人先垫付，后期根据案件审理的具体情况，由法院判决该笔费用的承担主体。那么保全费有多少呢？

保全费根据所有保全财产的数额缴纳。

诉讼保全案件收费标准为：

（1）保全财产的金额或者价额不满1,000元，每件交纳30元；

（2）超过1,000元至10万元的部分，按1%交纳；

（3）超过10万元的部分，按0.5%交纳；

（4）当事人申请保全措施交纳的费用最多不超过5,000元。

其次，担保的费用，又称司法担保金，是指申请人向人民法院申请财产保全时，担保人向人民法院提交的，对因财产保全不当给被申请人所造成的损失进行赔偿的担保。

担保的形式一般包括提交保证金、提供担保财产（房产、车等）以及保险公司出具的保函三种形式。

（1）保证金：一般为担保金额的30%，诉前保全为全额担保。《最高人民法院关于人民法院办理财产保全案件若干问题的规定》第五条："人民法院依照民事诉讼法第一百条规定责令申请保全人提供财产保全担保的，担保数额不超过请求保全数额的百分之三十；申请保全的财产系争议标的，担保数额不超过争议标的价值的百分之三十。利害关系人申请诉前财产保全的，应当提供相当于请求保全数额的担保；情况特殊的，人民法院可以酌情处理。"

（2）提供担保财产，主要为无权利瑕疵的不动产以及车辆等动产，提供担保的财产价值与提供保证金的比例相同。

（3）向保险公司购买保单，由保险公司向人民法院承保。

关于（1）（2）两种担保，案件审理完毕，保险金会全额无息退还，不动产或者动产也会被依法解封，恢复担保之前的状态。但是第三种担保，保险公司不会将保险金退还，该笔费用由提供担保的人承担。

实战策略：

财产保全在房屋征收补偿利益分割案件中能够保证案件的顺利进行以及案

件审结以后顺利执行。

但有些补偿利益分割案件中，在采取保全措施时，会遇到无法保全的问题。比如承租人或者被征收人选择产权调换的方式，而且所选的产权房为期房。同时除了房产之外还有剩余部分货币补偿款。利害关系人希望对该笔货币补偿款采取保全措施，往往难度较大，甚至无法保全。主要原因为期房一般在一年后才能取得房产证，而期房作为不确定财产，根据高院规定："当事人起诉要求分割安置房屋，其法律性质是不动产物权的分割。在安置房屋尚未确定的情况下，当事人将来可能获得的房屋实际面积、位置等尚处于不确定状态，法院不宜进行确权和分割，可裁定不予受理或者驳回起诉，但应告知当事人在安置房屋确定后再行主张。"如果法院裁定驳回时，保全程序自动解除。

69. 尚未取得大产证的，是否可以提起补偿利益分割诉讼?

焦点问题：征收安置补偿既有房屋又有货币，安置房屋分配尚不具备条件，当事人仅起诉要求分割货币部分的，人民法院是否处理?

要点分析：征收补偿利益的分割所把握的原则应该是有利于被安置人利益的整体平衡，有利于减少当事人诉累，因此原则上应当整体分割。特别是征收补偿款预扣在征收部门用于购置安置房等情况的，货币补偿部分暂不作处理。

但是实务中也存在一些特殊情况，例如由于被安置人无法就补偿款分割达成一致而暂扣在征收部门，或者是补偿款已经实际下发，被安置人各方矛盾激烈且实际占有货币一方存在转移或者挥霍货币补偿款可能的。对此，人民法院可以受理，并就货币补偿款部分先行分割。

案情介绍：(2021)沪 0109 民初 12997 号之一

原告：沙某。

被告：钱某 1、钱某 2。

被征收房屋位于上海市虹口区××路(以下简称系争房屋)，房屋性质为公房，承租人是钱某 1。征收时户口在册人员有 3 人，沙某 1 人，钱某 1 一家两口，沙某系钱某 1 之继女，钱某 2 系钱某 1 之父。2021 年钱某 1 与征收单位签订征收补偿协议，钱某 1 选购本市××路房屋进行产权调换，该产权调换房屋尚未取得大产证。因该户对征收利益分配无法协商一致，2021 年沙某诉至法院要求分割征收利益。

裁判摘要：本院认为，因征收协议约定的产权调换房屋尚未进行房地产初始登记，将来可能获得的房屋实际面积、位置等尚处于不确定状态，致被安置人将来可能获得的实际补偿利益亦处于不确定状态，故现不宜对系争房屋征收补偿利益进行确权分割。虽然沙某认为其未对产权调换房屋提出主张，其仅要求分得的是货币补偿款，然系争房屋被征收所取得的征收利益中除货币补偿款外还有产权调换房屋，征收补偿利益的分割所把握的原则应该是有利于被安置人利益的整体平衡，原则上应当整体分割。当事人可待产权调换房屋产权证办理后，实际面积、位置等确定好再行主张系争房屋征收补偿利益的分割。

案例评析：征收过程中，被征收人和公房承租人可以选择产权调换或者货币补偿。由于现房无法满足居民需求，征收部门往往提供期房实施产权调换。本案中钱某 1 选择了期房和货币混合安置的方案，在安置房尚未完成初始登记的情况下，法院认为不宜对系争房屋征收补偿利益进行确权分割。那么司法实践中，何为房产的初始登记（俗称“大产证”）以及法院的裁定驳回的依据是什么？

（1）何为房屋的初始登记（“大产证”）？“大产证”是指一个建筑项目的建设单位在该项目竣工后，为其全部所建房屋办理“房地产初始登记”，取得的房地产登记证明用以确认这批房屋的权利人。“大产证”是开发商办理的房地产初始登记，与此相对应的是买房人办理产权登记的“小产证”。二者性质不同。开发商完成房地产初始登记后，房屋的建筑面积、具体位置、土地用途等处于确定状态，法院审理标的物才真实存在，才可以继续审理。

（2）法院裁定驳回起诉的依据。由于涉案标的物尚处于不确定状态，从法律意义上分析，确实不宜处理，但也存在特殊情况。按照 2020 年《高院会议纪要》第十七项问答：动迁安置补偿既有房屋又有货币，安置房屋分配尚不具备条件，当事人仅起诉要求分割货币部分的，人民法院是否处理？征收补偿利益的分割所把握的原则应该是有利于被安置人利益的整体平衡，有利于减少当事人诉累，因此原则上应当整体分割。特别是征收补偿款预扣在征收部门用于购置安置房等情况的，货币补偿部分暂不作处理。但是实务中也存在一些特殊情况，例如由于被安置人无法就补偿款分割达成一致而暂扣在征收部门，或者是补偿款已经实际下发，被安置人各方矛盾激烈且实际占有货币一方存在转移或者挥霍货币补偿款可能的。对此，人民法院可以受理，并就货币补偿款部分先行分割。根据实务经验，2020 年之前有些法院还会审理该类纠纷，但是 2020 年之后，法院统一不再审理。因为，实践中举证证明存在“激烈矛盾”和“存在转移或者挥霍货币补偿款可能的”的情况极为困难。

实战策略：

司法实践中，律师如何调取“大产证”？

“大产证”一般保存于安置新房所在区的自然资源确权登记事务中心（原指房地产交易中心）。因各个区具体操作规范不同，所需要提交的材料也不同。调取“大产证”一般分为两种情况，(1)法院调查令。有些区明确规定，如果律师来调取“大产证”，必须凭借调查令调取；(2)案件受理通知书。有些区要求律师持诉讼材料（案件受理书），即可调取“大产证”。因此，如果涉及期房类诉讼，可以提前了解“大产证”情况，根据案件具体情况，确定提起诉讼的时间。

70. 未签订协议或者结算单的，是否可以提起补偿利益分割诉讼？

焦点问题：征收补偿利益分割民事案件中，承租人或者推选的签约代表人未签订结算单的，其他利害关系人是否可以提起民事诉讼？

要点分析：根据征收实务，承租人或者签约代表人签过征收补偿协议后，未签订结算单的，征收补偿总金额仍然无法确定。由于承租人或者签约代表人的签字尚未完成，征收部门无法在征收补偿协议和结算单上盖章，也无法发放征收补偿利益。根据立案庭要求，征收补偿利益分割民事纠纷案件需要立案的，必须提交盖章的征收补偿协议或者结算单，否则不予立案。

案情介绍：(2019)沪 0106 民初 5997 号

原告：李某贞、褚某芳。

被告：褚某银、吴某香、戴某根、戴某。

被征收房屋地址位于上海市东宝兴路×××号(以下简称被征收房屋)，房屋性质为公房，承租人为褚某银，被征收房屋被征收时在册户口有原、被告共六人。现被征收房屋被纳入征收范围。2018 年 9 月 20 日，褚某银作为代理人与征收实施单位签订了《上海市国有土地上房屋征收补偿协议》，征收补偿款及各类补贴奖励费用共计 5,202,864 元。原告认为，原告系被征收房屋的共同居住人，应分得征收补偿利益。因原、被告就本次房屋征收补偿利益的分割存在争议，原告遂起诉来院，要求分割上海市静安区东宝兴路×××号房屋的征收补偿利益的二分之一计 2,601,432 元。一审结束后，2019 年 2 月 28 日，褚某银又签订两份《结算单》，就上述房屋的征收补偿款予以结算，并领取了部分补偿款。

裁判摘要：

法院审理认为，虽然涉案房屋已被纳入政府征收范围，但是本案所涉《上海市国有土地上房屋征收补偿协议》甲方（上海市静安区住房保障和房屋管理局）及房屋征收实施单位（上海市闸北第一房屋征收服务事务所有限公司）均未签字或盖章，协议尚未成立。原告要求分割征收补偿利益应以相关征收补偿协议成立并生效为前提，现该征收补偿协议未成立，故原告的起诉尚不符合条件，依法应予驳回。依照《中华人民共和国民事诉讼法》第一百一十九条第（四）项、第一百五十四条第一款第（三）项，《最高人民法院关于适用〈中华人民共和国民事诉讼法〉的解释》第二百零八条第三款的规定，裁定如下：驳回原告李某贞、褚某芳的起诉。

二审认为，根据褚某银提供的《上海市国有土地上房屋征收补偿协议》显示，协议双方均盖章签字。二审中，被上诉人亦均表示征收补偿协议已经签订并已领取部分征收补偿款，也同意由一审法院继续审理。一审裁定驳回李某贞、褚某芳的起诉不当，本院予以纠正。依照《中华人民共和国民事诉讼法》第一百七十一条、《最高人民法院关于适用的解释》第三百三十二条规定，裁定如下：一、撤销上海市静安区人民法院（2019）沪 0106 民初 5997 号之一民事裁定；二、本案指令上海市静安区人民法院审理。

案例评析：本案中，褚某银作为承租人，在签订征收补偿协议之后，未及时签订结算单。其他利害关系人希望在签订结算单之前，提起分割征收补偿利益分割诉讼。法院认为原告要求分割征收补偿利益应以相关征收补偿协议成立并生效为前提，现该征收补偿协议未成立，故原告的起诉尚不符合条件，依法应予驳回。目前司法实践中，法院对尚未签订征收补偿协议或者结算单的案件，一般不予立案。但是征收实务中，存在一些恶意不签订结算单而侵害其同住人利益的行为，利害关系人应当如何应对？以及各个部门之间应当如何调整，进一步化解社会矛盾？

征收实务中，经常遇到以下情况。例如，张三作为承租人或者签约代表人在签订征收补偿协议后，实际居住人张四一家三口交房后，张三发现如果按照政策分配，自己分配的征收补偿利益较少或者无权分割征收补偿利益。张三以拒绝签订结算单作为要挟，要求张四与其签订家庭协议，满足其要求分割一半的要求。如果张四不同意张三的要求，张三拒不签订结算单，按照目前的政策，张四将永远无法拿到征收补偿利益。实践中为何会出现诉讼僵局的情况？应当如何破解僵局？

（一）征收补偿协议的效力以及结算单的性质。

(1) 征收补偿协议是否已经生效。根据《征收细则》第二十一条规定，因旧城区改建需要征收房屋的，房屋征收部门应当在征收决定作出后，组织被征收人、公有房屋承租人根据征收补偿方案签订附生效条件的补偿协议。在签约期限内达到规定签约比例的，补偿协议生效；在签约期限内未达到规定签约比例的，征收决定终止执行。因此，征收补偿协议属于附生效条件的协议，所附生效条件为“二轮签约比例不低于85%”，即征收补偿协议所附生效条件成就时，征收补偿协议生效。同时双方签订协议时，协议内容约定：“本协议经双方签字或盖章后成立”，该条款属于行政协议的格式条款，通过设置前置性条件限制征收补偿协议的效力，存在侵害被征收居民合法利益的可能，应属于无效条款。因此，有些行政判决书认为，即使未签订结算单，该协议已经成立。比如(2021)沪0115行初3号判决：“本院认为，当事人提起行政诉讼，应当具有诉的利益。现第三人张某敏作为案涉房屋承租人已经与被告签订了涉案协议，原告等亦在订立案涉协议后申请了居住困难户认定。在案涉协议尚存的情况下，原告等诉请黄浦房管局报请某区政府就案涉房屋作出征收补偿决定，明显不具有可行性，本案诉讼并无实益。”

(2) 结算单属于协议的附件。征收部门在与被征收人或者公房承租人签订协议，且签约比例不低于85%的情况下，要求被征收人或者承租人交出房屋。交房后，征收部门与被征收人或者承租人签订一份结算单，以确定本次征收项目中被征收人或者承租人户获得征收补偿利益的总额。征收部门对签订好的结算单和协议一起审核盖章。因此，被征收人或者承租人拒不签订结算单的情况下，补偿协议无法审核通过，更无法生效。结算单从程序上制约了征收补偿协议的成立和生效。结算单从性质上讲应当属于对账单，是征收部门与被征收人或承租人关于征收补偿利益的整体核对。因此，结算单是征收补偿协议的附件，但并不是征收补偿协议生效的条件。

（二）诉讼僵局出现的原因。

（1）从征收部门来看。征收部门无权选择签约主体，根据《征收细则》第二十三条，“房屋征收补偿协议应当由房屋征收部门与被征收人、公有房屋承租人签订。”如果私房的产权人或者公房的承租人在签订征收补偿协议后，按照补偿协议约定履行完“腾房交付”的义务，但承租人因为家庭内部矛盾拒绝签订结算单的，征收部门无行政强制性权力要求承租人或者房屋产权人签结算单，无法选择其他签约主体。因此，是否签订结算单是由被征收人或者承租人自己决定。同时由于该户已经完成“腾房交付”义务，征收部门无权实施强制执行措施。

（2）从征收补偿利益分割民事诉讼角度分析。由于征收补偿协议一方并未盖章，根据征收补偿协议约定，协议未成立、也未生效或者没有明确的诉讼。若当事人之间没有诉讼标的，便不符合起诉的条件，法院往往会驳回当事人的起诉，比如本案的一审判决。

（3）从行政诉讼的角度分析。如果因为没有确定的征收补偿利益作为诉讼标的，当事人一方无法提起征收补偿利益分割民事诉讼，那么是否可以提起行政诉讼，要求征收部门按照协议约定将征收补偿利益给付到户或者给付到个人？根据行政诉讼的裁决惯例，法院不支持该类似诉讼请求。比如(2020)沪01行终863号判决：“系争协议所涉补偿利益应属包括陆某敏等四人及陆某1等六人共有。然而，陆某敏等四人与陆某1等六人之间对于补偿利益的分配存在严重分歧，应当通过其他途径予以析产确认。目前，陆某1等六人在与陆某敏等四人均享有利益的情况下，向原审法院提起诉讼，要求某区住房局向其交付全部征收补偿利益，依据不足，不应予以支持。”同时给付到户的户，法院认为不属于诉讼主体地位，无法履行。比如(2020)沪01行终226号判决：“本院认为，系争协议的订立主体是被上诉人某区住房局与上诉人林某生。上诉人作为系争协议的乙方在履行了主要义务后，有权依据协议约定要求作为甲方的被上诉人履行协议义务。林某生户并非法律规定能够独立行使权利、承担义务的主体，亦非订立协议主体，不具有本案的诉讼主体地位。且上诉人原审中的诉请也是要求法院判决被上诉人向其个人履行系争协议义务，故原审法院判决被上诉人向林某生户履行协议义务，既超出了上诉人原审的诉请范围，也缺乏法律依据。”

（三）破除僵局的方式方法。

目前司法实践中，如果部分被征收人或者公房承租人签订征收补偿协议，并完成“腾房交付”的义务后而拒不签订结算的，其他同住人的合法权利必然受到侵害。除非同住人接受承租人的条件，在违背自己真实意思表示的情况下，与承租人签订家庭内部协议，否则该案件必然进入“司法僵局”。同住人想获得自己应得的征收补偿利益，恐怕遥遥无期。那么，司法实践中，破除该类案件的僵局，可以从以下几个角度出发。

（1）从征收部门的角度分析。1.有条件的情况下变更签约主体。房屋被征收时，一些公房的承租人已经过世，为了方便签约，监督评议小组指定符合条件的人员作为签约代表人。如果签约代表人因为家庭内部矛盾而拒不签订结算单的，征收部门可以重新指定新签约代表人签订结算单。家庭内部矛盾通过法院诉讼解决，以破除僵局。2.签订征收补偿协议时一并结算。结算单不应当作为补充协议，而应属于征收补偿协议的附件，是被征收房屋的补偿金额明细单。结算单的金额在签订协议时属于已知或者符合条件可获得的，在补偿协议中约定即可，无需单独再次签订结算单。以上两种方式在不损害被征收户合理利益和不违反征收程序的情况下进行。

（2）从民事诉讼的角度分析。有些法院受理该类案件时，要求当事人必须提供有效的结算单。没有盖章的结算单，不予立案；有盖章的结算单，证明该户的征收补偿利益已确认且固定。征收实务中，符合条件的被征收户，因为家庭矛盾无法签订结算单，但征收补偿利益也已经确定。因此，涉及征收补偿利益分割的案件，结算单不应作为起诉的必备材料。法院判决确认征收补偿利益总额时，结算单也并非唯一的证据。

（3）从行政诉讼的角度分析。1.居民履行签订征收补偿协议和交房的义务后，且《征收细则》所规定的生效条件已成就时，征收补偿协议应当已经生效；2.因家庭矛盾而未签订结算单，并非征收补偿协议的生效要件，也非政府履行征收协议义务的先履行条件；3.居民履行签订征收补偿协议和交房义务后，征收部门应当交付该户应得的全部征收补偿利益。

实战策略：

承租人或者部分被征收人签订征收补偿协议后，并履行了交房义务，但因家庭内部矛盾而拒不签订结算单的案例较多。当其他同住人或者被征收人的合法权利严重被侵害时，目前尚无实际可行的救济方案。司法实践中，由于现行政策的不完善，导致老百姓的合法权利无处得到维护；由于政策之间存在价值冲突，导致法律不能统一适用，“同案不同判”现象频繁出现。关于该类矛盾纠纷，法院与征收部门正在协调，相信会更好地解决该类案件。

71. 诉讼费如何承担？

焦点问题：征收补偿利益分割案件中，原告应当向法院预交多少诉讼费？最终诉讼费由谁承担？

要点分析：根据《高院会议纪要》规定，对于征收补偿利益分割案件受理费的计算，实践中有不同做法。有的法院按照征收补偿协议确定的全部补偿金额作为计算基数，有的法院按原告诉请主张可以分得的补偿金额作为计算基数，有的法院按照需要分割的安置房屋起诉时的市场价作为计算基数。

上海高院会议认为，案件受理费的计算标准应予统一，考虑到此类案件的性质系征收补偿利益分割，故倾向于按照征收补偿协议确定的全部补偿金额作为案件受理费的计算基数。

案情介绍：(2020)沪 02 民终 5726 号

上诉人(原审被告)：韩鹤某。

被上诉人(原审原告)：韩建某、卢某云、韩某琦(以下简称韩建某方)。

原审被告：韩争某、韩某鎏、韩某露(以下简称韩争某方)。

被征收房屋位于上海市普陀路×××号(以下简称系争房屋)，房屋性质为公房，承租人系韩某海(1991 年报死亡)。征收时户口在册有 7 人，韩鹤某 1 人，韩建某一家三口，韩争某一家三口，韩某海系韩鹤某、韩建某、韩争某之父亲，韩建某与卢某云系夫妻关系，韩某琦是两人之女，韩争某系韩某鎏、韩某露之父亲。1988 年武定路房屋动迁韩建某、卢某云、韩某琦三人作为安置人员分得管弄路房屋，后卢某云以“94 方案”取得该房产权。2018 年 6 月 6 日，该户同住人同意确定韩争某为签约代表，同日韩争某书写一份《承诺书》，其内容：为了保证 7 人的利益(七分之一)，特写此条，作为依据。2018 年 12 月 8 日，韩争某代表该户与征收单位签订征收补偿协议，并选择全货币补偿，因该户对征收利益无法协商一致,2019 年韩建某、卢某云、韩某琦诉至法院,要求分割征收利益。

韩建某方认为系争房屋被征收前处于出租状态,户口在册人员均不构成同住人资格,应以户籍人口均分利益。韩争某方与韩鹤某认为,韩建某、卢某云、韩某琦均享受过本市的福利分房政策,属于他处有房,无权要求分割安置补偿款。

裁判摘要:

一审法院认为,根据当事人之间签订的征收补偿协议的内容,系争房屋被依法征收,征收补偿利益应当由房屋的承租人和共同居住人共有。系争房屋承租人登记为韩某海,在韩某海死亡后承租人亦未进行过变更登记,至上述征收决定开始实施后承租人仍登记为韩某海。根据规定,所谓"共同居住人",是指作出房屋征收决定时,在被征收房屋处具有常住户口,并实际居住生活一年以上(特殊情况除外),在本市无其他住房或者虽有其他住房但居住困难的人。本案中,当事人对各自户籍的登记情况均无异议,且在征收实施时系争房屋已处于长期出租状态,鉴于征收补偿利益已经客观生成,各当事人对此利益本身并不存有异议的基础,法院将根据系争房屋内的户籍及户籍迁入、迁出之演变、各自家庭在本市拥有的住房等实际情况,酌情予以分割。

韩争某书写的承诺书并不能代表户口在册人员的意思表示,韩建某家庭要求以户籍人口均分利益,依据不充分,难以采纳。根据相关规定,在韩某海夫妻先后死亡后,如若系争房屋再行指定承租人,韩氏三兄弟均有被指定的可能性,但韩争某可能性更大,因其在本市并无住房,故分割征收补偿利益份额应当高于其他人员。韩建某、卢某云、韩某琦均享受过本市的福利分房政策,属于他处有房,因此他们获得征收补偿利益应当小于韩争某家庭。至今无证据证明韩鹤某曾享受过福利分房政策,故韩鹤某也应得到相应的征收补偿利益。综上,酌情判决系争房屋征收补偿款 4,758,658 元由韩建某方分得计 1,858,658 元,韩鹤某分得 650,000 元,韩争某方分得计 2,250,000 元。案件受理费 44,869 元,减半收取 22,344.50 元,由韩建某方负担 7,448.50 元,由韩争某负担 7,448 元,韩争某方负担 7,448 元。

二审法院认为,一审判决查明的事实属实,予以确认,庭审中当事人自行处分的自己权利,与法无悖,予以准许。但一审判决诉讼费分担金额有误,本院予以更正。酌情判决系争房屋征收补偿款 4,758,658 元由韩建某方分得 1,758,658 元,韩鹤某分得 750,000 元,韩争某方分得 2,250,000 元。一审案件受理费 44,869 元,减半收取22,344.50元,由韩建某、卢某云、韩某琦负担8,727.42元,由韩鹤某负担3,521.66元,韩争某、韩某鎏、韩某露负担10,095.42元。

案例评析:

本案中,二审法院对一审的诉讼费承担方式作出调整。根据每人获得的征收补偿利益多少的比例承担。那么司法实践中,征收补偿利益分割案件中,原告提起诉讼时,应当预交多少诉讼费用?该笔诉讼费最终由哪一方承担?

(一)征收款分割案件,法院收取费用的标准

征收款分割案件属于财产类纠纷案件,财产类案件的受理费一般是根据诉讼请求的金额或者价额计算。根据《诉讼费用交纳办法》第十三条:案件受理费分别按照下列标准交纳(累加计算法):

不超过1万元的,每件交纳50元;

超过1万元至10万元的部分,按照2.5%交纳;

超过10万元至20万元的部分,按照2%交纳;

超过20万元至50万元的部分,按照1.5%交纳;

超过50万元至100万元的部分,按照1%交纳;

超过100万元至200万元的部分,按照0.9%交纳;

超过200万元至500万元的部分,按照0.8%交纳;

超过500万元至1,000万元的部分,按照0.7%交纳;

超过1,000万元至2,000万元的部分,按照0.6%交纳;

超过2,000万元的部分,按照0.5%交纳。

因此,原告所需交纳的案件受理费是根据其诉讼请求的金额计算而得。

例1

王某甲与王某乙两人所在的一处公房被征收,王某甲为承租人,户口只有两人,该房屋的征收补偿款共计200万元。王某乙要求分割100万元,现二人无法达成一致,王某乙向法院提起诉讼,要求分得100万元。根据《诉讼费交纳办法》王某所需要交纳的诉讼费是以100万为计算标准,原告需要垫付的受理费为:13800元。

在2019年上海市高院在《上海市高级人民法院关于房屋征收补偿利益分割民事纠纷研讨会会议纪要》[(2020)4号文]中第十九项问答:安置补偿利益分割案件如何确定案件受理费计算基数?

对于征收补偿利益分割案件受理费的计算，实践中有不同做法。有的法院按照征收补偿协议确定的全部补偿金额作为计算基数，有的法院按原告诉请主张可以分得的补偿金额作为计算基数，有的法院按照需要分割的安置房屋起诉时的市场价作为计算基数。

会议认为，案件受理费的计算标准应予统一，考虑到此类案件的性质系征收补偿利益分割，故倾向于按照征收补偿协议确定的全部补偿金额作为案件受理费的计算基数。

例 2

王某甲与王某乙两人所在的一处公房被征收，王某甲为承租人，户口只有两人，该房屋的征收补偿款共计 200 万元。王某乙要求分割 100 万元，现二人无法达成一致，王某乙向法院提起诉讼，要求分得 100 万元。根据上海高院的会议纪要精神，王某所需要的垫付的诉讼费是按照 200 万为计算依据，原告需要垫付的受理费为：22,800 元。

上海高院的会议纪要内容是否合理，值得商榷。在司法实践中，上海各级法院统一适用该文件。

（二）案件受理费承担的原则

案件受理费由原告方先行垫付，根据案件判决结果，由法官确定原、被告承担的比例和具体数额。根据《诉讼费交纳办法》第三十九条规定："诉讼费用由败诉方负担。部分胜诉、部分败诉的，人民法院根据案件的具体情况决定当事人各自负担的诉讼费用数额。"

例 3

王某甲与王某乙两人所在的一处公房被征收，王某甲为承租人，户口只有两人，该房屋的征收补偿款共计 200 万元。王某乙要求分割 100 万元，现二人无法达成一致，王某乙向法院提起诉讼，要求分得 100 万元。根据上海高院的会议纪要精神，原告需要垫付的受理费为 22,800 元。

后经法院审理判决，原告方败诉，无权分割房屋的征收补偿款，那么本案的全部费用由原告方承担。若经过法院判决认为原告可以分得 100 万元，则原告需要承担 11400 元。

司法实践中，关于诉讼费如何承担以及承担数额多少，法官的自由裁量权比较大，但是一般的原则依旧不变："谁败诉，谁承担。"

实战策略：

关于征收补偿利益分割案件中，诉讼费承担并未统一。比如(2021)沪 0101 民初 17411 号判决，被告丁某贤作为胜诉方，原告杨某败诉，但最终诉讼费由被告丁某贤全部承担；(2021)沪 0101 民初 10434 号判决，被告徐某华作为胜诉方，获得了全部征收补偿利益，原告孙某败诉，但最终诉讼费由败诉方承担。因此，司法实践中，法律适用并不统一，原则上，起诉状中不需要提出该诉讼请求，法院会参考案件中各方获得征收补偿利益的份额，按比例承担。

72. 举证责任的相关问题？

焦点问题：征收补偿利益分割诉讼案件中，如何确定举证责任的归属，以及需要提供哪些证据予以证明？

要点分析：根据举证责任分配的一般规则，包括两类情形：(一)主张法律关系存在的当事人，应当对产生该法律关系的基本事实承担举证证明责任；(二)主张法律关系变更、消灭或者权利受到妨害的当事人，应当对该法律关系变更、消灭或者权利受到妨害的基本事实承担举证证明责任。

案情介绍：(2021)沪 0101 民初 10434 号

原告：刘某、刘某雨。

被告：王某良、王某娇。

系争房屋位于上海市黄浦区云南南路 100 号，该房屋的性质为公房，承租人为被告王某良，在册户口人有原告刘某、刘某雨和被告王某良、王某娇四人，原告刘某是原告刘某雨的父亲，原告刘某是被告王某良的外甥，被告王某娇是被告王某良的女儿。

2020 年 10 月 17 日，王某良作为系争房屋承租人与征收单位签订《上海市国有土地房屋征收补偿协议》，系争房屋共获得各项补偿、奖励费等总计 4,245,982.92 元。原被告因征收补偿款分割问题无法达成一致，向黄浦区人民法院提起诉讼。

关于他处有房的问题。

1992 年 4 月，黄浦区永安路 13 号公房的《住房调配单》记载，房屋受配人王某良;新配房人员:王某良、王某娇以及王某良爱人共三人;调配原因:解决职工住房困难;原告配偶名下有宜川街道泰山二村房屋的房产;原告配偶预购韶山路348弄的经济适用房;原告父亲在2003年购买浦东银山路的房屋且一直登记在原告父亲名下。

关于实际居住的问题。原告陈述:刘某自出生居住在系争房屋内,直到母亲王某霞2003年去世后搬出;2003年后刘某搬至银山路房屋居住;2003年之前被告提供永安路房屋给原告无偿使用是事实,但条件极差,刘某及其母亲平日还是生活在系争房屋内,且该房屋2000年就被被告收回,2000年至2003年间刘某及其母亲生活在系争房屋内以照顾老人;系争房屋确为被告实际控制;原告提供刘某小学、初中同学曹某,中专同学王某,刘某父亲孙某浩的书面证人证言。

被告认为:两原告从未居住在系争房屋内;刘某出生时居住在其父亲的长江西路房屋内,1991年左右搬至被告提供的永安路房屋读书,2000年左右刘某父母卖掉长江西路婚房购买了银山路房屋,刘某随父母至银山路房屋居住至结婚,婚后与其配偶共同居住在泰山二村房屋。

裁判摘要:

公有房屋承租人所得的货币补偿款归公有房屋承租人及其共同居住人共有。共同居住人,是指作出房屋征收决定时,在被征收房屋处具有常住户口,并实际居住生活一年以上(特殊情况除外),且本市无其他住房或者虽有其他住房但居住困难的人。他处房屋的性质,仅限于福利性质取得的房屋。本案中,被告王某良为系争房屋承租人,有权享有系争房屋的征收利益;被告对原告提供的书面证人证言的真实性不予认可,故本院无法采信,后原告刘某未就其在系争房屋内连续居住满一年提供其他证据,故本院对此不予认可,刘某非系争房屋同住人;刘某雨现未成年,其父母均非系争房屋同住人,且其未在系争房屋内居住,其亦不属于系争房屋同住人。综上,系争房屋的全部征收利益应归被告王某良所有。

案例评析:

诉讼案件中,当事人对自己提出的诉讼请求所依据的事实或者反驳对方诉讼请求所依据的事实有提供证据加以证明的责任。没有证据或者证据不足以证明当事人的事实主张的,由负有举证责任的当事人承担不利后果。本案中刘某因未提供充分的证据证明实际居住满一年以上,应当承担败诉的结果。司法实践中,举证责任的类型较多,本篇以证明“实际居住”为例,分析举证责任的承担者以及需要提供哪些证据予以证明?

(一)举证责任的分配。根据《民事诉讼法司法解释》第九十一条,人民法院应当依照下列原则确定举证证明责任的承担,但法律另有规定的除外:(一)主张法律关系存在的当事人,应当对产生该法律关系的基本事实承担举证证明责任;(二)主张法律关系变更、消灭或者权利受到妨害的当事人,应当对该法律关系变更、消灭或者权利受到妨害的基本事实承担举证证明责任。根据该条文可知,征收补偿款分割案件中,当原被告各方对实际居住情况说法不一致时,法律将举证责任分配给主张实际居住客观存在的一方,如果主张实际居住的一方无法证明自己在该房屋内实际居住满一年以上的,往往要承担举证不利的后果。举证责任分配的一般原则为“谁主张、谁举证。”本案中,笔者作为被告的代理律师,从法理上看,被告并不承担证明原告不实际居住的举证责任,被告方只需说明原告方不居住这一客观事实即可,不需要提供任何证据,而原告方需要对自己实际居住一年以上的客观事实提供充分的证据,且必须是足以让法院确信其实际居住满一年的客观证据,否则原告将承担败诉的风险;但从实践中看,被告方仍然需要提供证据,证明原告不居住的客观事实。本案中,我方提供了原告父母以及原告本人自小到大在他处一直有房居住的客观事实,让法院确信原告方在该房屋内没有居住需要,进而推翻原告的举证,获得全胜的判决。同样可以参考案例(2019)沪02民终8783号:“原告刘某妹、裘某未能提供证据证明其在涉案房屋内实际居住的事实,刘某妹、裘某不符合共同居住人条件,均不是涉案房屋的共同居住人。”

(二)法院认定“实际居住生活满一年”的条件。一般是指为户籍在册人员将户口迁入被征收房屋后未再迁出,直至征收时,以被征收房屋为居住地,长期连续稳定居住一年以上,而并不仅指至房屋征收决定作出前一年的实际居住。该观点是上海市某法院官网所发布的,具有一定的参考意义。因此主张实际居住的一方,只需提供自己户口迁入后在该房屋内连续居住满一年以上的证据即可。

(三)负有举证义务的一方需要提供哪些证据来证明实际居住满一年以上?

根据司法实践以及相关法律规定,实践中分为两类证据:

第一类为直接证据:比如居委会或者街道所出具的居住证明、居住情况说明、居住证信息、邻居的证人证言、家庭内部居住协议、判决书、离婚协议书等能直接反映出实际居住的证据。

第二类为间接证据：比如他处无房居住、缴纳被征收房屋的租金、水电煤费、在附近小学读书凭证、快递收发以及经济条件较差等证据，该类证据虽然不能直接证明实际居住在该房屋内，也能从侧面反映出在该房屋内实际居住的客观事实。

相反地，如果主张他人未实际居住的客观事实，也可以从以上的两类证据中搜集相关证据，进而让法院更加确信其未实际居住。

实战策略：

司法实践中，征收补偿利益分割案件争议焦点较多，一般情况下包括：实际居住满一年以上、他处无福利性住房、存在家庭协议、属于按政策回沪的知青及知青子女、出资购买情况、搭建扩建面积、是否取得外国国籍等。但举证责任分配的原则为：(一)主张法律关系存在的当事人，应当对产生该法律关系的基本事实承担举证证明责任；(二)主张法律关系变更、消灭或者权利受到妨害的当事人，应当对该法律关系变更、消灭或者权利受到妨害的基本事实承担举证证明责任。

73. 案件中，如何理解“高度盖然性”的证明标准？

焦点问题：公房征收补偿利益分割民事案件中，当待证事实处于真伪不明的状态下，法官如何认定案件事实？

要点分析：《最高人民法院关于适用〈中华人民共和国民事诉讼法〉的解释》第一百零八条规定，对负有举证证明责任的当事人提供的证据，人民法院经审查并结合相关事实，确信待证事实的存在具有高度可能性的，应当认定该事实存在。对一方当事人为反驳负有举证证明责任的当事人所主张事实而提供的证据，人民法院经审查并结合相关事实，认为待证事实真伪不明的，应当认定该事实不存在。

案情介绍：(2016)沪 02 民终 7622 号

上诉人(原审被告)：纪某国、钟某凤、纪某淞。

被上诉人(原审原告)：纪某乙、纪某甲。

原审原告：纪某菊、魏某敏、纪某宝。

2000年尤某英承租的七浦路房屋动迁，核定人口7人(包含尤某英、纪某乙、纪某淞)，共分得动迁款295,401元。被征收房屋位于上海市原闸北区天目东路×××号(以下简称系争房屋)，房屋性质为公房，系购买所得，承租人是纪某淞。纪某宝自称是系争房屋的出资人和购买经办人，纪某乙、纪某淞则称系争房屋是尤某英、纪某乙、纪某淞三人用七浦路房屋的动迁款购买所得。系争房屋租赁凭证上载明：起租日期为2001年2月1日，租赁户名为纪某淞，附注中载明：迁入纪某淞、纪某靓、尤某英三人。征收时户口在册人员有6人，分别是纪某菊母女2人，纪某国父子2人，纪某乙母女2人，纪某菊、纪某宝、纪某国均为尤某英(2007年报死亡)的子女，魏某敏系纪某菊的女儿，纪某乙、纪某甲分别为纪某宝的女儿、外孙女，纪某国与钟某凤系夫妻关系，纪某淞系两人的儿子。纪某菊、魏某敏的户籍于2002年从普陀区房屋迁入系争房屋。纪某乙的户籍于2001年从七浦路房屋迁入系争房屋，纪某甲于2011年出生报入系争房屋。纪某国的户籍于2009年因退休从重庆迁入系争房屋，纪某淞的户籍于2001年从七浦路房屋迁入系争房屋。尤某英的户籍于2001年从七浦路房屋迁入系争房屋，系争房屋原户主为尤某英，2010年变更为纪某淞。本案各方当事人均未长期在系争房屋内实际居住。1991年纪某菊配偶的单位调配曹杨五村公房，家庭成员为纪某菊、魏某敏，1995年纪某菊的配偶购买了曹杨五村房屋产权，后出售，2007年纪某菊及配偶、魏某敏三人购买了梅川路商品房。1998年纪某宝单位调配长阳路房屋给纪某宝夫妻两人，原住房家庭成员为纪某宝夫妻2人和纪某乙(户籍在七浦路房屋)，2013年纪某乙购买了上海市青浦区商品房。1997年纪某国、钟某凤、纪某淞在重庆分配到一套公房，2002年参与单位集资建房获得一套两室两厅房屋，后出售。2015年纪某淞与征收单位签订征收补偿协议，并获得安置房2套及部分补偿款，因该户对征收利益无法协商一致，2015年纪某菊、魏某敏、纪某宝、纪某乙、纪某甲诉至法院，要求分割征收利益。

裁判摘要：

法院认为，民事活动应当遵守法律，法律没有规定的应当遵守国家政策。关于系争房屋的出资情况，尽管纪某宝持有购买系争房屋的收条，但是纪某菊、魏某敏和纪某国、钟某凤、纪某淞以及证人均表示纪某宝只是购买系争房屋的经办人而不是实际出资人，纪某宝也未能进一步举证证明自己的主张，因此仅凭一张收条并不能当然得出纪某宝就是实际出资人的结论。按照纪某宝自己的陈述，其是为尤某英垫资，因此即便确实是纪某宝用自有资金支付了部分购房款，该笔资金的性质也属于其为尤某英垫付，而非自己出资购房，如果尤某英确实未将纪某宝垫付的购房款归还纪某宝，纪某宝可依法另行处理。关于系争房屋购房款的认定，纪某菊、魏某敏和纪某宝、纪某乙、纪某甲以及证人的陈述基本一致，与收条内容亦相符，可认定购房款为107,000元。纪某国、钟某凤、纪某淞称购房款为80,000元，缺乏证据佐证，难以采纳。关于出资人的认定，系争房屋的购买是在七浦路房屋动迁后不久，购房后尤某英、纪某乙、纪某淞三人的户籍同时迁入系争房屋，租赁凭证亦载明迁入尤某英、纪某乙、纪某淞三人，证人也证实尤某英、纪某乙和纪某淞均有出资，结合案件具体情况综合分析，系争房屋购房款系用尤某英、纪某乙、纪某淞七浦路房屋的动迁款支付的事实具有较高的盖然性，可以认定尤某英、纪某乙、纪某淞为系争房屋出资人。关于安置人口的认定及房屋征收补偿款的具体分配，纪某宝和钟某凤非系争房屋的出资人及户籍在册人员，亦未在系争房屋长期居住，故两人均不能认定为安置人口。由于现有证据尚不足以证明各方当事人中有任何人是长期在系争房屋内实际居住，可以被认定为严格意义上的同住人，根据公平原则，将系争房屋征收补偿款在户籍在册人员之间予以合理分配，较为妥当。但因系争房屋使用权系有偿取得，每人户籍迁入的时间和原因亦各不相同，如果平均分享征收补偿款，显然缺乏合理性。纪某菊、魏某敏、纪某乙、纪某甲应得的征收补偿款具体数额及配套商品房的安置，应由法院综合房屋来源、房屋性质、实际居住状况、户籍迁移情况、当事人曾经获得的福利分房、房屋征收人安置的具体因素、配套商品房房源等案件具体情况，根据公平合理的原则酌情予以确定。

案例评析：

公房征收补偿利益分割民事诉讼中，由于案件涉及的被征收房屋具有历史性、人员结构复杂性、家庭伦理性等特点，很多待证事实因缺少相应的证据，处于真伪不明的情况。本案中原被告双方关于被征收房屋的出资人陈述不同，且没有充足的证据证明该重要事实，法院适用“高度盖然性”的判断方法，认定案件事实。那么何为“高度盖然性”？实践中如何适用“高度盖然性”？

（一）高度盖然性概念及特点。高度盖然性是指：法官从证据中虽未形成事实必定如此的确信，但内心形成事实极有可能或非常可能如此的判断，如果用心证百分比衡量，至少应为85%。根据《民诉法》司法解释第一百零八条规定的定义：对负有举证证明责任的当事人提供的证据，人民法院经审查并结合相关事实，确信待证事实的存在具有高度可能性的，应当认定该事实存在。对一方当事人为反驳负有举证证明责任的当事人所主张事实而提供的证据，人民法院经审查并结合相关事实，认为待证事实真伪不明的，应当认定该事实不存在。因此"盖然性"只是一种可能而非必然的性质，高度盖然性是从事物发展的高度概率中推定案情、评定证据，它以确认的事实联系其他合理性考虑为前提，是法官在对证据和案件事实的认识达不到逻辑必然条件下不得不使用的手段。高度盖然性也是法官自由心证的体现，法官运用高度的盖然性对案件进行判决，必须依靠其丰富的理论知识、审判经验以及科学的态度认定案情、评定证据，要求其得出的结论符合事物发展的概率。

（二）高度盖然性证明标准的理解与适用：(1)"高度盖然性"证明标准是最低限度的证明标准，是对法官内心确信上的最低限度的要求。法官不能以此为借口，放弃对其他证据的认真审查和判断，从而达到更强的内心确信，尽可能地接近客观真实；(2)"高度盖然性"证明标准是适用于普通类型的案件事实的证明标准，而不适用于所有的案件。为维护人类基本伦理价值和维护社会公益，对于涉及人的身份关系的案件等，应当适用更高的证明标准，这类案件中不适用自认规则，法院对当事人自认的事实仍可以要求当事人举证证明；(3)无论对方是否提出反证，均应适用"高度盖然性"证明标准。也就是说，在对方提出了反证时，人民法院固然需要考量双方提出的证据，并依照"高度盖然性"标准对负证明责任的一方当事人所主张的事实进行认定；在对方并未提出任何相反证据时，人民法院也不能直接认定负证明责任的一方当事人所主张的事实（对方自认时除外），仍然应当审核其所提出的证据并结合其他相关事实，按"高度盖然性"证明标准对待证事实进行认定；(4)适用该证明标准认定证据和案件事实时，法官应当公开心证的理由和结果，特别是应当在裁判文书中充分阐述和说明采纳证据和认定事实的理由。

实战策略：

客观事实并非定案事实，司法实践中，很多当事人将客观事实理解为定案事实，对很多待证事实不予举证或只做简单说明，无法达到证明的目的甚至没有达到"高度盖然性"的标准，最终造成巨大财产损失。

客观事实是指:客观存在的事物、现象和事件客观发生的过程,客观事实不以人的意志为转移,具有唯一性和不可更改性。定案事实是指:法官根据自己所掌握的证据,依照法律规定和审判经验等确定的事实,可以作为裁判的直接依据。将有关的客观事实全部转化为定案事实是中国诉讼文化一直更强调司法体制对发现真相的“承诺”以及法官发现真相的“义务”,是对“求真”的执着追求。但是主审法官不是诉讼当事人,他没有经历过案件过程,其对于案件的认识是通过案件遗留下来的痕迹和映像——证据来间接认识案件事实的,但证据往往是不全面的、不完整的,甚至是缺失的。完全将客观事实转化为定案事实是不现实的。而具有证明力的证据,就是案件待证事实的一种具体化表现,即使不能完全证明案件的全部事实,但也要达到高度盖然性。因此,适用“高度盖然性”的证明标准来推定案件事实,是民事诉讼法中证明定案事实的最低限度的证明标准。

第十二章 其他类型的纠纷

74. 集体宿舍里的员工是否有权分割征收补偿利益？

焦点问题：被征收房屋为集体宿舍的，实际居住的员工是否有权分割该房屋的征收补偿利益？

要点分析：集体宿舍是用人单位为员工提供的临时性住所，并非福利分房。员工对集体宿舍占有使用是基于劳动关系，一旦劳动关系解除，用人单位可以收回房屋。因此，员工无法分得集体宿舍的征收补偿利益。

案情介绍：(2017)沪 0109 民初 5049 号

原告：刘某祥。

被告：上海东方塑料有限公司。

刘某祥因在上海欢乐工具厂工作而于 1998 年将户籍迁入上海市丽园路 43 号集体宿舍内，户口状态为集体户口。2001 年上海欢乐工具厂被上海东方塑料有限公司收购。2010 年 9 月 28 日，上海东方塑料有限公司就上海市丽园路 43 号拆迁事宜公布安置方案：一、集体宿舍整体搬迁至航头镇航头路 777 弄；二、对于原有集体户口，但长期未实际居住且早已离职的集体户口空挂人员，在其迁离集体户口后一次性补偿人民币 30,000 元。2011 年 1 月 20 日，上海东方塑料有限公司与上海市申江两岸开发建设投资(集团)有限公司就上海市丽园路 43 号拆迁事宜签订了《上海市城市非居住房屋拆迁补偿安置协议》及《补充协议》，补偿费用合计人民币 12,500,000 元。现上海市丽园路 43 号集体宿舍已拆迁。

另外，对于刘某祥实际居住及劳动关系问题，刘某祥表示其已不在上海欢乐工具厂工作，但离职时间不清楚，其在上海市丽园路 43 号集体宿舍内居住至拆迁，房屋拆迁时因故离开；上海东方塑料有限公司则表示刘某祥于 2004 年解除劳动合同并领取经济补偿金，亦未再在上海市丽园路 43 号集体宿舍内居住。案外人蔡某某在其与上海东方塑料有限公司共有纠纷一案中表示，其曾与刘某祥回上海市丽园路 43 号集体宿舍内同屋居住。原告要求被告按上海市动拆迁最低保障补偿标准支付原告安置补偿款人民币 300,000 元。

裁判摘要：

法院审理认为：刘某祥户籍迁入上海市丽园路 43 号系因其在上海欢乐工具厂工作之故，现其与上海欢乐工具厂或上海东方塑料有限公司已不存在劳动关系，而上海市丽园路 43 号仅为员工集体宿舍而非居住用房，其在内居住系临时借住性质，不属于房屋拆迁安置对象，其要求上海东方塑料有限公司按上海市动拆迁最低保障补偿标准为依据向其支付拆迁补偿款缺乏事实及法律依据，本院不予支持。据此，依照《中华人民共和国民法通则》第六条之规定，判决如下：原告刘某祥的诉讼请求不予支持。

案例评析：

公房征收补偿利益分割案件中，户口在册并非就享有被安置的权利，实际居住至征收时也并非就享有被安置的权利。是否有权分割征收补偿利益主要根据房屋的性质、房屋的来源、对房屋的贡献、户口是否在册、是否实际居住、居住时间长短、他处是否有房等综合因素评定。本案中，原告是否有权享有被安置的权利？

（一）员工宿舍是单位对员工临时安置的住所。员工对该员工宿舍既无所有权，也无承租权。由于员工并未支付相应的对价，员工的居住行为属于用人单位因劳动关系而对员工附带性的临时福利。若劳动关系结束或者用人单位认为有必要时，用人单位有权随时收回房屋，且不需要支付任何经济补偿。本案中原告刘某祥与其用人单位已不存在劳动关系。刘某祥应当在结束劳动关系后，将房屋的居住使用权交还给原单位，并自行解决居住问题和落户问题。因此，刘某祥在解除劳动关系后，对房屋的占有使用并无法律依据，属于无权占有。若不及时搬离该集体宿舍，用人单位有权向其追索房屋的占有费用。同时，用人单位可以将该宿舍收回，分给其他有需要且符合条件的员工居住使用。因此，保护被安置人的前提条件必然是被安置人有合法占有被征收房屋的权利来源，而本案中刘某祥对被征收房屋无权占有，不属于被安置人。

更进一步讲，假设原告刘某祥在征收时仍然属于用人单位的员工，并且实际居住于集体宿舍内，那么刘某祥是否享有被安置的权利？笔者认为，刘某祥仍然不属于该集体宿舍的被安置对象。因为集体宿舍属于商用性质，并不属于对员工福利分房范围，同时从立法体系上看，集体宿舍不属于居民的建筑面积，不影响居民申请福利分房或者经济适用房。

（二）集体宿舍属于商业用房，员工占有或使用该房屋不属于法律概念中的“实际使用人”或者“共同居住人”，单位不需要对占有房屋的员工进行安置。根据《征收细则》第四十四条规定，征收居住房屋的，被征收人取得货币补偿款、产权调换房屋后，应当负责安置房屋使用人；公有房屋承租人所得的货币补偿款、产权调换房屋归公有房屋承租人及其共同居住人共有。无论是产权房屋中实际使用人或者公有房屋的共同居住人，都要求房屋属于居住用途。而集体宿舍属于商业用房，区别于居住用途的房屋，商业用房只有承租人和实际经营人有权分割征收补偿利益。

（三）员工宿舍与福利分房有本质的区别。福利分房被征收时，由福利分房的承租人或者售后公房的产权人与征收部门签订征收补偿协议。征收补偿利益由房屋的承租人和同住人共同共有。员工宿舍被征收时的签约主体是单位，员工不参与征收事宜。福利分房是指，在计划经济时代，单位或者政府为解决符合居住困难条件的员工或者居民，而为其提供的具有社会保障性的居住公房，分房单位根据职级、工龄、年龄、原居住房屋面积、居住困难人数、有无住房等因素分配给符合条件的人员。公房的承租人实际支付的房租远远低于建造成本，分房的本质是一种福利待遇，是将房屋“无偿赠与”给受配人的福利房屋。1994 年后，政府出台文件，公房受配人可以按照售后公房政策将成套公房购买为产权房；员工宿舍是有条件的单位为员工提供的临时性住所。劳动关系结束后或者员工自己可以解决居住问题时，单位可以随时收回该集体宿舍。根据《上海市共有产权保障房（经济适用住房）申请对象住房面积核查办法》：“住房建筑面积认定的特殊规定有下列情形之一，并且能提供相关书面凭证的申请对象，其户口所在地住房建筑面积不作计算：（一）本市城镇集体户口的申请对象，居住在单位办公用房、业务用房、集体宿舍的。”从立法的整体上看，集体宿舍只属于单位，不属于员工个人，并不计入员工个人房屋范畴，员工也不享有永久居住权。因此用人单位对员工并无安置的义务。从政策上看，员工宿舍不会被认定为员工自有的居住房屋。

实战策略：

根据目前的裁判惯例，员工一般无权分割集体宿舍的征收补偿利益。但司法实践中，至房屋征收时员工依然是实际居住人的，可以与单位进行协商，要求单位给出一定的搬家安置费。征收实务中，很多案件都可以协商解决，而且协商解决是成本最低、耗时最少、不伤情分的一种方式。

75. 94方案和95方案的区别

焦点问题：按照售后公房政策购买公房的，政府先后出台两批政策，分别是1994年出台的方案（俗称“94方案”）和1995年出台的方案（俗称“95方案”），那么两者之间有哪些区别呢？

要点分析：94方案与95方案最大的区别在于购买公房人数不同，94方案只有一人可以购买，95方案购买人数不限。

案情介绍：（2021）沪0109民初4771号

原告：祁某1。

被告：祁某2。

祁某1与祁某2系叔侄关系，案外人祁某3系祁某1之父，系祁某2之兄。1981年祁某3被确诊为精神病患者，祁某2作为其监护人。1986年祁某3户籍所在地太平桥支路房屋动迁，祁某2作为监护人代祁某3签订《动迁协议书》，约定分配给祁某3虹口区内12平方米住房，后祁某2请求虹口区城建办将祁某2一家和祁某3的12平方米的动迁利益合并分房，新配房屋为上海市×××路×××号×××室公房（以下简称系争房屋）。1994年祁某2通过15年的职工连续工龄优惠价购买了系争房屋的产权，2005年祁某2取得系争房屋的房地产权证，2008年系争房屋权利人变更为祁某2及配偶。1986年祁某1因盗窃罪被判处无期徒刑，2005年刑满释放。2006年10月，祁某1以祁某3名义起诉祁某2要求返还位于虹口区居住面积12平方米住房一套，法院以祁某1并非祁某3的监护人无权代理祁某3提起诉讼，裁定驳回起诉。2006年12月，祁某1起诉申请撤销祁某2对祁某3监护人资格，法院认为祁某3所在单位在祁某1不具备监护人条件时指定由祁某2担任祁某3的监护人，符合法律规定，且长期以来也未发生祁某2对祁某3有不利的情况，遂判决驳回祁某1的诉讼请求。2016年祁某3去世，2017年祁某1起诉要求祁某2返还祁某3在虹口区12平方房屋折价款168万元，法院以祁某1起诉超过20年法定最长诉讼时效为由判决驳回祁某1诉讼请求。祁某1提起上诉未获支持遂向检察机关申请监督，上海市人民检察院向上海市高级人民法院提出抗诉，上海市高级人民法院经提审后裁定撤销一、二审判决，发回法院重审。

裁判摘要：

法院认为，监护人应当履行监护职责，保护被监护人的人身、财产及其他合法权益，除为被监护人的利益外，不得处理被监护人的财产。监护人依法履行监护的权利，受法律保护，监护人不履行监护职责或者侵害被监护人合法权益的，应当承担责任，给被监护人造成财产损失的，应当赔偿损失。关于本案案由的确定，原审案由为共有纠纷，鉴于本案祁某1以监护人侵害了被监护人在系争房屋中的相应利益为由提起诉讼，故本案案由确定为监护权纠纷为宜。本案主要有三个争议焦点：第一，祁某1起诉是否超过诉讼时效；第二，祁某2未完全尽到监护职责是否应当承担赔偿责任；第三，赔偿数额如何确定。

第一，祁某1起诉未超过诉讼时效。根据法律规定，公民请求人民法院保护民事权利的诉讼时效期间为三年，法律另有规定的除外，诉讼时效期间从知道或者应当知道权利被侵害时起计算，但是，从权利被侵害之日起超过二十年的，人民法院不予保护，有特殊情况的，人民法院可以延长诉讼时效期间。由于祁某3为精神病患者行为能力受到限制，无法判断其权利是否被侵害，而祁某1又非祁某3的监护人，并且于1986年5月至2005年5月期间在服刑，2006年10月始的诉讼也未获支持，现祁某1作为祁某3的继承人，在祁某3死亡后2年内提起诉讼，并未超过法律规定的诉讼时效。另祁某2虽然于1994年购买了售后公房，但取得系争房屋房地产权证的时间则在2005年4月，故祁某1起诉也未超过20年法定最长诉讼时效。

第二，祁某2未完全尽到监护职责，应承担赔偿责任。自1981年祁某3被确诊为精神病患者入院，单位指定祁某2作为监护人直至2016年祁某3去世，期间均由祁某2管理祁某3的工资收入及支出，照顾接送其看病就医，为其料理后事等，祁某2基本履行了监护职责，也尽到了对兄长的扶养之谊。但是在对系争房屋的处分中，祁某2并未完全尽到监护职责。系争房屋来源为祁某3与祁某2两户合并分得，其中包含祁某3的动迁利益，祁某2根据“94方案”购得系争房屋产权，按照相关规定初始只能登记为个人产权，但当政策允许同住人可以申请作为共有人时，祁某2未考虑将祁某3作为共有人。由于祁某3无行为能力，故并不能推定其对系争房屋产权登记在祁某2夫妻名下无异议，或者说监护人未将被监护人作为系争房屋共有人不能推定为被监护人的真实意思。祁某2未从被监护人利益出发将同住人祁某3作为系争房屋共有人，此举侵犯了被监护人的财产权，造成了被监护人财产利益的受损，对此祁某2应当赔偿祁某3财产损失，而祁某1作为祁某3的继承人具有要求祁某2赔偿的权利。

第三，赔偿数额酌情确定。1986年祁某2签订的《动迁协议书》，约定分配给祁某3虹口区内12平方住房，但该协议并未实际履行，1987年两户合并分得系争房屋，新配房人员为祁某2一家三口和祁某3，1994年祁某2出资购买了系争房屋的产权，2005年祁某2取得系争房屋的房地产权证。根据“94方案”相关政策，房屋同住人即上述四人均可以申请成为共有人。故本院将结合上述因素，根据祁某3对系争房屋可能所占份额、贡献大小及祁某2对祁某3所尽的监护扶养情况，参照同类地段的房屋交易价格等因素酌情确定赔偿数额。

案例评析：公房征收补偿利益分割案件、公房居住权纠纷案件以及售后公房纠纷类案件是公房纠纷中常见的三类案件。本案属于售后公房纠纷类案件。

（一）何为94方案、95方案以及96方案？

94方案是1994年政府规范购买公房而出台的三份文件的总称，分别是《关于出售公有住房的暂行办法》沪府发〔1994〕19号文、《关于出售公有住房的实施细则》沪房改办发[1994]第34号文和《关于出售公有住房的实施细则》有关政策的补充通知沪房改办发(1994)第62号，后期简称“94方案”。

95方案是1995年政府为补充、修改“94方案”存在的问题而印发的两份文件，《一九九五年出售公有住房方案实施细则》和《一九九五年出售公有住房方案实施细则的问题解答》沪房地改(1995)767号，后期简称“95方案”。

96方案并非政府制定的文件，而是上海高院为本市各级法院能处理好公房出售后的纠纷案件，于1996年出台的一部司法文件《上海市高级人民法院关于印发〈处理公有住房出售后纠纷的若干意见〉的通知》，后期简称“96方案”。

（二）购买公房时，94方案和95方案有何区别？

不动产登记簿登记权利人数量不同。根据94方案购买公房的，不动产登记簿上只能登记一人。根据【沪房改办发[1994]第34号文】第四条规定，按成本价购买公有职工住房的对象为获得新分配住房的职工和在住所地具有本市常住户口的公有住房承租人或年满18足岁的同住成年人。凡承租户内有多人的，应协商确定购房人。但其他同住人应当在诉讼时效期内主张权利，根据上海市高院：关于房地产审判若干问题的意见(2016年)民一庭调研与参考【2016】15号，其中已经明确指出：按照94方案购买房屋的，可以主动适用《民法通则》第137条的规定，诉讼时效期间从知道或者应当知道权利侵害时起计算，但从权利侵害之日起超过二十年的，人民法院不予保护。根据“95方案”购买公房的，不动产登记簿上人数可以为多人。根据【沪房地改(1995)767号】第五条规定，购买公有住房的对象为获得新分配住房的具有本市常住户口的职工和在住所地具有本市常住户口的公有住房承租人或年满18周岁的同住成年人。职工家庭内有多人的，应协商确定购房人，协商不成的，不办理购房手续。职工家庭购房时，可申请共有产权，共有人必须是前款规定的购房对象。

实战策略：

由于公房具有较强的家庭伦理性，家庭成员在长辈尚在时或者矛盾尚未爆发之前，一般不会主张公房的权利。但按照96方案购买公房，未经过其他同住人同意通过违法途径购买公房的合同应属于无效，但确认无效合同是否适用最长20年的诉讼时效，目前尚存在争议。

最高人民法院(2005)民一终字第104号案例是最高院认定无效合同不适用诉讼时效的典型判例；但是在最高院(2003)民二终字第38号案件的判决中，却确立无效合同仍然受诉讼时效限制的典型判例。

在最高人民法院民二庭负责人就《关于审理民事案件适用诉讼时效制度若干问题的规定》答记者问中，最高院就无效合同的诉讼时效问题作出了解释：“无效合同所涉请求权的诉讼时效问题的确是司法实务中急需规定的问题，但由于在讨论过程中，关于诉讼时效起算点的问题争议颇大，未形成倾向性意见，故最高人民法院审委会决定对该问题暂不予以规定，待进一步研究。”因此目前对合同无效是否适用诉讼时效尚不明确。

笔者认为，确认无效合同不受诉讼时效的限制，合同无效后的请求权应该从合同被确认无效时开始起算。

（一）从无效合同和诉讼时效的社会价值分析。诉讼时效的社会价值，根据梁慧星先生的观点:(1)稳定法律秩序,稳定社会经济秩序;(2)促使权利人行使权利。无效合同的价值主要是为了保护国家利益和社会公共利益,当无效合同的确认与诉讼时效的适用产生冲突时,要考量二者的价值孰轻孰重,显然诉讼时效制度的牺牲可能会产生权利睡眠、法律秩序及经济秩序处于不稳定之状态的弊端。但是无效合同如果因为诉讼时效的原因产生有效的法律效果,更会给国家及社会公共利益带来巨大危害,所以无效合同的认定实质上是对社会利益的确认和保护。

(二)从诉讼时效所适用的对象上看,无效合同的认定也不受诉讼时效的限制。诉讼时效仅仅适用于请求权,而确认合同无效属于形成权,自然不适用诉讼时效制度。

76. 公房的租客(次承租人)是否可以获得征收补偿利益?

焦点问题:公房承租人在征收之前将房屋出租给案外人使用或者经营的,房屋的实际使用人(次承租人)能否参与征收补偿利益分割?

要点分析:实践中,有的公房承租人在征收之前将房屋出租给案外人使用或者经营,次承租人要求以征收对象身份参与征收补偿利益分割。处理此类纠纷时,要区分征收补偿法律关系与一般的房屋租赁合同关系。2012 年《国有土地房屋征收与补偿条例》实施后,一般租赁合同的承租人不再是征收补偿法律关系中的被安置人,因征收导致租赁合同无法继续履行的,属于一般租赁合同纠纷,依照租赁合同的相关法律规定处理。关于征收补偿关系与房屋租赁关系的协调处理,仍参照 2014 年第四季度民庭庭长例会研讨纪要执行。

案情介绍:(2020)沪 0101 民初 23220 号

原告:施某棣。

被告:林某兰。

被征收房屋位于上海市黄浦区成都北路×××号(以下简称系争房屋),房屋性质为公房,承租人是林某兰。2018 年 1 月林某兰变更为系争房屋的承租人,系争房屋底层前间营业执照登记经营者是林某兰。2018 年 8 月林某兰(出租方)与施某棣(承租方)签订房屋租赁合同,约定:施某棣承租系争房屋底楼门面房作经营使用，租期自 2018 年 9 月 1 日起至 2019 年 8 月 31 日止，在租赁期内，林某兰支付工商执照和工商管理所产生的费用和税费。系争房屋因城市建设需要被依法征用的，林某兰有权单方面终止合同，收回该房屋，施某棣已付租金不予退还。2019 年 9 月 1 日，续签房屋租赁合同，租期自 2019 年 9 月 1 日至 2020 年 9 月 1 日止，其他内容相同。2020 年 5 月 18 日，施某棣与林某兰签订协议约定："因系争房屋动迁需要，决定 2020 年 5 月起系争房屋门店开始停业，5 月、6 月为清货期间，林某兰免去房租，因动迁需要下一期的门店续租协议取消，特此告知，如 7 月以后施某棣继续经营，需全额付房租。"施某棣自 2020 年 5 月起未向林某兰支付房租。

裁判摘要：本院认为，依法成立的合同，对当事人具有法律约束力，当事人应当按照约定全面履行自己的义务。本案中，施某棣与林某兰签订的房屋租赁合同，对房屋被征收的情况已作出明确约定，且双方进一步签订协议，理应按约履行，施某棣再行要求赔偿，缺乏依据。林某兰是房屋承租人及营业执照的登记经营者，征收补偿利益与施某棣无关。故施某棣的诉请，本院不予支持。

案例评析：本案中，被征收公房是林某兰配偶所得的福利分房，林某兰配偶过世后，2018 年林某兰变更为承租人。2018 年林某兰将该公房出租给施某棣从事经营，并签订租赁合同。司法实践中，公房承租人通过市场行为出租给次承租人（以下称"租客"）的情况较多，那么从事商业经营的房屋有哪些补偿？租客是否可以主张损失？

（一）征收实务中，根据《征收细则》第二十二条规定："征收非居住房屋的，应当对被征收人、公房承租人给予以下补偿：(1)被征收房屋的市场评估价格；(2)设备搬迁和安装费用；(3)无法恢复使用的设备按重置价结合成新结算的费用；(4)停产停业损失补偿。"征收部门给予四类补偿款的依据有哪些，是否与租客的占有和实际经营行为直接相关？

(1) 被征收房屋的市场评估价格。房屋的评估价格＝被征收房屋的房地产市场评估单价×被征收房屋的建筑面积。被征收房屋的房地产市场评估单价低于评估均价的，按评估均价计算。被征收房屋价值评估主要考虑被征收房屋的区位、用途、建筑结构、新旧程度、建筑面积以及占地面积、土地使用权等影响被征收房屋价值的因素。因此，租客的实际占有行为，并不改变房屋的价值补偿数额。

(2) 被征收房屋室内装饰装修价值,以及机器设备、物资等搬迁和安装费用等的补偿,由征收当事人协商确定;协商不成的,可以委托估价机构通过评估确定。无法恢复使用设备价值的补偿,以及被征收人、公房承租人认为其停产停业损失补偿超过被征收房屋评估价值 10%的,应当委托估价机构通过评估确定。从评估的方法和政策的规定,停产停业损失与实际经营存在直接关系,该部分损失应当由实际经营的租客获得。但司法实践中存在两种观点。一种观点认为,租客实际经营房屋,征收对其造成了无法生产经营的实际影响,确实对其造成了停产停业的损失,故该部分补偿应当归属于租客;还有一种观点认为,所有权人将房屋对外出租,也是一种经营使用的方式,故房屋征收也对房东造成了停产停业的损失。本文作者认为,政府部门补偿的原因,不仅考虑了房屋本身的价值,给予被征收人或者公房承租人一定的补偿,但是也考虑到实际经营行为,征收行为必然给租客造成一定的损失。

(二) 租客是否可以主张相应的征收补偿利益。根据高院《会议纪要》规定:"实践中,有的公房承租人在征收之前将房屋出租给案外人使用或者经营,次承租人要求以征收对象身份参与征收补偿利益分割。处理此类纠纷时,要区分征收补偿法律关系与一般的房屋租赁合同关系。2012 年《国有土地房屋征收与补偿条例》实施后,一般租赁合同的承租人不再是征收补偿法律关系中的被安置人,因征收导致租赁合同无法继续履行的,属于一般租赁合同纠纷,依照租赁合同的相关法律规定处理。关于征收补偿关系与房屋租赁关系的协调处理,仍参照 2014 年第四季度民庭庭长例会研讨纪要执行。"因此,租客并非征收补偿安置的主体,无权向征收部门主张征收补偿安置,同时租客可以根据租赁协议主张装饰装潢损失、实际经营损失等。

实战策略:

司法实践中,不同地区的法院的审理方式会有所区别,如果被征收人与租客签订租赁合同中关于征收补偿利益已做明确区分,双方当事人可以根据合同内容予以解决。如果双方当事人在合同中仅约定"如遇动迁,双方合同自动终止"等模糊约定时,房屋的租客可以就实际损失以及装饰装潢补损失向承租人主张补偿;如果该类损失无法计算的,可以要求评估公司予以评估或者参考适用征收补偿关于该类损失的计算方法。

77. 征收事务所是否有权认定“同住人”?

焦点问题:征收实务中,征收事务所往往以有意或者无意地方式对被征收房屋内的同住人身份进行认定。那么该认定行为是否有效?

要点分析:同住人系法律概念,征收事务所作为征收实施单位,是行政机关委托的单位,在委托权限内实施征收相关事宜,因此征收事务所既无行政授权也无法律权限,无权对被征收房屋处的同住人作出认定。

案情介绍:(2017)沪民申 1719 号

再审申请人(一审被告、二审上诉人):张某平、张某荣、孙某之、张某妹。

被申请人(一审原告、二审被上诉人):张某林、陈某芳、张某磊、蔡某宸。

被征收房屋位于上海市静安区山西北路×××号(以下简称系争房屋),房屋性质为公房,征收时户口在册人员系本案的 8 位当事人。张某妹的户籍于 2008 年迁入系争房屋,2008 年至 2012 年期间曾在系争房屋内短期、不稳定的居住过,2012 年从系争房屋搬离至南京和配偶居住,张某妹的医保亦在南京。2015 年系争房屋动迁,上海市闸北第一房屋征收服务事务所有限公司将张某妹认定为系争房屋的特殊困难对象,并向张某妹发出《领款通知书》、存单等资料,张某妹以此认为其应是系争房屋的同住人。

裁判摘要:

本院经审查认为,本案争议的焦点在于张某妹是否具备系争房屋的同住人资格。根据相关规定,共同居住人是指作出房屋征收决定时,在被征收房屋处具有常住户口,并实际居住生活一年以上,且本市无其他住房或者虽有其他住房但居住困难的人。本案中,对于张某妹的户籍系 2008 年迁入系争房屋的事实双方均无异议,争议的事实为张某妹是否在系争房屋中实际居住生活一年以上。申请人方在一审中提交的证人证言称,“张某妹退休后回沪,由于患病且医保关系在南京,经常在上海、南京两地往返,在上海期间与女儿孙某之居住于山西北路×××弄×××号。”申请人方在二审中出庭的证人称,“张某妹在 2006 年至 2012 年期间,在上海、南京两头居住,一年到上海好几次,一次住一个月或二三个月。”上述证人证言的内容上看,均未能证明张某妹于 2008 年至 2012 年间在系争房屋内具有相对稳定、长期的居住关系。另外,本院需指出的是同住人系法律概念，本案第一征收事务所作为拆迁单位，既无行政授权也无法律权限，无权对张某妹同住人的身份作出认定。申请人未能提供充分有效的证据证明张某妹实际居住于系争房屋，结合张某妹配偶在南京、张某妹本人医保在南京以及二审审理中张某妹自认其于 2012 年起不在系争房屋居住等事实，一、二审根据在案证据认定其不具有同住人资格，并无不当。

案例评析：

本案中张某妹被征收事务所认定为特殊困难对象，并要求其领取款项。张某妹便以此认为其属于被征收房屋的同住人，有权分割房屋的征收补偿利益。征收实务中，征收事务所往往会有意或者无意"认定"被征收公房的同住人，很多被征收居民也以此认为自己是公房的同住人，进而引发家庭内部矛盾。那么征收实务中，征收事务所享有哪些权利？征收事务所有哪些"认定"同住人的行为？

（一）征收事务所的征收权利来源于行政授权。根据《征收细则》第五条规定，房屋征收部门可以委托房屋征收事务所，承担房屋征收与补偿的具体工作。房屋征收事务所不得以营利为目的。房屋征收部门对房屋征收事务所在委托范围内实施的房屋征收与补偿行为负责监督，并对其行为后果承担法律责任。征收事务所的权利范围仅限于征收部门委托的范围。根据关于印发《上海市房屋征收事务所及其房屋征收工作人员管理办法》的通知[沪房管规范征(2012)31号]第十二条第六项规定：不能实施的行为包括"超出房屋征收委托合同约定的权限的行为"。征收部门是行政单位，征收行为属于具体行政行为；但认定同住人是司法行为，征收部门无权认定，征收事务所作为受托人，无权认定同住人。

（二）征收事务所"认定"同住人的行为。(1)认定居住困难户的行为。征收事务所根据居住困难审核标准，认定符合居住困难保障户的，其中居住困难人员往往被认定为被安置人或者公房的同住人。此处需要注意的是，征收事务所认定的居住困难人员与法院审核认定同住人的标准并不相同，居住困难人员不具有同住人的权利。(2)征收事务所以《意见书》的形式认定同住人或者非同住人的，不具有法律效力。比如(2021)沪 0101 民初 28438 号，某征收事务所向承租人出具《意见书》，并认定该户在册户口人员朱某和朱某德父子为因空挂户口和他处有房，因此不属于被征收房屋处的同住人。法院认为征收事务所无权认定同住人，对该《意见书》不予采纳。同时因该户家庭内部有协议书，按照协议分配。(3)征收实务操作中，征收文件中出现的"同住人""共同居住人"字样或者其他类似权利人的表述的，均不具有认定同住人的法律效力。

实战策略：

司法实践中，同住人是法律概念，一般只有司法机关才有权认定同住人。认定同住人并非简单地考虑户口在册、他处有房、实际居住等简单的因素，法院需要综合案件本身具体情况以及民事案件审理的原则等综合判断得出。因此，征收事务所认定同住人的行为属于无效行为。居民最终能否获得同住人的资格仍需要司法机关的确认。

78. 取得外国国籍的，是否有权分割征收补偿利益？

焦点问题：公房征收补偿利益分割案件中，户口在册的居民已经取得外国国籍的，是否有权分割房屋的征收补偿利益？

要点分析：在作出房屋征收决定时，尚未取得中国国籍或者丧失中国国籍的人，即使其户口在被征收房屋内的，也不具有同住人身份，无权分割被征收房屋的征收补偿利益。

案情介绍：(2014)沪二中民二(民)终字第1620号

原告：黄某萍、孙某辰

被告：叶某庆

被征收房屋位于上海市石门二路×××弄×××号(以下简称系争房屋)，承租人系叶某庆，系房屋征收时户口在册人员共3人，其中黄某萍系叶某庆之女，孙某辰(SUNMOUCHEN)系黄某萍之子。叶某庆户籍于1952年迁入系争房屋，黄某萍户籍于2006年从上海市长寿路×××号迁入系争房屋，孙某辰户籍曾于1991年从灵丘路房屋迁入系争房屋，并在该处读完小学、中学，后去澳大利亚留学，后又于2006年从上海市长寿路×××号迁入系争房屋。1990年黄某萍获得其单位分配的福利分房一套，1993年黄某萍将该房屋购买为产权房，后于1999年将其出售。2013年系争房屋被征收，叶某庆代表该户与征收单位签订征收补偿协议，并选择全货币补偿。因三人对征收利益未能协商一致，2014年黄某萍诉至法院要求分割系争房屋征收补偿利益。

叶某庆庭审中提交的证据证明，孙某辰持中国护照(证件号码G×××

××××××)在2009年7月24日出境前往澳大利亚,之后无入境记录;2012年6月之后,姓名为SUNMOUCHEN、出生日期与孙某辰相同的男子多次持澳大利亚国籍护照(证件号码N××××××××)出入境。孙某辰在案件中提交了经公证的授权委托书,然而在该公证处签署委托书的时间段内,孙某辰的中国护照(证件号码G×××××××××)无入境记录,而SUNMOUCHEN的澳大利亚国籍护照(证件号码N××××××××)有相应的入境记录。孙某辰及其代理人未对孙某辰是否加入澳大利亚国籍明确表态,也未对孙某辰2013年12月15日签署公证委托书时入境情况给予合理说明。

裁判摘要:

法院认为,公民合法的民事权益受法律保护,任何组织和个人不得侵犯。公有房屋承租人所得的货币补偿款、产权调换房归公有房屋承租人及其共同居住人共有。共同居住人,是指作出房屋征收决定时,在被征收房屋处具有常住户口,并实际居住生活一年以上(特殊情况除外),且本市无其他住房或者虽有其他住房但居住困难的人。本案的争议焦点为黄某萍、孙某辰是否为系争房屋的共同居住人。

黄某萍在征收决定作出时,已不在系争房屋实际居住生活,其结婚后曾获得过单位分配的公房,户籍亦曾迁离,后虽在2006年户籍重新迁回系争房屋,但属于本市他处享受过福利性质分房,且居住并不困难。黄某萍将公房购买产权后出售的行为并不改变曾获得过福利性质分房的事实。

孙某辰在叶某庆提供了基本证据证明其已加入澳大利亚国籍后,未举证证明其现在的国籍情况,在法院释明法律后果后仍未提交相应证据,根据民事诉讼证据规则,认定叶某庆提出的孙某辰(SUNMOUCHEN)已加入澳大利亚国籍的主张成立。孙某辰在未成年时随父母享受过福利性质的分房,且系争房屋被征收时已加入澳大利亚国籍,而公房的承租权和居住权属于国家给予本国公民的福利待遇,虽然孙某辰(SUNMOUCHEN)目前户籍尚未注销,但根据《中华人民共和国国籍法》的规定,孙某辰加入外国国籍时,即丧失中国国籍,不再是中国公民,应无权享有公房征收安置补偿利益。叶某庆从孙辈读书便利考虑,曾接纳黄某萍家庭在系争房屋居住、生活的行为,系亲属间提供生活上的帮助,不构成对黄某萍、孙某辰(SUNMOUCHEN)在系争房屋仍享有居住权的确认。综上,黄某萍、孙某辰(SUNMOUCHEN)均不符合系争房屋共同居住人条件,不是系争房屋征收补偿安置对象，不应获得征收补偿利益。叶某庆作为老年人，对其承租的公房享有相应权利，系争房屋被征收后，安置补偿款应归叶某庆所有，用于解决叶某庆的居住和生活问题，子女或者其他亲属不得无理干预和侵占。

案例评析：公房征收补偿利益分割案件中，补偿利益归公房的承租人和同住人共同共有。若公房的承租人或同住人在作出征收决定时，已经取得外国国籍或丧失中国国籍，即使其符合承租人或者同住人身份，一般也无权享有征收补偿利益。本案孙某辰享有外国国籍，法院认为其已经丧失中国国籍，无权享有征收补偿利益。在征收补偿利益分割案件中，取得外国国籍的人所涉及的法律问题有哪些？

（一）取得外国国籍的在册户口人，是否有权分割征收补偿利益？

目前法院倾向性观点认为，在作出房屋征收决定时，尚未取得中国国籍或者丧失中国国籍的承租人或者同住人，无权享有征收补偿利益。公房不仅具有财产属性，还具有身份属性和福利属性，是国家为保障特定居民的生活居住条件而提供的福利性住房，有权享有该福利政策的只能是中国公民。如果丧失中国国籍或者尚未取得中国国籍的，无权分割被征收房屋的补偿利益。实践中如果已经丧失中国国籍的，按照规定户口要被注销。比如《上海市常住户口管理规定》第四十六条，出国定居或者加入外国国籍的，本人应当向户口所在地公安派出所办理注销户口登记。本案例法院认定："被告孙某辰在系争房屋被征收时已加入澳大利亚国籍，而公房的承租权和居住权属于国家给予本国公民的福利待遇，虽然被告孙某辰目前户籍尚未注销，但已经不再是中国公民，应无权享有公房征收安置补偿利益。"又比如（2019）沪 02 民终 11115 号："关于项某诚，因其已于2012 年 9 月申请加入澳大利亚国籍，而我国公房制度具有社会福利性质，故不能被认定为涉案房屋同住人。"

（二）定居国外但未取得外国国籍的居民，是否有权分割补偿利益？

公房征收补偿利益分割案件中，征收补偿利益归公房的承租人和同住人共同共有，其中同住人需要满足三个条件，分别是：1. 作出房屋征收决定时，在被征收房屋处具有常住户口；2. 户口迁入后，实际居住生活一年以上（特殊情况除外）；3. 在本市无其他住房或者虽有其他住房但居住困难的人。司法实践中，满足以上条件的居民，仅定居国外的，不影响其在被征收房屋处的同住人身份。但从理论上讲，定居国外，户口必须注销，不再具有同住人的户口因素，则不再具有同住人身份。根据《上海市常住人口管理规定》第十二条，出国、出境的本市居民不注销户口。已在国外、境外定居的本市居民，应当根据国家和本市出入境管理有关规定申报注销户口。定居国外或者加入外国国籍的，应当办理注销户口登记。定居国外包含两种含义，根据《关于对华侨定义中"定居"的解释(试行)》："一、定居是指中国公民已取得住在国长期或永久居留权。二、中国公民虽未取得住在国长期或永久居留权，但已取得住在国连续5年(含5年)以上合法居留资格，并在国外居住，视同定居。"因此，有证据证明他人在国外定居五年以上的，可以要求户籍管理部门对其户口注销。关于同住人身份的问题，并结合《高院解答》以及《细则》等规章政策，定居国外的居民，其户口要被注销，也不符合同住人条件。但司法实践中，定居国外的居民户口一般并未被注销，在被征收房屋内依旧有合法的户口，法院一般不会仅因其定居国外而完全排除其同住人身份，比如(2019)沪02民终503号："陆1、顾某1曾在系争房屋有过定居，且在本市他处未获得过住房福利，此后虽到国外定居，但持有中国护照，为中国国籍，仍属于系争房屋的同住人，有权分得征收利益。而顾某2自出生起即定居国外，从未在系争房屋长期实际居住，与房屋关联较远，从公平原则考量，不宜再认定为同住人。"但需要注意的是，被注销户口并不意味着丧失中国国籍，户口是我国对居住于领土范围内的人员进行人口管理的手段，其特征是持有身份证和居民户口簿。而国籍是中国对拥有国籍者实行外交保护的依据，其特征是持有护照，因此两者并不矛盾。

(三) 持有外国国籍的人是否一定不持有中国国籍?

持有外国国籍的人员，一般情况下会自动丧失中国国籍。主要根据《中华人民共和国国籍法》第三条："中华人民共和国不承认中国公民具有双重国籍"，以及第九条："定居外国的中国公民，自愿加入或取得外国国籍的，即自动丧失中国国籍。"但我国不承认公民有双重国籍，并不意味着居民不能持有两国的国籍。现实生活中，有些居民会持有两国或者两国以上的国籍，这源于世界各国对国籍获得方式规定不同。我国采用"血缘主义、依申请"的原则；有些国家(比如美国)采用"出生地主义、血缘主义和依申请"的原则，因此由于国籍获得的政策不同，可能导致一些人兼具不同国家的国籍。比如夫妻双方均是中国国籍，也未定居在国外，但子女出生在国外的情形，那么该子女因出生而取得外国国籍。因为血缘的原因，其回国后，依旧可以获得中国国籍，由于中国不承认双重国籍，只认可其有中国国籍。

实战策略

如何举证证明他人已经取得外国国籍?

司法实践中,证明他人已经取得外国国籍的举证责任归主张该观点的一方,但该举证难度较大。实务中,除了被证明人本人以外,其他亲属均无直接证据证明其取得外国国籍,被证明人回国时,在出入境管理局使用的可能是中国护照。因此,如果无证据证明他人取得外国国籍的,法院以举证责任不能而判决举证方承担不利后果,比如:(2019)沪02民终503号判决:"陆1、顾某1曾在系争房屋有过定居,且在本市他处未获得过住房福利,此后虽到国外定居,但持有中国护照,为中国国籍,仍属于系争房屋的同住人,有权分得征收利益。"但需要注意的是,如果举证方能提供一些线索,就可以将举证责任倒置,比如曾持有外国护照入境、曾在他国享受过居民待遇等等。如果被证明人在限期内无法就其国籍作出说明,法院就认定其持有外国国籍,而自动丧失中国国籍,不再享有该房屋内的征收补偿利益。类似案例(2013)沪一中民二(民)终字第1481号:"王某已加入加拿大国籍,从其加入外国国籍开始,自然丧失中国国籍,应当注销中国户籍。王某提交的加拿大护照上记载的护照签发时间,并不能证明其加入加拿大国籍的时间,王某入籍时间的示证义务在于王某,法院也给予其举证的期限,但其未提供,法院只能作出不利于其的事实推断,即其在系争房屋征收时已丧失中国国籍,故其不应享有征收利益。"

第二篇

私有产权房屋

79. 私房的类型

被征收房屋的类型，按照房屋所依附土地的性质主要包括：国有土地上的房屋与集体土地上的房屋，其中国有土地上的房屋主要包括：普通私有居住房屋（私房）、公有承租房（公房）以及非居住房屋（店铺）。公房的来源以及类型已经在公房征收章节中展开过，这里我们主要讨论一下，国有土地上私房的来源和种类，以及该类房屋动迁时的政策。

（一）国有土地上的私有居住房屋。由于该类房屋的历史年代较长，被拆迁或者被征收房屋的来源与历史变更与现在的商品房屋不同，有其自身的特殊性以及复杂性。因此，为了更好地办好房屋征收与补偿的工作，笔者团队整理了一篇介绍房屋类型的文章。根据房屋的来源和性质主要有以下几种类型：

（1）售后公房。公房分为可售公房和不可售公房。可售公房一般是独用成套的公有住房；不可售公房是指根据现行房改政策还不能出售给承租居民的公有住房，它主要包括旧式里弄、新式里弄、职工住房等厨房、卫生合用的不成套房屋。公房出售的依据主要为：1994 年的《关于出售公有住房的实施细则（94 方案）》（该方案实施一年后，因本身存在不足，在 1995 年 7 月份实施的《上海市出售公有住房方案实施细则》中被废止）和 1995 年 7 月实施的《上海市出售公有住房方案实施细则》，该方案从出台一直实施至今，又称为“96 方案”。公房出售后，公房就转变为市场上流通的商品房屋，房屋的产权人根据家庭内部协商一致，一般为原公房的承租人或者同住人。售后公房的产权房遇到动迁时，动迁政策一般按照普通私有居住房屋给予补偿和安置。但由于该类私房居住条件较好，除非遇到大的市政工程，一般不会被动迁，比如世博动迁。

（2）无产证的私房。上海市国有土地上的自住私房，一般是历史年代久远的房屋，现在房屋的产权人主要是基于继承或者在原有私房的基础上翻建、重建等方式取得的。基本上没有产证、也没有翻建许可证。由于历史上的政策和家庭内部矛盾的限制，房屋产证无法办理。但是这类房屋之所以能定性为私有居住房屋，是因为他们有土地使用权证，并记载着土地的权利人。因此对这类房屋的动迁时的政策，考虑到对被征收人利益以及被征收人的便利，政府将该类房屋按照普通私有居住房屋给予补偿和安置。

(3) 无房屋产权证也没有土地证、同时也没有公房使用凭证的房屋。这类房屋在上海老城区比较多，被征收人三证均不具备，也没缴纳过房屋租赁费用。但是房屋的实际居住人和在册户口人能在房屋中实际居住或者管理，也是有一定的依据，就是他们有地价税缴费证明。有些居民居住的房屋没有任何凭证，但是在1985年房屋普查中被登记为私房的，也被认定为私有住房，且权利人也是当时被登记的人。政府对该类房屋也认定为普通私有居住房屋，动迁亦是按照普通居住房屋给予补偿安置。

(4) 执行政府规定租金标准的公有出租居住房屋(又称“代经租房”或者“老出租”)。该类房屋是具有历史矛盾性的房屋(作者简述一下代经租的历史——第一阶段：1956年，城市私房改造开始；公私合营、国家经租。此时为代经租开始前的准备。第二阶段：1958年的“经租”阶段，私宅交由政府“经营租赁”给他人，租户向政府交纳租金，由政府的房管部门负责维修，租金中扣除了相关费用，按原租金的25%左右[甚至更低]的比例，作为“定租”交给房主。此时为代经租正式开始。第三阶段：1985年之后，“落政代经租房”，落实私房政策中发还产权，暂由房管部门代为经租管理房产。此时为代经租结束阶段。)首先该类房屋属于私房性质，具有明确的产权人，但是产权人对该房屋不具有管理和使用的权利，或者说，产权人对房屋的使用和管理的权利受到严格政策限制。原因在于该类房屋在解放时期由于特殊的历史原因被征收，政府将该房屋出租给符合承租人条件的人。改革开放后，政府又将房屋归还原产权人，但是此时原租赁关系已经确定，承租人继续使用租赁该房屋，产权人不得解除租赁关系，也不得调整租金。对该类房屋征收时，需要补偿两批人，一是房屋的产权人，按照私房安置补偿；二是房屋承租人以及同住人，按照公有房屋的性质补偿(根据当地政府的政策而作出具体的补偿)。

(5) 经济适用房。属于保障性质的商品住宅，由于其价格较低，因此只有符合一定条件的居民才能购买。而且经济适用房属于半计划半市场的半商品房，该房屋的价格，转让年限均受到了严格的限制。该类房屋一般属于较新的房屋，不会遇到市政动迁。

(6) 联建公助建设住宅。联建公助建设住宅是指在区城建部门组织领导下，由企业、事业单位投资，利用各区私房比较集中的棚户简屋基地，联合各方面的人力、物力，翻建多层或高层住宅后，再以优惠补贴的价格，出售给原来的私房户和建设单位职工。首先，联建公助建设住宅属于私有产权房。根据 1984 年 10 月 1 日颁布的《上海市“联建公助”建设住宅试行办法》第十三条规定：“个人购买的‘联建公助’住宅在取得房屋所有权证书后，所有权属购房者所有。分期付款购买的‘联建公助’住宅，须待应付款交清后，房管部门再发给房屋所有权证书。”其次，联建公助住宅属于福利性分房，根据 2004 年《高院解答》中“房款的一半以上系用单位的补贴所购买的商品房”属于福利性房屋，联建公助所取得的产权房，购房者只需要出资 1/3 即可以获得房屋的产权。因此联建公助建设住宅属于福利分房。再次，联建公助住宅，还包括某些事业单位直接分配给职工的房屋。联建公助住宅遇到房屋动迁时，同样是按照普通私有住宅给予安置补偿。

（二）普通私有住宅遇到动迁时，其补偿标准是什么（“代经租”除外）？

私有房屋征收补偿的数额一般高于公有承租房屋，评估价格为全额补贴，其他奖励费均一致。私有住房的补贴标准是根据《征收细则》第二十八条（征收居住房屋的补偿、补贴计算标准）：被征收居住房屋的补偿金额＝评估价格＋价格补贴，但本细则有特别规定的，从其规定。评估价格＝被征收房屋的房地产市场评估单价×被征收房屋的建筑面积。被征收房屋的房地产市场评估单价低于评估均价的，按评估均价计算。评估均价＝被征收范围内居住房屋评估总价÷居住房屋总建筑面积。评估均价标准，由房地产价格评估机构在评估后计算得出，由房屋征收部门在征收范围内公布。价格补贴＝评估均价×补贴系数×被征收房屋的建筑面积。补贴系数不超过 0.3，具体标准由区（县）人民政府制定。被征收房屋属于旧式里弄房屋、简屋以及其他非成套独用居住房屋的，被征收房屋的补偿金额增加套型面积补贴。套型面积补贴＝评估均价×补贴面积。套型面积补贴按照房屋征收决定做出之日合法有效的房地产权证、租用公房凭证计户补贴，每证补贴面积标准不超过 15 平方米建筑面积，具体标准由区（县）人民政府制定。

80. 私房的权利人

焦点问题：私房征收补偿利益分割案件中，如何确定被征收私房的权利人？

要点分析：私有房屋产权凭证上记载的权利人为私房的被征收人。产权人死亡的，按照法律规定由具有继承资格的人为权利人。未登记的私有房屋，以相关批准文件记载的主体，参照具有房地产权证所载明的所有人为房屋的权利人。

案情介绍：(2020)沪0109民初24630号

原告：瞿某1。

被告：瞿某2、王某某、瞿某3、马某某、瞿某4、李某。

被征收房屋位于上海市虹口区梧州路×××号(以下简称系争房屋)，房屋性质是私房，征收时户口在册人员有8人，分别是瞿某1，瞿某2夫妻2人，瞿某5，李某，瞿某3一家三口，瞿某2与王某某系夫妻关系，瞿某3、瞿某5(2020年11月3日报死亡)系两人之子，瞿某3与马某某系夫妻关系，瞿某4系两人之女，李某系瞿某5的前妻，瞿某1系两人之女。2018年系争房屋被征收，该户选择货币补偿，因该户对征收利益无法协商一致，2020年瞿某1诉至法院，要求分割征收利益。

裁判摘要：

本院经审查认为，法律规定，起诉必须符合下列条件：(一)原告是与本案有直接利害关系的公民、法人和其他组织……在私有房屋征收中，一般只有房屋产权人才是被安置人。对于房屋实际使用人，除非征收部门将其认定为被安置人，否则不属于征收补偿法律关系主体，因此，征收补偿关系中的被安置人以外的房屋使用人不能主张分割征收补偿利益。本案中，系争房屋是私有房屋，瞿某1既非产权人，亦无证据表明其被征收部门认定为被安置人，故瞿某1不属于征收补偿法律关系主体，无权基于征收协议主张分割征收补偿利益，其与本案无直接利害关系，不是本案适格主体。

案例评析：私房征收补偿利益归私房的产权人所有，产权人过世的由产权人的继承人依法继承。本案中，法院认为房屋的在册户口人或者使用人不属于被征收房屋的产权人，无权向法院提起诉讼。征收实务中，被征收私房的权利人如何确定？

(一) 有产证的，以不动产登记簿记载的人员为准。不动产权属证书是权利人享有该不动产物权的证明。不动产权属证书记载的事项，应当与不动产登记簿一致；记载不一致的，除有证据证明不动产登记簿确有错误外，以不动产登记簿为准。产权人死亡的，按照法律规定由具有继承资格的人为权利人。

（二）未登记的私有房屋，以相关批准文件记载的主体，参照具有房地产权证所载明的所有人为房屋的权利人。有的被征收私有房屋因历史原因仅有临时土地证，征收单位与被安置人代表签订补偿协议，没有明确被安置人范围，虽然临时土地证并非不动产权利的登记凭证，但可表明持证人使用该土地曾获得相关部门认可。基于城市房屋房地合一的原则，一般可采信临时土地证登记的权利主体。但当事人有证据证明临时土地证记载的权利人与真实权利人不一致的除外。

（三）房屋买卖的，以是否完成产权登记为准。根据《民法典》第二百三十二条规定，处分享有的不动产物权，依照法律规定需要办理登记的，未经登记，不发生物权效力。但未办理物权登记，不影响房屋买卖合同的效力，因此，已经合法占有转让标的物的受让人应当及时请求转让人办理物权变更登记。

（四）当事人对房屋产权另有协议约定的，按照协议约定，但不得对抗善意第三人。

（五）婚姻关系存续期间，产权只登记夫妻一方名下的财产，原则上属于夫妻共同财产。

实战策略：

房屋征收补偿案件中，私房的权利人即是《细则》中所表述的“被征收人”。房屋的征收补偿利益由被征收人所有。需要注意的是，被征收人在房屋征收补偿决定作出之前去世，且在房屋征收补偿决定作出时尚未变更产权人的，房屋征收部门是将原权利人的继承人直接列为被安置人；若被征收人在房屋征收补偿决定作出后去世，由于被征收人对被征收房屋的相关权利经过房屋征收补偿决定已经转化为补偿安置权益，此时继承人对征收补偿利益享有的权利只能是继承权。

81. 私房征收补偿利益应当如何分割？

焦点问题：房屋征收补偿利益分割案件中，私房征收补偿利益应当如何分配？

要点分析：首先遵循分割的基本原则：权利人之间均等分割原则以及公平合

理原则;同时根据房屋的实际居住部分的征收补偿利益归实际居住人所有;征收补偿时可能会对违法建筑给予一定补偿,对于该部分补偿款的归属,应综合考虑建筑物的出资建造、占有使用等情况予以处理,但当事人就该部分补偿利益另有约定的,应优先适用当事人之间的特别约定;改扩建方提出征收补偿利益分割的前提是其已经被列为征收补偿的被安置人,如果改扩建方并非被安置人,则只能依据与被安置人形成的其他法律关系(如租赁等)提出主张,不能基于征收补偿利益分割法律关系提出主张。

案情介绍:(2021)沪 0101 民初 12198 号

原告:赵某兴、赵某根、赵某。

被告:胡某瑶、胡某广。

被征收房屋位于上海市黄浦区西钩玉弄×××号(以下简称系争房屋),房屋性质为私房,原产权人系俞某珍,2014 年变更为赵某兴、赵某根、胡某瑶、胡某广,其中赵某兴、赵某根各享有三分之一份额,胡某瑶和胡某广享有三分之一份额。征收时户籍在册人员系赵某兴、赵某两人,赵某兴的户籍于 2001 年因刑满释放自上海市宝山区监狱迁入系争房屋,赵某的户籍于 2007 年自西钩玉弄×××号×××室迁入系争房屋。赵某兴和赵某认为系争房屋原由俞某珍夫妇携三名子女共同居住,俞某珍过世后由其两人居住,后赵某根因分房搬到水清三村居住,赵某因就近读书未搬离,赵某兴在服刑期间,系争房屋由赵某居住至 2008 年结婚后搬出,赵某兴刑满释放后由其本人居住。胡某瑶、胡某广认为赵某根分到水清三村房屋后,赵某便随父母一起从系争房屋搬出,对于赵某兴的居住情况予以认可。2019 年上海市黄浦区新新街×××号私房征收,胡某广获得动拆安置。2020 年赵某兴代表该户与征收单位签订征收补偿协议,并选择全货币补偿,因该户对征收利益无法协商一致,2021 年赵某兴、赵某根、赵某诉至法院,要求分割征收利益。

裁判摘要:

本院认为,系争房屋为私有房屋,在私有房屋征收中,被安置人一般为房屋产权人,在征收利益的具体分配上还应考虑对房屋贡献、实际居住等因素。本案中,系争房屋由赵某兴、赵某根、胡某瑶、胡某广按份共有,其中赵某兴、赵某根各享有三分之一份额,胡某瑶和胡某广享有三分之一份额,赵某兴、赵某根、胡某瑶、胡某广是系争房屋的共有人即被征收人,有权分割系争房屋的征收利益。赵某虽户籍在系争房屋内，但不是系争房屋产权人，也未被征收部门认定为被安置人，无权主张分割征收补偿利益。胡某广对曾获征收事实无异议，但上海市黄浦区新新街×××号系私房征收，因私房拆迁获得安置不属于福利分房。关于征收利益的分配，本院综合考虑系争房屋的来源、户籍迁入的历史缘由及时间长短、系争房屋的实际居住情况等，遵循公平合理的原则，依法确认各方应分得的征收补偿款。

案例评析：

本案中，既有房屋的产权人，也有产权人的继承人，同时还包含既是在册户籍人也是实际居住人，属于较为综合的一则经典案例。我们基于本案讨论一下，私房征收补偿利益应当如何分割？

（一）坚持房屋征收补偿利益分割的基本原则。私房征收补偿利益分割案件中，一般包含权利人之间均等分割原则、公平合理原则以及保护实际居住人的原则。均等分割原则是指私房权利人之间坚持一人一份均等分割的原则，尤其是在房屋评估价、价格补贴、套型面积补贴（俗称“三块砖头”）和部分奖励费（签约奖励费、无搭建补贴、均衡实物安置补贴等）由权利人均等分割；公平合理原则是指权利人之间如果坚持均等分割原则会产生明显不公平的情况下，法院可以适当调整，尤其是对经济困难人员、居住困难人员等，法院可以酌情适当给予照顾；保护实际居住人原则，至房屋征收补偿收益决定作出之前，在被征收房屋处长期居住的，可以获得实际居住以及实际搬迁所补偿的费用。

（二）搭建、改建或者扩建部分的归属。根据《高院会议纪要》规定，违法建筑原则上不受法律保护，但在一些特殊情况下考虑到历史因素，征收补偿时可能给予违法建筑一定补偿。对于该部分补偿款的归属，原则上产权人对产证上的建筑面积享有产权，对违法建筑的权利，应综合考虑建筑物的出资建造、占有使用等情况予以处理。但当事人就该部分补偿利益另有约定的，应优先适用当事人之间的特别约定。实践中需要注意的是，改扩建方提出征收补偿利益分割的前提是其已经被列为征收补偿的被安置人。如果改扩建方并非被安置人，则只能依据与被安置人形成的其他法律关系（如租赁等）提出主张，不能基于征收补偿利益分割法律关系提出主张。

（三）未见证面积补偿款的分配问题。不少征收补偿协议涉及到“未见证面积”补偿款，所谓“未见证面积”，是指未在产权证明、公房租赁证明上记载的面积范围。该项补偿款主要是对征收房屋违章搭建面积的适当补偿，由实际居住于私房内的产权人平均分割。因为根据物权的公示原则，产权人只对产证上的建筑面积享有产权；而对未见证面积之上的权利，应根据谁出资谁得益的原则进行处理，只能由具有出资建造等贡献的实际占有、使用之人享有。

（四）非产权人但被征收部门认定为被安置人员的。根据产权人提出居住困难户审核申请，经征收部门审核并认定该户符合托底保障的，根据政策规定："如果在征收补偿安置时确实基于户籍因素考虑过该部分人员利益的，可以适当给予货币补偿。补偿款的数额可以参考因人口因素而增加补偿价值予以酌定。"

（五）房屋使用人。房屋使用人是指实际占用房屋的单位和个人。根据《细则》规定，征收居住房屋的，被征收人取得货币补偿款、产权调换房屋后，应当负责安置房屋使用人。但房屋使用人获得安置的数额，并未作具体规定。

实战策略：

私房征收补偿利益坚持"产权平移"的原则，房屋的征收补偿利益归产权人所有。本案中，赵某兴属于居住产权人，赵某根和胡某瑶、胡某广均属于非居住产权人，而赵某属于居住非产权人。对于赵某兴应当提供证据，证明其实际居住的事实，进而要求适当多分。证明实际居住的证据包括直接证据和间接证据。直接证据包括居委会或者街道所出具的居住证明、居住情况说明、居住证信息、邻居的证人证言、家庭内部居住协议、判决书、离婚协议书等能直接反映出实际居住的证据；间接证据包括他处无房居住、缴纳被征收房屋的租金、水电煤费、在附近小学读书凭证、快递收发以及经济条件较差等证据，该类证据虽然不能直接证明实际居住在该房屋内，也能从侧面反映出在该房屋内实际居住的客观事实。

82. 私房使用人是否有权分割征收补偿利益？

焦点问题：当事人是否可以依据《上海市国有土地上房屋征收与补偿实施细则》第四十四条"被征收人取得货币补偿款、产权调换房屋后，应当负责安置房屋使用人"的规定主张其为被安置人并要求分割征收补偿利益？

要点分析：在私有房屋征收中，一般只有房屋产权人才是被安置人。对于房屋实际使用人，除非征收部门将其认定为被安置人，否则不属于征收补偿法律关系主体。而房屋实际使用人基于何种法律关系居住使用被征收房屋，不因征收关系而发生改变，即原房屋居住使用关系平移至安置房屋。因此，征收补偿关系中的被安置人以外的房屋使用人不能主张分割征收补偿利益，其居住问题可基于原来法律关系如扶养、赡养等进行主张。

案情介绍：(2020)沪 02 民终 5003 号

上诉人(原审被告)：陈某智、顾某平、陈某圣、陈某君、陈某清、施某岑(以下简称陈某智户)。

被上诉人(原审原告)：陈某巍、陈某敏。

被上诉人(原审被告)：陈某芳、周某学、周某斐(以下简称陈某芳户)。

被征收房屋位于上海市静安区北宝兴路×××号(以下简称系争房屋)，房屋性质为私房，房屋用途为居非兼用。王某招(2000 年报死亡)与陈某涛(1986 年报死亡)系夫妻关系，陈某智、陈某巍、陈某敏、陈某芳、陈某雄(1966 年报死亡)系两人之子女，陈某智与顾某平系夫妻关系，陈某圣、陈某君系两人之子女，陈某清系陈某圣之女，施某岑系陈某君之女，周某学与陈某芳系夫妻关系，周某斐系两人之女。系争房屋由王某招、陈某涛购买所得，土地使用权人登记为陈某涛，陈某涛去世后，土地使用权人变更为王某招等人。王某招、陈某涛两人均未留有遗嘱，两人父母均已先于两人去世。关于居住情况各方当事人陈述不一，征收时户籍在册人员有 9 人，分别是陈某智户 6 人，陈某芳户 3 人，周某学在系争房屋内注册了个体工商户营业执照。2019 年陈某芳代表该户与征收单位签订征收补偿协议，并选择全货币补偿，因该户对征收利益无法协商一致，2020 年陈某巍、陈某敏诉至法院，要求分割征收利益。

裁判摘要：

法院认为，公民的财产权利受法律保护，任何组织或者个人不得侵犯。在私有房屋征收中，只有房屋权利人才属于征收补偿法律关系中的被安置人，除非征收部门将房屋实际使用人认定为被安置人，否则房屋实际使用人不属于征收补偿法律关系主体，因此征收补偿关系中被安置人以外的房屋使用人不能主张分割征收补偿利益，其居住问题可基于原来法律关系进行主张。系争房屋由王某招、陈某涛于婚姻关系存续期间购得，只有《国有土地使用证》，虽然《国有土地使用证》并非不动产权利的登记凭证，但可表明持证人使用该土地曾获得相关部门认可，基于城市房屋房地合一之原则，应为王某招、陈某涛两人的夫妻共同财产，两人各享有二分之一的权利份额。王某招、陈某涛两人先后去世，生前未留有遗嘱，故系争房屋应由两人的法定继承人即陈某巍、陈某敏、陈某智、陈某芳共同继承，每人得四分之一的权利份额。系争房屋因周某学在内注册了个体工商户的营业执照，征收单位就此给予了相应补偿，故因该营业执照而增加的征收补偿款项应由周某学取得，除此之外的征收补偿，应由房屋权利人即陈某巍、陈某敏、陈某智、陈某芳均分。同时基于陈某智与顾某平、陈某芳与周某学的夫妻关系，陈某智、陈某芳与周某学基于本案取得的征收补偿应为陈某智与顾某平、陈某芳与周某学的夫妻共同财产。陈某圣、陈某清、陈某君、施某岑、周某斐既非系争房屋产权人，又非实际经营人，故本案中无权取得征收补偿。

案例评析：私房征收补偿利益归私房的权利人，房屋使用人有权要求权利人进行安置。本案中，陈某圣、陈某清等非产权实际居住人是否应当获得安置？非产权实际使用人在何种情况下可以获得安置。

（一）私房征收中，非产权实际使用人是否有权享受房屋征收补偿利益？

（1）房屋实际使用人的含义。根据《征收细则》第五十四条规定："房屋使用人是指实际占用房屋的单位和个人。"司法实践中，私房的实际使用一般是指户口在册且征收之前长期在房屋内实际居住使用的人，比如案例（2019）沪0109民初2154号："童某1、孙某某、童2、童某8、薄某某、童9户籍均在系争房屋内，且在系争房屋被征收前长期居住，均应认定为系争房屋居住使用人。"

（2）房屋实际使用人能否获得安置利益。根据《征收细则》第四十四条："征收居住房屋的，被征收人取得货币补偿款、产权调换房屋后，应当负责安置房屋使用人。"根据《征收细则》可以看出，房屋的实际使用人并非私房征收安置对象，私房征收安置对象只有被征收人（私房权利人）。不过实际使用人可以要求房屋权利人进行安置，解决实际居住问题。根据以往的判例，法院往往在征收补偿安置中一并处理实际居住人的利益分割问题，比如（2018）沪0114民初15026号："被征收人获得征收补偿利益后应当按比例承担对其他实际居住人的安置义务，综合考虑本案的实际情况，法院酌情确定章某某、唐某某、丁某某的作为实际居住人的安置补偿价格为1,200,000，产权人根据各自获得份额的比例承担安置义务。"但是2020年4月份《上海市高级人民法院房屋征收补偿利益分割民事纠纷研讨会会议纪要》出台后，司法审判规则发生重大变化。

(3) 2020 年后私房征收中，非产权实际使用人一般无权获得征收补偿款项。根据《高院纪要》:“会议认为，私有住房的征收以产权平移为基本原则，被安置人范围一般仅限于房屋产权人。审判实践中应该严格依照法律和征收补偿政策认定被安置人范围，不能随意扩大。”从该份文件看出，在私有房屋征收中，一般只有房屋产权人才是被安置人。对于房屋实际使用人，除非征收部门将其认定为被安置人，否则不属于征收补偿法律关系主体。而征收部门将非产权人认定为被安置人的情况，只有该户符合居住困难保障的条件时，在册户口的实际居住人才会被认定为被安置人。比如本案例，两级法院均明确认定:征收补偿关系中的被安置人以外的房屋使用人不能主张分割征收补偿利益，其居住问题可基于原来法律关系如扶养、赡养等进行主张。

(二) 私房被征收中，非产权的实际使用人在何种情况下可以获得安置?

(1) 该户符合居住困难审核条件，实际使用人被列为托底保障人员的。一旦该户在册困难人员较多，且他处无房或者他处有房但仍然符合居住困难的，被征收人可以向征收单位提出居住困难申请，进而获得居住困难保障。一旦获得托底保障人员资格的实际使用人，都可以分得相应的安置补偿款。这属于“被征收部门将其认定为被安置人的情况”。

(2) 该户选择产权调换的，实际使用人可以获得房屋的平行安置。根据《高院纪要》平行安置是指:房屋实际使用人基于何种法律关系居住使用被征收房屋，不因征收关系而发生改变，即原房屋居住使用关系平移至安置房屋。

(3) 非居住面积的实际经营人可以获得非居住部分补偿的费用。比如案例(2019)沪 0109 民初 2154 号判决:“非居住部分相关补偿款项的取得系因童某 1、孙某某(非产权人)申请经营个体工商户而得，故童某 1、孙某某对于系争房屋非居住部分价值补偿款、面积奖应酌情多分。除面积奖、停产停业补贴、非居住房屋签约证照奖、非居住房屋其他补偿、非居住房屋自购房补贴差额之外的各项奖励补贴，应由系争房屋的居住使用人取得，用于保障居住使用人的安置。”

(4) 该户选择货币安置的，实际使用人可以根据抚养、赡养等关系进行主张。

实战策略:

2020 年之后，法院统一裁判规则认为私房的实际使用人不宜在征收补偿利益分割案件中一并处理。且非产权使用人只能向有抚养、赡养义务关系的人进行主张安置，而无权向所有产权人要求。因此，2020 年《高院会议纪要》对非产权使用人是一个分水岭。需要注意的是，产权人也是实际使用人的，不受该政策影响，该类人员可以分割因居住和搬迁而补偿的费用。

83. 私房搭建、改建部分补偿款如何分割?

焦点问题：对有证房屋进行改建、扩建(改扩建部分未办理合法建造手续)后房屋整体纳入征收范围，对于改扩建部分的征收补偿利益应如何分割?

要点分析：对于该部分补偿款的归属，原则上产权人对产证上的建筑面积享有产权，对违法建筑的权利，应综合考虑建筑物的出资建造、占有使用等情况予以处理。但当事人就该部分补偿利益另有约定的，应优先适用当事人之间的特别约定。实践中需要注意的是，改扩建方提出征收补偿利益分割的前提是已经被列为征收补偿的被安置人。如果改扩建方并非被安置人，则只能依据与被安置人形成的其他法律关系(如租赁等)提出主张，不能基于征收补偿利益分割法律关系提出主张。

案情介绍：(2021)沪 02 民终 10963 号

上诉人(原审原告)：师某峰。

被上诉人(原审被告)：杨某华。

被征收房屋位于上海市黄浦区×××号×××室，张某 2 与陈秀英系夫妻关系，两人系师某峰的外祖父母，原位于上海市黄浦区×××号×××室房屋系两人的共有房产(以下简称张某 2 私房)，房屋性质为私房，面积为 32 平方米。1995 年外祖母去世，去世时未作析产，外祖父于 2001 年去世，师某峰的母亲先于两位老人去世。2001 年外祖父办理遗嘱公证，明确去世后张某 2 私房中属于本人的份额由杨某华继承。2016 年杨某华因张某 2 私房老旧将其拆建加盖为三层楼房(即杨某华新房)，改建后的面积为 105.42 平方米。2020 年杨某华新房被征收，杨某华之子与征收单位签订征收补偿协议，师某峰在征收补偿协议尾页落款处补签名。因该户对征收利益无法协商一致，2021 年师某峰诉至法院，要求分割征收利益。

裁判摘要：

法院认为，本案系因私有房屋改建而产生的物权纠纷。张某2私房系师某峰的外祖父母共有，外祖母去世后未作析产，对于外祖母所享有50%产权份额因其未留遗嘱，故应予法定继承，外祖母的法定继承人系外祖父和师某峰的母亲，因师某峰的母亲先于外祖母去世，故师某峰母亲的继承份额由师某峰代位继承。经法定继承后，外祖父、师某峰对于张某2私房实际各自分别享有75%及25%产权份额，师某峰就此可按25%比例取得张某2私房所对应之征收利益。对于张某2私房所对应之征收利益如何确定一节，张某2私房面积为32平方米，征收补偿协议中记明被征收面积记明为105.42平方米，结合案情，张某2私房发生征收时，已被杨某华拆建加盖为三层楼房(即杨某华新房)，征收利益虽是针对拆建加盖后共计105.42平方米面积而予核发，但需要指出的是，2016年杨某华在张某2私房拆建加盖行为并未获得师某峰的同意，亦未办理相关审批手续，相应利益的归属，仍应当以原合法建筑物的权属情况为基础，结合房屋产权份额、搭建出资、过错程度等因素在合法建筑物的权利人中进行合理分配。

案例评析：

本案中，杨某华实际居住在被征收房屋处，对被征收房屋拆建加盖到三层楼房。对于拆建加盖的房屋，杨某华事先并未取得其他产权人同意，翻建后也未取得产权登记证明，因此，该房屋是在原产权房屋基础上私自加盖的房屋。那么，该类房屋是否属于违法建筑？是否可以获得征收补偿？如果可以获得征收补偿利益，应当如何分割？

(一) 违法建筑的定义。违法建筑一般是指违反国家法律法规规章而建造的建筑物及其建筑设施。主要包括：

(1) 未申请或申请未获得批准，未取得建设用地规划许可证和建设工程规划许可证而建成的建筑；

(2) 擅自改变建设工程规划许可证的规定建成的建筑；

(3) 擅自改变了使用性质建成的建筑；

(4) 临时建筑建设后超过有效期未拆除成为永久性建筑的建筑；

(5) 通过伪造相关材料向主管部门骗取许可证而建成的建筑。

本案中杨某华拆建加盖的房屋属于前款规定的第(1)项内容，按照法律程序认定应当属于“违法建筑”。但是征收实务中，认定违法建筑需要一定的程序，而且征收部门为了尽快完成征收，一般情况下不主动认定“违章建筑”，只认定为未登记的建筑面积。

（二）征收未登记的建筑是否可以获得补偿？

（1）征收违法建筑不予补偿。根据《细则》第十四条规定，区（县）人民政府应当组织有关行政管理部门依法对征收范围内未经登记的建筑进行调查、认定和处理。对认定为合法建筑和未超过批准期限的临时建筑，房屋征收部门应当给予补偿；对认定为违法建筑和超过批准期限的临时建筑，不予补偿。因此一旦未登记的面积被认定为违法建筑，不再给予任何征收补偿利益。

（2）征收未登记的建筑可以获得补偿。对于未经登记的私房，无批准文件的不予认定建筑面积，但有相关资料证明在1981年之前建造并用于居住的房屋，以房屋行政管理部门认定的房屋调查机构实地丈量的建筑面积为准，1981年以后改建、扩建增加的部分不予认定建筑面积。相关材料是指房管历史资料、地籍图、街道（乡镇）出具的证明等。无法确定具体建造年份的，以实地丈量的建筑面积为准，但最多不得超过土地使用权证记载的占地面积与建筑层数的乘积。

《最高人民法院关于征收国有土地上房屋时是否应当对被征收人未经登记的空地和院落予以补偿的答复》:“国有土地上房屋征收补偿中，应将当事人合法享有国有土地使用权的院落、空地面积纳入评估范围，按照征收时的房地产市场价格，一并予以征收补偿。”

也就是说，对于未登记的建筑物，不是绝对地不能获得补偿。目前一些征收部门对未登记的建筑物会给予“未见证面积补贴”，但未登记的建筑物被认定为违章建筑的除外。

（三）改建、扩建面积的征收补偿利益如何分割？

对于该部分补偿款的归属，原则上产权人对产证上的建筑面积享有产权，对违法建筑的权利，应综合考虑建筑物的出资建造、占有使用等情况予以处理。但当事人就该部分补偿利益另有约定的，应优先适用当事人之间的特别约定。本案中张某华属于未见证面积的出资人、实际建造人以及实际居住人，但实际建造并未经过所有权利人同意，因此张某华虽然有权分割未见证面积的补偿金额，法院综合本案的当事人过错情况未见证面积张某华可以适当多分，但师某峰也可以适当分得。

实践中需要注意的是，改扩建方提出征收补偿利益分割的前提是其已经被列为征收补偿的被安置人。如果改扩建方并非被安置人，则只能依据与被安置人形成的其他法律关系（如租赁等）提出主张，不能基于征收补偿利益分割法律关系提出主张。

实战策略：

房屋被征收人如果在1981年之前建造房屋并用于居住的，由于历史政策出台的背景，政府会认定该房屋属于合法建筑，并按照规定给予征收补偿利益；如果房屋是在1981年之后建造、扩建、改建的，未能办理产权登记，也未经过相关部门审核批准的，很明显符合违章建筑条件的，此时被征收人应当看清形势，根据征收部门的具体政策，及时与征收部门签订补偿协议，确定该部分的征收补偿利益，以减少损失。

84. 私房托底保障费用如何分割？

焦点问题：私房征收补偿利益分割案件中，被征收人户获得居住困难保障补贴的，该户的征收补偿利益如何分割？

要点分析：在私有房屋被征收案件中，一般只有房屋产权人才是被安置人。对于房屋实际使用人，除非征收部门将其认定为被安置人，否则不属于征收补偿法律关系主体。如果在征收补偿安置时基于居住困难人口的户籍因素而增加居住困难保障补贴的，那么该增加的补贴款由居住困难人员均等分割。

案情介绍：（2021）沪0109民初6500号

原告：何某、李某1、刘某1、刘某2、刘某3。

被告：吕某、李某2、周某、李某3、李某4。

被征收房屋位于上海市虹口区×××路（以下简称系争房屋），房屋性质为私房。征收时户口在册人员有10人，分别是何某一人、李某1一家四口，吕某一家四口，李某4一人。李某1、李某4、李某6（2018年报死亡）系何某之子女，李某1与刘某1系夫妻关系，刘某2系两人之子，刘某3系刘某2之子，李某6与吕某原系夫妻（于2016年5月30日离婚），李某2系两人之子，李某2与周某系夫妻关系，李某3系两人之子。系争房屋来源于原产权人何某的配偶购买所得，后产权人变更为李某6、何某、吕某，李某6、吕某各享有四分之一产权份额，何某享有二分之一产权份额。何某的户籍于2004年从上海市虹镇老街×××号迁入系争房屋。李某1的户籍于1997年从上海市×××村×××号迁入系争房屋,刘某1的户籍于2006年从上海市×××路×××室迁入系争房屋,刘某2的户籍于2010年从某军队迁入系争房屋,刘某3的户籍于2014年报出生在系争房屋。吕某、李某2、周某、李某3的户籍于2006年由原址换发户口簿。李某4的户籍于2004年从上海市虹镇老街×××号迁入系争房屋。何某未在系争房屋内居住,长期居住在凤城三村,系争房屋原由李某6、吕某于1980年代初居住,期间由李某1居住一年左右搬离,刘某1、刘某2未居住系争房屋,李某6、吕某、李某2又搬回居住系争房屋至2003年搬离,李某2与周某在系争房屋结婚生子至2003年搬离,李某4未居住系争房屋。后系争房屋对外出租至被征收,租金一直由李某6收取。2013年李某1与李某6出具《协议书》约定:因刘某2、刘某3的户籍迁入系争房屋增加的保障补贴归李某1所有,因李某1、刘某1的户籍迁入系争房屋增加的保障补贴归吕某所有。2016年7月1日,李某6与征收单位签订征收补偿协议,并获得安置房三套及部分补偿款,经征收单位核定,系争房屋的居住困难人员为何某、李某1、刘某1、刘某2、刘某3、李某6、吕某、李某2、周某、李某3。诉讼中,李某6出具"遗嘱"载明:因系争房屋被征收获得佘山北安置房一套由李某2继承(因房主为李某6)。

裁判摘要:

法院认为,根据《上海市国有土地上房屋征收与补偿实施细则》的规定,征收居住房屋的,被征收人取得货币补偿款、产权调换房屋后,应当负责安置房屋使用人。首先,系争房屋为李某6、何某、吕某按份共有,李某6、吕某各享有四分之一产权份额,何某享有二分之一产权份额,与系争房屋价值补偿相关的征收补偿利益,由何某享有二分之一份额、李某6与吕某各享有四分之一份额。其次,鉴于系争房屋征收前的居住情况及实际使用情况,与居住、搬迁相关的奖励补贴由李某6取得,考虑到系争房屋居住困难人口为10人,且原被告方各为5人,基于公平原则,居民困难户增加货币补贴款由何某、李某1、刘某2、李某6、吕某、李某2、刘某1、刘某3、周某、李某3均分。再次,对于李某1、李某6于2013年2月18日向吕某方出具的《协议书》,本院认为,结合当时的征收政策和签署该份《协议书》的背景,可以认定各方就李某1家庭户籍迁入系争房屋以让渡李某1家庭部分征收利益达成了一致意见,即因刘某2、刘某3的户籍迁入系争房屋增加的保障补贴归李某1所有，李某1、刘某1的户籍迁入系争房屋增加的保障补贴归吕某所有。再者，李某6于2017年4月12日出具的“遗嘱”，本院认为，李某6对于尚未成为其个人财产的佘山北房屋进行处分，该“遗嘱”对于该房屋的处分应属无效，对于系争房屋征收补偿利益中属于李某6的份额，在李某6无有效遗嘱的情形下，应按法定继承处理，因李某6在系争房屋征收后去世，其就系争房屋应享受的征收补偿利益应由其法定继承人何某、吕某、李某2各享有三分之一份额。综上，从公平原则考量，综合系争房屋的来源、用途、经营情况、各方对房屋的贡献、各方居住和房屋状况、人员结构的因素、分配意见等，法院酌情确定。

案例评析：根据《高院会议纪要》的规定：“私有住房的征收以产权平移为基本原则，被安置人范围一般仅限于房屋产权人。”本案中被征收私房的产权人为李某6、何某、吕某三人，根据产权平移原则，征收补偿利益也应当由三人共有。但该户符合居住困难保障条件（俗称“数砖头”或者“托底保障”），给予居住困难保障补贴。那么居民如何申请居住困难保障？被认定为居住困难保障户的，征收补偿利益如何分割？

（一）如何申请居住困难保障？居住困难的被征收人、公有房屋承租人应当向所在区住房保障机构提出居住困难审核申请，并提供相关证明材料。区住房保障机构应当按照《细则》以及本市经济适用住房的相关规定对居住困难户进行认定，主要审核被征收房屋的面积、居住困难人数、他处是否有房或者虽然有房是否属于居住困难。需要综合该三项内容审核认定。符合居住困难审核申请的，将获得居住困难保障性补贴。征收部门将经认定符合条件的居住困难户及其人数在征收范围内公示，公示期为15日。公示期内有异议的，由区（县）住房保障机构在15日内进行核查和公布。

（二）哪些人员可以被认定为居住困难保障人员？根据居住困难人数审核后，人均建筑面积小于15平方的人员，可以被认定为居住困难保障人员。

居住困难户人数审核的范围主要包括：在被征收房屋内有户口的人员和在他处住房中有居住权利的家庭关系人员。根据《上海市国有土地上房屋征收与补偿实施细则》第三十一条和《上海市共有产权保障房（经济适用住房）申请对象住房面积核查办法》第二条规定，核定人员的范围还包括：户口在本市他处居民家庭或者工作学习单位，按照规定须一同申请的具有法定赡养、抚养或者扶养关系的申请家庭成员；因入托、求学等原因，户口迁离申请对象户口所在地住房或者他处住房的未成年人员；原户口在申请对象户口所在地住房或者他处住房的未婚现役军人、海员、野外筑路、勘探等人员；户口在申请对象户口所在地住房或者他处住房，在境外学校学习未满 5 年，未婚且未定居，或者在境外工作未定居且每年在本市居住满 90 日的人员；与申请对象在本市共同居住生活，取得本市常住户口未满 2 年的申请对象的配偶（需结婚满 3 年）、子女、父母；与申请对象在本市共同居住生活，具有本市居住证连续满 3 年的申请对象的配偶（需结婚满 3 年）、子女、父母。

私房非产权人符合条件的，也可以被认定为居住困难保障人员。

（三）被认定居住困难保障户的，征收补偿利益如何分割？产权平移是私房征收补偿利益分割的基本原则，一般只有房屋产权人才是被安置人。如果该户符合居住困难保障条件，考虑了人口因素，并以此而给予额外的居住困难保障补贴，那么居住困难保障补贴应由居住困难保障人员均等分割，其他部分的征收补偿利益分割方式可以参考《私房征收补偿利益如何分配》一节的内容。私房与公房不同，私房的产权属于产权人，私房的征收补偿利益由产权人享有。非产权人无权分割征收补偿利益，除非征收部门考虑到因该部分人员的人口因素而增加补贴款项的，非产权人才可以以此获得相应的补偿金额。本案中，法院判决："居民困难户增加货币补贴款由何某、李某 1、刘某 2、李某 6、吕某、李某 2、刘某 1、刘某 3、周某、李某 3 均分"也体现了该原则。

实战策略：

私房征收补偿利益分割案件中，能否申请到居住困难保障补贴对产权人并无不利影响。因此，私房产权人可以提出居住困难申请。但公房的承租人或者同住人在提出居住困难审核申请时，有些当事人宁愿放弃居住困难补贴，也不愿意让非权利人认定为居住困难人员。根据法院裁判惯例，被认定为居住困难人员的，至少可以获得人头费，极大侵害了承租人或者同住人的财产利益。因此，私房产权人会尽可能提出居住困难审核申请，保护该户的居住困难人员。而法院对公房居住困难分割方法的裁判惯例，让更多的承租人或者同住人不再提起居住困难申请。从本质上看，该类裁判规则，侵害了居住困难人员的利益。

85. 私房征收中，非居住部分征收利益如何分割？

焦点问题：私房征收补偿利益分割诉讼中，非居住面积的征收补偿利益分割发生纠纷时，该户征收补偿利益如何分割？

要点分析：私房被征收时，部分房屋面积被用于非居住用途，对因非居住面积而获得的征收补偿利益进行分割时，仍应兼顾产权平移原则。非居住面积源于私房面积，而非居住部分的房屋补偿单价又往往远高于居住部分，故在分割时不宜将非居住部分的房屋补偿价格、相关奖励补贴均给予营业执照上明确的经营者。对基于营业执照而获得的停产停业损失补偿、执照补贴等款项，则可由持照经营者获得。

案情介绍：(2019)沪 0109 民初 2154 号

原告：童某 1、孙某某、童 2(以下简称童某 1 户)。

被告：吴某 1、吴 2、张某某、童 3、童某 4、童某 5、童某 6。

被告：童某 7、王 1、陈某某(以下简称童某 7 户)。

被告：童某 8、薄某某、童 9(以下简称童某 8 户)。

被告：童某 10、陆某 1、陆某 2、陆某 3(以下简称童某 10 户)。

被征收房屋位于上海市海伦路×××号(以下简称系争房屋)，房屋性质为私房。童某 1、童某 11(于 2018 年去世)、童某 12(于 2018 年去世)、童某 4、童某 5、童某 6、童某 7、童某 8、童某 10 均系童某 13(于 1986 年去世)、王某 2(于 1996 年去世)夫妇的子女。童某 1 与孙某某系夫妻关系，童 2 系两人之子。吴某 1 与童某 11 原系夫妻关系，吴 2 系两人之子，张某某与童某 12 系夫妻关系，童 3 系两人之子。王 1 系童某 7 之女，陈某某系王 1 之子。童某 8 与薄某某系夫妻关系，童 9 系两人之女。童某 10 与陆某 1 系夫妻关系，陆某 2 系两人之子，陆某 3 系陆某 2 之子。

系争房屋原为童某 13 和王某 2 所有，土地使用人原登记为童某 13，童某 13 去世后，登记为王某 2、童某 1、童某 11、童某 12、童某 4、童某 5、童某 6、童某 7、童某 8、童某 10。系争房屋原为两层，后由童某 1、童某 8 共同推倒重建为三层。2002 年童某 1、童某 11、童某 12、童某 4、童某 5、童某 6、童某 7、童某 8、童某 10 签订协议，载明：经兄妹九人商量，海伦路×××号翻建房屋后，同意童某 7、童某10各享有九分之一建筑面积权利。1998年童某1、孙某某申请了个体工商户营业执照，开设上海市虹口区杰杰百货商店，经营场所为系争房屋。

征收时户口在册人员有13人，分别是童某1户、童某7户、童某8户、童某10户，系争房屋由童某1户、童某8户共同居住至被征收。2016年童某1代表该户与征收单位签订征收补偿协议，并获得八套安置房及部分补偿款。根据征收协议，被征收人为童某1、童某11、童某12、童某4、童某5、童某6、童某7、童某8、童某10，认定建筑面积105平方米，其中居住部分建筑面积70平方米，非居住面积35平方米，未认定建筑面积6.40平方米。因该户对征收补偿利益无法协商一致，2019年童某1户诉至法院，要求分割征收利益。

裁判摘要：

本院认为，根据《上海市国有土地上房屋征收与补偿实施细则》的规定，征收居住房屋的，被征收人取得货币补偿款、产权调换房屋后，应当负责安置房屋使用人。本案中，系争房屋产权人童某13、王某2均已去世，其继承人依法可继承其在系争房屋征收补偿款中的遗产份额，依法取得征收人地位，有权分得系争房屋价值补偿款、签约面积奖。童某11、童某12于童某13、王某2去世之后去世，吴某1、吴2有权继承分得童某11应继承分得的补偿款项，张某某、童3有权继承童某12应继承分得的补偿款项。童某1、童某8将系争房屋翻建为三层，对于系争房屋三层相应的补偿款项应适当多分。童某1、童某11、童某12、童某4、童某5、童某6、童某7、童某8、童某10曾书面约定翻建房屋后童某7、童某10均享有系争房屋九分之一建筑面积权利，故童某7、童某10应各分得系争房屋价值补偿款、面积奖的九分之一。童某7户3人、童某10户4人虽户籍在系争房屋内，但未在系争房屋实际居住，不属于居住使用人。童某1户3人、童某8户3人的户籍均在系争房屋内，且在系争房屋被征收前长期居住，均应认定为系争房屋居住使用人。非居住部分相关补偿款项的取得系因童某1、孙某某申请经营个体工商户而得，故童某1、孙某某对于系争房屋非居住部分价值补偿款、面积奖应酌情多分，孙某某在系争房屋有个体工商户营业执照并实际经营，故与非居住经营相关的停产停业补贴、非居住房屋签约证照奖、非居住房屋其他补偿、非居住房屋自购房补贴差额应由孙某某酌情多分，其他居住使用人对于非居住相关奖励补贴的取得亦牺牲了一定的居住利益，应酌情分得相关款项。除面积奖、停产停业补贴、非居住房屋签约证照奖、非居住房屋其他补偿、非居住房屋自购房补贴差额之外的各项奖励补贴，应由系争房屋的居住使用人取得，用于保障居住使用人的安置。

案例评析：

私房征收补偿利益归私房产权人所有。私房非居住部分的征收补偿利益归私房产权人和营业执照持有人所有。本案中童某1和孙某某申请个体工商户和营业执照，法院认为非居住部分实际经营人童某1和孙某某应当多分。那么，征收实务中，居非兼用的私房征收补偿利益应当如何分割？

私房被征收时，部分房屋被用于非居住用途，在对基于非居住因素而获得的征收补偿利益进行分割时，仍应兼顾私房征收产权平移基本原则。非居住部分面积源于私有房屋产权面积，而非居住部分的房屋补偿单价又往往远高于居住部分，故在分割时不宜将非居住部分的房屋补偿价格、相关奖励补贴均给予营业执照上明确的经营者。对基于营业执照而获得的停产停业损失补偿、执照补贴等款项，则可由持照经营者获得。

私房非居住部分的征收补偿利益分割案件中，营业执照持有者一般是私房的产权人或者房屋使用人。案例中所讲述的营业执照持有者是孙某某，是产权人童某1的配偶，也是房屋的实际使用人。如果是房屋的租客，利用被征收房屋从事商业经营的，一般不属于被征收房屋的安置范围，租客的损失补偿款可以根据房屋租赁合同另行解决。

实战策略：

私房非居住部分征收补偿利益分割案件中，对非居住部分的贡献主要包括实际经营、申请非居住面积、办理营业执照、负责非居住房屋出租等。因此，私房的实际经营人需要提供以上材料以证明可以多分。

营业执照持有者多分的数额。司法实践中，关于私房的营业执照持有人具体可以多分多少并未统一规定，而且由于每一案件的特殊性，具体金额由主审法官自由裁定，属于法官自由裁量权范围。但有一种观点可供参考：由于非居住面积的评估单价(A)高于居住部分的评估单价(B)，营业执照持有人可以多分的数额是非居住面积＊(A－B)，该部分数额是因非居住性转化而得，可以理解为营业执照持有者多分的金额。

附件　法律法规及相关文件

1. 上海市国有土地上房屋征收与补偿实施细则【2011】
2. 上海市高级人民法院关于房屋动拆迁补偿款分割民事案件若干问题的解答【沪高法民一2004】
3. 上海市高级人民法院公房居住权纠纷研讨会综述【2011】
4. 上海高院民事审判庭 2014 年第四季度庭长例会研讨纪要【2004】
5. 第八次全国法院民事商事审判工作会议(民事部分)纪要【法(2016)399 号】
6. 上海市高级人民法院关于房屋征收补偿利益分割民事纠纷研讨会会议纪要【沪高法民(2020)4 号】

上海市国有土地上房屋征收与补偿实施细则

《上海市国有土地上房屋征收与补偿实施细则》经 2011 年 10 月 10 日上海市人民政府第 121 次常务会议通过，2011 年 10 月 19 日上海市人民政府令第 71 号公布。该《细则》分总则、征收决定、补偿、法律责任、附则 5 章 52 条，自公布之日起施行。2001 年 10 月 29 日上海市人民政府令第 111 号发布的《上海市城市房屋拆迁管理实施细则》、2006 年 7 月 1 日上海市人民政府令第 61 号发布的《上海市城市房屋拆迁面积标准房屋调换应安置人口认定办法》予以废止。

第一条（目的和依据）

为了规范本市国有土地上房屋征收与补偿活动，维护公共利益，保障被征收人的合法权益，根据《国有土地上房屋征收与补偿条例》，结合本市实际，制定本细则。

第二条（适用范围）

在本市国有土地上实施房屋征收与补偿，适用本细则。

第三条（基本原则）

房屋征收与补偿应当遵循决策民主、程序正当、公平补偿、结果公开的原则。

第四条（管理部门）

市房屋行政管理部门是本市房屋征收与补偿工作的主管部门，负责本市房屋征收与补偿的业务指导和监督管理等工作。

市和区（县）发展改革、建设、规划土地、财政、公安、工商、监察等有关行政管理部门，应当依照本细则的规定和职责分工，互相配合，保障房屋征收与补偿工作的顺利进行。

被征收房屋所在地的街道办事处、镇（乡）人民政府，应当配合做好房屋征收与补偿的相关工作。

第五条（征收主体与征收部门）

区（县）人民政府负责本行政区域的房屋征收与补偿工作。

区（县）房屋行政管理部门为本行政区域的房屋征收部门，负责组织实施房屋征收与补偿工作。

房屋征收部门可以委托房屋征收事务所，承担房屋征收与补偿的具体工作。房屋征收事务所不得以营利为目的。房屋征收部门对房屋征收事务所在委托范围内实施的房屋征收与补偿行为负责监督，并对其行为后果承担法律责任。

第六条（工作人员培训与上岗）

从事房屋征收与补偿工作的人员，应当通过市房屋行政管理部门组织的有关法律知识、业务知识的培训考核，持证上岗。

第七条（举报处理）

任何单位和个人对违反本细则规定的行为，都有权向市和区（县）人民政府、房屋行政管理部门和其他有关部门举报。接到举报的市和区（县）人民政府、房屋行政管理部门和其他有关部门对举报应当及时核实、处理。

市和区（县）监察机关应当加强对参与房屋征收与补偿工作的政府和有关部门或者单位及其工作人员的监察。

第八条（确需征收房屋的情形）

为了保障国家安全、促进国民经济和社会发展等公共利益的需要，有下列情形之一，确需征收房屋的，由区（县）人民政府作出房屋征收决定：

（一）国防和外交的需要；

（二）由政府组织实施的能源、交通、水利等基础设施建设的需要；

（三）由政府组织实施的科技、教育、文化、卫生、体育、环境和资源保护、防灾减灾、文物保护、社会福利、市政公用等公共事业的需要；

（四）由政府组织实施的保障性安居工程建设的需要；

（五）由政府依照国家和本市有关城乡规划规定组织实施的对危房集中、基础设施落后等地段进行旧城区改建的需要；

（六）法律、行政法规规定的其他公共利益的需要。

第九条（规划和计划）

依照本细则第八条规定，确需征收房屋的各项建设活动，应当符合本市国民经济和社会发展规划、土地利用总体规划、城乡规划和专项规划。保障性安居工程建设、旧城区改建，应当纳入区（县）国民经济和社会发展年度计划。

第十条（房屋征收范围的确定）

符合本细则第八条第（一）项至第（四）项规定的建设项目需要征收房屋的，房屋征收范围根据建设用地规划许可证确定。

符合本细则第八条第（五）项规定因旧城区改建需要征收房屋的，房屋征收范围由市建设行政管理部门会同市房屋管理、发展改革、规划土地、财政等行政管理部门以及相关区（县）人民政府确定。

符合本细则第八条规定的其他情形需要征收房屋的，房屋征收范围由市房屋行政管理部门会同相关行政管理部门和区（县）人民政府确定。

第十一条（征收范围确定后不得实施的行为）

房屋征收范围确定后，不得在房屋征收范围内实施新建、扩建、改建房屋及其附属物和改变房屋、土地用途等不当增加补偿费用的行为；违反规定实施的，不予补偿。

房屋征收范围确定后，有下列行为之一的，不增加违反规定的补偿费用：

（一）建立新的公有房屋租赁关系、分列公有房屋租赁户名；

（二）房屋转让、析产、分割、赠与；

（三）新增、变更工商营业登记；

（四）迁入户口或者分户；

（五）其他不当增加补偿费用的行为。

有关行政管理部门和机构受理前款所列事项时，应当要求被征收人、公有房屋承租人提交不因此增加违反规定的补偿费用的书面承诺。

房屋征收部门应当将本条第一款、第二款的要求在房屋征收范围内予以公告，并书面通知规划土地、工商、公安等行政管理部门，房地产登记机构以及公有房屋出租人等单位。公告和书面通知应当载明暂停期限。暂停期限自公告之日起最长不得超过1年。

第十二条（旧城区改建的意愿征询）

因旧城区改建房屋征收范围确定后，房屋征收部门应当组织征询被征收人、公有房屋承租人的改建意愿；有90%以上的被征收人、公有房屋承租人同意的，方可进行旧城区改建。

第十三条（房屋调查登记）

房屋征收部门应当对房屋征收范围内房屋的权属、区位、用途、建筑面积等情况组织调查登记，被征收人、公有房屋承租人应当予以配合。调查结果应当在房屋征收范围内向被征收人、公有房屋承租人公布。

第十四条（对未经登记建筑的调查、认定和处理）

区（县）人民政府应当组织有关行政管理部门依法对征收范围内未经登记的建筑进行调查、认定和处理。对认定为合法建筑和未超过批准期限的临时建筑的，房屋征收部门应当给予补偿；对认定为违法建筑和超过批准期限的临时建筑的，不予补偿。

第十五条（征收补偿方案的拟订和论证）

房屋征收部门拟订征收补偿方案，报区（县）人民政府。征收补偿方案应当包括以下内容：

（一）房屋征收与补偿的法律依据；

（二）房屋征收的目的；

（三）房屋征收的范围；

（四）被征收房屋类型和建筑面积的认定办法；

（五）房屋征收补偿方式、标准和计算方法；

（六）补贴和奖励标准；

（七）用于产权调换房屋的基本情况和选购方法；

（八）房屋征收评估机构选定办法；

（九）房屋征收补偿的签约期限；

（十）搬迁期限和搬迁过渡方式、过渡期限；

（十一）受委托的房屋征收事务所名称；

（十二）其他事项。

区（县）人民政府应当组织有关部门对征收补偿方案进行论证并在房屋征收范围内予以公布，征求被征收人、公有房屋承租人意见。征求意见期限不得少于30日。其中，因旧城区改建需要征收房屋的，区（县）人民政府还应当组织由被征收人、公有房屋承租人和律师等公众代表参加的听证会。

第十六条（方案修改和公布）

区（县）人民政府应当将征求意见情况和根据公众意见修改的情况及时公布。

第十七条（征收补偿费用）

征收补偿费用包括用于货币补偿的资金和用于产权调换的房屋。用于货币补偿的资金在房屋征收决定作出前应当足额到位、专户存储、专款专用。用于产权调换的房屋在交付时应当符合国家质量安全标准和本市住宅交付使用许可要求，并产权清晰、无权利负担。

第十八条（社会稳定风险评估）

房屋征收决定作出前，房屋征收部门应当会同区（县）相关行政管理部门、街道办事处、镇（乡）人民政府，参照本市重大事项社会稳定风险评估的有关规定，进行社会稳定风险评估，并报区（县）人民政府审核。

第十九条（房屋征收决定）

房屋征收决定由区（县）人民政府作出。涉及被征收人、公有房屋承租人 50 户以上的，应当经区（县）人民政府常务会议讨论决定。

第二十条（征收决定的公告）

区（县）人民政府作出房屋征收决定后应当及时公告。公告应当载明征收补偿方案和行政复议、行政诉讼权利等事项。

区（县）人民政府及房屋征收部门应当做好房屋征收与补偿的宣传、解释工作。

房屋被依法征收的，国有土地使用权同时收回。

第二十一条（旧城区改建征收决定）

因旧城区改建需要征收房屋的，房屋征收部门应当在征收决定作出后，组织被征收人、公有房屋承租人根据征收补偿方案签订附生效条件的补偿协议。在签约期限内达到规定签约比例的，补偿协议生效；在签约期限内未达到规定签约比例的，征收决定终止执行。签约比例由区（县）人民政府规定，但不得低于 80％。

第二十二条（征收决定的复议和诉讼）

被征收人、公有房屋承租人对区（县）人民政府作出的房屋征收决定不服的，可以依法申请行政复议，也可以依法提起行政诉讼。

第二十三条（征收补偿协议主体的确定）

房屋征收补偿协议应当由房屋征收部门与被征收人、公有房屋承租人签订。

被征收人、公有房屋承租人以征收决定作出之日合法有效的房地产权证、租用公房凭证、公有非居住房屋租赁合同计户，按户进行补偿。

被征收人以房地产权证所载明的所有人为准，公有房屋承租人以租用公房凭证、公有非居住房屋租赁合同所载明的承租人为准。

第二十四条（评估机构的选定）

被征收房屋的价值，由具有相应资质的房地产价格评估机构按照房屋征收评估办法评估确定。

房地产价格评估机构由被征收人、公有房屋承租人协商选定；协商不成的，由房屋征收部门通过组织被征收人、公有房屋承租人按照少数服从多数的原则投票决定，也可以由房屋征收部门或者被征收人、公有房屋承租人采取摇号、抽签等随机方式确定。房屋征收部门应当将确定的房地产价格评估机构予以公告。

房地产价格评估机构应当独立、客观、公正地开展房屋征收评估工作，任何单位和个人不得干预。

第二十五条(房屋征收价值评估)

被征收房屋价值评估应当考虑被征收房屋的区位、用途、建筑结构、新旧程度、建筑面积以及占地面积、土地使用权等因素。

除本市对用于产权调换房屋价格有特别规定外，用于产权调换房屋的市场价值应当由按照第二十四条规定已选定的房地产价格评估机构评估确定。被征收房屋和用于产权调换房屋的价值评估时点为房屋征收决定公告之日。

被征收人、公有房屋承租人或者房屋征收部门对评估结果有异议的，应当自收到评估报告之日起 10 日内，向房地产价格评估机构申请复核评估。被征收人、公有房屋承租人或者房屋征收部门对房地产价格评估机构的复核结果有异议的，应当自收到复核结果之日起 10 日内，向市房地产估价师协会组织的房地产估价专家委员会申请鉴定。

第二十六条(征收居住房屋的补偿方式)

征收居住房屋的，被征收人、公有房屋承租人可以选择货币补偿，也可以选择房屋产权调换。

被征收人、公有房屋承租人选择房屋产权调换的，房屋征收部门应当提供用于产权调换的房屋，并与被征收人、公有房屋承租人计算、结清被征收房屋补偿金额与用于产权调换房屋价值的差价。

因旧城区改建征收居住房屋的，作出房屋征收决定的区(县)人民政府应当提供改建地段或者就近地段的房源，供被征收人、公有房屋承租人选择，并按照房地产市场价结清差价。就近地段的范围，具体由房屋征收部门与被征收人、公有房屋承租人在征收补偿方案征求意见过程中确定。

第二十七条(征收居住房屋的补偿、补贴和奖励)

征收居住房屋的,应当根据不同情况,按照本细则规定给予被征收人、公有房屋承租人以下补偿、补助:

(一) 被征收房屋的房地产市场评估价格;

(二) 价格补贴;

(三) 特定房屋类型的套型面积补贴;

(四) 居住困难户的保障补贴;

(五) 搬迁费和临时安置费。

对按期签约、搬迁的被征收人、公有房屋承租人,房屋征收部门应当给予奖励,具体奖励标准由各区(县)人民政府制定。

第二十八条(征收居住房屋的补偿、补贴计算标准)

被征收居住房屋的补偿金额＝评估价格＋价格补贴,但本细则有特别规定的,从其规定。

评估价格＝被征收房屋的房地产市场评估单价×被征收房屋的建筑面积。被征收房屋的房地产市场评估单价低于评估均价的,按评估均价计算。

评估均价＝被征收范围内居住房屋评估总价÷居住房屋总建筑面积。评估均价标准,由房地产价格评估机构在评估后计算得出,由房屋征收部门在征收范围内公布。

价格补贴＝评估均价×补贴系数×被征收房屋的建筑面积。补贴系数不超过0.3,具体标准由区(县)人民政府制定。

被征收房屋属于旧式里弄房屋、简屋以及其他非成套独用居住房屋的,被征收房屋的补偿金额增加套型面积补贴。套型面积补贴＝评估均价×补贴面积。套型面积补贴按照房屋征收决定作出之日合法有效的房地产权证、租用公房凭证计户补贴,每证补贴面积标准不超过15平方米建筑面积,具体标准由区(县)人民政府制定。

第二十九条(征收执行政府规定租金标准的公有出租居住房屋的补偿、补贴标准)

征收执行政府规定租金标准的公有出租居住房屋,被征收人选择货币补偿的,租赁关系终止,对被征收人的补偿金额计算公式为:评估价格×20%;对公有房屋承租人的补偿金额计算公式为:评估价格×80%＋价格补贴,被征收房屋属于旧式里弄房屋、简屋以及其他非成套独用居住房屋的，按照本细则规定增加套型面积补贴。

征收执行政府规定租金标准的公有出租居住房屋，被征收人选择房屋产权调换的，由被征收人负责安置公有房屋承租人，租赁关系继续保持。对被征收人的补偿金额计算公式为：评估价格＋价格补贴，被征收房屋属于旧式里弄房屋、简屋以及其他非成套独用居住房屋的，按照本细则规定增加套型面积补贴。

第三十条（征收执行政府规定租金标准的私有出租居住房屋的补偿、补贴标准）

征收执行政府规定租金标准的私有出租居住房屋，对被征收人的补偿金额计算公式为：评估价格×100％；对房屋承租人的补偿按照第二十九条第一款有关公有房屋承租人的补偿规定执行。

第三十一条（居住困难户的优先保障）

按照本市经济适用住房有关住房面积核定规定以及本条第二款规定的折算公式计算后，人均建筑面积不足22平方米的居住困难户，增加保障补贴，但已享受过经济适用住房政策的除外。增加的保障补贴可以用于购买产权调换房屋。

折算公式为：被征收居住房屋补偿金额÷折算单价÷居住困难户人数。

保障补贴＝折算单价×居住困难户人数×22平方米－被征收居住房屋补偿金额。

折算单价由区（县）人民政府公布。

符合经济适用住房政策规定条件的居住困难户，可以优先购买经济适用住房。

第三十二条（优先住房保障的申请和审核）

居住困难的被征收人、公有房屋承租人应当向所在区（县）住房保障机构提出居住困难审核申请，并提供相关证明材料。

区（县）住房保障机构应当按照本细则以及本市经济适用住房的相关规定对居住困难户进行认定，并将经认定符合条件的居住困难户及其人数在征收范围内公示，公示期为15日。公示期内有异议的，由区（县）住房保障机构在15日内进行核查和公布。

第三十三条（征收居住房屋的其他补贴标准）

征收居住房屋，被征收人、公有房屋承租人选择房屋产权调换的，产权调换房屋交付前，房屋征收部门应当支付临时安置费或者提供周转用房。

征收居住房屋造成搬迁的，房屋征收部门应当向被征收人、公有房屋承租人支付搬迁费。

临时安置费和搬迁费的具体标准由区（县）人民政府制定。

第三十四条（征收非居住房屋的补偿）

征收非居住房屋的，被征收人、公有房屋承租人可以选择货币补偿，也可以选择房屋产权调换。

征收非居住房屋的，应当对被征收人、公有房屋承租人给予以下补偿：

（一）被征收房屋的市场评估价格；

（二）设备搬迁和安装费用；

（三）无法恢复使用的设备按重置价结合成新结算的费用；

（四）停产停业损失补偿。

被征收人、公有房屋承租人按期搬迁的，应当给予搬迁奖励。具体奖励标准由区（县）人民政府制定。

第三十五条（停产停业损失补偿）

因征收非居住房屋造成被征收人、公有房屋承租人停产停业损失的补偿标准，按照被征收房屋市场评估价的10%确定。

被征收人、公有房屋承租人认为其停产停业损失超过被征收房屋的市场评估价10%的，应当向房屋征收部门提供房屋被征收前三年的平均效益、停产停业期限等相关证明材料。房屋征收部门应当委托房地产价格评估机构对停产停业损失进行评估，并按照评估结果予以补偿。被征收人、公有房屋承租人对评估结果有异议的，可以按照本细则第二十五条第三款规定申请复核、鉴定。

第三十六条（征收执行政府规定租金标准的公有出租非居住房屋的补偿标准）

征收执行政府规定租金标准的公有出租非居住房屋，被征收人选择货币补偿的，租赁关系终止，对被征收人的补偿金额计算公式为：评估价格×20%，对公有房屋承租人的补偿金额计算公式为：评估价格×80%；被征收人选择房屋产权调换的，由被征收人安置公有房屋承租人，租赁关系继续保持。

第三十七条（征收宗教团体所有的房屋的补偿标准）

征收宗教团体所有的房屋，房屋征收部门应当事先征求宗教事务管理部门的意见，并与宗教团体签订征收补偿协议。

征收由房屋行政管理部门代理经租的宗教团体的房屋，租赁关系终止。征收居住房屋的，补偿方式与标准按照本细则第三十条规定执行。征收非居住房屋的，对被征收人的补偿金额为：评估价格×100%，对房屋承租人的补偿按照第三十六条有关公有房屋承租人的补偿规定执行。

第三十八条（征收依法代管房屋的补偿标准）

征收房屋管理部门依法代管的房屋，房屋征收部门应当与代管人订立征收补偿协议。征收补偿协议应当经公证机构公证，征收房屋有关资料应当向公证机构办理证据保全。补偿方式与标准，按照本细则第三十七条第二款的规定执行。

第三十九条（征收设有抵押权房屋的补偿标准）

征收设有抵押权的房屋，抵押人与抵押权人应当按照国家和本市房地产抵押规定，就抵押权及其所担保债权的处理问题进行协商。

抵押人与抵押权人达成书面协议的，房屋征收部门应当按照协议对被征收人给予补偿。达不成协议，房屋征收部门对被征收人实行货币补偿的，应当将补偿款向公证机构办理提存；对被征收人实行房屋产权调换的，抵押权人可以变更抵押物。

第四十条（订立补偿协议）

房屋征收部门与被征收人、公有房屋承租人依照本细则的规定，就补偿方式、补偿金额和支付期限、用于产权调换房屋的地点和面积、搬迁费、临时安置费或者周转用房、停产停业损失、搬迁期限、过渡方式和过渡期限等事项，订立补偿协议。

补偿协议订立后，一方当事人不履行补偿协议约定的义务的，另一方当事人可以依法提起诉讼或者仲裁。

第四十一条（搬迁）

实施房屋征收应当先补偿、后搬迁。

作出房屋征收决定的区（县）人民政府对被征收人、公有房屋承租人给予补偿后，被征收人、公有房屋承租人应当在补偿协议约定或者补偿决定确定的搬迁期限内完成搬迁。

任何单位和个人不得采取暴力、威胁或者违反规定中断供水、供热、供气、供电和道路通行等非法方式迫使被征收人、公有房屋承租人搬迁。禁止建设单位参与搬迁活动。

第四十二条(补偿决定及复议和诉讼)

房屋征收部门与被征收人、公有房屋承租人在征收补偿方案确定的签约期限内达不成补偿协议,或者被征收房屋所有权人不明确的,由房屋征收部门报区(县)人民政府。区(县)人民政府应当依法按照征收补偿方案作出补偿决定,并在房屋征收范围内予以公告。

补偿决定应当公平,包括本细则第四十条第一款规定的有关补偿协议的事项。

对征收居住房屋的补偿争议,应当决定以房屋产权调换或者房屋产权调换与货币补偿相结合的方式进行补偿。对征收非居住房屋的补偿争议,可以决定以房屋产权调换、货币补偿或者房屋产权调换与货币补偿相结合的方式进行补偿。

被征收人、公有房屋承租人对补偿决定不服的,可以依法申请行政复议,也可以依法提起行政诉讼。

第四十三条(补偿决定的司法强制执行)

被征收人、公有房屋承租人在法定期限内不申请行政复议或者不提起行政诉讼,在补偿决定规定的期限内又不搬迁的,由作出房屋征收决定的区(县)人民政府依法申请人民法院强制执行。

区(县)人民政府在申请人民法院强制执行前,应当依法书面催告被征收人、公有房屋承租人履行搬迁义务。

申请人民法院强制执行的,区(县)人民政府应当按照规定提交作出补偿决定的有关文件、被申请人的基本情况、并附具补偿金额和专户存储账号、产权调换房屋和周转用房的地点和面积等材料。

第四十四条(居住房屋征收补偿所得的归属和安置义务)

征收居住房屋的,被征收人取得货币补偿款、产权调换房屋后,应当负责安置房屋使用人;公有房屋承租人所得的货币补偿款、产权调换房屋归公有房屋承租人及其共同居住人共有。

第四十五条(补偿结果公开)

房屋征收部门应当依法建立房屋征收补偿档案,并将分户补偿结果在房屋征收范围内向被征收人、公有房屋承租人公布。

区(县)审计机关应当加强对征收补偿费用管理和使用情况的监督,并公布审计结果。

第四十六条(政府部门工作人员的责任)

市房屋行政管理等相关行政管理部门、区(县)人民政府及其相关行政管理部门、房屋征收部门的工作人员在房屋征收与补偿工作中不履行本细则规定的职责,或者滥用职权、玩忽职守、徇私舞弊的,由所在单位或者上级主管部门责令改正,通报批评;造成损失的,依法承担赔偿责任;对直接负责的主管人员和其他直接责任人员,依法给予处分;构成犯罪的,依法追究刑事责任。

第四十七条(暴力、威胁等方

采取暴力、威胁或者违反规定中断供水、供热、供气、供电和道路通行等非法方式迫使被征收人、公有房屋承租人搬迁,造成损失的,依法承担赔偿责任;对直接负责的主管人员和其他直接责任人员,构成犯罪的,依法追究刑事责任;尚不构成犯罪的,依法给予处分;构成违反治安管理行为的,依法给予治安管理处罚。

第四十八条(非法阻碍依法征收的责任)

采取暴力、威胁等方法阻碍依法进行的房屋征收与补偿工作,构成犯罪的,依法追究刑事责任;构成违反治安管理行为的,依法给予治安管理处罚。

第四十九条(与补偿费用有关违法行为的责任)

贪污、挪用、私分、截留、拖欠征收补偿费用的,责令改正,追回有关款项,限期退还违法所得,对有关责任单位通报批评、给予警告;造成损失的,依法承担赔偿责任;对直接负责的主管人员和其他直接责任人员,构成犯罪的,依法追究刑事责任;尚不构成犯罪的,依法给予处分。

第五十条(评估机构的责任)

房地产价格评估机构或者房地产估价师出具虚假或者有重大差错的评估报告的,由发证机关责令限期改正,给予警告,对房地产价格评估机构并处 5 万元以上 20 万元以下罚款,对房地产估价师并处 1 万元以上 3 万元以下罚款,并记入信用档案;情节严重的,吊销资质证书、注册证书;造成损失的,依法承担赔偿责任;构成犯罪的,依法追究刑事责任。

第五十一条(有关用语的含义)

本细则中下列用语的含义:

（一）被征收人，是指被征收房屋的所有权人。

（二）公有房屋承租人，是指执行政府规定租金标准、与公有房屋产权人或者管理人建立租赁关系的个人和单位。

（三）共同居住人，是指作出房屋征收决定时，在被征收房屋处具有常住户口，并实际居住生活一年以上（特殊情况除外），且本市无其他住房或者虽有其他住房但居住困难的人。

（四）房屋使用人，是指实际占用房屋的单位和个人。

第五十二条（施行日期）

本细则自公布之日起施行。2001 年 10 月 29 日市人民政府令第 111 号发布的《上海市城市房屋拆迁管理实施细则》、2006 年 7 月 1 日市人民政府令第 61 号发布的《上海市城市房屋拆迁面积标准房屋调换应安置人口认定办法》同时废止。《国有土地上房屋征收与补偿条例》施行前已依法取得房屋拆迁许可证的项目，继续沿用原有的规定办理，但区（县）人民政府不得责成有关部门强制拆迁。

上海市高级人民法院关于房屋动拆迁补偿款分割民事案件若干问题的解答

【沪高法民一〔2004〕3 号】

第一部分 国有土地上的公房拆迁补偿款分割问题

一、本《解答》所指的国有土地上的公房范围如何界定？

答：本《解答》仅适用于国家福利分配、调配或国家认可的其他原因而取得的公有房屋，包括直管公房、系统公房等。但单位分配住房与职工有特别约定的，按约定处理。

二、因公有房屋动拆迁货币补偿款的分割而发生的纠纷，哪些人员应当作为当事人参加诉讼？

答：在涉及公有房屋拆迁货币补偿款的纠纷中，一个或数个共同居住人（以下简称“同住人”）、有权分得拆迁补偿款的其他人起诉的，法院应当通知其他同住人作为共同原告或者共同被告参加诉讼。被通知以原告地位参加诉讼的同住人，不愿意参加诉讼又未明确表示放弃实体权利的，法院仍应将其列为共同原告。被通知以被告地位参加诉讼的同住人，其在诉讼中的相关事宜，根据民事诉讼法和有关司法解释的规定处理。

三、同住人需要符合哪些条件？

答：与《上海市房屋租赁条例》相关条款规定所指的同住人概念不同，本解答所指的同住人，是指在拆迁许可证核发之日，在被拆迁居住房屋处有本市常住户口，已实际居住一年以上，且本市无其他住房或者虽有其他住房但居住困难的人。

他处虽有住房但居住困难的情况，是指在他处房屋内人均居住面积不足法定最低标准的情况。这里所指的他处房屋的性质，仅限于福利性质取得的房屋，包括原承租的公有住房、计划经济下分配的福利房、自己部分出资的福利房，房款的一半以上系用单位的补贴所购买的商品房，公房被拆迁后所得的安置房（包括自己少部分出资的产权安置房），以及按公房出售政策购买的产权房等。

四、在公房内居住的未成年人问题如何解决？

答：对在公房内居住的未成年人实际承担监护义务的人，可以就该房屋的拆迁补偿款适当多分。承租人或同住人允许他人未成年子女在自己承租的公房内居住的，一般可认定为属于帮助性质，并不当然等于同意该未成年人取得房屋的权利份额。因此，在这种情况下，该未成年人无权主张分割房屋拆迁补偿款，除非其能够提供证据证明其居住权并非基于他人的帮助而取得。

当事人对该未成年人入住的相关问题另有约定的，依约定处理。

五、除前述条款列举的以外，还有哪些人员可被视为同住人？

答：(一) 有权对公有居住房屋拆迁货币补偿款主张权利的，一般是指被拆公有居住房屋的承租人和本解答第三条所指的同住人。有下列情形之一的人，也视为同住人：

1. 具有本市常住户口，至拆迁许可证核发之日，因结婚而在被拆迁公有住房内居住的，即使居住未满一年，也视为同住人。但其在该处取得拆迁补偿款后，一般无权再主张本市其他公房拆迁补偿款的份额；

2. 一般情况下，在本市无常住户口，至拆迁许可证核发之日，因结婚而在被拆迁公有住房内居住满五年的，也视为同住人，可以分得拆迁补偿款；

3. 在被拆迁公有居住房屋处有本市常住户口，因家庭矛盾、居住困难等原因在外借房居住，他处也未取得福利性房屋的；

4. 房屋拆迁时，因在服兵役、读大学、服刑等原因，户籍被迁出被拆公有居住房屋，且在本市他处也没有福利性房屋的。

（二）有下列情况之一的人，不能被视作同住人，无权分得公有居住房屋拆迁货币补偿款：

1. 将本来享有的他处公有住房权利（本解答第二条所列的住房困难的情况除外）予以处分，居住在被拆公有居住房屋的；

2. 获得单位购房补贴款后已有能力购房而不购房，仍居住在被拆公有居住房屋的共同居住人；

3. 已在本市他处公有房屋拆迁中取得货币补偿款。

六、相关利害关系人与承租人就居住问题和拆迁安置达成协议，现一方反悔，如何处理？

答：相关利害关系人在户籍人被拆迁公有居住房屋时或入住被拆房屋时就房屋居住或拆迁补偿等作出承诺的，或者同住人与承租人在拆迁时就补偿达成协议的，如果相关承诺或协议系一方或双方真实意思表示，既不违法，也不损害社会公共利益的，应认可该承诺或协议的效力。

七、承租人与同住人等因对获得的公有房屋拆迁货币补偿款，是用于购房还是予以分割意见不一的，法院应如何判决？

答：房屋拆迁货币补偿款一般应当用于购房，但是有下列情况之一的，也可以支持当事人分割货币补偿款的要求：

1. 承租人与同住人之间、同住人与同住人之间矛盾特别尖锐，无法继续共同生活的；

2. 分割不至于造成当事人居住困难，或当事人曾达成协议同意分割货币补偿款等其他可以分割的情形。

八、拆迁取得的补偿款不足以在市场购得房屋的，当事人是否还可以要求分割货币补偿款？

答：当事人协商一致要求分割公有居住房屋拆迁货币补偿款的，法院在审理时，可不考虑分割后各当事人所得的补偿款能否在市场购得房屋；当事人对公有居住房屋拆迁货币补偿款应予以购房还是予以分割，意见不一的，法院在审理时，应考虑承租人和共同居住人的购房能力。如依据分得的补偿款，确实无法在市场购得房屋，保证正常生活的，可不予分割。

九、公有居住房屋拆迁补偿款，在承租人、同住人之间如何分配？

答：承租人、同住人之间，一般遵循一人一份、均等分割的原则取得拆迁补偿款。但有下列情况除外：

（一）有以下情况之一的人，可以酌情多分：

1. 承租人或同住人属于年老体弱，缺乏经济来源，且按均分所得的补偿款，无法购得房屋保证其正常生活的；

2. 承租人或同住人在取得公房承租权时额外支付过较多款项的；

3. 对公房内居住的未成年人实际承担监护义务的。

（二）属于本市两处以上公房承租人的，其对各处被拆迁公房的补偿款均有权主张分割。

十、公有房屋拆迁补偿款中属非居住用途补偿的部分如何分割？

答：自然人承租的被拆迁公房，租借给承租人和同住人以外的人用于非居住用途的，该补偿问题应当由公房的承租人、同住人与租借人另行解决。

个人承租的公有非居住用房的拆迁补偿款归承租人。

被拆迁的房屋属于居住和非居住兼用的，如果拆迁人在给付拆迁补偿款时已经明确区分居住补偿和非居住补偿份额的，则对居住补偿部分，承租人和同住人可以共同分割；对非居住补偿部分，利用该房屋进行经营的人是该公房的承租人或同住人的，则该承租人或同住人可以适当多分。如果拆迁人在给付拆迁补偿款时未明确区分的，利用该房屋进行经营的承租人或同住人，就整个补偿款可以适当多分，具体份额由人民法院酌定。

以上情况，当事人另有约定的从其约定。

十一、房屋拆迁补偿款之外的其他补偿费，应按什么原则处理？

答：本条所称其他补偿款是指拆迁公有居住和非居住房屋时，根据国务院《城市房屋拆迁管理条例》和《上海市城市房屋拆迁管理实施细则》之规定，以及上海有关拆迁单位的实际操作，被拆迁人除了得到房屋拆迁货币补偿款外，拆迁公有居住房屋的，被拆迁人还可以得到搬家补偿费、设备迁移费、临时安家补助费、搬迁奖励费以及一次性补偿费。拆迁公有非居住房屋的，被拆迁人还可以获得设备搬迁和安装费用、无法恢复使用的设备按重置价结合成新结算的费用、因拆迁造成停产、停业的损失补偿等。

上述费用中，搬家补偿费、设备迁移费、临时安家补助费，应归确因拆迁而搬家、设备迁移和临时过渡的承租人、同住人等。奖励费和一次性补偿费，一般应当由拆迁时在被拆迁房屋内实际居住的人之间予以分割。设备搬迁和安装费用、无法恢复使用的设备按重置价结合成新结算的费用，应归设备所有人。因拆迁造成停产、停业损失的补偿归遭受实际损失的经营人。

第二部分 国有土地上私有房屋的拆迁补偿款分割问题

十二、国有土地上私有房屋的拆迁补偿款如何分割?

答:因落实政策而恢复所有权的代理经租房屋拆迁补偿款的分割，一般归所有权人。实际居住人的安置问题，按照本市有关政策处理。

通过市场买卖取得的使用权公有居住房屋被拆迁后，所得到的货币补偿款，一般应归出资人所有。

售后公房在性质上属于私有房屋，应当按照私有房屋拆迁补偿款份额划分的原则处理。

第三部分 集体土地上私有房屋的拆迁补偿问题

十三、集体土地上私有房屋的拆迁补偿款，如何确定权利人?

答:农村集体土地上建造的私有房屋被拆迁所获得的货币补偿款，由房屋所有权人均等分割。

房屋拆迁时尚未成年的家庭成员问题，参照本《解答》第一部分关于未成年人的意见处理。在申请建造房屋时已满十六周岁的家庭成员，建房时已以自己的劳动取得收入并用于家庭生活的，或者以自己的劳动作为建房的劳动投入的，可认定为共同所有权人。

第四部分 其他问题

十四、《解答》关于承租人、同住人等权利义务的界定是否作为拆迁人进行拆迁安置补偿的标准对待?

答:本《解答》仅调整承租人、同住人等在取得拆迁补偿款以后，权利人相互之间对如何分割该款项产生的纠纷。

拆迁人与被拆迁人之间的安置补偿关系、补偿标准等问题应受国务院《城市房屋拆迁管理条例》及本市的相关房屋拆迁规定的调整，不属于本《解答》调整的范围。

十五、本《解答》在审理案件时如何适用?

答:本《解答》下发前已经生效的案件，不再适用本《解答》。

鉴于相关规定以及本《解答》内容都还比较原则的现实情况，各法院民事法官在适用本《解答》意见处理案件时，对本《解答》尚未考虑周全的特殊情况，可以根据案件的具体情况酌情确定和调整当事人的拆迁补偿款份额。

二〇〇四年一月十二日
上海市高级人民法院

上海高院关于动迁新政后动迁安置补偿款分割纠纷研讨会综述（2011）

动迁新政实施后，动迁补偿款分割纠纷案件出现了不少新情况、新问题，各法院在具体处理时存在一些认识分歧。为统一处理思路，有效服务审判实践，上半年由高院主办、闸北法院承办的“动迁新政后动迁安置补偿款分割纠纷研讨会”对相关问题进行了专门研讨。现将此次研讨会的主要内容综述如下：

一、综述所涉范围

自2009年市政府、房管局分别印发《关于进一步推进本市旧区改造工作若干意见的通知》（沪府发[2009]4号）、《关于调整完善本市城市房屋拆迁补偿安置政策试点工作的意见》（沪房管拆[2009]388号）之后，本市拆迁补偿安置政策发生了变化，由以前的房屋市场估价、户内人数共同考虑的“数砖头＋数人头”操作政策，转向以房屋市场估价为原则、安置后居住困难予以保障补贴为辅助的新政策，也就是当前俗称的“数砖头＋托底保障”或“套型保障”。

本次研讨会综述所涉及的范围，即为上述动迁新政实施后，国务院《国有土地上房屋征收与补偿条例》实施之前予以拆迁许可的房屋，当事人因分割相应动迁安置补偿款发生的纠纷。

对于《国有土地上房屋征收与补偿条例》实施之后予以征收的房屋，相应的征收补偿款分割纠纷，我们以后将另行研讨。

二、处理原则

1. 动迁安置补偿款的分割处理原则

倾向意见认为：根据《物权法》规定，征收个人的房屋及其他不动产，应当依法给予补偿，征收住宅的，还应保障被征收人的居住条件，故动迁安置补偿款分割应体现补偿与安置兼顾的原则。在处理补偿款分割时，一是要明确补偿安置对象；二是要必须确保产权人的房屋价值得以相应补偿；三是安置对象所获得的安置房屋面积或补偿款，应不少于最低居住保障标准；四是产权与居住权利应尽量合一。

2. 私房由多人共有，而动迁安置补偿协议上仅由部分产权人签字，如何认定拆迁协议的效力？

倾向意见认为：涉及动迁安置补偿协议效力认定的，应为民（行）案件，在民（行）诉讼中予以解决，因为高院在《关于审理房屋拆迁民（行）案件相关问题解答》中，对该类问题如何处理已进行明确。

三、有关程序问题

1. 动迁补偿款分割中涉及继承问题的程序处理。

在动拆迁公告公布后至补偿协议签订之前，如承租人或同住人死亡，因动迁单位原则上仍将死者作为安置对象，必然涉及动迁利益的继承，且继承中有可能涉及被继承人生前的债务以及丧葬费扣除等问题，在程序处理上存在不同意见。

倾向意见认为：为避免诉累，应追加继承人作为当事人，在动迁补偿款分割案件中一并处理涉及继承的动迁补偿款部分。

2. 被安置对象中存在下落不明或身处外地，不能表态是否要分割动迁补偿款的，如何处理？

倾向意见认为：根据民事诉讼法的规定，下落不明的，应当予以公告送达。

3. 审理中，如果无法查明安置对象、补偿方法、补偿对象等事实，法院是否可以主动追加拆迁单位等作为第三人？

倾向意见认为：原则上不追加第三人，但是在确实有必要的情形下，可以通过追加拆迁单位等作为第三人，以查明各项事实，切实化解家庭纠纷。

四、新政下安置对象的确定问题

1. 安置对象的认定依据如何掌握？

实践中，有人提出高院 2004 年制定的《关于房屋动拆迁补偿款分割民事案件若干问题的解答》（以下简称《高院解答》），与市政府 2006 年发布的《上海市城市房屋拆迁面积标准房屋调换应安置人口认定办法》（以下简称《市府办法》）在安置人口认定标准上不尽一致，在具体认定时应以何者为依据？是否应区分公房、私房的适用标准？

倾向意见认为：应当区分公房、私房。由于公房管理制度的特殊性，公房只以一个人的名义承租，实质上其他同住人也属于承租人，与名义承租人享有相同的权利，承租人、同住人均应作为安置对象，在拆迁安置中一般应享有相同的权利。对于被拆私房，产权人根据是否实际居住等情况，区分是否需要居住安置，从而认定是否属于安置对象；而与其共同居住的非产权人是否属于安置对象，则要根据是否属于托底保障对象等情况进行认定。

对公房安置对象按照《高院解答》处理。

对于私房安置对象，则要结合实际情况分三种情况分别处理。(1)关于一次售后公房。所谓一次售后公房，这里是指承租人购买公房获得产权后，未再进行转卖的情形。这类售后公房虽然在性质上属于私有产权，但是不能完全按照私房的标准处理，因为获得公房购买本身，包含着一定的福利性质，售后公房的产权人对未获得产权人的同住人，应适当承担更多的安置义务，并且共同居住人的居住权利，也大多从公房承租之时延续下来，因此在具体处理时，既要参照《市府办法》，还要适当保障共同居住人的居住权益。(2)关于老私房。所谓老私房，是指在住房市场商品化之前，历史遗留下来的私有产权房屋。在拆迁安置补偿时，考虑到这类房屋由于时间较久，历经数代人之后，房内居住人员一般较多，如果完全参照《市府办法》处理，家庭之间的矛盾很难有效化解，特别是这类房屋的实际安置补偿操作中，有时并不完全“数砖头”，也多会适当考虑人口因素，因此处理时要综合考虑，适当照顾不符合安置对象的共同居住人的居住保障利益。(3)关于商品房。所谓商品房，是指住房市场商品化之后，通过市场购买行为取得的房屋。这类房屋中，居于其内的通常为产权人，一般不会牵涉到非产权人，在遇到拆迁时，产权人即可以获得拆迁补偿安置款，无需考虑其他安置对象的问题。一次售后公房再次转让后，也归为此类情形。

2. 在实践中，动迁基地虽然按动迁新政实施动迁，但进行动迁补偿时，还是会考虑实际居住人口及户籍等因素，标准较为宽松。对于不属于安置对象，但又被考虑在内的人员，是否可以认定为安置对象？

倾向意见认为：既然拆迁时考虑到这类人员的居住保障问题，应当尊重动迁基地意思表示，考虑其动迁利益。这里所谓“不属于安置对象”，是指与公房承租人、同住人或私房产权人具有家庭亲属关系，在他处已享受福利政策分房或享受过公房动迁补偿安置的人员；至于无亲属关系仅将户口空挂于被拆房屋内的人员，则不属于考虑范围。

3. 公房承租人移民后，其他亲属将户口迁至该房屋内居住，但并未变更承租人，遇动迁时是否可将承租人认定为安置对象？是否需要考虑户口是否注销等因素？如果可认定为安置对象，份额如何分割？

倾向意见认为：如果户口未注销且未取得外国国籍，由于没有明文规定承租权因承租人移民自动丧失，因此，同住人不申请变更承租人的，承租人移民后的承租权并不能自动丧失，仍属安置范围。如果户口已注销或者已取得外国国籍，由于中国不承认双重国籍，其已不属于中国公民，自然不应再取得福利性公房的相应拆迁补偿。

在确定分割份额上，又存在两种观点。多数人认为，承租人移民属于特殊情况，目前尚无规则可循，但从利益均衡角度来看，由于动迁补偿款的目的在于解决被动迁居民的居住困难，应在解决实际居住人动迁后的居住困难之后，再酌情分配部分动迁补偿款给承租人。少数人认为动迁补偿款分割原则上为均分。

五、动迁补偿款的处理

（一）私房、公房存在的共性问题

1. 实践操作中，对于不属于安置对象的人员，动迁基地在补偿时又将其考虑在内，并给予相应的补偿，该部分拆迁利益如何分割？

倾向意见认为：完全由哪一方分得，均有失公平。如果单由不属于安置对象的人员取得，则导致其与真正的安置对象取得同等利益，利益明显失衡；如果单由符合条件的安置对象取得，则忽视了前述人员在其中的实际贡献因素，并且既然动迁基地自愿给予相应补偿安置，其意思表示亦应得到尊重。因此，从平衡各方利益，有效化解家庭矛盾的角度出发，应将该部分利益在前述所有人员之间合理分配。

2. 街道补偿款是否属于安置款，如何处理？

所谓街道补偿款，是指街道部门及动迁基地为了平息拆迁纷争，尽早促成拆迁协议的达成，在明文规定的补偿范围之外，额外给予的补偿款项，对于该款项的归属问题，由于给付时未予明确，处理时存在争议。

倾向意见认为：在处理前，还是应当询问街道部门及动迁基地的真实意图，即补偿的具体对象是谁,能够确定的,以街道部门的意见为准。如不能确定的,应当归属于所有被安置人,因为该补偿款与具有指向的补贴或奖励费用不同,其不具有明确的指向性,故应在被安置人之间均分。

(二)私房中的补偿款分割问题

1. 非居住共有产权人的利益分配问题

新政中,被拆除居住房屋价值补偿=评估价格+套型面积补贴+价格补贴。其中,套型面积补贴=评估均价×补贴面积;价格补贴=评估价格×补贴系数。非居住共有产权人对三部分的补偿,是否均可要求分割,存在不同意见。

多数意见认为:非居住共有产权人可要求全部分割,理由是这三部分补偿均是对被拆房屋价值的补偿,只是表现形式不同,故可以要求进行相应份额的分割。但是,分割后剩余的补偿款,应当能够保障其余居住人基本的居住安置要求,否则应优先保障居住安置需求,然后再要求分割。

另外,如果共有人之间有分割约定的,从其约定。

少数意见认为:非居住共有产权人可对评估价格进行分割,理由是其余两部分补偿,实质上是为了保障实际居住共有产权人的居住权利,在价值补偿上适当予以增加,使其在购买安置商品房时,获得足够保障,故这两部分利益应由实际居住的共有产权人获得。

当然,如果因被拆房屋面积较小,产权人数又相对较多,导致部分产权人客观上无法居于其内,且他处又无住房或存在居住困难的,这部分产权人,仍可就其他两部分补偿款要求予以分割。

2. 私房拆迁中,非居住共有产权人将其产权份额对应的拆迁补偿款取走后,剩余的补偿款所能购买的房屋面积,尚不足以保障其他安置对象最低居住保障标准的,其他安置对象可否要求非居住共有产权人拿出部分款项,以补足差缺部分?

多数意见认为:出于平衡双方利益、维护社会稳定的考虑,以及拆迁前其他安置对象实际居于房屋内的事实,应当确保其他安置对象的最低居住保障标准,故应当支持其他安置对象的请求。

少数意见认为:非居住共有产权人的物权权利,应当受到法律保护,不应为了保障其他安置对象的权利,而损害非居住共有产权人的利益,并且非居住共有产权人取得补偿款,再让其交回,实践也很难执行,因此其他安置对象不能要求帮助填补。

3. 私房拆迁中，如果非居住共有产权人尚未将动迁补偿款取走，但是若不用其相应补偿款填补，其他安置对象无法购买最低居住保障标准以上面积的房屋，此时应否先行填补后，非居住共有产权人再取得剩余的补偿款？

多数意见认为：由于非居住共有产权人还未将动迁补偿款取走，优先填补购房款具有可操作性，因此其他安置对象所得房屋不能达到人均22平方米的最低保障标准，应先满足购房需求，从非居住共有产权人的房屋折价款中填补，非居住共有产权人可获得相应份额的房屋产权。

少数意见认为：其他安置对象的居住保障，属于社会保障问题，不应由非居住共有产权人负担。

（三）公房拆迁中补偿款的处理问题

1. 在动迁时按照公有非居住用房进行安置，而此前该公有非居住用房是由公有居住用房变更而来，办理“居改非”手续时由同住人办理或经同住人同意，拆迁补偿款中属非居住用途补偿的部分如何分割？

倾向意见认为：应根据《高院解答》第十条、第十一条的相关精神处理。

如果“居改非”后该公房全部用于经营的，利用该房屋进行经营的承租人或同住人，可以就非居住用途补偿款适当多分。

如果“居改非”后该公房经营、居住兼用的，则需要结合拆迁协议是否明确区分居住补偿和非居住补偿份额，予以分别处理。(1)若已经明确区分的，对非居住补偿部分，利用该房屋进行经营的承租人或同住人，可以适当多分；对居住补偿部分，承租人和同住人共同分割。

(2) 若未明确区分的，利用该房屋进行经营的承租人或同住人，就整个补偿款可以适当多分。

至于拆迁补偿款之外的其他补偿费，则应归相应的特定对象所有，如设备搬迁和安装费用、无法恢复使用的设备按重置价结合成新结算的费用，归设备所有人；因拆迁造成停产、停业损失的补偿归遭受实际损失的经营人。

2. 部分公有非居住用房的拆迁协议不规范，协议的签订人中不仅有承租人，也有其他同住人签名，此时其他同住人是否应该分得补偿款？

倾向意见认为：如前面所述，公房同住人与承租人具有相同的权利，因此同住人是否在拆迁协议中签名，并不影响其实际权利，应按照上述关于非居住用途补偿的处理意见进行分割。

六、配套商品房及相关款项的处理

1. 公房承租人自行将安置款用于购置配套动迁房的问题

承租人领取动迁安置款后，在未与其他同住人协商一致的情况下，自行与动迁单位签订购房合同，将安置款用于购买配套动迁房，此种情况下其他同住人主张权利时，如何处理？

倾向意见认为：购房合同如形式上符合合同要件，内容上不违反法律规定，应认定为该合同有效，至于其他同住人的权利，应向承租人另行主张。至于要求分割的价值数额，有的认为应以动迁安置房的购买价格确定；也有的认为，应当顾及动迁安置房屋具有较大优惠、比市场价较低的实际特点，按照房屋的市场价格来确定。

2. 在私房拆迁中，哪些人享有购买配套商品房的权利？

多数意见认为：非居住共有产权人、实际居住的产权人均有权购买配套商品房，因为二者均为被拆房屋产权人。但是，如果所分配的配套商品房无法满足全部产权人，一般则应优先考虑实际居住产权人的安置需求，然后再考虑非居住共有产权人的购买权利。

少数意见认为：非居住共有产权人无权购买配套商品房，应由实际居住的产权人购买，因为非居住共有产权人，其权利基础在于对被拆迁房屋价值的共有权，由于其并未实际居住，因此拆迁时应主要考虑其价值补偿的利益，而非居住保障利益。

3. 在被拆私房中，居于私房的非产权人，在安置的配套商品房中享有什么权利？产权人坚持不让非产权人搬进配套商品房居住的，如何处理？

动迁部门对每户被拆迁人家庭结构的认定和考虑并不记载于动迁材料中，也不愿向法院明确作出说明，使法院难以据此作出分配，特别是对于作为安置对象的非产权人的居住保障。

倾向意见认为：非产权人取得的是居住权，因为各安置对象所应取得的拆迁利益，取决和对应于在原房屋内的权利，并以此为基础确定在配套商品房的权利性质。由于非产权人在原房屋享有的是居住权，因此在配套商品房内的权利亦应为居住权。

如果其居住权利受到损害，即产权人不同意其入住，此时法院应判决支持非产权人要求继续居住的主张。理由是，非产权人既然作为安置对象，应当享有当然的居住权利，如不持其居住主张，则居住不能得到有效保障。

4. 动迁安置所购房屋未交付，该房屋是否可以分割？

倾向意见认为：由于房屋尚未交付，分割标的不存在，故不予分割。

七、动迁补偿款中各类项目的利益分配问题

1. 各类补贴、奖励款项如何分配？

在以前的实际操作中，对于按面积计算的房屋补偿款属于共有产权人，或者承租人、同住人共同分割，其他各类按人口计算的补贴、奖励由安置对象分割，亦已相当明确。而动迁新政实施后，拆迁补偿款之外的其他补偿费，如各类补贴与奖励费都是按面积计算或按户固定发放，对于各类补偿款项究竟哪些应当由共有产权人分割，哪些应当属于安置对象分割，尚无定论，有较大争议。

倾向意见认为：除房屋补偿款外，其他的补贴和奖励具体分配对象，要参照《高院解答》第十一条对公房补贴等费用的处理原则，结合具体名目予以分别处理。对于有指向的补贴，由所指向的对象取得，如搬场费、搬场奖励费给实际搬迁人，期房过渡费给取得期房的人，家用设施移装费补贴给设施的所有人，无证经营补贴给实际经营人。对于无指向补贴，先用于充抵非产权人的安置对象应得最低安置面积的房款（即 22 平方米乘以所得房屋的单价），有余额则由安置对象之间分配。

2. 未见证面积补偿款的分配问题。

不少动迁协议涉及到"未见证面积"补偿款，所谓"未见证面积"，是指未在产权证明、公房租赁证明上记载的面积范围。该项补偿款主要是对动迁房屋违章搭建面积的适当补偿。

倾向意见认为：该款项应由公房承租人、同住人，或者"实际居住"于私房内的产权人平均分割。因为根据物权的公示原则，产权人只对产证上的建筑面积享有产权；而对未见证面积之上的权利，应根据谁出资谁得益的原则进行处理，只能由具有出资建造等贡献的实际占有、使用之人享有。

上海市高级人民法院公房居住权纠纷研讨会综述

为了规范公有住房（以下简称"公房"）居住权案件的审理，高院民一庭召开了公房居住权纠纷研讨会。

为了规范公有住房(以下简称“公房”)居住权案件的审理,高院民一庭召开了公房居住权纠纷研讨会。全市法院房地产审判庭庭长、审判人员等三十余人参加会议,与会人员围绕公房居住权的法律性质、判断标准、涉公房居住权纠纷的审判思路、处理原则以及审判实践中的疑难问题进行深入研讨。现将本次研讨会的内容综述如下:

01

公房居住权的法律性质

倾向性意见认为:公房居住权不是一种物权。从理论上讲,居住权来源于罗马法的人役权,是指居住人对他人住房及其附着物享有占有、使用的权利。居住权虽曾在《物权法(草案)》中出现,但在最后审议时被删除。基于《物权法》第五条:“物权的种类和内容,由法律规定”所确立的物权法定原则,在法律未规定居住权的情况下,不应创设物权性质的居住权。故审判实践中以“共有权纠纷”“用益物权纠纷”作为纠纷的案由不妥。当事人以享有或不享有公房居住权为由,提出迁出、入住等诉请的,可根据纠纷性质确定为“排除妨害纠纷”等案由。

公房居住权是我国特有的公房制度的产物,实践中公房居住权通常用来指称承租人及其共同居住人(以下简称“同住人”)对公房所享有的相关权益。公房居住权属于公房使用权的范畴,与源自罗马法中人役权的居住权并非同一概念。公房承租人与同住人是共同承租公房,二者对公房共同享有占有、使用、收益、有限处分等权益,同住人的合法居住权益依法应予保护。

02

公房居住权纠纷的审判思路

1. 公房居住权判断标准的把握

倾向性意见认为:居住权主体就是承租人和同住人,同住人享有相应的公房居住权。公房居住权纠纷案件的实质,就是如何确定同住人。关于同住人的界定,原市房地资源局2001年发布的文件《关于贯彻实施〈上海市房屋租赁条例〉的意见(二)》第十二条规定:“《上海市房屋租赁条例》中所称公有居住房屋的‘共同居住人’是指公有居住房屋的承租人死亡或者变更租赁关系时,在该承租房屋处实际居住生活一年以上(特殊情况除外)而且本市无其他住房或者虽有其他住房但居住困难的人,结婚、出生可以不受上述条件的限制。”2011年市政府发布的《上海市国有土地上房屋征收与补偿实施细则》第五十一条第（三）项规定："共同居住人，是指作出房屋征收决定时，在被征收房屋处具有常住户口，并实际居住生活一年以上（特殊情况除外），且本市无其他住房或者虽有其他住房但居住困难的人。"

审判实践中对同住人的认定，应结合上述意见、实施细则的规定作出认定。凡是符合上述规定的人员即应认定为同住人。对因特殊情况与上述规定标准不符，又实际应予认定的，则应结合其他因素如公有住房调配单、动迁安置、婚姻、出生、服兵役等情况综合判断。高院民一庭在2004年印发的《关于房屋动拆迁补偿款分割民事案件若干问题的解答》，对此可参考适用。

2. 公房居住权纠纷的处理原则

倾向性意见认为：在处理公房居住权纠纷时，首先要关注公房制度发展的历史背景和现实。公房是特定历史时期，国家为解决职工生活居住的一项福利性住房政策，其出发点是解决人有所居的社会居住问题。随着住房市场化的启动，公房使用权的财产属性日益突出，不仅可以通过房改政策将公房购为私房，也可以依规定转租、差价换房，符合条件的还可以转让，来确定实现其价值。尽管公房使用权兼有保障居住、财产价值的双重性，但房屋居住问题，仍是我国当前民生问题较为重要的内容之一，从我国不断加大对廉租房等保障性住房投入的事实，即可管中窥豹，因此，公房居住保障功能的保护应优于其财产价值属性的保护。

其次，处理公房居住权纠纷时，应审慎、充分考量案件相关的因素。由于公房居住权的判断较为复杂，其中既有判断标准不甚明晰的原因，又有管理制度不完善的原因，还有当事人居住、户口、身份等情况变化导致事实繁杂的原因，而此类案件的处理往往涉及当事人的居住保障问题，因此，法官应尽量能动审查案件的相关事实，平衡好财产权益与居住保障的冲突，确保案件处理的法律效果与社会效果的统一。

再次，要从审执兼顾的角度出发充分考虑判决的可执行问题，要重视公房面积通常较小，当事人经济和居住条件相对较差等现实困难，尤其要关注支持当事人入住可能引发矛盾激化的问题，稳妥处理纠纷。

3. 居住权益实现方式的把握

倾向性意见认为：经审理当事人一方确享有公房居住权，但目前实际未入住的，其诉请要求入住，且讼争公房适宜当事人分开居住使用，不存在居住困难、矛盾激化等情况的，可以支持当事人排除妨碍、实际入住。

对于当事人享有公房居住权，但目前实际未入住，且双方不适合共同居住的，如存在当事人之间矛盾较为激化、公房居住面积畸小、不宜共同居住等实际入住困难的，应引导当事人变更请求，原则上以货币补偿等形式解决一方在外居住保障的问题。若相对方确无力支付货币补偿款的，可以通过补偿在外一方部分租房费用的形式，实现分开居住。租房费用应综合考虑公房面积、所在地段、户内人员数量以及权利共享情况等因素确定。

03

几种具体情形的把握

1. 公房原始受配人的身份对公房居住权的判断影响

公房承租时，房屋调配单一般载明公房的受配人。若原始受配人长期不居住在系争公房，是否丧失公房居住权?

倾向性意见认为：对于原始受配人，一般不轻易认定其公房居住权利的丧失。但对于原始受配人长期不实际居住系争公房的情况，应结合具体情况分析，如因家庭矛盾、居住困难、服兵役、服刑等原因，长期不实际居住的，不能就此认定其丧失系争公房的居住权益；如登记为承租人的原始受配人，在其承租人身份未丧失前，一般而言，其居住权也不丧失；但是，如原始受配人在他处获得福利公房且该处房屋居住也不困难的，或明确表示放弃权利等情况的，可认定其丧失公房居住权。

2. 迁入户口对居住权的判断影响

当事人仅迁入户口并未实际居住，是否可以确认其享有居住权?

倾向性意见认为：仅迁入户口并未实际居住(因居住困难等原因在外居住的除外)，一般不应认定其享有居住权益。

在系争房屋内有无户籍不是衡量当事人有无公房居住权益的唯一标准，而应根据实际居住生活年限、他处有无住房等因素综合考虑，予以确认。如果承租人或同住人允许他人将户口迁入系争公房，并允许其在公房内居住，可以视为承租人为代表的公房使用权人同意让渡部分公房使用权，但入住人为未成年人，或双方另有约定的除外。

除回沪知青子女等按政策回沪人员外，承租人或同住人允许无法定监护关系未成年人迁入户口的，一般可认定为属于帮助性质，如允许他人子女为上学之便，将户口迁于公房，一般不应确认他人子女为同住人。

承租人和共同居住人明确承诺给予有血缘关系的户外人员公房居住权的，原则上可按照该承诺，确认该人为同住人。

3. 他处有房对公房居住权的判断影响

根据《关于贯彻实施〈上海市房屋租赁条例〉的意见（二）》第十二条的规定，如果当事人“他处有房”且居住不困难，则其不能认定为“共同居住人”，一般也不能在系争公房内享有居住权益。关键问题是，这里的“他处有房”是仅指福利分房（增配除外），还是包括了自行购买的私有产权房？

多数意见认为：应限定在福利分房，但曾经在他处享受过公房动迁补偿，未将补偿款用于购房的，或者获得其他住房福利补偿的，达到标准的，也应视为“他处有房”。理由主要有两点：第一，《关于房屋动拆迁补偿款分割民事案件若干问题的解答》在涉及公房拆迁中的共同居住人认定时，对“他处有房”的解释，限定为福利性分房（增配除外），虽然公房居住权与公房拆迁补偿纠纷不同，但二者在本质上都涉及福利政策享受的限制标准问题，根据同类问题同样对待的原则，在公房居住权认定时，“他处有房”应仅指福利分房。第二，从现实角度考虑，公房在具有居住保障功能的同时，还具有较强的财产属性。如果以在他处拥有私房为由，剥夺其在公房中原本享有的权益，实际上是以当事人的现实居住条件为标准来判断权益享有或丧失，这样不仅会遏制公房同住人在外勤勉购房的动力，还会在现实中造成明显的不公，例如当事人虽经济条件较好但未另购私房的，或者在诉讼前、诉讼中又将私房处分掉的，则其仍在公房享有居住权益，与前面所述情形形成明显不合理的反差。

少数意见认为：“他处有房”无须区分性质，无论是有福利房，还是商品房，均构成“他处有房”。理由是公房主要功能为居住保障，如果部分当事人在外拥有私房，则说明其不再需要居住保障，否则会损害其他同住人的居住权益，导致本已居住条件紧张的现状更为困难。我们倾向于多数意见。

4. 婚姻、亲属关系变化对公房居住权的影响基于婚姻、亲属关系的变化，是否可以径行确认其享有居住权？

倾向性意见认为：《关于贯彻实施〈上海市房屋租赁条例〉的意见（二）》第十二条在确定“共同居住人”概念时，对居住年限、他处有房等作了限制，同时明确

“结婚、出生可以不受上述条件的限制”。该规定并不是说，所有在系争公房内结婚、出生的人，都不受上述限制，而是要根据现实情况具体而定。

理论上讲，即使存在夫妻关系，以及父子、母女等直系亲属关系，也只能说明当事人之间存在家庭成员或亲属关系，一方并不当然享有另一方承租或居住公房的居住权益。公房承租人或同住人的家庭成员或亲属是否享有公房居住权，应根据租赁房的来源、居住的历史演变状况、他处房屋的取得情况、家庭成员的权利义务、婚姻关系存续时间长短、亲属关系的变更等综合因素来认定。

上海高院民事审判庭 2014 年第四季度庭长例会研讨纪要

2014 年 12 月，高院民一庭召开了全市法院民事审判工作季度庭长例会，主要就房地产审判实务中的疑难问题进行了研讨，并形成了较为统一的意见，现将本次研讨意见纪要如下，供大家审理案件时参考。

一、房屋租赁合同纠纷

（一）租赁期间，房屋被纳入征收范围的租赁合同纠纷受理问题

租赁合同履行过程中，出租人以房屋被征收为由要求解除租赁合同，承租人则以未获得征收补偿为由拒绝解除合同、搬离房屋。此类纠纷在《国有土地上房屋征收与补偿条例》实施前，因房屋承租人是被征收主体，根据《城市房屋拆迁管理条例》规定，拆迁人、被拆迁人与房屋承租人未达成拆迁补偿安置协议的，应适用裁决前置程序。出租人提出解除租赁合同之诉的，人民法院不予受理。但《国有土地上房屋征收与补偿条例》明确被征收人仅为房屋所有权人，承租人不再具有签订征收补偿协议的资格，故实践中对该类案件是否受理存在争议。

倾向性意见认为，承租期间，房屋被列入征收范围的，一般涉及两个法律关系，即征收补偿关系和房屋租赁关系。若当事人在租赁合同中就承租房屋涉及动拆迁事宜有约定的，则应按其约定进行处理。若房屋租赁合同未有约定，则宜先处理征收补偿关系。因为征收补偿范围中涉及的停产停业损失、搬迁等费用与承租人有着密切关系，若出租人在未签订征收补偿协议、未向承租人支付相应补偿之前径行解除租赁合同，则承租人基于租赁合同解除可获得的合理补偿难以确定，不利于保障承租人的合法权益。故此类租赁合同纠纷案件，宜待征收补

偿协议签订后再行处理。在征收补偿问题尚未得到解决之前，若出租人提出解除租赁合同的，人民法院应裁定驳回起诉，但符合合同解除权的除外。

（二）侵犯承租人优先购买权的赔偿问题

出租人出卖租赁房屋未在合理期限内通知承租人或者存在其他侵害承租人先购买权情形，承租人请求出租人承担赔偿责任的，人民法院应予支持。但承租人的损失如何计算，审判实践中存在不同意见。

倾向性意见认为，对于侵犯承租人优先购买权的赔偿责任，当事人之间有约定的，则从其约定。若无约定的，出租人则应赔偿由此对承租人造成的损失，包括直接损失和可得利益损失。其中房屋升值损失的确定，应以守约方的请求为基础，结合侵犯承租人优先购买权之日、承租人知悉或应当知悉权利被侵害之日等的房屋市场成交价格变化等情况，还应综合考虑承租人是否已采取必要措施防止损失扩大等因素予以合理确定。

二、动迁补偿利益分割纠纷

（一）房屋征收补偿利益（涉及配套商品房）分割案件管辖的适法统一问题

关于房屋征收补偿利益分割案件的管辖问题，审判实践中做法各异，争议较大。有的法院将此类纠纷确定为共有物分割纠纷，有的法院则以分家析产为案由。管辖上，有的法院适用一般地域管辖；有的则按不动产专属管辖处理，或由安置房屋所在地法院处理，或以被征收房屋所在地的法院进行管辖。

倾向性意见认为：当事人起诉要求分割家庭共有的征收补偿款及安置房屋的，一般应确定为分家析产。鉴于征收补偿款及安置房屋系针对被征收房屋的补偿，若因涉及多名被告，或多套安置房屋分布在不同辖区，分别由不同法院进行管辖，易引发案件执法标准的不统一，且征收利益分割往往涉及不同地区征收补偿政策的实施，故此类案件一般由被征收房屋所在地的法院进行管辖为宜，以便于案件事实调查与处理标准的一致。

（二）配套商品房的实体处理问题

征收补偿安置中，征收事务所一般根据被征收房屋地块的相关政策确定该户可分配的配套商品房数量，并由被安置人签署房屋认购确认书。在配套商品房未实际取得时，被安置人分割征收补偿利益时即要求确认配套商品房的购买权，实践中存在不同的做法。有的法院予以确权分割；有的法院则驳回当事人诉请，暂不处理。

倾向性意见认为：在配套商品房未实际取得时，被安置人分割征收补偿利益时要求确认配套商品房的购买权，其实际是主张分割房屋的权利。鉴于被安置人将来可能获得的房屋实际面积、位置等尚处于不确定状态，故法院不宜进行确权、分割。若动迁款预留在动拆迁部门用于购置安置房的，动迁款亦可不作处理。当事人要求确认安置房购买权的，法院可驳回其诉讼请求，但应向当事人释明可在房屋实际面积、位置等确定后再行主张。

三、房屋确权分割纠纷及其他纠纷

（一）房屋产权登记在夫或妻一方名下，另一方要求确认为房屋共有权利人，人民法院是否受理的问题。

倾向性意见认为：不动产物权的设立、变更、转让和消灭，经依法登记，发生效力。房屋产权登记在夫或妻一方名下，并不必然认定为夫妻共有财产，且登记权利人可基于不动产登记的公示效力进行相应交易，而未登记权利人的合法权利难以有效保障。故未登记为权利人的夫或妻一方是有请求确认为共有权利人并办理权利登记的现实需求，该诉请具有可诉性，人民法院应予受理。

（二）已查封房屋的确权诉讼的处理。

审判实践中经常出现原告对产权登记在被告名下的房屋提出确权诉讼，审理中发现系争房屋已经被法院采取查封、扣押和冻结等执行措施的情况。如何处理存有不同意见。

倾向性意见认为：法院在审理房屋确权诉讼时，应当查询所要确权的登记在当事人一方名下的房屋在诉讼中的权属状况，发现系争房屋已经被法院执行部门作为被执行人的财产予以查封、扣押、冻结的，应从程序上驳回当事人的确权诉请，引导当事人根据《中华人民共和国民事诉讼法》第二百二十七条和《最高人民法院关于人民法院民事执行中查封、扣押、冻结财产的规定》第十七条的规定向执行法院提出执行异议。

（三）夫或妻一方婚前贷款所购房屋权属的认定

审判实务中，对于夫或妻一方婚前按揭贷款、婚后共同还贷所购的房屋是属于夫妻共同财产还是夫妻一方财产，存有不同观点。

倾向性意见认为：夫或妻一方婚前通过按揭贷款方式向开发商支付房款，履行了房屋买卖合同义务，产权登记在夫或妻一方名下的，一般应认定为夫或妻一方个人财产。婚后共同还贷款项实为共同清偿对银行的债务，根据《婚姻法司法解释三》第十条的规定，离婚时该不动产先由双方协商处理，协商不成，法院可判决归产权登记一方，婚后共同还贷部分及相对应财产增值部分，离婚时由产权登记一方对另一方进行补偿。

（四）共同共有房屋分割原则的把握

倾向性意见认为：共同共有房屋的分割应当坚持审慎的态度，不仅要考虑分割的条件是否成就，还需要考察当事人要求分割的现实可行性。按照《物权法》第九十九条的规定，共有人约定不得分割共有的不动产或者动产，以维持共有关系的，应当按照约定，但共有人有重大理由需要分割的，可以请求分割；没有约定或者约定不明确的，共同共有人在共有的基础丧失或者有重大理由需要分割时可以请求分割。

对于共有基础的丧失，一般从共同共有关系消灭的角度来判断，如离婚、分家析产等情况可构成共有基础的丧失。共同共有关系存续期间，当事人请求分割的，应具有重大事由。重大事由的界定应当根据共有基础的不同等有所区别。如婚姻关系存续期间，夫妻一方请求分割共同财产的，应符合婚姻法司法解释三第四条规定的情形：一方有隐藏、转移、变卖、毁损、挥霍夫妻共同财产或者伪造夫妻共同债务等严重损害夫妻共同财产利益行为的；或一方负有法定扶养义务的人患重大疾病需要医治，另一方不同意支付相关医疗费用的。

（五）公房承租人死亡后，同住人之一起诉，要求确认公房登记户籍人或实际居住人为非同住人，并主张迁让纠纷的处理

倾向性意见认为：公房承租人死亡后，应由公房管理部门或其委托的物业管理部门作为出租人确定新的承租人。在新承租人尚未确定前，不宜受理此类诉讼。已经受理的，可裁定驳回。

第八次全国法院民事商事审判工作会议（民事部分）纪要（节选）

五、关于物权纠纷案件的审理

物权法是中国特色社会主义法律体系中的重要支柱性法律，对于明确物的归属，发挥物的效用，增强权利义务意识和责任意识，保障市场主体的权利和平等发展，具有重要作用。妥善审理物权纠纷案件，对于依法保护物权，维护交易秩序，促进经济社会发展，意义重大。

（一）关于农村房屋买卖问题

19. 在国家确定的宅基地制度改革试点地区，可以按照国家政策及相关指导意见处理宅基地使用权因抵押担保、转让而产生的纠纷。

在非试点地区，农民将其宅基地上的房屋出售给本集体经济组织以外的个人，该房屋买卖合同认定为无效。合同无效后，买受人请求返还购房款及其利息，以及请求赔偿翻建或者改建成本的，应当综合考虑当事人过错等因素予以确定。

20. 在涉及农村宅基地或农村集体经营性建设用地的民事纠纷案件中，当事人主张利润分配等合同权利的，应提供政府部门关于土地利用规划、建设用地计划及优先满足集体建设用地等要求的审批文件或者证明。未提供上述手续或者虽提供了上述手续，但在一审法庭辩论终结前土地性质仍未变更为国有土地的，所涉及的相关合同应按无效处理。

（二）关于违法建筑相关纠纷的处理问题

21. 对于未取得建设工程规划许可证或者未按照建设工程规划许可证规定内容建设的违法建筑的认定和处理，属于国家有关行政机关的职权范围，应避免通过民事审判变相为违法建筑确权。当事人请求确认违法建筑权利归属及内容的，人民法院不予受理；已经受理的，裁定驳回起诉。

22. 因违法建筑倒塌或其搁置物、悬挂物脱落、坠落造成的损害赔偿纠纷，属于民事案件受案范围，应按照侵权责任法有关物件损害责任的相关规定处理。

（三）关于因土地承包、征收、征用引发争议的处理问题

23. 审理土地补偿费分配纠纷时，要在现行法律规定框架内，综合考虑当事人生产生活状况、户口登记状况以及农村土地对农民的基本生活保障功能等因素认定相关权利主体。要以当事人是否获得其他替代性基本生活保障为重要考量因素，慎重认定其权利主体资格的丧失，注重依法保护妇女、儿童以及农民工等群体的合法权益。

（四）关于诉讼时效问题

24. 已经合法占有转让标的物的受让人请求转让人办理物权变更登记，登记权利人请求无权占有人返还不动产或者动产，利害关系人请求确认物权的归属或内容，权利人请求排除妨害、消除危险，对方当事人以超过诉讼时效期间抗辩的，均应不予支持。

25. 被继承人死亡后遗产未分割，各继承人均未表示放弃继承，依据继承法第二十五条规定应视为均已接受继承，遗产属各继承人共同共有；当事人诉请享有继承权、主张分割遗产的纠纷案件，应参照共有财产分割的原则，不适用有关诉讼时效的规定。

上海市高级人民法院关于房屋征收补偿利益分割民事纠纷研讨会会议纪要

沪高法民〔2020〕4 号

为进一步促进上海法院涉房屋征收补偿利益分割案件的适法统一，2019 年 11 月，高院民事审判庭在静安区法院召开房屋征收补偿利益分割民事纠纷研讨会。

会议认为，房屋征收民事纠纷法律性、政策性、伦理性强，具有明显的时代特征和地域特征，全市法院在审理此类案件时应充分考量上述因素，审慎行使司法自由裁量权。

会议就当前房屋征收补偿利益分割民事审判中的一些疑难法律问题形成了基本一致的看法，现纪要如下，供全市法院在审理案件时参考。

一、城镇公有住房征收补偿利益分割问题

会议认为，城镇公有住房征收政策性强，司法实践中应该严格依照上海市公有住房征收的相关政策，区分征收补偿利益分割法律关系与市场经济活动中形成的一般合同关系，准确认定被安置人范围。

1.【同住人他处有房的认定】2004 年《上海高院关于房屋动拆迁补偿款分割民事案件若干问题的解答》指出，作为征收补偿对象的公房同住人，是指在被征收居住房屋处有上海市常住户口，已经实际居住一年以上，且本市无其他住房或者虽有其他住房但居住困难的人。如何认定“他处有房”？

关于征收补偿对象的同住人范围仍应按照上述执法意见确定。为鼓励居住困难的人通过自己努力改善居住条件，这里的“其他住房”应限定为福利性质的房屋，公房同住人在他处购买的商品房不属于“他处有房”。

职工向工作单位承租单位职工宿舍，虽然职工与单位之间形成租赁关系，但双方并非基于福利分房形成的公有住房租赁关系。职工一般不办理公房调配手续，也没有取得公房租赁凭证，故一般不应视为“他处有房”。公房同住人在他处因私有房屋征收而分得的安置房，原则上不属于“他处有房”，但在私房征收中享受过托底保障等福利性政策的除外。

2.【未成年时受配公房的性质】在对公有住房的成年同住人进行认定时，如果该当事人在未成年时曾与其父母共同受配过公房，是否属于“他处有房”？

实践中，有的当事人在未成年时曾与父母共同受配过公有住房（甲房），在成年后又分得另外一套公房（乙房），在确定乙房同住人范围时，该当事人是否会因为曾经受配甲房而被认定为“他处有房”存在一定争议。

会议倾向性意见认为，未成年人与父母共同受配公房时，未成年人并非作为独立的民事主体获得住房福利，而是附随于父母的居住利益，故原则上不属于他处有房，不影响其成年后所获得公房在征收时同住人的认定。

3.【同住人居住困难的认定标准】公房同住人他处有房但居住困难的，仍属于征收补偿对象。如何认定“居住困难”？

对于“居住困难”的认定，既要尽可能确定统一的标准，又要充分考虑公有住房分配政策的历史沿革。“居住困难”是指在他处房屋内人均居住面积不足法定最低标准的情况。

法定最低标准面积的认定，应按照房屋调配当时的公房政策所规定“居住困难”的面积标准。

4.【空挂户口人员的补偿利益】户口空挂在被征收的公有住房的非同住人起诉要求分割征收补偿利益，应如何处理？

空挂户口人员并非公有住房的承租人或者同住人，在被征收房屋既无产权利益，亦无居住利益，一般不属于征收补偿安置对象，原则上不能分得安置房。

如果在征收补偿安置时确实基于户籍因素考虑过该部分人员利益的，可以适当给予货币补偿。补偿款的数额可以参考因人口因素而增加补偿价值予以酌定。

需要注意的是，确定空挂户口人员系配房考虑对象必须有明确依据，不能按政策推定，而应当由征收单位出具加盖公章的情况说明。

5.【次承租人的利益主张】公房承租人在征收之前将房屋出租给案外人使

用或者经营的，房屋的实际使用人（次承租人）能否参与征收补偿利益分割？

实践中，有的公房承租人在征收之前将房屋出租给案外人使用或者经营，次承租人要求以征收对象身份参与征收补偿利益分割。处理此类纠纷时，要区分征收补偿法律关系与一般的房屋租赁合同关系。

2012年《国有土地房屋征收与补偿条例》实施后，一般租赁合同的承租人不再是征收补偿法律关系中的被安置人，因征收导致租赁合同无法继续履行的，属于一般租赁合同纠纷，依照租赁合同的相关法律规定处理。

关于征收补偿关系与房屋租赁关系的协调处理，仍参照2014年第四季度民庭庭长例会研讨纪要执行。

二、城镇私有住房征收补偿利益分割问题

会议认为，私有住房的征收以产权平移为基本原则，被安置人范围一般仅限于房屋产权人。审判实践中应该严格依照法律和征收补偿政策认定被安置人范围，不能随意扩大。

6.【房屋使用人的利益保护】当事人是否可以依据《上海市国有土地上房屋征收与补偿实施细则》第四十四条“被征收人取得货币补偿款、产权调换房屋后，应当负责安置房屋使用人”的规定主张其为被安置人并要求分割征收补偿利益？

在私有房屋征收中，一般只有房屋产权人才是被安置人。对于房屋实际使用人，除非征收部门将其认定为被安置人，否则不属于征收补偿法律关系主体。而房屋实际使用人基于何种法律关系居住使用被征收房屋，不因征收关系而发生改变，即原房屋居住使用关系平移至安置房屋。

因此，征收补偿关系中的被安置人以外的房屋使用人不能主张分割征收补偿利益，其居住问题可基于原来法律关系如扶养、赡养等进行主张。

7.【征收补偿协议效力】私有房屋的部分产权人在房屋征收时已经死亡，部分继承人与征收单位签订征收补偿协议，未在补偿协议上签名的继承人主张其未能取得足额补偿，应如何处理？

在私有房屋征收中，很多情况系由家庭代表而非全体征收被安置人与征收单位签订征收补偿协议，嗣后有的被安置人认为其未参与征收补偿协议签订且未取得足额补偿，遂引发纠纷。

此类纠纷系对征收补偿协议不服，不属于征收补偿利益分割纠纷，宜先行解决征收补偿协议效力问题，应为行政协议案件，在行政诉讼中予以解决。在先行解决征收补偿协议效力的情况下，再处理内部分割问题。

若被安置人对部分产权人与征收单位签订的征收补偿协议没有异议的，民事审判应依法予以处理。

8.【被安置人的证明】有的被征收私有房屋因历史原因仅有临时土地证，征收单位与被安置人代表签订补偿协议，没有明确被安置人范围，临时土地证记载的人员能否据此主张是被安置人？

虽然临时土地证并非不动产权利的登记凭证，但可表明持证人使用该土地曾获得相关部门认可。

基于城市房屋房地合一的原则，一般可采信临时土地证登记的权利主体。但当事人有证据证明临时土地证记载的权利人与真实权利人不一致的除外。

三、农村宅基地房屋征收补偿利益分割问题

会议认为，在处理农村宅基地房屋征收补偿利益分割纠纷时，应充分考虑我国农村集体土地性质的特殊性。在利益分割时，既要符合法律、政策，也要考虑到当地的乡规民约、特殊风俗习惯。

9.【特定补偿项目的归属】农村宅基地房屋征收中，部分补偿项目有特定的指向或者与被安置人的特殊身份有关，对于该部分补偿款应该如何确定归属？

农村宅基地房屋征收中，部分补偿项目有特定的指向或者与被安置人的特殊身份有关。

例如给予与其他被安置人存在亲属关系但并非集体经济组织成员的人员一定的补偿，又如给予身患重大疾病的被安置人一定金额的额外补偿。

对于这类基于特定身份取得的补偿利益，可参照 2011 年《动迁新政后动迁安置补偿款分割纠纷研讨会综述》第七条“关于各类补贴、奖励款”分割意见处理，原则上归该特定身份人员所有，但是当事人另有特别约定的除外。

10.【独生子女补偿利益归属】独生子女在宅基地征收中因独生子女身份而获得增加的补偿利益归谁所有？

征收补偿中，因独生子女身份而获得增加的补偿利益，不能当然认为皆归该独生子女享有。独生子女身份的取得系由于其父母响应国家计划生育政策，而国家有关计划生育的政策性生子女。在宅基地征收补偿中，基于独生子女身份而增加的补偿利益，并非奖励的对象一般系独生子女的父母而非独生子女的贡献或者劳动所得。

对于该部分增加的补偿利益归属，被安置人之间有约定的，按照约定处理；没有约定的，原则上归独生子女的父母和独生子女共有。

四、征收补偿利益分割的其他问题

11.【安置房的购买权利继承问题】如果居住在被征收房屋内的被安置人在签订征收补偿安置协议之后、安置利益分割之前死亡，其继承人能否享有被继承人本可享有的优先购买安置房的权利？

在安置补偿对象人数较多，但可以分割或者购买的安置房数量有限的情况下，存在哪些被安置人有权优先购买安置房的问题。2011 年《动迁新政后动迁安置补偿款分割纠纷研讨会综述》中，多数意见认为安置房应优先用于保障在被征收房屋内实际居住的被安置人。

实践中，有的法院提出，如果居住在被征收房屋内的被安置人在签订征收补偿安置协议之后、安置利益分割之前死亡，其继承人能否享有被继承人本可享有的优先购买安置房的权利存在争议。

鉴于被安置人死亡的，即已不存在实际居住的事实，其继承人可以继承被继承人的征收补偿利益，但是被继承人基于其居住事实而享有的优先购买安置房的权利不能继承。

12.【家庭内部协议的性质和效力】家庭成员在征收之前就征收补偿利益的分割以家庭内部协议的方式预先作出约定，对于此类协议的性质和效力应如何认定？

家事纠纷有人身依附性和家庭伦理性特征，家庭成员之间关于征收补偿利益分割事宜所达成协议的性质为家庭共有财产分割，内含家庭成员对家事问题、财产问题等的妥协和让步。

家庭成员对于财产的处分与赠与不同，不宜按任意撤销权之规定处理，法院应尊重家庭成员之间的合意。

如果协议仅有部分被安置人签字的，要结合协议签订的背景、协议内容、签字方是否有代理权等因素综合判断协议是否为全体被安置人的共同意思表示。

13.【违法改扩建部分的征收补偿利益归属】对有证房屋进行改扩建（改扩建部分未办理合法建造手续），后房屋整体纳入征收范围，对于改扩建部分的征收补偿利益应如何分割？

违法建筑原则上不受法律保护，但在一些特殊情况下考虑到历史因素，征收补偿时可能给予违法建筑一定补偿。

对于该部分补偿款的归属，原则上产权人对产证上的建筑面积享有产权，对违法建筑的权利，应综合考虑建筑物的出资建造、占有使用等情况予以处理。但当事人就该部分补偿利益另有约定的，应优先适用当事人之间的特别约定。

实践中需要注意的是，改扩建方提出征收补偿利益分割的前提是已经被列为征收补偿的被安置人。如果改扩建方并非被安置人，则只能依据与被安置人形成的其他法律关系（如租赁等）提出主张，不能基于征收补偿利益分割法律关系提出主张。

14.【尚未实际取得安置房的买卖合同效力】被安置人在尚未实际取得安置房的情况下即与他人签订安置房买卖合同，将安置房予以出售，对于这类买卖合同的效力，应如何认定？

对于合同效力的认定，应严格遵循《民法总则》的规定，除非具有法律规定的无效情形，不轻易否定合同效力。

根据《最高人民法院关于审理买卖合同纠纷案件适用法律问题的解释》第三条规定，被安置人在尚未实际取得安置房的情况下，即未取得标的物的所有权，其所签订安置买卖房屋的协议不因此而认定无效。

要严格区分合同效力与合同履行，合同无法履行，不影响合同效力。当事人就合同履行产生争议的，按照约定或法律规定进行处理。

五、程序问题

会议认为，当前审判实践中就征收补偿利益分割纠纷案件的管辖、受理费的计算、与继承案件的程序衔接等程序问题，不同法院的法律适用口径存在一定差异，应予统一。

在处理这些程序事项时，应在严格遵守法律规定的前提下，尽可能减少当事人诉累，一次性解决纠纷。

15.【案件管辖】因征收或者协议拆迁补偿安置利益分割产生的纠纷如何确定管辖法院？

鉴于征收补偿款及安置房屋系针对被征收房屋的补偿，若因涉及多名被告或多套安置房分布在不同辖区，分别由不同法院管辖易引发案件执法标准不统一，且征收利益分割往往涉及不同地区征收补偿政策的实施。

为便于当事人诉讼，便于法院审理此类征收补偿利益分割案件时的事实调查与处理标准的统一，此类案件一般由被征收房屋所在地的法院进行管辖为宜。2014年第四季度全市法院民庭庭长例会曾就上述问题进行讨论，倾向性意见也是由被征收房屋所在地法院管辖。此类征收补偿利益分割案件的管辖，继续按2014年第四季度民庭庭长例会研讨纪要精神执行。

16.【安置房屋分割的受理问题】安置房屋尚未确定，当事人起诉要求分割安置房屋的，人民法院是否受理？

当事人起诉要求分割安置房屋，其法律性质是不动产物权的分割。在安置房屋尚未确定的情况下，当事人将来可能获得的房屋实际面积、位置等尚处于不确定状态，法院不宜进行确权和分割，可裁定不予受理或者驳回起诉，但应告知当事人在安置房屋确定后再行主张。

安置房是否确定，应根据《物权法》第九条"不动产物权的设立经依法登记发生效力"的规定，原则上以不动产初始登记为判断标准。

但是实务中，有的安置房屋已经建成，甚至已经完成实物交付。对于由于特殊原因（如开发商未缴纳相关费用、建设过程中改变规划等），房屋长期无法办理初始登记，若对此类房屋不予分割，则会导致家庭共有利益悬置，不利于保护无过错的被安置人，因此对于此类特殊情况的安置房屋可以予以分割。

但由于不动产物权尚未登记，法院在处理时不宜作确权分割，而应作房屋购买处理，判决一般采用××房屋由××当事人购买的表述。

17.【仅要求分割货币补偿款的处理问题】动迁安置补偿既有房屋又有货币，安置房屋分配尚不具备条件，当事人仅起诉要求分割货币部分的，人民法院是否处理？

征收补偿利益的分割所把握的原则应该是有利于被安置人利益的整体平衡，有利于减少当事人诉累，因此原则上应当整体分割。

特别是征收补偿款预扣在征收部门用于购置安置房等情况的，应参照2007年《上海市高级人民法院关于审理宅基地房屋纠纷若干问题的意见（试行）》第四条意见执行，货币补偿部分暂不作处理。

但是实务中也存在一些特殊情况，例如由于被安置人无法就补偿款分割达成一致而暂扣在征收部门，或者是补偿款已经实际下发，被安置人各方矛盾激烈且实际占有货币一方存在转移或者挥霍货币补偿款可能的。对此，人民法院可以受理，并就货币补偿款部分先行分割。

18.【动迁利益分割与遗产继承】部分被安置人死亡的，在处理安置补偿利益分割案件中是否需要就遗产继承一并处理？

实践中，如果部分被安置人死亡，当事人往往要求在征收补偿利益分割案件中就死亡被安置人补偿利益的继承问题一并予以处理。

为尽可能减少当事人诉累、一次性解决纠纷，应按照2011年《动迁新政后动迁安置补偿款分割纠纷研讨会综述》第三条的意见执行，遗产继承问题原则上应一并处理。但是，如果死亡的被安置人除安置补偿利益外还有其他遗产，其继承人要求与其他遗产一并处理的，或一并处理涉及案件情况复杂、程序环节众多等情况，可在安置补偿分割案件中只明确涉及房屋征收补偿利益的遗产范围。继承人之间的继承问题另案诉讼解决。

19.【案件受理费】安置补偿利益分割案件如何确定案件受理费计算基数？

对于征收补偿利益分割案件受理费的计算，实践中有不同做法。有的法院按照征收补偿协议确定的全部补偿金额作为计算基数，有的法院按原告诉请主张可以分得的补偿金额作为计算基数，有的法院按照需要分割的安置房屋起诉时的市场价作为计算基数。

会议认为，案件受理费的计算标准应予统一，考虑到此类案件的性质系征收补偿利益分割，故倾向于按照征收补偿协议确定的全部补偿金额作为案件受理费的计算基数。

图书在版编目(CIP)数据

房屋征收补偿利益民事分割案件:案例解析与实战策略/秦志刚著.—上海:上海三联书店,2023.5
ISBN 978-7-5426-8065-5

Ⅰ.①房… Ⅱ.①秦… Ⅲ.①房屋拆迁—土地征用—补偿—案例—中国 Ⅳ.①D922.385

中国国家版本馆 CIP 数据核字(2023)第 053302 号

房屋征收补偿利益民事分割案件:案例解析与实战策略

著　　者 / 秦志刚

责任编辑 / 郑秀艳
装帧设计 / 一本好书
监　　制 / 姚　军
责任校对 / 王凌霄

出版发行 / 上海三联书店
(200030)中国上海市漕溪北路 331 号 A 座 6 楼
邮　　箱 / sdxsanlian@sina.com
邮购电话 / 021-22895540
印　　刷 / 上海惠敦印务科技有限公司

版　　次 / 2023 年 5 月第 1 版
印　　次 / 2023 年 5 月第 1 次印刷
开　　本 / 710 mm × 1000 mm　1/16
字　　数 / 350 千字
印　　张 / 21.75
书　　号 / ISBN 978-7-5426-8065-5/D·575
定　　价 / 88.00 元

敬启读者,如发现本书有印装质量问题,请与印刷厂联系 021-63779028